La fabrique de l'histoire de l'Europe

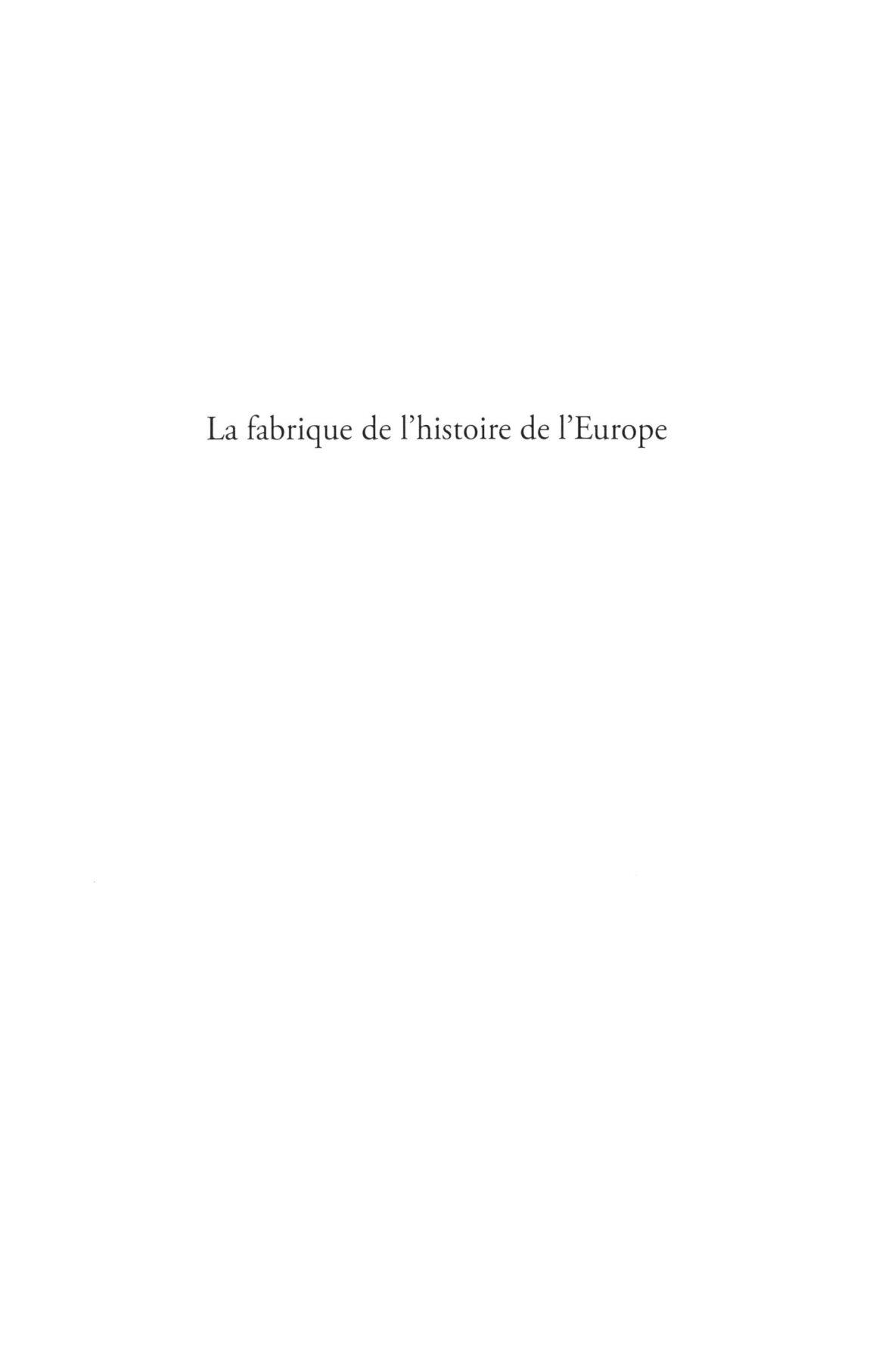

Collection « Res Publica »

Dirigée par Christine GUIONNET, Christian LE BART et Erik NEVEU

Comité scientifique
Olivier BAISNÉE (IEP Toulouse), Sébastien CARÉ (univ. Rennes 1), Béatrice DAMIAN (univ. Rennes 1), Delphine DULONG (univ. Paris 1), Christine GUIONNET (univ. Rennes 1), Virginie GUIRAUDON (CNRS), Christian LE BART (IEP Rennes), Claude MARTIN (CNRS), Erik NEVEU (IEP Rennes), Gildas RENOU (univ. de Lorraine), Jay ROWELL (univ. Strasbourg), Valérie SALA PALA (univ. Saint-Étienne) et Sébastien SEGAS (univ. Rennes 2)

Marine DE LASSALLE,
Faire parler d'Europe. Voies et formats des rapports institués au politique, 2022, 388 p.

Stève BERNARDIN (dir.),
Croisades privées et problèmes publics. L'héritage sociologique de Joseph Gusfield, 2022, 278 p.

Julien LEVESQUE,
Pour une autre idée du Pakistan. Nationalisme et construction identitaire dans le Sindh, 2022, 316 p.

Christine LARRAZET,
Blacks in Time. *Race et médias aux États-Unis*, 2021, 272 p.

Mathieu PETITHOMME,
Génération Podemos. Sociologie politique d'un parti indigné, 2021, 312 p.

Mounia BENNANI-CHRAÏBI,
Partis politiques et protestations au Maroc (1934-2020), 2021, 332 p.

Élisa STEIER,
La genèse de la gauche plurielle, 1993-1997, 2021, 292 p.

Clément DESRUMAUX et Jérémie NOLLET (dir.),
Un capital médiatique ? Usages et légitimation de la médiatisation en politique, 2021, 206 p.

Julie SEDEL,
Dirigeants de médias. Sociologie d'un groupe patronal, 2021, 274 p.

Delphine LAGRANGE, Marieke LOUIS et Olivier NAY (dir.),
Le tournant social de l'international. Les organisations internationales face aux sociétés civiles, 2021, 202 p.

Françoise LORCERIE (dir.),
Éducation et diversité. Les fondamentaux de l'action, 2021, 384 p.

Franck BOUTARIC,
L'art de gouverner la qualité de l'air. L'action publique en question, 2020, 160 p.

Olivier QUÉRÉ,
L'atelier de l'État. Des cadres intermédiaires en formation, 2020, 246 p.

Ève FOUILLEUX et de Laura MICHEL (dir.),
Quand l'alimentation se fait politique(s), 2020, 350 p.

François HOURMANT, Mireille LALANCETTE et Pierre LEROUX (dir.),
Selfies & stars. Politique et culture de la célébrité en France et en Amérique du Nord, 2019, 202 p.

Géraud LAFARGE,
Les diplômés du journalisme. Sociologie générale de destins singuliers, 2019, 288 p.

Frédéric LOUAULT et Cédric PELLEN (dir.),
La défaite électorale. Productions, appropriations, bifurcations, 2019, 192 p.

Ioana CÎRSTOCEA,
La fin de la femme rouge ? Fabriques transnationales du genre après la chute du Mur, 2019, 308 p.

Morgane Le Boulay

La fabrique de l'histoire de l'Europe

Un domaine de recherche entre savoir et pouvoir depuis 1976 en France, en Allemagne et au-delà

Collection « Res Publica »

Presses universitaires de Rennes

Remerciements

Cet ouvrage est une version remaniée de ma thèse de doctorat, réalisée en cotutelle franco-allemande et soutenue à Paris le 12 décembre 2014 devant un jury composé de mes deux codirecteurs de thèse, le politiste Dominique Damamme (université Paris Dauphine) et l'historien Hartmut Kaelble (faculté philosophique de l'université Humboldt de Berlin), mes deux rapporteurs, Antoine Vauchez et Jakob Vogel, ainsi que Brigitte Gaïti (présidente du jury) et Étienne François. Le doyen de faculté philosophique de l'université Humboldt de Berlin était alors le Professeur Michael Seadle.

Je souhaite avant tout exprimer ma reconnaissance à mes directeurs de thèse pour leur bienveillance et leurs conseils ainsi qu'aux autres membres du jury pour leurs critiques constructives. Mes remerciements vont ensuite à l'équipe du Centre Marc Bloch, au sein duquel j'ai eu la chance de passer la majeure partie de mes années de doctorat. Outre Jakob Vogel, je tiens en particulier à remercier Daniel Schönpflug, qui y a aussi été mon tuteur et m'a aidé en relisant des passages de ma thèse. Je tiens également à remercier l'équipe du Collège doctoral franco-allemand « La dynamique des représentations dans la formation de la modernité européenne » à laquelle j'ai été associée entre 2006 et 2010. Je n'oublie pas non plus ceux qui ont accepté de m'accorder un entretien ou d'échanger des courriers électroniques avec moi dans le cadre de ma recherche, en particulier Gérard Bossuat, Étienne François, Konrad Jarausch, Wilfried Loth, Jean-Clément Martin, Pierre Monnet, Henry Rousso, Jean-Frédéric Schaub et Laurent Wirth. Sur le plan financier, ce projet a pu bénéficier de bourses du Centre Marc Bloch, du Collège doctoral précité ainsi que de la *Studienstiftung des Abgeordnetenhauses von Berlin*. La publication de cet ouvrage a été possible grâce à un Accessit au Prix de thèse Pierre Pflimlin et au soutien du laboratoire Sociétés, acteurs, gouvernement en Europe (SAGE) de l'université de Strasbourg.

Mes pensées vont enfin à mes proches. Ayant la chance d'être très bien entourée, je ne peux pas mentionner tous les membres de ma famille et les ami·e·s qui m'ont soutenue. Je souhaite surtout remercier ici mon père, Jean-Claude Le Boulay, ainsi que mon compagnon, Philipp, dont le soutien et la confiance me sont extrêmement précieux.

© Presses universitaires de Rennes
SAIC Édition – Université Rennes 2
2 avenue Gaston-Berger – Bâtiment Germaine-Tillion
35043 Rennes cedex

www.pur-editions.fr

Mise en page : Clément Le Priol pour le compte des PUR

Dépôt légal : 1er semestre 2022
ISBN 978-2-7535-8372-6
ISSN 1264-1642

Abréviations, sigles et acronymes

AEDE	Association européenne des enseignants
AEI	Arbeitskreis Europäische Integration
AHCE	Archives historiques des Communautés européennes
AHUE	Archives historiques de l'Union européenne
AIHCE	Association internationale d'histoire contemporaine de l'Europe
AJE	Association des juristes européens
AJM	Action Jean Monnet
APCE	Assemblée parlementaire du Conseil de l'Europe
BKVGE	Berliner Kolleg für Vergleichende Geschichte Europas
CAEUE	Comité d'action pour les États-Unis d'Europe
CAPES	Certificat d'aptitude au professorat de l'enseignement du second degré
CDU	Christlich Demokratische Union Deutschlands
CE	Communautés européennes
CECA	Communauté européenne du charbon et de l'acier
CED	Communauté européenne de défense
CEDECE	Commission pour l'étude des Communautés européennes
CEE	Communauté économique européenne
CEEC	Conférence de coopération économique européenne
CEJ	Campagne européenne de la jeunesse
CERE	Centre d'études et de recherches européennes Robert Schuman
CIERA	Centre interdisciplinaire d'études et de recherches sur l'Allemagne
CiSoNet	Towards a European Civil Society
CNL	Centre national du livre

CNRS	Centre national de la recherche scientifique
CORDIS	Community Research and Development Information Service
COST	European Cooperation in Science and Technology
CPU	Conférence des présidents d'université
CVUH	Comité de vigilance face aux usages publics de l'histoire
DEA	Diplôme(s) d'étude(s) approfondie(s)
DFG	Deutsche Forschungsgemeinschaft
DGAP	Deutsche Gesellschaft für Auswärtige Politik
EACEA	Education, Audiovisual and Culture Executive Agency
ECSA	European Community Studies Association
EGO	Europäische Geschichte Online
EHESS	École des hautes études en sciences sociales
EHNE	Écrire une histoire nouvelle de l'Europe
EI HISTORY	European Integration History
EMEDIATE	Media and Ethics of a European Public Sphere from the Treaty of Rome to the "War on Terror"
ERC	European Research Council
ESF	European Science Foundation
EU-CONSENT	Wider Europe, deeper integration? "Constructing Europe" Network
Euratom	Communauté européenne de l'énergie atomique
EurHist	Repenser l'histoire de l'Europe
EurHistXX	European Network for Contemporary History
GATT	Accord général sur les tarifs douaniers et le commerce
GEI	Georg-Eckert-Institut für internationale Schulbuchforschung
GRINE	Gender Relationships in Europe at the turn of the Millenium: Women as Subjects in Migration and Marriage
H2020	Horizon 2020
HEIRS	History of European Integration Research Society
JO	Journal officiel
LSE	London School of Economics
ICEEU	Institut de la Communauté européenne pour les études universitaires

IEG	Institut für Europäische Geschichte
IEP	Institut d'études politiques
IHTP	Institut d'histoire du temps présent
IUE	Institut universitaire européen
MHFA	Mission historique française en Allemagne
MPIG	Max Planck Institut für Geschichte
MSH	Maison des sciences de l'homme
OCDE	Organisation de coopération et de développement économiques
ONISEP	Office national d'information sur les enseignements et les professions
OPOCE	Office des publications officielles des Communautés européennes
OTAN	Organisation du traité de l'Atlantique nord
PCRD	Programme(s)-cadre(s) de recherche et de développement
PPE	Parti populaire européen
RDA	République démocratique allemande
RFA	République fédérale d'Allemagne
RICHIE	Réseau international de jeunes chercheurs en histoire de l'intégration européenne
SERVANT PROJECT	The Socio-Economic Role of Domestic Service as a Factor of European Identity
UE	Union européenne
Unesco	Organisation des Nations unies pour l'éducation, la science et la culture
URSS	Union des républiques socialistes soviétiques
ZVGE	Zentrum für Vergleichende Geschichte Europas

Introduction

Pour célébrer le cinquantenaire des traités de Rome, un ouvrage volumineux retraçant l'histoire de la Commission européenne de 1958 à 1972 a été publié[1]. Premier d'une série de volumes consacrés à l'histoire de cette institution, il a été commandé par la Commission elle-même à une équipe d'historiens issus de différents pays de l'Union européenne (UE). Dix ans plus tard, un ouvrage intitulé *Europa, notre histoire. L'héritage européen depuis Homère* a eu pour ambition d'« [Échapper] à la vision d'une Europe réduite aux institutions de Bruxelles pour s'inscrire dans la longue durée[2] ». Une centaine d'historiens du monde entier y interroge l'existence de « mémoires européennes » au pluriel à travers non moins de 149 articles portant, entre autres, sur le mythe d'Europe, les droits de l'homme, le nazisme ou Bruxelles. Ces deux ouvrages, très différents l'un de l'autre, n'en sont pas moins des références incontournables dans leurs courants de recherche respectifs. Ils sont pourtant loin d'être les premiers à traiter de l'histoire de l'Europe. Depuis la fin des années 1980, surtout, un nombre croissant d'historiens, aussi bien contemporanéistes que modernistes ou médiévistes (et dans une moindre mesure antiquisants), spécialistes d'histoire politique, économique ou sociale, tentent d'écrire cette histoire. Des réseaux de recherche, des revues scientifiques, des collections éditoriales et des offres de formation spécialisées ont été créés. Ils forment un sous-champ disciplinaire hétérogène.

Celui-ci ne peut être étudié en examinant uniquement les pratiques et les enjeux propres aux historiens. Comme le montre notamment la controverse concernant la mention d'un « héritage chrétien » dans le projet de Constitution européenne conçu en 2000, l'affrontement de plusieurs visions de l'histoire de l'Europe ne se confine pas dans le monde académique. Dès lors se pose la question des relations entre les acteurs extérieurs au champ scientifique intéressés par cette histoire et les historiens. Quelles formes d'alliances se nouent entre ces deux types d'acteurs ? Comment des tensions apparaissent-elles, non seulement quant à l'instrumentalisation de l'histoire à des fins politiques, mais aussi entre différentes lectures de l'histoire de l'Europe ?

---

1. DUMOULIN Michel (dir.), 2007, *La Commission européenne 1958-1972. Histoire et mémoires d'une institution*, Luxembourg, OPOCE.
2. FRANÇOIS Étienne et SERRIER Thomas (dir.), 2017, *Europa. Notre histoire. L'héritage européen depuis Homère*, Paris, Les Arènes. Cf. la présentation de cet ouvrage par l'éditeur : s. d., « Europa notre histoire », [http://www.arenes.fr/livre/europa-notre-histoire/], consultée le 18 février 2019.

En tentant de répondre à ces questions, cet ouvrage interroge l'émergence de formes de légitimation croisée entre un centre de pouvoir en train de se constituer (l'UE) et un nouveau domaine scientifique (l'histoire de l'Europe) sans négliger l'existence de conflits et de rapports de force. En d'autres termes, il entend contribuer à l'étude du processus de construction et de légitimation de l'UE en se concentrant sur un instrument symbolique dont l'usage à l'échelle nationale a déjà été analysé et qui est repris, réapproprié au niveau européen : l'écriture de l'histoire. Ce faisant, il s'inscrit dans une série de travaux qui révèlent la construction concomitante du pouvoir européen et de savoirs participant à sa formation.

Une contribution à la sociohistoire des savoirs sur l'Europe

À rebours des efforts de Max Weber pour distinguer la figure du savant de celle du politique[3], un grand nombre de travaux donnent à voir une véritable imbrication des mondes scientifiques et politiques. Outre les cas emblématiques d'individus inscrits dans différentes sphères et dont la qualification en tant que scientifique ou politique est problématique[4], des auteurs constatent d'un côté une scientifisation du politique (Habermas, 1964 ; Ash, 2002, p. 38), de l'autre une politisation de la science (Weingart, 1983 ; Ash, 2002, p. 38). Pour les politiques, le recours à des discours scientifiques ou l'usage de l'expertise scientifique permet de bénéficier de l'autorité sociale de la science et des savants, notamment à des fins de légitimation (Siméant, 2002, p. 42 ; Zimmermann, 2004). Quant aux scientifiques, malgré leur risque d'être discrédités[5], ils peuvent tirer différents types de profits des situations d'expertise : des profits symboliques, comme la reconnaissance de leur compétence (Chevallier, 1996, p. 43), ou concrets, comme l'obtention de postes clefs ou de financements pour leurs recherches (Massardier, 1996). En somme, comme le résume l'historien Mitchell Ash (2002), la science et le politique constituent des ressources l'une pour l'autre.

Mais alors que les relations entre savoirs et politique ont été fortement ancrées dans le cadre national à partir du XIXe siècle et plus encore depuis la fin de la Première Guerre mondiale[6], et que ces relations ont, dans ce cadre, déjà été étudiées[7], on observe, particulièrement depuis la fin des années 1980, un ensemble de mutations qui confère à l'UE une place grandissante dans la production des savoirs, notamment académiques. Le processus de construction européenne et les transformations croissantes qu'il entraîne dans différents domaines, notamment politique, économique et social, incitent en effet les chercheurs en sciences humaines et sociales à prendre en compte l'échelle européenne dans leurs travaux. En outre, l'Acte unique européen signé en 1986 dote officiellement l'UE de compétences en matière de recherche. La politique

---
3. Cf. Weber, 1919.
4. À ce sujet, cf. notamment Siméant, 2002, p. 34.
5. Cf. notamment Gaïti, 2002, p. 294.
6. Cf. Zimmermann, 2004, p. 4.
7. Cf. notamment Bourdieu, 1993 ; Thiesse, 2001 ; Lingelbach, 2001 ; Déloye et al., 2013.

communautaire qu'elle met progressivement en place dans ce domaine – tentatives d'harmonisation des systèmes académiques de l'enseignement supérieur, attributions de subventions et appels d'offres – fait émerger un espace européen de la recherche que les chercheurs ne peuvent ignorer. Comme le souligne la sociologue Bénédicte Zimmermann (2004, p. 7), « Dans un contexte où les États membres se désengagent du financement de la recherche […], [elle] tend, à terme, à modifier la donne et les conditions du travail scientifique. La création d'un nouvel espace institutionnel, établissant de nouvelles règles d'accès aux ressources, a inéluctablement des conséquences sur le choix et la définition des objets, des méthodes, des approches et *in fine* sur le contenu et les résultats menés[8]. » Pour comprendre les mutations contemporaines des relations entre savoirs et politique, il est donc devenu indispensable de prendre en compte le cadre européen, et en particulier de se pencher sur les chercheurs qui, dans ce contexte, deviennent spécialistes de l'UE ou de l'« Europe ».

Les travaux scientifiques interrogeant la production de savoirs sur ces objets se développent effectivement peu à peu, en particulier en France, mais aussi dans d'autres pays. Une partie d'entre eux étudient la production de connaissances sur l'intégration communautaire non seulement par des universitaires, mais aussi par d'autres acteurs essentiels tels que des fonctionnaires ou des avocats[9]. D'autres travaux se concentrent, comme notre ouvrage, sur les savoirs académiques relatifs à l'intégration communautaire ou à l'Europe – souvent qualifiés d'études européennes[10], parfois d'Académie européenne[11]. Ils examinent les cas du droit communautaire, de la science politique, de la sociologie ou des départements universitaires à caractère multidisciplinaire dédiés aux études européennes[12]. Plus largement, des publications collectives mettent en lumière l'activité des différentes disciplines de sciences humaines et sociales au sujet de l'UE ou de « l'Europe »[13]. Quelques publications se focalisent plutôt sur les conditions institutionnelles de l'émergence des études européennes[14] ou sur la question de l'internationalisation de ce domaine scientifique[15].

Une partie de ces travaux proposent surtout un panorama de la production scientifique et/ou des enseignements dans ce domaine – en se concentrant le plus souvent sur les activités relatives à la coopération européenne postérieure à 1945[16]

---

8. À ce sujet, cf. aussi Jaeger et Joas, 2008b, p. 7.
9. Aldrin, 2011 ; Vauchez, 2013 ; Adler-Nissen et Krop, 2015 ; Canihac, 2020 ; Roa Bastos et Vauchez, 2019.
10. Cf. notamment Popa, 2007 ; Roa Bastos, 2016 ; Cohen, 2017 ; Larat *et al.*, 2018.
11. Cf. Robert et Vauchez, 2010a.
12. Cf. Bailleux, 2014 ; Georgakakis et Smith, 2004 ; Belot *et al.*, 2008 ; Saurugger, 2008 ; Smith, 2003 ; Keeler, 2005 ; Beichelt *et al.*, 2006. Notons que les départements d'études européennes sont dominés par la science politique, le droit et l'économie (*ibid.*, p. 7).
13. Jaeger et Joas, 2008a ; Robert et Vauchez, 2010a ; Larat *et al.*, 2018.
14. Roa Bastos, 2016 ; Cohen, 2017.
15. Popa, 2007.
16. Georgakakis et Smith, 2004 ; Keeler, 2005 ; Beichelt *et al.*, 2006 ; Saurugger, 2008 ; Belot *et al.*, 2008 ; Larat *et al.*, 2018.

ou en abordant plus largement, parfois, la question de l'« Europe[17] ». Plusieurs d'entre eux mettent néanmoins en lumière le fait que la naissance des études européennes est le résultat d'actions conjointes d'acteurs politiques et académiques[18] : l'intérêt des universitaires pour l'étude de l'intégration européenne a été largement stimulé par des institutions politiques telles que la Commission européenne, par des associations proeuropéennes et par des fondations. Dans la continuité de publications soulignant le rôle des savoirs dans la formation et la légitimation des systèmes politiques[19], des recherches montrent aussi comment les savoirs sur l'intégration européenne contribuent à institutionnaliser l'UE[20]. En effet, ces savoirs ne se contentent pas de théoriser cette entité politique. Ils agissent également sur elle, en légitimant son pouvoir par leur existence et surtout en favorisant telle ou telle conception du projet européen. L'affrontement de plusieurs visions de l'Europe doit être compris dans ce cadre : loin d'être neutres, les représentations savantes de l'UE et de l'Europe constituent un enjeu majeur, car à travers des luttes scientifiques, c'est la définition même du projet européen qui est en jeu. C'est ainsi, finalement, une interdépendance entre intégration communautaire et production de savoirs sur l'Europe qui apparaît.

Si la construction européenne est bien le point de départ du développement de savoirs sur l'Europe ces dernières décennies, il ne suffit donc pas d'invoquer le contexte politique pour comprendre les conditions de production de ces savoirs. L'explication par l'engagement proeuropéen des chercheurs impliqués ne suffit pas non plus, ne serait-ce que parce que la recherche sur l'Europe est aussi investie par des chercheurs critiques à l'égard de l'UE[21]. Il faut au contraire se pencher sur la multiplicité des acteurs (scientifiques, politiques et privés) qui contribuent à façonner les études européennes, leurs logiques et leurs interactions – non seulement les coopérations, mais aussi les conflits et les rapports de force. Malgré plusieurs publications examinant la production et/ou l'usage de savoirs sur l'histoire de l'Europe, le cas de la science historique n'a pas encore été analysé dans cette perspective, comme c'est l'objectif de ce travail. Si le cas de l'histoire est particulièrement propice à l'analyse de l'émergence de recherches pensées en opposition aux politiques de l'UE à l'égard de cette discipline ainsi qu'à l'analyse des tensions entre savoirs sur l'UE et savoirs sur « l'Europe » (très peu développée dans la sociologie des savoirs sur l'Europe[22]), les travaux existants

---

17. Cf. Jaeger et Joas, 2008a ainsi que Larat *et al.*, 2018 qui se concentre surtout sur les recherches et les enseignements sur la construction européenne, mais aborde notamment, dans ce cadre, le cas de l'Institut universitaire d'études européennes de Genève créé par D. de Rougemont et ses enseignements qui traitent aussi de la culture et de la civilisation européenne.
18. Robert et Vauchez, 2010a ; Bailleux, 2014 ; Roa Bastos, 2016 ; Cohen, 2017 ; Larat *et al.*, 2018.
19. Notamment Bourdieu, 1986 ; Thiesse, 2001 ; Audren *et al.*, 2011 ; Genet, 2015.
20. Vauchez, 2013 ; Bailleux, 2014 ; Aldrin, 2011 ; Roa Bastos et Vauchez, 2019.
21. Dans le cas de l'histoire, cf. notamment Jarausch Konrad H. et Lindenberger Thomas (dir.), 2007, *Conflicted Memories: Europeanizing Contemporary Histories*, New York, Berghahn.
22. Même quand elles mentionnent à la fois l'existence de travaux scientifiques et/ou d'enseignements se limitant à l'UE et celle de travaux portant sur une Europe plus large, les études n'analysent pas concrètement cette opposition et ses modalités : cf. notamment Smith, 2003 ; Robert et Vauchez, 2010a.

se limitent en effet à l'étude de la coproduction politico-académique de l'histoire de l'intégration européenne.

Le cas des historiens français et allemands depuis 1976

De nombreuses études ont montré le rôle de l'histoire dans la formation et la légitimation des États-nations[23]. D'autres formes de liens entre la science historique et le monde politique prenant corps dans le cadre des États-nations ont été étudiées dans différents pays. En France notamment, les conditions du métier d'historien sous le régime de Vichy, l'historiographie coloniale (en particulier celle de la guerre d'Algérie) et l'historiographie communiste ont donné lieu à des travaux[24]; dans un autre registre, la participation d'historiens à des procès en tant qu'experts a suscité des interrogations et conduit à des publications[25]. En Allemagne, l'historiographie national-socialiste et la situation de la discipline historique à l'Est durant la période communiste ont été l'objet de recherches[26]. Depuis les années 1970, les histoires nationales se trouvent cependant fragilisées (Nora, 1978; Raphael, 2003, p. 45). Dans ce contexte, on assiste au développement d'études historiographiques critiques et réflexives (Hadler *et al.*, 2001), mais aussi au déclin de l'histoire national(ist)e au profit d'une histoire transnationale (Dierkes, 2001) et notamment européenne (Roussellier, 1993; Rioux, 1996; Kaelble, 2008). Malgré des études portant sur le renouvellement de la relation entre histoire et politique dans le contexte européen, l'analyse des interactions entre historiens et promoteurs de l'« histoire européenne » reste encore peu approfondie.

Certes, l'essor de l'écriture de cette histoire ces dernières décennies a donné lieu à un nombre important d'analyses depuis les années 1990 et surtout 2000[27]. Une grande partie d'entre elles est cependant issue d'historiens eux-mêmes impliqués dans la recherche sur l'Europe. Ceux-ci ont tenté de dresser un état des lieux soit de l'historiographie de l'intégration européenne, c'est-à-dire des recherches au sujet de l'histoire des Communautés européennes (CE) et/ou de l'UE, mais aussi d'autres formes de coopérations européennes contemporaines[28], soit plus largement des recherches portant sur l'histoire l'Europe au

---

23. Cf. notamment Faulenbach, 1980; Amalvi, 1988; Thiesse, 2001, p. 131-155; den Boer, 2001; Berger, 2002.
24. À propos de l'histoire sous Vichy, cf. Dumoulin, 1990; Rousso, 1990. À propos de l'historiographie de la guerre d'Algérie, cf. Rivet, 1992; Savarese, 1998; Liauzu, 2002; Pervillé, 2006. Et à propos de l'historiographie communiste, cf. Lavau, 1978; Tartakowsky, 1985.
25. Cf. Dumoulin, 2003; Ribémont, 2006, chapitre 5.
26. À propos de l'historiographie nationale-socialiste, cf. Heiber, 1966; Schönwälder, 1992; Schöttler, 1997. À propos de la discipline historique en RDA, cf. Fischer et Heydemann, 1988-1990; Jarausch, 1991; Sabrow, 1997; Pohl, 1997.
27. Dans ce cadre, plusieurs auteurs sont en outre revenus sur l'historiographie de l'Europe depuis la Première Guerre mondiale : Roussellier, 1993; Woolf, 2003; Kirsch, 2008; Kaelble, 2008. D'autres études se focalisent entièrement sur les périodes antérieures de cette historiographie : l'Entre-deux-guerres (Roobol, 1987; Rössner, 2008) ou l'après-guerre et en particulier les années 1950 (Fellner, 1989; Kudrna, 1989; Duchhardt, 2000; Benzoni, 2001).
28. Parmi les nombreuses publications de ce type, cf. notamment Gilbert, 2008; Dülffer, 2010; Ludlow, 2010; Kaiser et Varsori, 2010; Loth, 2012; Warlouzet, 2014; Warlouzet, 2018.

sens large[29]. Ce travail historiographique a pu leur permettre de montrer l'apport de leur discipline à cet égard[30] ou de critiquer les approches existantes tout en en proposant de nouvelles[31]. Il témoigne d'enjeux relatifs à la conception d'une histoire de l'Europe et notamment à la définition des formes légitimes de cette histoire. Si le rôle des promoteurs de cette histoire (en particulier celui de la Commission européenne, mais aussi celui d'autres institutions européennes et celui des éditeurs) y est parfois mentionné[32], ni l'action de ces derniers ni leurs relations concrètes avec les historiens ne sont véritablement étudiées.

Des sociologues, des politistes (souvent français) et quelques historiens ont en outre examiné les usages récents de l'histoire de l'Europe – en d'autres termes la « mémoire » du passé européen, ce terme étant souvent utilisé pour désigner les usages non scientifiques du passé, en particulier par nombre d'historiens prenant soin de la distinguer de l'« histoire », qui renverrait, elle, à une discipline scientifique. Ont ainsi été analysées les actions de l'UE en faveur de l'écriture d'une histoire du processus d'intégration[33], la commémoration de dates clés de l'intégration européenne[34], la figure de « pères de l'Europe[35] », mais aussi la création de musées consacrés à l'Europe[36], les politiques visant à développer la place de l'Europe dans l'enseignement de l'histoire[37], les usages de la notion d'héritage européen par les organisations européennes[38], les références à l'histoire de l'Europe dans les textes officiels, les débats parlementaires et les discours politiques[39], la « mémoire » des périodes sombres de cette histoire (en particulier les politiques mémorielles des États européens) et les politiques européennes en faveur de la réconciliation en Europe centrale[40]. Cette longue énumération montre bien la diversité et la richesse de ces travaux. Ceux-ci ont révélé l'action de multiples acteurs. Parmi eux, ce sont sans surprise les institutions de l'UE et dans une moindre mesure du Conseil de l'Europe qui retiennent le plus l'attention[41]. Néanmoins, le rôle des responsables politiques nationaux, des journalistes, des musées, des acteurs religieux, des associations d'enseignants d'histoire et des historiens a aussi été pris en compte.

---

29. Cf. ROUSSELLIER, 1993 ; RIOUX, 1996 ; WOOLF, 2003 ; KIRSCH, 2008 ; KAELBLE, 2008 ; GEHLER, 2016.
30. Cf. en particulier KAELBLE, 2008 ; WARLOUZET, 2018.
31. Cf. ROUSSELLIER, 1993 ; RIOUX, 1996 ; WOOLF, 2003.
32. Cf. WOOLF, 2003 ; GILBERT, 2008 ; KAELBLE, 2008 ; KAISER et VARSORI, 2010 ; LUDLOW, 2010 ; LOTH, 2012 ; WARLOUZET, 2018.
33. Cf. LE BOULAY, 2010 ; MANGENOT et SCHIRMANN, 2012 ; CALLIGARO et FORET, 2012, p. 28-32 ; CALLIGARO, 2013, p. 38-77.
34. Cf. LARAT, 2005 ; COHEN, 2007 ; GARCIA, 2009 ; HANSEN-MAGNUSSON et WÜSTENBERG, 2012.
35. Cf. ZOWISLO, 2000, p. 221-261 ; LARAT, 2006 ; COHEN, 2007 ; CONSTANTIN, 2021.
36. CHARLÉTY, 2004 ; CHARLÉTY, 2006 ; MAZÉ, 2014 ; RIGNEY, 2014.
37. Cf. BAEYENS, 2000 ; ZOWISLO, 2000, p. 165-214. Ma thèse (LE BOULAY, 2014) a aussi porté sur la question de l'enseignement de l'histoire de l'Europe.
38. Cf. CALLIGARO et FORET, 2012, p. 32-36 ; CALLIGARO, 2013, p. 79-116.
39. Cf. LARAT, 2005 ; ROSOUX, 2007 ; GARCIA, 2009 ; PERCHOC, 2014.
40. Cf. DROIT, 2007 ; MINK et NEUMAYER, 2007 ; PAKIER et STRÅTH, 2010.
41. À propos de l'essor des politiques mémorielles de l'UE et du Conseil de l'Europe depuis les années 1990, cf. aussi GENSBURGER et LAVABRE, 2012.

Les relations entre ces différents acteurs gagneraient pourtant à être davantage examinées. Celles des historiens avec les acteurs non scientifiques, en particulier, n'ont été que partiellement analysées : comme indiqué plus haut, seules les relations étroites entre quelques spécialistes de l'histoire de l'intégration européenne et des membres de la Commission européenne ont retenu l'attention[42]. Or, particulièrement depuis la fin des années 1980, on assiste de manière croissante à l'écriture de l'histoire d'une Europe dont les frontières, difficiles à déterminer, dépassent celles de l'UE. L'étude des interactions entre les différents promoteurs de cette histoire et les historiens reste à faire. De plus, « l'histoire de l'Europe » revêt des formes multiples, voire antagonistes, qui ne se résument pas à l'opposition entre l'histoire de l'intégration et celle de l'Europe au sens large. Le récit de l'unification européenne depuis la préhistoire écrit par des historiens proches de la Commission[43] contraste notamment avec les efforts d'historiens très critiques à l'égard de Bruxelles et de ses politiques mémorielles pour prendre en compte les aspects sombres de l'histoire de l'Europe[44]. Pour analyser la manière dont ces différentes lectures de l'histoire interagissent, il est important de ne pas se limiter à l'étude des représentations dominantes de l'histoire de l'Europe, mais de s'intéresser aussi aux représentations qui n'acquièrent pas la même visibilité (du moins dans une période particulière ou dans un espace scientifique particulier).

Cette étude interroge donc la constitution au sein du champ scientifique d'un sous-champ de recherche consacré à l'histoire de l'Europe, son évolution au fil du temps, mais aussi sa structuration – c'est-à-dire la formation, en son sein, de rapports de force entre différents courants, dont certains peuvent être dominés et d'autres dominants. Elle commence en 1976. En effet, même si plusieurs historiens ont travaillé sur l'Europe avant cette date – avec un intérêt et des approches variables selon l'intensité et la nature des débats publics (Roussellier, 1993 ; Kirsch, 2008) et avec un léger décalage temporel par rapport à ces débats (Kirsch, 2008, p. 198) –, l'ouverture de l'Institut universitaire européen (IUE) de Florence cette année-là confère à l'histoire de l'Europe une existence institutionnelle qu'elle n'avait pas auparavant. Certes, un Institut d'histoire européenne (Institut für Europäische Geschichte : IEG) ayant comme objectif de promouvoir les travaux sur cette histoire avait été créé à Mayence en Allemagne dès 1950[45]. Pourtant, si l'on étudie la collection publiée par cet institut, on constate qu'après la parution dans les années 1950 de plusieurs ouvrages questionnant le concept historique d'Europe, les suivants n'adoptent plus une telle perspective. Ils se concentrent même souvent sur l'étude d'un seul pays européen : l'Allemagne pour la plupart d'entre eux. Il faut attendre 1988 pour qu'un ouvrage mette de

---

42. Cf. Cohen, 2007 ; Le Boulay, 2010 ; Mangenot et Schirmann, 2012 ; Calligaro et Foret, 2012, p. 28-32 ; Calligaro, 2013, p. 38-77 ; Constantin, 2021.
43. Cf. en particulier Duroselle Jean-Baptiste, 1990, *L'Europe. Histoire de ses peuples*, Paris, Perrin.
44. Cf. Jarausch Konrad H. et Lindenberger Thomas (dir.), *Conflicted Memories…*, op. cit.
45. Cf. Schulze, 1992.

nouveau l'« Europe » en avant[46]. Et si une Association européenne d'histoire contemporaine a existé à partir de 1968, elle n'était pas consacrée à l'histoire de l'Europe. Elle entendait au contraire « insérer son activité dans le champ de l'histoire universelle[47] ». En pleine guerre froide, son objectif était de favoriser les échanges internationaux dans le domaine de l'histoire contemporaine, au-delà du rideau de fer. Ce n'est qu'en 1982 que cette association change de nom à la demande d'historiens extra-européens spécialistes de l'Europe qui souhaitent y adhérer : elle devient alors l'Association internationale d'histoire contemporaine de l'Europe (AIHCE) et son objectif est désormais de favoriser les échanges internationaux au sujet de cette histoire[48].

La plupart des travaux antérieurs sur l'histoire de l'Europe ont été conçus avant les années 1960 par des individus n'appartenant à aucune structure scientifique spécialisée dans la recherche ou l'enseignement de cette histoire. Dans les années 1920 et 1930, un petit nombre d'historiens – en particulier Marc Bloch et Henri Pirenne – ont mené des études comparatives conformes à l'« esprit de Genève » et à la vision de l'Europe par la Société des Nations comme un ensemble de nations qu'il convenait de réconcilier (Roussellier, 1993, p. 79 ; Kirsch, 2008, p. 188-191). En Allemagne nazie, l'histoire de l'Europe a été utilisée – par l'historien Theodor Mayer notamment – pour justifier des thèses racistes (Kirsch, 2008, p. 191-192). Puis, dans les années 1950, avec les projets d'intégration communautaire et les débats autour d'une « culture européenne » animés notamment par Denis de Rougemont[49], des études sur « l'idée d'Europe » – par les historiens Walter Lipgens, Heinz Gollwitzer, Federico Chabod, Denis Hay ou Carlo Curcio – ou sur ses « racines » – par Gonzague De Reynold ou Christopher Dawson – ont vu le jour (Kirsch, 2008, p. 196-197). Dans les années 1960 et 1970 cependant, dans un contexte où les débats publics sur l'Europe étaient plus rares du fait de la guerre froide, les historiens ont eu tendance à délaisser cet objet (Kirsch, 2008, p. 188 ; Kaelble, 2008, p. 187). Plus exactement, on peut noter qu'en dehors de quelques travaux – ceux de Jean-Baptiste Duroselle, notamment sur « l'idée d'Europe[50] », ceux de rares pionniers de l'étude des débuts de l'intégration communautaire[51] et ceux d'historiens des *Annales* privilégiant une approche civilisationnelle de l'Europe[52] –, c'est l'histoire des puissances étatiques et de leurs

---

46. Cf. la collection « Veröffentlichungen des Instituts für Europäische Geschichte », publiée à partir de 1952.
47. Cf. Association européenne d'histoire contemporaine, 1980, *Bulletin de liaison et d'information*, n° 3, p. 1.
48. Cf. AIHCE, 1982, *Bulletin de liaison*, n° 4, p. 1-2 et AIHCE, 1983, *Bulletin de liaison*, n° 5, p. 9.
49. À propos de l'engagement européen de D. de Rougemont, cf. Knipping, 2007.
50. Cf. Duroselle Jean-Baptiste, 1964, *L'Europe de 1815 à nos jours. Vie politique et relations internationales*, Paris, Presses universitaires de France ; Duroselle Jean-Baptiste, 1965, *L'idée d'Europe dans l'histoire*, Paris, Denoël.
51. Cf. Lipgens Walter, 1968, *Europa-Föderationspläne der Widerstandsbewegungen, 1940-1945*, Munich, Oldenbourg ; Duroselle Jean-Baptiste, 1971, « L'Unité politique de l'Europe. Espoirs et désillusions », in Jean-Claude Casanova (dir.), *Science et conscience de la société. Mélanges en l'honneur de Raymond Aron*, Paris, Calmann-Lévy, vol. 2, p. 465-490 ; Gerbet Pierre, 1975, *La politique d'unification européenne*, Paris, Fondation nationale des sciences politiques, 3 vol.
52. Cf. la collection « Les Grandes civilisations », publiée à partir de 1960 : sans être focalisée sur cet objet, elle édite des ouvrages sur l'Europe, en particulier Chaunu Pierre, 1966, *La civilisation de l'Europe classique*,

relations extérieures qui dominaient alors l'étude de l'Europe[53]. Elle reflétait la représentation alors dominante de l'Europe comme la somme de plusieurs États : comme le montre l'expression « Les Six », puis « les Neuf », même les CE étaient surtout appréhendées de cette manière. Selon l'historien Martin Kirsch (2008, p. 188), il faut attendre les années 1980 pour observer un regain d'intérêt pour l'Europe – regain qui s'intensifiera à partir de la chute du Mur de Berlin en 1989 : alors que le pouvoir grandissant des institutions européennes et l'effondrement du monde communiste attisent les débats sur l'Europe[54] (Kaelble, 2001, p. 224), les travaux historiques sur cet objet connaissent un essor jusque-là inégalé.

Cette dernière phase nous intéresse particulièrement, car elle signe l'existence d'un sous-champ disciplinaire institutionnalisé, avec des associations professionnelles, des collections éditoriales, des revues scientifiques et des formations universitaires dédiées à l'histoire de l'Europe ; avec, même, des archives historiques labellisées comme « européennes[55] » ; et avec, surtout, des spécialistes de cette histoire qui bâtissent leur carrière sur cet objet de recherche et d'enseignement. Néanmoins, pour comprendre l'apparition de ce sous-champ, il est non seulement fondamental d'aller au-delà de l'explication par le contexte politique proposée par Nicolas Roussellier et M. Kirsch, mais aussi de commencer cette étude avant les années 1980. En effet, comme le montrera notre premier chapitre, la création de l'IUE en 1976 constitue déjà un moment fondateur pour ce domaine de recherche : le fait qu'un petit nombre d'historiens fondent, au sein de son département d'histoire, un véritable domaine de spécialité consacré à l'intégration communautaire marque le début de l'existence institutionnelle de l'histoire de l'Europe – en l'occurrence celle de l'histoire de l'intégration. Par la suite, celle-ci sera renforcée avec la création en 1982 d'un réseau européen d'historiens universitaires auprès de la Commission européenne (le Groupe de liaison), puis d'espaces de production d'une histoire de l'Europe dépassant le cadre des CE.

Cette étude se concentre donc sur les différentes entreprises liées à l'écriture d'une histoire de l'Europe depuis 1976 ; afin d'analyser l'émergence depuis le début des années 2000 de controverses publiques accompagnant la multiplication

---

Grenoble, Arthaud. La notion de civilisation de l'Europe fait aussi l'objet d'enseignements au sein de deux DEA : cf. Office national d'information sur les enseignements et les professions (ONISEP), 1977-1980, *Répertoires des Universités*, 1.

53. Cf. en particulier les séries de volumes réalisés par des équipes internationales : Beloff Max, Renouvin Pierre, Schnabel Franz *et al.* (dir.), 1959-1967, *L'Europe du XIXᵉ et du XXᵉ siècle. Problèmes et interprétations historiques*, Milano, Marzorati, 7 vol. ; Commission internationale pour l'édition des sources de l'histoire européenne (dir.), 1975-2003, *Les papiers de Richelieu*, Paris, A. Pédone, 9 vol. En France, cf. Girault René, 1979, *Diplomatie européenne et impérialismes : 1871-1914*, Paris, Masson, et, plus tôt, Renouvin Pierre (dir.), 1953-1958, *Histoire des relations internationales*, Paris, Hachette, 8 vol. En RFA, cf. Schieder Theodor (dir.), 1968-1987, *Handbuch der europäischen Geschichte*, Stuttgart, Union Verlag puis Klett-Cotta, 7 vol. ; 1975-1978, *Propyläen Geschichte Europas*, Berlin, Propyläen, 6 vol.

54. D'autres facteurs contribuent au renouvellement des débats sur l'Europe dans les années 1990 : l'essor des transferts croisés de population en Europe, le conflit yougoslave, l'expansion économique de la Chine, de l'Inde, de l'Asie du Sud-Est et de l'Amérique latine ainsi que l'hégémonie américaine (Kaelble, 2001, p. 224 ; Kaelble, 2004, p. 172).

55. Cf. Le Boulay, 2019.

des actions de l'UE et du Conseil de l'Europe dans le domaine de la mémoire, elle se poursuit jusqu'à nos jours. Plus précisément encore, cette étude porte sur les projets impliquant des historiens français et/ou allemands – l'attention étant cependant davantage portée sur leur position institutionnelle que sur leur nationalité[56]. Le choix de la France et de l'Allemagne est d'abord lié au fait que, si l'intérêt pour l'histoire de l'Europe est partagé par des historiens venus de tout le continent et même d'au-delà, Français et Allemands figurent parmi les plus actifs dans ce domaine[57]. L'importance des débats de la profession sur le bien-fondé d'une écriture de l'« histoire européenne » ou sur les approches possibles et souhaitables de cette écriture y est en effet sans commune mesure avec ce que l'on peut observer dans les autres pays. De plus, le nombre d'institutions dédiées à cette histoire et celui des parutions sur le sujet n'ont pas d'équivalent ailleurs. Et surtout, Français et Allemands sont nombreux au sein des institutions et des réseaux internationaux engagés dans l'écriture de cette histoire. Ainsi, au département d'histoire de l'IUE, le premier titulaire de la chaire d'histoire de l'intégration européenne a été un historien (ouest-)allemand : W. Lipgens nommé dès 1976 ; et depuis 1976, Allemands et Français ont été parmi les nationalités les plus représentées[58]. De manière similaire, Français et (Ouest-)Allemands sont nombreux au sein du Groupe de liaison fondé en 1982 : quelle que soit la période considérée, on y compte deux Français et au moins deux Allemands, alors que tous les pays de l'UE ne sont pas représentés et que les historiens d'autres nationalités sont souvent seuls ou se retrouvent seuls à un moment donné[59]. Le premier président de ce groupe a de plus été le Français René Girault (jusqu'en 1989) et, succédant au Luxembourgeois Gilbert Trausch, son troisième président entre 2001 et 2014 était un Allemand : Wilfried Loth. Dernier exemple d'initiative ne se limitant pas, elle, à l'histoire des CE : quand, en 1989, R. Girault a fondé un réseau international de recherche sur l'« identité européenne », ses groupes de travail étaient majoritairement placés sous la (co)direction d'historiens français ou allemands et, parmi les membres de ces groupes, on observait une forte supériorité en nombre des Français – les Allemands arrivant en

---

56. Nous mentionnerons notamment les activités du Polonais K. Pomian, qui a émigré en France en 1973 et a fait carrière au CNRS et à l'EHESS. Cf. s. d., « Pomian Krzysztof », [http://www.iesr.ephe.sorbonne.fr/node/25320], consulté le 24 janvier 2020.
57. Si ceci peut être lié au rôle moteur du couple franco-allemand dans l'intégration européenne, F. ROA BASTOS (2016) explique l'investissement des politistes allemands dans l'étude de la construction européenne (lui aussi particulièrement important) non seulement par le dynamisme des mouvements proeuropéens en Allemagne, mais aussi par le rôle, dans ce pays, des organisations promouvant l'« éducation politique » (*politische Bildung*).
58. Cf. les rapports d'activité de l'IUE : IUE, 1977-1987, *Tätigkeitsbericht*, n° 1-9, Florence, IUE ; IUE, 1984-1993, *Akademisches Jahr (1985/1986-1994/1995)*, Fiesole, Badia Fiesolana ; IUE, 1995-2016, *The President's Annual Reports (1994-2015)*, Luxembourg, OPOCE ; IUE, 2017-2018, *EUI Activity Report (2016-2017)*, Florence, IUE.
59. Cf. la liste des membres figurant dans les ouvrages de la collection du groupe, intitulée « Groupe de liaison des Historiens auprès des Communautés », et dans la *Revue d'histoire de l'intégration européenne*. À sa fondation, l'idée était de compter deux historiens par « grand pays » membres des CE (RFA, France, Grande-Bretagne) et un seul pour les « petits pays » (entretien avec W. Loth, 2009). La présence majorée de Français et d'Allemands est en ce sens liée au rôle central de ces deux pays dans l'intégration européenne.

deuxième position, suivis de près par les Belges, les Espagnols, les Italiens et les Luxembourgeois[60].

L'étude de ces deux pays tire aussi sa pertinence de l'existence d'échanges riches et abondants entre historiens français et allemands (Bruhns, 1992, p. 201). Ceux-ci ont été amorcés dans l'Entre-deux-guerres, puis développés après-guerre avec la création d'institutions comme l'IEG (en 1950), l'Institut historique allemand de Paris (qui a succédé en 1964 au Centre allemand de recherche historique créé en 1958) ou encore la Mission historique française en Allemagne (MHFA, fondée à Göttingen en 1977). Après avoir été affectés par la guerre froide (Bruhns, 1992, p. 209), ces échanges se sont renforcés dès la fin des années 1980 et plus encore après la chute du Mur de Berlin, notamment avec la création de nouvelles institutions binationales (et interdisciplinaires) : le Centre Marc Bloch de recherche en sciences sociales en 1992, l'Université franco-allemande en 1997 et le Centre interdisciplinaire d'études et de recherches sur l'Allemagne (CIERA) en 2001. Peu à peu, on a vu se développer dans ce contexte institutionnel l'intérêt pour l'histoire de l'Allemagne en France, pour celle de la France en Allemagne, pour les études comparatives et pour l'histoire des relations franco-allemandes[61] ; mais les coopérations scientifiques franco-allemandes sont aussi souvent pensées comme le point de départ de l'écriture d'une histoire européenne. C'est ce qu'on observe avec le très médiatisé manuel scolaire franco-allemand d'histoire, conçu pour pouvoir être utilisé par les lycéens de la voie générale des deux pays : celui-ci fait de la dimension européenne une perspective centrale[62]. D'autres initiatives, relevant de la recherche universitaire, l'attestent également[63]. En ce sens, notre étude permet de s'interroger sur la manière dont l'histoire, qui était un lieu d'ancrage du nationalisme et de l'hostilité à l'égard du pays voisin au XIXe et au début du XXe siècle[64], est devenue un lieu de réconciliation, notamment à travers l'écriture en commun d'une histoire qui se veut européenne. Dans ce cadre, le fait que l'Allemagne a été au cœur de la division de l'Europe et le fait que sa réunification intervient pendant la période étudiée constituent des raisons supplémentaires de s'intéresser à ce pays. Nous pourrons ainsi considérer un pays d'Europe de l'Ouest n'ayant pas connu de

---

60. Cf. GIRAULT René (dir.), 1994, *Identité et conscience européennes au XXe siècle*, Paris, Hachette, p. 225-226 et 229-230.
61. Cf. BUFFET Nathalie et BUFFET Cyril, 1998, « Index bibliographique », *in* Cyril BUFFET, Étienne FRANÇOIS, Anne-Marie LE GLOANEC *et al.* (dir.), *France Allemagne : Histoires entremêlées, mémoires partagées*, Paris, ADPF, p. 109-141.
62. Cf. GEISS Peter et LE QUINTREC Guillaume (dir.), 2006-2011, *Histoire/Geschichte. Manuel d'Histoire franco-allemand/Deutsch-französisches Geschichtsbuch. Secondes, Premières, Terminales/Gymnasiale Oberstufe*, Paris, Nathan ; Leipzig/Stuttgart, Klett Schulbuchverlag, 3 vol.
63. Cf. HUDEMANN Rainer et POIDEVIN Raymond (dir.), 1992, *Die Saar 1945-1955. Ein Problem der europäischen Geschichte / La Sarre 1945-1955. Un problème de l'histoire européenne*, Munich, Oldenbourg ; BITSCH Marie-Thérèse (dir.), 2001, *Le couple France-Allemagne et les institutions européennes. Une postérité pour le plan Schuman ?*, Bruxelles, Bruylant ; GERSMANN Gudrun et WERNER Michael (dir.), 2005-2011, *Deutsch-französische Geschichte*, Darmstadt, Wissenschaftliche Buchgesellschaft, 11 vol.
64. Outre les ouvrages cités plus haut à propos du rôle de l'histoire dans la formation et la légitimation des États-nations, cf. BENDICK, 2000.

régime communiste, la France, et un second, l'Allemagne, directement touché par l'expérience communiste.

Enfin et surtout, l'étude des projets impliquant des Français et/ou des Allemands nous permet de ne privilégier aucun espace (national, binational, européen ou mondial). Elle conduit en effet à étudier non seulement des initiatives mises en place de part et d'autre du Rhin, mais aussi des coopérations scientifiques de dimension franco-allemande, européenne ou plus large encore – dans ce cadre, même si nous nous concentrons sur les Français et les Allemands, nous mentionnerons le rôle d'historiens issus d'autres pays. Ainsi, nous pourrons articuler différents niveaux d'analyse : premièrement, celui de la comparaison internationale, avec l'étude des similitudes et des divergences qui existent entre les deux pays ; deuxièmement, celui de la constitution d'espaces internationaux (binationaux, européens ou plus larges), avec l'étude de la multiplication des institutions internationales de recherche et de l'essor des réseaux de recherche internationaux comme méthode de production d'un savoir qui se veut spécifiquement européen ; enfin, troisièmement, celui des phénomènes de circulation transnationale, avec l'étude des échanges entre la France et l'Allemagne (notamment de la mobilité internationale des acteurs), mais aussi des relations entre les différentes échelles (nationales et internationales). Il sera alors possible d'examiner le rôle de ces différentes échelles pour la production de savoirs sur l'histoire de l'Europe ainsi que la spécificité, à ce titre, de cette histoire, à l'égard en particulier des histoires nationales. Finalement, c'est même l'interdépendance entre la formation d'un sous-champ disciplinaire dédié à l'histoire de l'Europe et celle d'espaces transnationaux de recherche qui pourra être dévoilée.

Corpus et matériaux de recherche

Afin d'étudier le domaine de recherche que constitue l'histoire de l'Europe, nous nous concentrerons sur les initiatives qui revendiquent explicitement ce label. Examiner l'affrontement de plusieurs visions de cette histoire suppose en effet d'être attentif aux luttes de définition. Par conséquent, il ne saurait être question ici de trancher quelles recherches ou publications méritent l'appellation « histoire de l'Europe ». Il convient au contraire de « dénaturaliser » cette notion et d'essayer de comprendre comment et dans quelle mesure elle est devenue légitime à la fois pour penser l'Europe et pour penser l'histoire. Nous étudierons donc la manière dont elle a été construite et institutionnalisée par la création d'équipes de recherche, de collections et de formations labélisées « histoire de l'Europe », voire « histoire européenne ». Ainsi seulement, nous pourrons montrer que des acteurs luttent pour imposer leur conception de cette histoire – et, à travers elle, leur conception de l'Europe.

Nous avons aussi choisi de nous concentrer sur les entreprises collectives inscrites dans la durée : réseaux de recherche ou associations scientifiques ; collections éditoriales, séries d'ouvrages en plusieurs volumes, revues ou sites Internet ; filières universitaires, chaires dans des établissements d'enseignement supérieur ou réseaux de doctorants. Les ouvrages écrits par un seul auteur et les ouvrages collectifs ne s'inscrivant pas dans un projet scientifique durable jouent certes un rôle important dans la discipline en termes d'innovation et de carrières individuelles – nous pourrons d'ailleurs évoquer ce type d'ouvrages pour comprendre la trajectoire de tel ou tel historien. Cependant, ce sont les entreprises collectives inscrites dans la durée qui structurent l'ordre disciplinaire. Ce sont elles, en l'occurrence, qui structurent le domaine scientifique dédié à l'histoire de l'Europe et lui confèrent une existence en tant que tel.

Afin de montrer en quoi les différentes entreprises analysées contribuent à institutionnaliser « l'histoire de l'Europe » et à légitimer les groupes professionnels qui en font leur travail, ces entreprises peuvent être classées en trois catégories étroitement liées les unes aux autres (cf. encadré 1, pages suivantes). Tout d'abord, les réseaux de recherche, qui constituent des espaces de production de savoirs sur l'histoire de l'Europe – ou en d'autres termes des « structures de production ». En second lieu, les supports de publication, qui permettent de diffuser les résultats de cette recherche – et que nous pouvons donc qualifier de « structures de diffusion ». Enfin, les dispositifs de formation de jeunes spécialistes de l'histoire de l'Europe, qui n'ont pas seulement pour effet la transmission de savoirs, ni même la reproduction de ce sous-champ de recherche auprès de la nouvelle génération : ils permettent aussi à des historiens de faire carrière dans ce domaine (en devenant professeur d'histoire de l'intégration européenne ou en obtenant une chaire Jean Monnet par exemple) et une division du travail s'opère dans leur cadre, en particulier entre professeurs, enseignants-chercheurs n'ayant pas le titre de professeur et doctorants. En ce sens, ce sont des « structures de division du travail ».

Nous ne nous arrêterons pas sur l'ensemble des projets relatifs à l'enseignement de l'histoire de l'Europe dans le secondaire, que nous avons examinés ailleurs[65] et qui pourraient faire l'objet d'un ouvrage à eux seuls. Deux d'entre eux sont néanmoins le fait de réseaux d'historiens ayant pour ambition de fonder une histoire de la civilisation européenne à un moment où ce domaine de recherche n'était pas encore constitué en tant quel tel. Parce qu'ils ne se résument pas à des projets éducatifs et que leur étude est fondamentale pour la compréhension de la structuration du sous-champ disciplinaire qu'est l'histoire de l'Europe, un chapitre leur sera consacré. Dans ce cadre, il conviendra d'interroger le rôle des politiques européennes en faveur des enseignements relatifs à l'Europe.

L'ambition de cette étude est de comprendre les conditions pratiques de la constitution et de la structuration de ce domaine scientifique. Cela suppose d'être attentif aux sources de la recherche sur l'histoire de l'Europe (en particulier à ses archives), à ses méthodes, à ses débats, à ses clivages, mais aussi, surtout, aux financements et aux autres types d'incitations venant du monde extra-scientifique. Les actions de l'UE, du Conseil de l'Europe, de l'Allemagne, de la France ainsi que des acteurs privés (en particulier des fondations et des

---

65. Cf. Le Boulay, 2014.

maisons d'édition) dans ce domaine sont donc tout particulièrement au cœur de notre recherche. S'interroger sur les conditions pratiques de la fabrique de l'histoire de l'Europe implique également de ne pas concevoir l'historiographie de manière désincarnée, mais de privilégier une sociologie politique centrée sur les acteurs (académiques, politiques et privés), leurs intérêts (aussi bien professionnels que scientifiques ou politiques), leurs ressources et leurs contraintes. En somme, il s'agit d'entrer dans les coulisses de la science en train de se faire.

À cette fin, nous avons confronté les publications (collectives) d'historiens sur cet objet à d'autres types de sources. Notre étude repose en particulier largement sur la littérature grise : rapports et publications périodiques d'organismes scientifiques ou d'organisations proposant des financements pour la recherche, répertoires de publications ou de formations universitaires, rapports parlementaires abordant des questions relatives à l'histoire de l'Europe, textes officiels de l'UE ou du Conseil de l'Europe encadrant les financements pour la recherche ou ayant pour objectif d'influencer la mémoire des événements européens, ou encore sites Internet officiels d'organisations scientifiques ou politiques (qui sont, à l'heure du numérique, une source d'information parfois essentielle). Pour comprendre les trajectoires de certains réseaux de recherche ou d'historiens, nous avons en outre consulté des archives privées, des récits rédigés par des acteurs ayant participé à des projets inaboutis, des entretiens de seconde main ainsi que des notices biographiques, des nécrologies et des *curricula vitae*. Nous avons aussi examiné les archives officielles de l'UE ; cependant, nous envisageons leur genèse et leur évolution avant tout comme des objets de recherche en soi. Enfin, ces différentes sources documentaires ont été complétées par des échanges avec des historiens engagés dans des projets relatifs à l'histoire Europe ou des employés d'institutions promouvant cette histoire, sous la forme de courriers électroniques ou d'entretiens formels ou informels.

Encadré 1. Les trois catégories d'entreprises analysées

1. Structures de production

Réseaux de recherche, associations scientifiques ou autres groupes de chercheurs ayant pour ambition de fonder une histoire de l'Europe (hors grands programmes de financement européen)

- Département d'histoire et programmes d'interviews de l'Institut universitaire européen (IUE) ;
- programme de recherche sur la perception de la puissance en Europe ;
- premiers réseaux d'historiens ayant pour objectif d'écrire un manuel d'histoire de la civilisation européenne (mais aussi de fonder cette histoire) ;
- groupe de liaison ;
- Association internationale d'histoire contemporaine de l'Europe (AIHCE) ;
- réseau de recherche sur l'identité européenne ;

- groupes européens de recherche sur l'histoire de l'Europe financés dans le cadre du progamme « Intelligence de l'Europe » du ministère français de la Recherche ;
- comité scientifique et colloques internationaux du Musée de l'Europe ;
- Réseau international de jeunes chercheurs en histoire de l'intégration européenne (RICHIE) ;
- réseau European Network for Contemporary History (EurhistXX).

Réseaux de recherches incluant des historiens soutenus par un programme de financement européen

- Financés par la Fondation européenne de la science (European Science Foundation : ESF) ;
- financés dans le cadre des Programmes-cadres de recherche et de développement (PCRD) ;
- financés dans le cadre du programme de Coopération européenne dans le domaine de la recherche scientifique et technique (European Cooperation in Science and Technology : COST).

2. Structures de diffusion

Supports de publication internationaux

- Collections et séries d'ouvrages spécialisées dans l'histoire de l'Europe, publiées dans plusieurs pays et/ou dirigées par des historiens de plusieurs pays, (co)dirigées par un historien français et/ou allemand ;
- revues spécialisées dans l'histoire de l'Europe, dirigées par un comité international comprenant des historiens français ou allemand.

Supports de publication nationaux

- Collections et séries d'ouvrages spécialisées dans l'histoire de l'Europe publiées en France ou en Allemagne ;
- sites Internet français ou allemands relatifs à l'histoire de l'Europe.

3. Structures de division du travail

Dispositifs de formation de jeunes spécialistes de l'histoire de l'Europe au niveau européen

- Département d'histoire de l'IUE ;
- cours d'histoire au Collège d'Europe ;
- chaires Jean Monnet d'histoire ;
- Réseau international de jeunes chercheurs en histoire de l'intégration européenne (RICHIE).

Dispositifs de formation de jeunes spécialistes de l'histoire de l'Europe en France et en Allemagne

- En France : diplômes d'études approfondies (DEA) et masters dédiés à l'histoire de l'Europe ;
- en Allemagne : collèges doctoraux (Graduiertenkollegs) et masters dédiés à l'histoire de l'Europe.

Organisation de l'ouvrage

La première partie de cet ouvrage examine les conditions dans lesquelles un espace de recherche international dédié à l'histoire de l'Europe se constitue entre 1976 et la fin des années 1980. Le premier chapitre y montre comment, pendant cette période, un petit nombre de spécialistes d'histoire des relations internationales fondent, avec l'appui de la Commission européenne, un nouveau domaine de spécialité : l'histoire de l'intégration européenne. Le deuxième retrace les déboires de spécialistes d'histoire socioculturelle dont le projet de concevoir un manuel d'histoire de la civilisation européenne pour le secondaire est mis à mal par un manque de soutien politique et financier. Même si l'histoire de l'intégration européenne est alors en situation de quasi-monopole, c'est donc un espace de recherche structuré autour de deux entreprises distinctes qui prend alors forme.

La seconde partie est consacrée aux reconfigurations de cet espace par la suite et notamment à l'évolution des rapports de force en son sein. Entre la fin des années 1980 et celle des années 1990, alors que les débats publics et scientifiques portant sur la question européenne prennent une ampleur sans précédent, les initiatives relatives à l'écriture de l'histoire de l'Europe se multiplient et se diversifient : cette histoire dépasse alors le giron de l'intégration européenne. Notre troisième chapitre souligne l'importance, dans ce cadre, des relations qui se nouent entre des historiens et de nouveaux acteurs promouvant l'histoire de l'Europe entendue au sens large. Il interroge aussi les tentatives de définition de normes et d'appropriation de l'histoire de l'Europe de quelques historiens, notamment les pionniers de l'histoire de l'intégration communautaire. Enfin, le quatrième chapitre met en lumière les évolutions récentes de ce sous-champ de recherche depuis le début des années 2000, en particulier l'émergence de controverses publiques au sujet des politiques de plus en plus nombreuses et visibles de l'UE et du Conseil de l'Europe dans le domaine de la mémoire de l'Europe, la reconfiguration, dans ce cadre, des relations entre historiens et promoteurs de l'histoire de l'Europe ainsi que le renouvellement de cette histoire.

Malgré toutes les évolutions qui marquent la quarantaine d'années que nous étudions, nous interrogerons l'existence de continuités. Nous pourrons constater que dans les différentes configurations décrites, ce domaine de recherche repose sur des interactions entre des historiens et des acteurs extérieurs au champ scientifique. Nous pourrons alors analyser dans quelle mesure l'histoire de l'Europe dépend des organisations internationales (UE et Conseil de l'Europe), des États-nations ou des acteurs privés (fondations, éditeurs). Nous pourrons aussi interroger les spécificités de cette histoire par rapport aux histoires nationales et par rapport à d'autres disciplines (comme le droit, notamment, discipline majeure des études européennes). Nous pourrons, surtout, comprendre comment la construction européenne contribue à transformer les pratiques et redéfinir les divisions internes au sein de la discipline historique et comment, inversement, la science historique contribue à façonner l'Europe et ses représentations.

PREMIÈRE PARTIE

Les conditions de formation du sous-champ de recherche consacré à l'histoire de l'Europe (de 1976 à la fin des années 1980)

1

La naissance de l'histoire de l'intégration européenne
Un partenariat entre historiens et Commission européenne

En 1976, les CE ne sont pas encore trentenaires : la Communauté européenne du charbon et de l'acier (CECA) a vu le jour en 1952, la Communauté économique européenne (CEE) et la Communauté européenne de l'énergie atomique (Euratom) en 1958. Si quelques historiens tels que le Français J.-B. Duroselle ou l'Allemand de l'Ouest W. Lipgens travaillent déjà sur l'histoire de l'idée de l'unification européenne antérieure à 1945, l'étude du processus d'intégration d'après-guerre est jusque-là réservée aux juristes, aux économistes et aux politistes. L'histoire du « temps présent », qui, au sein de l'époque contemporaine, renvoie à la « période pour laquelle survivent un nombre significatif d'acteurs et de témoins » (Leduc, 2010, p. 833), n'est en effet pas encore instituée comme un domaine légitime de la discipline historique. De plus, les archives relatives à l'intégration européenne ne sont pas encore accessibles, qu'elles soient en possession des institutions européennes ou des États membres des CE[1]. À partir de 1976, avec la création de l'IUE, qui accorde une large place aux travaux sur le processus communautaire et dispose d'un département d'histoire, un petit nombre d'historiens jusque-là spécialistes de l'étude des relations internationales s'efforcent de fonder l'histoire des débuts de l'intégration européenne comme domaine de spécialité. Ils mettent en place des équipes composées de chercheurs issus des différents pays membres des CE, luttent pour avoir accès aux archives communautaires et tentent de favoriser le thème de l'intégration européenne dans leur discipline. Comme nous le verrons, cette lutte, qui prend appui sur la création d'un « Groupe de liaison » d'historiens cultivant des relations étroites avec la Commission européenne, permet à ceux-ci d'affirmer leur autonomie à l'égard d'autres disciplines (l'économie et surtout la science politique) et de résister à l'essor d'un courant auquel ils s'opposent au sein de la science historique : l'histoire sociale.

En nous appuyant sur les rapports annuels de l'IUE, sur les archives du Groupe de liaison, sur sa production scientifique réunie au sein d'une collec-

---

1. Pour plus de précisions, cf. Le Boulay, 2019.

tion, ainsi que sur des entretiens (de seconde main ou menés par nos soins), nous allons retracer ici la naissance de l'histoire de l'intégration européenne comme domaine scientifique. Ce faisant, nous nous attacherons à mettre en lumière les interactions entre les historiens qui s'engagent dans ce domaine et des fonctionnaires la Commission européenne : c'est bien de la rencontre de ces deux types d'acteurs, issus pour les uns du monde universitaire et pour les autres du monde politico-administratif, que naît l'histoire de l'intégration européenne. Ce chapitre permettra ainsi de comprendre comment, vingt ans après la fondation d'un « droit communautaire » par des juristes[2], des historiens acquièrent une place dans l'espace académique spécialisé dans l'étude de l'intégration européenne, que les politistes Cécile Robert et Antoine Vauchez appellent « l'Académie européenne » (2010b). Contrairement aux connaissances produites par les juristes ou les économistes spécialistes des CE[3], les connaissances produites par ces historiens n'aident pas les responsables politiques à façonner les politiques communautaires. Grâce à leur position scientifique compatible avec la vision qu'a la Commission européenne de l'Europe, ils proposent cependant un récit des débuts de l'intégration qui leur permet de tisser des liens étroits avec la Commission, de négocier l'accès aux archives communautaires et de fonder un nouveau domaine de spécialité autonome à l'égard des disciplines voisines.

Il convient de signaler que dans la période que nous étudions ici, en dehors de l'IUE et de la division responsable des relations avec le Groupe de liaison au sein de la Commission européenne, les systèmes de financement internationaux qui visent à favoriser l'excellence de la science en Europe[4] – le programme COST lancé en 1971, ESF créée en 1974 et les PCRD lancés en 1984 – ne contribuent pas au développement de l'histoire de l'intégration communautaire (pas plus qu'à celui de l'histoire de l'Europe entendue au sens large). Jusqu'au début des années 2000, aucun projet de recherche historique n'est soutenu dans le cadre du programme COST ou des PCRD[5]. Certes, dès le début des années 1980, des programmes et réseaux de recherche transnationaux impliquant des historiens sont menés avec le soutien de l'ESF (qui regroupe des organismes scientifiques issus de différents pays européens). Que leur objet de recherche soit les migrations, la construction de l'État-nation ou même les « puissances européennes »,

---

2. Cf. BAILLEUX, 2014.
3. Cf. ROBERT et VAUCHEZ, 2010b, p. 18 à propos du rôle de l'Association des juristes européens (AJE) ; DENORD et SCHWARTZ, 2010 à propos du rôle des économistes néolibéraux dans la création d'un marché commun.
4. Même si c'est l'Acte unique européen signé en 1986 qui dote officiellement les institutions communautaires de compétences dans les domaines scientifique et technologique, dès les années 1960 et 1970, la crainte d'un fossé technologique avec les États-Unis conduit les CE à créer des organismes scientifiques et à mettre peu à peu en place des systèmes de financement pour soutenir la recherche européenne. Ceux-ci privilégient néanmoins les sciences « dures ». Cf. GUZZETTI, 1995 ; PAPON, 2001.
5. À propos de COST, cf. ROLAND, 1997. Pour plus de précisions quant aux PCRD, cf. notre chapitre 4 ; LE BOULAY, à paraître en 2023/OnlineFirst 2021.

ils adoptent cependant une perspective comparative à l'égard des différentes histoires nationales et n'entendent pas contribuer à l'histoire de l'Europe[6].

La promotion de l'histoire de l'intégration relève plutôt des politiques en faveur de l'émergence d'une « conscience européenne » : à l'IUE comme dans la division de la Commission européenne en charge des relations avec le Groupe de liaison, l'idée est de favoriser les thèmes « européens » dans l'enseignement supérieur afin de sensibiliser la jeunesse à la construction européenne. Si la recherche est visée, l'objectif est que les professeurs proposent des cours en relation avec leurs travaux et ce sont surtout les jeunes chercheurs qui sont ciblés, « avec l'idée qu'ils [seront] les gens en place 10 ans plus tard[7] ».

Le début des études européennes : un espace de recherche avec peu d'historiens

Les associations proeuropéennes (en particulier le Mouvement européen), le Conseil de l'Europe et la Commission européenne se sont intéressés dès leur naissance au rapport des jeunes à l'Europe. C'est aussi le cas de la fondation américaine Ford, favorable à l'intégration communautaire. Dans ce cadre, des actions en faveur des enseignements en sciences humaines et sociales à ce sujet ont été mises en place. Un établissement supérieur dédié aux études européennes a été créé dès 1950 en vue de former une élite dotée d'un « esprit européen » : le Collège d'Europe de Bruges. Puis, à partir de 1960, une division de la Commission européenne a incité les universitaires à travailler sur des thèmes relatifs à la construction européenne et à se constituer en réseaux transnationaux ; son objectif était de favoriser l'enseignement de l'intégration communautaire à l'Université afin de sensibiliser les étudiants à ce sujet. Ainsi un espace transnational de recherche dédié à l'Europe a-t-il commencé à se construire. Dans un premier temps, c'étaient cependant surtout des juristes, des économistes et dans une moindre mesure des politistes qui y étaient actifs. Les historiens y étaient quasiment absents : jusqu'au début des années 1980 (et la création du Groupe de liaison) ni le Collège d'Europe ni la Commission n'était en effet réellement parvenue à mobiliser des chercheurs de cette discipline et aucun réseau d'historiens spécialistes de l'Europe ou de l'intégration européenne n'avait été constitué[8].

---

6. Cf. ESF, 1976-1981, *Reports (1975-1980)*, Strasbourg, ESF ; ESF, 1982-1989, *Annual Reports (1981-1988)*, Strasbourg, ESF.
7. Entretien d'É. DU RÉAU avec J.-C. Moreau, 18 mai 1998, AHUE, INT607, p. 49. Celui-ci évoque ici l'action de la division de la Commission européenne responsable de « l'information universitaire », en relation notamment avec le Groupe de liaison. Mais il n'en va pas autrement à l'IUE : celui-ci accueille avant tout des doctorants.
8. Il faudra même attendre le début des années 1990 pour que l'enseignement de l'histoire s'établisse véritablement au Collège d'Europe, comme le montrera notre chapitre 3.

Le Collège d'Europe : un établissement spécifique pour former une élite européenne

À la fin des années 1940 et au début des années 1950, l'idée de promouvoir l'enseignement et la recherche relatifs à l'« Europe » est débattue. Le but d'un tel projet est d'éveiller l'intérêt des jeunes diplômés à l'égard de l'intégration européenne. Des divisions apparaissent cependant entre deux courants : l'Union européenne des fédéralistes, minoritaire au sein du Mouvement européen, ainsi qu'un petit nombre d'acteurs du Conseil de l'Europe appuient la création d'une institution européenne spécifique, alors que les autres, majoritaires, préféreraient s'appuyer sur les universités nationales existantes. La question se pose également de savoir si un tel enseignement doit servir à former des dirigeants européens ou des chercheurs[9].

Lors du Congrès de La Haye de 1948, l'idée de rassembler de jeunes diplômés de différentes nationalités dans un même lieu pour leur transmettre un « esprit européen » et former ainsi des dirigeants pour l'Europe unie réussit à s'imposer. Par la mobilisation conjointe de l'association proeuropéenne Mouvement européen et d'acteurs brugeois réunis dans un Comité local, le « Collège d'Europe » ouvre ses portes à Bruges : pour une session préparatoire en 1949, puis officiellement l'année suivante. Il propose une formation postuniversitaire d'une durée d'un an dans le domaine des études européennes. Dès 1950, il est placé sous la protection du Conseil de l'Europe[10]. Il est proche également de la Commission européenne : Jean Rey et François-Xavier Ortoli ont tous deux présidé (en partie simultanément) son conseil d'administration et la Commission[11]. La création d'un tel Collège est l'une des premières étapes de l'émergence et même de l'institutionnalisation d'un domaine d'enseignement et de recherche dédié aux études européennes, soutenu par les mouvements proeuropéens, puis par les institutions européennes. Sa présence et sa notoriété dans le paysage universitaire contribuent à faire de l'Europe un objet pour les sciences humaines et sociales.

À la fondation du Collège, l'histoire se voit attribuer une place notable. Le thème général de la session préparatoire de 1949 est « L'enseignement de l'histoire et la formation d'un esprit européen dans les universités », avec notamment un séminaire de l'historien britannique John Bowle sur l'histoire de l'Europe – son héritage historique comme son histoire contemporaine[12]. Pourtant, une grande partie des étudiants sélectionnés pour entrer au Collège ont alors fait

---

9. Cf. PALAYRET, 1998.
10. Cf. VERMEULEN, 2000, p. 33.
11. J. Rey a été président du conseil d'administration du Collège d'Europe de 1964 à 1974, F.-X. Ortoli de 1974 à 1985 : cf. le site Internet du Collège d'Europe, [http://www.coleurope.eu/], consulté le 13 novembre 2019. Le premier a présidé la Commission européenne de 1967 à 1970, le second de 1973 à 1977 : cf. s. d., « Présentation des anciens présidents », [http://ec.europa.eu/archives/commission_2004-2009/president/history/index_fr.htm], consultée le 24 septembre 2012.
12. Cf. VERMEULEN, 2000, p. 30 ; BOWLE John, 1948, *The Unity of European History. A Political and Cultural Survey*, Londres, J. Cape.

des études de droit. Cette proximité avec les études juridiques doit être mise en relation avec le fait que la procédure de sélection est alors confiée aux comités nationaux du Mouvement européen, au sein desquels sont présents nombre de juristes[13]. Les premières années, plusieurs cours d'histoire sont donnés. Mais les « professeurs visiteurs » qui en sont responsables (en plus de leur travail dans des universités nationales) ne sont pas tous historiens, à l'instar du sociologue et philosophe Raymond Aron, de l'historien de l'art Vladimir Weidlé ou encore du docteur en Lettres Marie-Joseph Lory[14]. Et à partir de 1955, le nombre de ces enseignements diminue. En 1962, quand le Collège d'Europe est organisé en sections disciplinaires, l'histoire est reléguée au « département d'études générales européennes » qui complète les programmes spécialisés des différentes sections par des séminaires dits « généraux », alors que droit, économie et science politique ont un département attitré[15]. Après le départ de J. Bowle en 1967, M.-J. Lory est seul à enseigner l'histoire. Et au départ de ce dernier en 1985, aucun enseignant d'histoire ne le remplace avant 1991. L'histoire est donc alors marginale au sein du Collège d'Europe de Bruges : elle n'a pas pu s'imposer comme discipline centrale pour la formation d'une élite européenne.

Les universités nationales comme lieux de transmission d'un « esprit européen » ?

Si l'idée de rassembler de jeunes diplômés de différentes nationalités dans un même lieu l'a d'abord emporté, celle d'encourager les enseignements relatifs au processus d'intégration communautaire au sein des universités nationales est également mise en œuvre à partir de la fin des années 1950 – et l'idée d'une « véritable université européenne » sera au contraire un échec en 1960[16]. En 1958, avec le soutien de la Fondation Ford, un Institut de la Communauté européenne pour les études universitaires (ICEEU) est créé à Bruxelles afin de « susciter l'intérêt des milieux académiques pour l'intégration européenne[17] ». Son premier président, Jean Monnet (qui préside aussi le Comité d'action pour les États-Unis d'Europe : CAEUE), cède dès 1959 cette responsabilité au Néerlandais Max Kohnstamm (vice-président du CAEUE, qui a été Premier secrétaire de la Haute autorité de la CECA entre 1952 et 1956). Celui-ci travaille en étroite collaboration avec un service communautaire chargé depuis 1955 d'« informer » les citoyens au sujet de la construction européenne... ou plutôt, pour reprendre les termes de son directeur Jacques-René Rabier, d'insuffler une

---

13. Cf. Vermeulen, 2000, p. 30 et 212 ; Bailleux, 2010, p. 300, 305 et 312.
14. Cf. la liste des professeurs ayant donné des cours d'histoire au Collège d'Europe, transmise en 2010 par une employée du Collège d'Europe, par courrier électronique. Dans tous les départements, les cours du Collège sont assurés par des « professeurs visiteurs » rattachés à des universités nationales.
15. Cf. Vermeulen, 2000, p. 102 ; ICEEU, 1963-1966, *Recherches et études universitaires sur l'intégration européenne*. Il en va encore ainsi aujourd'hui, cf. le site Internet du Collège d'Europe, cité.
16. Cf. Cohen, 2017, p. 81-83.
17. Cf. AHUE, mars 2006, « MK Max Kohnstamm », [https://archives.eui.eu/en/fonds/162347?item=MK], consulté le 26 janvier 2020, p. 4. Au sujet de l'ICEEU, cf. Cohen, 2017.

« évolution des esprits vis-à-vis de l'Europe et des institutions européennes[18] » : le service « Presse et information ». D'abord rattaché à la CECA, puis commun à la CEE, la CECA et l'Euratom, celui-ci sera rattaché à la Commission européenne à partir de 1967 ; il prendra alors la forme d'une Direction générale (la « DG X »). Ensemble, ces deux organisations commencent à mettre en place des actions à l'égard du monde universitaire. Dès 1958, elles créent en particulier un prix pour les thèses de doctorat faisant de l'intégration communautaire leur objet de recherche[19]. Elles dotent ainsi les études européennes d'un premier dispositif de consécration. Ce dispositif n'a pas tant pour effet de sélectionner les meilleures thèses dans ce domaine (celles-ci restent de toute façon peu nombreuses) ; il a surtout pour effet d'institutionnaliser l'émergence au sein du champ scientifique d'un sous-champ de recherche dédié à l'étude de l'intégration communautaire, de rendre celui-ci visible et de le légitimer.

Le service « Presse et information » s'organise peu à peu en plusieurs divisions chacune responsable des relations avec un public spécifique : journalistes, syndicats, milieu agricole, jeunesse… C'est en 1960, à la suite de la demande formulée par un député européen ouest-allemand du groupe socialiste, Gerhard Kreyssig, de doter les CE d'un budget en faveur de la formation de la jeunesse dans un esprit européen, qu'une division chargée de « l'information universitaire », de la jeunesse et de l'éducation des adultes est créée[20]. Jean-Charles Moreau, le premier à la tête de cette division, a consacré sa carrière à cet objectif politique. Ancien responsable de la politique de réconciliation à destination de la jeunesse allemande (en tant que chef du bureau « rencontres internationales » au sein du gouvernement militaire de la zone d'occupation française de 1945 à 1951), il a aussi été (de 1951 à 1953) secrétaire général de la Campagne européenne de la jeunesse (CEJ) créée par le Mouvement européen pour mobiliser les jeunes en faveur de la construction européenne. Plusieurs autres employés de la division sont également passés par la CEJ, ce qui confirme que l'objectif principal de cette division est bien de sensibiliser les jeunes à l'intégration européenne. C'est dans ce cadre qu'elle cible les universitaires : l'enseignement supérieur est perçu comme « porteur d'avenir[21] ».

Une série d'actions est lancée pour promouvoir la recherche universitaire sur l'intégration communautaire : aides à la création de centres de documenta-

---

18. Entretien de G. Bossuat avec J.-R. Rabier, juin 1998, AHUE, INT609, p. 18. À propos de la politique communautaire d'« information », cf. aussi Calligaro, 2013, p. 19-25.
19. Cf. AHUE, « MK Max Kohnstamm », cité ; septembre 2009, « Témoignage de Jacques-René Rabier », [http://ec.europa.eu/education/jean-monnet/doc/conf09/rabier_fr.pdf], consulté le 16 avril 2012.
20. Cf. l'entretien de M. Dumoulin et J. Cailleau avec Fausta Deshormes, 2 février 2004, AHUE, INT726, p. 8-9.
21. Entretien d'É. du Réau avec J.-C. Moreau, cité, p. 48. Outre cet entretien, notre analyse de cette division repose sur les entretiens de M. Dumoulin et J. Cailleau avec J. Lastenouse-Bury, 21 janvier 2004, AHUE, INT713 et avec F. Deshormes, 2 février 2004, AHUE, INT726 ainsi que sur Dulphy Anne, Manigand Christine, 2011, « Entretien avec Jacqueline Lastenouse, directeur honoraire de la Commission européenne », Histoire@Politique, Politique, culture, société, n° 15, [http://www.histoire-politique.fr], consultée le 13 février 2020.

tion européenne dans les universités, enquêtes visant à répertorier les thèses[22] puis l'ensemble des recherches universitaires[23] portant sur l'intégration, subventions à la publication pour ce type de thèses, bourses de recherche pour jeunes universitaires, organisation de colloques de dimension nationale ou européenne sur des thèmes communautaires ou encore soutien aux associations nationales de professeurs travaillant à des études communautaires. Parmi ces associations, signalons notamment la Commission pour l'étude des Communautés européennes (CEDECE) créée en France en 1965 par le juriste et homme politique Pierre-Henri Teitgen ainsi que le Cercle de travail sur l'intégration européenne (Arbeitskreis Europäische Integration : AEI) créée en République fédérale d'Allemagne (RFA) en 1969 par le juriste et premier président de la Commission européenne Walter Hallstein et l'économiste et homme politique Alfred Müller-Armack.

Grâce à ces actions, les études européennes ne disposent plus seulement d'un dispositif de consécration (le prix de thèse créé en 1958 par le service « Presse et information » de la Commission européenne). Un espace transnational de recherche dédié à ces études se développe peu à peu. Il a ses propres lieux de discussion : non seulement le Collège d'Europe, mais aussi l'ICEEU, la division de la Commission européenne responsable des relations avec les universitaires, les associations scientifiques consacrées à l'intégration ainsi que les colloques internationaux organisés à ce sujet. Il a ses propres financements, destinés en particulier à la réalisation de travaux de recherche ou à la publication de thèses. Grâce aux différents répertoires recensant les activités scientifiques relatives à l'intégration européenne, il est aussi doté de ses propres moyens de diffusion. En rassemblant des matériaux (d'origine institutionnelle) concernant l'intégration dans des lieux spécifiques pour les mettre à disposition des chercheurs, les centres de « documentation » européenne instituent enfin des sources homologuées pour la recherche sur cet objet. Avec l'aide de la Commission, les conditions pratiques de l'activité scientifique se mettent ainsi peu à peu en place pour les études européennes.

La portée de ces actions doit néanmoins être nuancée. Loin de constituer une politique majeure de la Commission européenne, les activités de la division en relation avec les universitaires ne sont pas considérées comme prioritaires. Cette division n'est longtemps pourvue que deux postes et est contrainte de faire

---

22. Les résultats de l'enquête sur les thèses, menée de 1957 à 1977, ont été publiés dans SIEMERS J.-P., 1979, *European Integration. Select International Bibliography of Theses and Dissertations, 1957-1977*, Alphen aan den Rijn, Sijthoff & Noordhoff.

23. Enquête tout d'abord publiée par l'ICEEU (sous le titre *Recherches et études universitaires sur l'intégration européenne* de 1963 à 1966, puis *Études universitaires sur l'intégration européenne* de 1967 à 1974) ; puis par le Centre d'études européennes de l'Université catholique de Louvain (*Études universitaires sur l'intégration européenne* de 1977 à 1980, puis *Recherches universitaires sur l'intégration européenne* de 1982 à 1992). Cf. aussi la revue du Bureau d'information des CE, 1965-1966, *Nouvelles universitaires*, puis de la Commission européenne, 1966-1999, *Nouvelles universitaires européennes* : celle-ci présente l'actualité des recherches, des colloques et des enseignements relatifs à l'intégration européenne. En 1980, une base de données informatique nommée « Eureka », puis « Euristote » à partir de 1986, est aussi mise en place. Cf. BOTTLE et VOUDOURIS, 1988, p. 206-207. Elle est indisponible actuellement.

appel à des stagiaires, des contractuels et des fonctionnaires d'autres services. En outre, elle doit faire face à des résistances venues du milieu académique. L'un de ses principaux objectifs, créer des réseaux européens d'universitaires, est ainsi longtemps resté lettre morte du fait de problèmes linguistiques et surtout de réticences des différentes associations nationales à s'unir au niveau communautaire, notamment par crainte de perdre leurs subventions[24]. Par ailleurs, les relations de cette division avec le monde universitaire sont très inégales d'une discipline à l'autre. Dans les années 1960 et 1970, elle travaillait surtout avec des juristes, des économistes et dans une moindre mesure avec des politistes. Elle peinait à établir des contacts avec des historiens.

Dans ce cadre, il faut noter que nombre d'employés de cette division ont une formation en droit[25]. Cette disparité est cependant surtout liée à deux autres facteurs inséparables l'un de l'autre. D'une part, la Fondation américaine Ford, qui joue alors un rôle essentiel dans la promotion des études européennes, entend par-là les études de science politique, d'économie et de droit sur l'intégration communautaire. Il faut dire que son objectif est de défendre les intérêts américains et de lutter contre le communisme en soutenant la construction européenne, en l'occurrence en favorisant « la recherche sur les aspects politiques, constitutionnels, sociaux et économiques de l'intégration » et en veillant à la formation des futurs dirigeants européens[26]. Dans ce cadre, la discipline historique n'est pas prise en compte ; les historiens sont absents des espaces de recherche sur l'intégration européenne qui se mettent alors en place avec l'aide de cette fondation. D'autre part, l'activité scientifique des différentes disciplines au sujet de l'intégration communautaire est très inégale. Dès 1965, l'ICEEU note certes que « Pour les six pays communautaires […] plus de 80 % des universités ont au moins un professeur qui développe dans son enseignement les nouveaux aspects qu'apporte à sa discipline l'intégration européenne[27] ». C'est cependant avant tout en droit, en économie et dans une moindre mesure en science politique que l'ICEEU recense des activités sur cet objet[28]. Quelques travaux relatifs à l'histoire de l'Europe sont répertoriés, mais il faut attendre les années 1980 pour que ceux-ci commencent à se multiplier[29]. Il convient en particulier de noter l'absence de thèses d'histoire

---

24. Cf. l'entretien de M. Dumoulin et J. Cailleau avec J. Lastenouse-Bury, cité, p. 11. En 1987, une Association d'études sur la Communauté européenne (European Community Studies Association : ECSA) sera finalement créée. Elle fédère les différentes associations nationales de recherche sur l'intégration européenne. Cf. Dulphy Anne et Manigand Christine, « Entretien avec Jacqueline Lastenouse… », art. cité, p. 16.
25. J. Lastenouse, qui dirige cette division entre 1973 et 2001, est notamment titulaire d'un DEA en études européennes, option droit européen. Cf. l'entretien de M. Dumoulin et J. Cailleau avec J. Lastenouse-Bury, cité, p. 3.
26. Cf. Cohen, 2017, citation p. 74.
27. ICEEU, 1965, *Recherches et études universitaires sur l'intégration européenne*, n° 2, p. 9.
28. Jusqu'aux années 1980, c'est avant tout en droit public que se développent les théories relatives aux CE, en particulier avec la définition du principe de supranationalité par des juristes qui deviennent spécialistes de droit communautaire (Bailleux, 2010). Les économistes étudient les effets de la CEE ou prévoient ceux du Marché commun (Taugourdeau et Vincensini, 2009).
29. Cf. ICEEU, 1963-1966, *Recherches et études universitaires sur l'intégration européenne* et 1967-1974, *Études universitaires sur l'intégration européenne* ; Centre d'études européennes de l'Université catholique de

portant sur l'intégration européenne à cette époque[30] et le fait que les associations nationales d'études de l'intégration européenne mobilisent davantage de juristes, d'économistes et de politistes que d'historiens[31]. Ces différents éléments expliquent la quasi-absence de relations de la division responsable de « l'information universitaire » avec ces derniers dans les années 1960 et 1970. Malgré tout, dès le début des années 1960, cette division tisse des liens avec un précurseur de l'histoire de l'intégration européenne : J.-B. Duroselle (cf. encadré 2, page suivante).

Il faut en outre noter le cas de l'Allemand de l'Ouest Hans-Peter Schwarz. Bien que celui-ci soit professeur de science politique, Jacqueline Lastenouse, qui travaille au sein de la division responsable de « l'information universitaire » de 1962 à 2001, le cite dans un entretien rétrospectif à côté de J.-B. Duroselle parmi les premiers historiens en contact avec cette division[32]. Il est vrai qu'il a fait des études d'histoire aussi bien que de science politique et qu'il est proche des historiens de l'Institut d'histoire du temps présent (Institut für Zeitgeschichte) de Munich, dont il codirige la revue *Vierteljahrshefte für Zeitgeschichte* depuis 1978. Le fait que, dans les années 1970, ce politiste représente la recherche historique auprès des employés de la division de la Commission en relation avec les universitaires montre cependant à quel point l'histoire de l'intégration européenne n'est pas constituée comme spécialité dans la discipline historique à cette époque. Les rares chercheurs qui se penchent sur cet objet de recherche se situent alors à mi-chemin entre l'histoire et la science politique. C'est le cas de H.-P. Schwarz. Ses travaux sur Konrad Adenauer l'amènent à se pencher sur la politique européenne et il est membre de l'AEI[33]. C'est également le cas du Français Pierre Gerbet. Ses recherches sur les organisations internationales (notamment le Conseil de l'Europe ou l'Organisation européenne de coopération économique) l'ont conduit, à partir

---

Louvain, 1977-1980, *Études universitaires sur l'intégration européenne* et 1982-1992, *Recherches universitaires sur l'intégration européenne*. De 1950 à 1984, seuls 2,8 % des travaux recensés dans la base de données Euristote entrent dans la catégorie « Histoire, société et civilisation européenne » ; 5 % des chercheurs recensés sont historiens, contre 33 % de juristes, 33 % d'économistes et 16 % de politistes (Bottle et Voudouris, 1988, p. 209 et 218). Les travaux pionniers sur l'histoire de l'intégration européenne sont notamment le fait de W. Lipgens, J.-B. Duroselle ou P. Gerbet. Quelques travaux portant sur l'histoire longue de l'Europe sont aussi recensés, notamment ceux d'Alphonse Dupront sur les « valeurs européennes ».

30. Parmi les 1 217 thèses et mémoires répertoriés de 1957 à 1977 par la division, on compte seulement deux thèses d'histoire, écrites par des doctorants américains, et un petit nombre de thèses et mémoires pour lesquelles la discipline n'est pas précisée. La plupart relèvent du droit, de la science politique ou de l'économie. Cf. Siemers J.-P., *European Integration...*, op. cit. Par la suite, l'Université catholique de Louvain recense quelques rares thèses d'histoire : cf. Centre d'études européennes de l'Université catholique de Louvain, 1977-1980, *Études universitaires sur l'intégration européenne* et 1982-1992, *Recherches universitaires sur l'intégration européenne*. Notons que G. Bossuat (1992) constate toujours, au début des années 1990, le faible nombre de thèses sur l'histoire de l'Europe.
31. La CEDECE réunit alors des juristes et des économistes, cf. Dulphy Anne, Manigand Christine, « Entretien avec Jacqueline Lastenouse... », art. cité, p. 11. Quant à l'AEI, ses colloques portent sur des thèmes juridiques, économiques ou politiques ; aucun des numéros de sa collection « Schriftenreihe des Arbeitskreises Europäische Integration e.V. » n'est (et ne sera) consacré à une question historique.
32. Cf. Dulphy Anne et Manigand Christine, « Entretien avec Jacqueline Lastenouse... », art. cité, p. 11 et 15.
33. Cf. *ibid.*, p. 15. Il publie notamment un recueil de discours de K. Adenauer : Schwarz Hans-Peter (textes réunis par), 1975, *Konrad Adenauer. Reden: 1917-1967. Eine Auswahl*, Stuttgart, Deutsche Verlags-Anstalt.

> **Encadré 2. Jean-Baptiste Duroselle,
> premier historien en contact avec la division responsable
> de l'« information universitaire »**
>
> L'historien français J.-B. Duroselle s'est intéressé à l'histoire de l'unification européenne dès les années 1950, alors qu'il enseignait à l'université de la Sarre (une université ouest-allemande créée après-guerre sous l'égide de la France)[1]. Il faut dire qu'en tant que professeur de cette université, J.-B. Duroselle participe en 1951 à des rencontres d'historiens français et ouest-allemands visant à discuter des divergences d'interprétation de l'histoire dans les manuels scolaires des deux pays. À cette occasion, il entre notamment en contact avec l'Institut d'histoire européenne nouvellement créé à Mayence[2].
>
> De retour en France à partir de 1957, il mène sa carrière entre l'Institut d'études politiques (IEP) de Paris et la Sorbonne. Avec Pierre Renouvin, il participe à l'émergence de l'histoire des relations internationales, courant qui tente en France de dépasser l'histoire diplomatique traditionnelle en examinant non seulement les relations entre les diplomates, mais aussi les facteurs économiques et les « mentalités » qui déterminent leur action : les « forces profondes » selon le vocabulaire de P. Renouvin[3]. Dans cette perspective, J.-B. Duroselle travaille à la fois sur l'histoire politique contemporaine de l'Europe, sur la manière dont on s'est représenté l'Europe depuis l'Antiquité et sur l'histoire de l'idée de l'unification européenne[4].
>
> Ses liens avec la Commission européenne datent du début des années 1960. En 1962, J. Monnet, président du CAEUE et ancien président de la Haute autorité de la CECA, réfléchissant à la rédaction de son autobiographie, entre en contact avec lui afin de discuter de ce projet. Une relation se noue alors entre les deux hommes : J.-B. Duroselle peut consulter les archives personnelles de J. Monnet et celui-ci rédige la préface de l'ouvrage *L'idée d'Europe dans l'histoire*[5]. J.-B. Duroselle entre alors en outre en contact avec deux personnalités proches de J. Monnet, mais aussi du service « Presse et information » de la Commission : François Fontaine, qui dirige le bureau parisien de ce service, et Émile Noël, secrétaire général de la Commission qui soutient fortement les activités de la division responsable de « l'information universitaire » en faveur des études sur l'intégration européenne[6]. Il continuera ensuite à travailler sur l'histoire de l'Europe et de son unification depuis la préhistoire, mais sera réticent à l'égard de relations institutionnalisées avec la Commission[7] – sa non-participation au Groupe de liaison créé en 1982 est cependant aussi liée au fait qu'il prend sa retraite en 1983[8].

1. Cf. Chimot, 1998.
2. Cf. Unesco, 1953, *Les consultations bilatérales pour l'amélioration des manuels d'histoire*, Paris, Unesco, p. 18-19.
3. Cf. Frank, 2003.
4. Cf. Duroselle Jean-Baptiste, *L'Europe de 1815 à nos jours…, op. cit.*; Duroselle Jean-Baptiste, *L'idée d'Europe dans l'histoire, op. cit.*
5. *Ibid.* À propos de la relation entre ces deux hommes, cf. Cohen, 2007, p. 20.
6. Cf. notre entretien avec W. Loth, 2009 ; l'entretien de M. Dumoulin et J. Cailleau avec J. Lastenouse-Bury, cité. C'est F. Fontaine qui écrit finalement les *Mémoires* de Monnet : Monnet Jean, 1976, *Mémoires*, Paris, Fayard. À ce propos, cf. Cohen, 2007, p. 24-25.
7. Cf. Duroselle Jean-Baptiste, *L'Europe. Histoire de ses peuples, op. cit.*; 1982, « Compte-rendu », in *Étude du début de la construction européenne. Apport des sources et archives, 1946-1952. Colloque multinational des professeurs d'histoire contemporaine*, Luxembourg 28-29 janvier 1982, Bruxelles, Commission européenne, p. 21.
8. Cf. Frank Robert, 1999, « Hommage à René Girault », *Bulletin de l'Institut Pierre Renouvin*, n° 8.

de 1949, à l'étude de la construction européenne. Diplômé de l'IEP de Paris et agrégé d'histoire, il privilégie « l'angle de la science politique » et « opte » pour cette discipline après l'obtention de sa thèse d'État, car « les chances [y] étaient plus nombreuses qu'en histoire[34] ». C'est aussi, dans une moindre mesure, le cas de J.-B. Duroselle qui a non seulement enseigné à la Sorbonne, mais aussi à l'IEP de Paris. Il est proche de P. Gerbet et a été influencé par la science politique américaine[35].

En somme, dans la discipline historique, l'intérêt porté à l'intégration européenne est faible et il est le fait d'historiens proches de la science politique. En France, cette situation est tout d'abord liée au fait que l'histoire politique et en particulier institutionnelle a été « dédaignée » après la Seconde guerre mondiale ; elle est dominée par l'histoire sociale de l'École des *Annales* et celle-ci l'influence même, si bien qu'une « histoire politique mâtinée d'histoire culturelle » émergera au cours des années 1980 (Guenée et Sirinelli, 1995, p. 305 et 310)[36]. En outre, dans ce pays, l'histoire contemporaine n'est pas, alors, autant valorisée que les histoires ancienne, moderne et médiévale (Hartog et Revel, 2001, p. 21). Enfin, la plupart des contemporanéistes ne se penchent pas sur l'histoire récente de l'après-guerre ; nombre d'entre eux privilégient d'ailleurs l'étude de la Révolution (Garcia, 2010, p. 1210). Il faudra ainsi attendre 1978 pour que soit fondé l'Institut d'histoire du temps présent (IHTP) de Paris[37]. En RFA, les objets propres à l'histoire politique, à savoir les décisions politiques et les événements, suscitent davantage l'intérêt des historiens ; les *Annales* n'ont presque pas d'influence (Kaelble, 1986). Mais comme en France, les recherches historiques ne couvrent pas, en général, la période postérieure à 1945. Certes, un Institut d'histoire du temps présent existe à Munich depuis 1952. Cependant, jusque dans les années 1970, l'histoire du temps présent (la *Zeitgeschichte*) correspond dans ce pays à l'histoire de la République de Weimar et du Troisième Reich (Frei, 2002 ; Auerbach, 1982). En ce sens, en RFA comme en France, les rares historiens qui se penchent sur l'intégration européenne font figure d'*outsiders* dans la discipline[38].

---

34. DULPHY Anne et MANIGAND Christine, 2007, « Entretien avec Pierre Gerbet, professeur émérite à l'Institut d'études politiques de Paris », *Histoire@Politique, Politique, culture, société*, n° 2, p. 6, [http://www.histoire-politique.fr], consultée le 13 février 2020.

35. Cf. CHIMOT, 1998 ; FRANK, 2003, p. 43.

36. En 1995, ces auteurs notent que grâce à cette évolution, la « relégitimation de l'*objet politique* » est « l'un des faits historiographiques des quinze dernières années » (GUENÉE et SIRINELLI, 1995, p. 309 et 307). N. ROUSSELLIER (1995, p. 137) évoque notamment la fondation en 1984 de la revue *Vingtième siècle*, porteuse de la « nouvelle histoire politique et culturelle ».

37. À ce propos, cf. BÉDARIDA, 1995, p. 81.

38. Même si W. Lipgens travaille tout d'abord sur l'idée de l'unification européenne antérieure à 1945 (cf. LIPGENS Walter, *Europa-Föderationspläne der Widerstandsbewegungen…, op. cit.*), la plupart des travaux pionniers sur l'histoire de l'intégration incluent effectivement la période de l'après-guerre : cf. DUROSELLE Jean-Baptiste, « L'Unité politique de l'Europe. Espoirs et désillusions », art. cité ; GERBET Pierre, 1975, *La politique d'unification européenne, op. cit.* ; POIDEVIN Raymond, 1976, *Robert Schumans Deutschland- und Europapolitik zwischen Tradition und Neuorientierung*, Munich, Vögel ; SCHWARZ Hans-Peter (dir.), 1979, « Adenauer und Europa », *Vierteljahrshefte für Zeitgeschichte*, 27(4), p. 471-523. À partir des années 1970, W. Lipgens travaille lui aussi sur l'immédiat après-guerre : cf. LIPGENS Walter, 1977, *Die Anfänge der*

La formation d'un nouveau domaine de recherche : l'histoire de l'intégration européenne

Alors que, comme nous l'avons vu en introduction, la vision de l'Europe qui domine dans les études historiques dans les années 1960 et 1970 renvoie à ses puissances étatiques et à leurs relations extérieures (en particulier dans les courants de l'histoire politique et des relations internationales), à partir de la création de l'IUE en 1976, un petit nombre de spécialistes de l'histoire des relations internationales désireux d'étudier les débuts de l'intégration européenne se réunissent au niveau européen. Ils se mobilisent pour améliorer les conditions de la recherche sur cet objet, en particulier en luttant pour l'accès aux archives communautaires. Avec la naissance en 1982 d'un « Groupe de liaison » auprès de la Commission, leur ambition est même de fonder un véritable domaine de spécialité au sein de la discipline historique : tels les « entrepreneurs de droit communautaire » étudiés par la politiste Julie Bailleux[39], qui ont fondé un nouveau domaine juridique entre le milieu des années 1950 et le milieu des années 1960, nous avons affaire vingt ans plus tard à ce qu'on pourrait appeler des « entrepreneurs de l'histoire de l'intégration européenne ». Cette histoire peut voir le jour grâce à une collaboration étroite qui se noue entre ces historiens et la Commission européenne.

Les débuts de l'histoire de l'intégration européenne à l'Institut universitaire européen

Après la mise en place du Collège d'Europe, surtout consacré à la formation de dirigeants européens, puis celle de « l'information universitaire », qui soutient la recherche sur l'intégration européenne dans les universités nationales, l'idée d'une université européenne n'est pas abandonnée. Dès 1960, Florence est choisie comme ville d'accueil pour la fondation d'une telle université. Mais ce projet rencontre des résistances. Le Collège d'Europe voit arriver ce concurrent d'un mauvais œil. Le gouvernement français voudrait conserver ses prérogatives nationales en matière d'éducation. Et les universitaires craignent que ce nouvel établissement ne vienne concurrencer les universités nationales, d'autant plus que les débouchés sont rares pour les diplômés à cette époque[40]. C'est pourquoi l'IUE de Florence n'ouvre ses portes qu'en 1976. Il est dédié à la recherche universitaire, avec des programmes doctoraux et postdoctoraux dans quatre départements : histoire, sciences économiques, sciences politiques et sociales, sciences juridiques.

L'objectif de l'IUE est de réunir des chercheurs de sciences humaines et sociales issus de différents pays européens pour favoriser la recherche dans les

---

europäischen Einigungpolitik. 1945-1950. Erster Teil: 1945-1947. Mit Zwei Beiträgen von Wilfried Loth, Stuttgart, Klett.
39. BAILLEUX, 2014, citation p. 15.
40. Cf. VERMEULEN, 2000, p. 82-86 ; PALAYRET, 1998, p. 484, 486 et 492 ; COHEN, 2017.

« domaines ayant un intérêt particulier pour le développement de l'Europe[41] ». Cet objectif ambigu est la source de divergences de vues : s'agit-il de se pencher sur des problématiques communautaires ou sur l'Europe entendue dans un sens plus large ? Si des chercheurs proches de la Commission européenne travaillent sur l'intégration européenne, d'autres luttent pour que leur autonomie à l'égard de cette institution soit garantie[42]. Dès la création du département d'histoire de l'IUE en 1976, son premier directeur, Charles Wilson, travaille sur un thème éloigné des préoccupations communautaires : l'histoire de la mer du Nord. Puis, au début des années 1980, l'histoire sociale et culturelle des pays européens trouve sa place à côté de l'histoire politique et économique de l'intégration communautaire. C'est pourtant bien la constitution d'un lieu de recherche sur la construction européenne qui est au cœur du projet de l'IUE. À la création de son département d'histoire, ce sont les historiens ouest-allemand W. Lipgens et britannique Peter Ludlow qui donnent corps à ce projet : ils consacrent en grande partie leurs recherches aux projets d'intégration conçus pendant la Seconde Guerre mondiale. L'absence de professeur spécialiste de ces questions pendant les quelques années suivant leur départ fragilisera ce thème émergent, mais l'arrivée du Britannique Alan Milward confortera la naissance de ce nouveau domaine de recherche scientifique – même si celui-ci est moins engagé sur le plan politique[43].

Un projet aussi bien politique que scientifique

La promotion de la recherche sur l'intégration européenne à l'IUE est en grande partie le fait de la Commission européenne, avec laquelle cet institut entretient des relations de proximité. Ces relations s'opèrent non seulement par le biais du financement de l'IUE par la Commission qui, dès les débuts, y encourage les recherches sur les CE[44], mais aussi à travers la carrière de hauts fonctionnaires passant d'une institution à l'autre. Le premier président de l'institut jusqu'en 1981 est M. Kohnstamm ; rappelons que celui-ci a non seulement été président de l'ICEEU, qui encourage les études européennes, mais qu'il a aussi travaillé pour la Haute autorité de la CECA (organe exécutif précédant la Commission européenne) et le CAEUE. De manière similaire, E. Noël, qui

---

41. Cf. 4 septembre 2012, « *A Brief History of the EUI* », [http://www.eui.eu/About/HistoryofEUI.aspx], consulté le 23 janvier 2020 ; nous traduisons.
42. À ce propos, cf. PALAYRET, 1998, p. 495-496.
43. Les pages suivantes reposent sur les rapports d'activité de l'IUE : IUE, 1977-1987, *Tätigkeitsbericht*, n° 1-9, Florence, IUE.
44. Au sujet du département d'histoire, cf. la « Communication de M. Van Der Meulen sur les archives historiques des Communautés Européennes », in *Étude du début de la construction européenne…, op. cit.*, p. 60. Au sujet du département de sciences politiques et sociales, cf. BONCOURT, 2019. La Fondation Ford participe elle aussi au financement de l'IUE à ses débuts (COHEN, 2017, p. 95). À l'inverse, la division responsable de « l'information universitaire » au sein de la Commission n'a eu qu'un rôle limité dans la création de l'IUE, car elle se focalise surtout sur la relation avec les universités nationales (entretien de M. DUMOULIN et J. CAILLEAU avec F. Deshormes, cité, p. 10).

devient président de l'IUE en 1987, était auparavant secrétaire général de la Commission européenne[45].

Le développement de recherches sur l'intégration européenne à l'IUE ne peut cependant pas être uniquement envisagé comme découlant d'une politique communautaire venue d'en haut. Les chercheurs impliqués sont eux-mêmes acteurs de l'émergence de ces recherches et ils sollicitent le soutien des CE. Dans le cas du département d'histoire, un contrat signé entre l'IUE et la Commission prévoyait dès 1975 de lancer un projet de recherche international sur l'histoire des CE[46]. Cependant, W. Lipgens, premier titulaire de la chaire d'histoire de l'intégration européenne de l'IUE de 1976 à 1979, avait commencé à s'intéresser à la politique de construction européenne dès les années 1950 (encadré 3).

Les activités scientifiques de W. Lipgens et sa lutte pour l'accès aux archives officielles sont indissociables d'une forme d'engagement politique. Il fait figure d'ardent défenseur de la cause fédéraliste, qu'il présente comme l'unique forme d'intégration possible[47], et ne cache pas que ses travaux ont aussi une finalité politique. Pour lui, la publication de documents relatifs aux débats sur l'intégration européenne a ainsi non seulement pour objectif de stimuler l'intérêt des historiens pour ce nouvel objet de recherche, mais aussi de fonder une « conscience historique de la Communauté européenne[48] ». L'image de la construction européenne qui ressort de ses travaux est très positive. Elle est avant tout présentée comme un projet visant à garantir la paix : l'objectif aurait été de dépasser les États-nations et de lutter contre les nationalismes qui ont conduit au fascisme ; une importance notable est accordée aux mouvements de Résistance[49].

Les démarches menées en faveur de l'accessibilité des archives communautaires par W. Lipgens et un groupe d'historiens des relations internationales qu'il arrive à mobiliser montrent particulièrement bien que l'histoire de l'intégration est née de l'engagement conjoint de quelques fonctionnaires de la Commission et de quelques historiens. À l'ouverture de l'IUE, les archives officielles relatives aux débuts de la construction européenne n'étaient pas encore rendues publiques. Celles des États membres des CE n'étant pas accessibles avant un délai de trente ans, voire plus, les archives antérieures à 1946 pouvaient être consultées, mais pas celles, ultérieures, concernant l'intégration européenne d'après-guerre.

---

45. Cf. AHUE, « MK Max Kohnstamm », cité ; Bossuat Gérard, 2010, « Émile Noël, premier secrétaire général de la Commission européenne, 1958-1987. Conférence prononcée en 2010 au Quai d'Orsay dans le cadre du cycle de conférences de l'association des Amis des Archives diplomatiques », [http://www.diplomatie.gouv.fr/fr/le-ministere/archives-et-patrimoine/colloques-et-conferences/article/emile-noel], consulté le 9 février 2012. De 1981 à 1987, c'est un juriste, W. Maihofer, qui dirige l'IUE.
46. Cf. Calligaro, 2013, p. 41.
47. Cf. Lipgens Walter, 1983, « Der Zusammenschluß Westeuropas. Leitlinien für den historischen Unterricht », *Geschichte in Wissenschaft und Unterricht*, 34, p. 347 et 363-364.
48. Lipgens Walter et Loth Wilfried (dir.), 1986, *Documents on the History of European Integration*, Berlin/New York, De Gruyter, vol. 2, p. xi ; nous traduisons. W. Lipgens affirmait déjà cette ambition de conférer une conscience historique aux CE en 1977 : cf. Lipgens Walter, *Die Anfänge der europäischen Einigungspolitik*, *op. cit*, p. viii.
49. Cf. notamment Lipgens Walter, « Der Zusammenschluß Westeuropas. Leitlinien für den historischen Unterricht », art. cité, p. 345, 349 et 350.

> **Encadré 3. Walter Lipgens, premier titulaire de la chaire d'histoire de l'intégration européenne de l'IUE**
>
> L'historien ouest-allemand W. Lipgens a commencé à s'intéresser à la politique de construction européenne dès les années 1950, alors qu'il travaillait pour un *think tank* fédéraliste : l'Institut de recherche de la Société allemande pour la politique extérieure (le Forschungsinstitut de la Deutsche Gesellschaft für Auswärtige Politik : DGAP). Il développe ensuite le projet d'écrire une histoire des débuts de l'intégration européenne à l'université de la Sarre, où il accède à une chaire d'histoire européenne moderne et contemporaine (*Neuere Geschichte*[1]) en 1967 – soit dix ans après le départ de J.-B. Duroselle. En 1974, il parvient à obtenir un financement de la Fondation Volkswagen pour ce projet, dans le cadre d'un programme destiné à l'étude des relations politiques internationales – il faut dire qu'à ses débuts, cette fondation créée en 1961 et placée sous l'égide du gouvernement fédéral allemand et du *Land* de Basse-Saxe recevait des conseils de la Fondation Ford[2].
>
> Son arrivée à l'IUE en 1976 va lui permettre de concrétiser cette recherche. Il tente avant tout de retracer la naissance de l'idée de créer des organisations supranationales européennes durant la Seconde Guerre mondiale. Dans ce cadre, il a en particulier pour objectif de publier un recueil de textes correspondant à des projets d'union ou de fédération européenne, qu'ils émanent d'hommes ou de partis politiques, d'Européens exilés, d'associations internationales ou de mouvements de Résistance[3]. Parce qu'il a pour ambition, au-delà de ses propres travaux, de faire naître une histoire des débuts de la construction européenne, W. Lipgens se mobilise également pour que les archives qui s'y rapportent soient ouvertes au public[4].
>
> ---
>
> 1. En France, on distingue quatre époques : l'Antiquité, le Moyen Âge, l'époque moderne et l'époque contemporaine. En Allemagne, on en distingue plutôt trois : l'Antiquité, le Moyen Âge et une dernière époque allant de la fin du Moyen Âge jusqu'à nos jours, appelée *Neuzeit*, parfois *Neuere Geschichte*
> 2. Cf. Cohen, 2017. À propos de cette fondation, cf. Duhamelle, 2006.
> 3. W. Lipgens est décédé en 1984, avant que soit achevé ce recueil en plusieurs volumes élaboré par une équipe internationale : Lipgens Walter et Loth Wilfried (dir.), 1985-1991, *Documents on the History of European Integration*, Berlin/New York, De Gruyter, 4 vol. Le deuxième volume a été finalisé par ses anciens collègues à l'université de la Sarre, en particulier A. Heinen. Les troisième et quatrième volumes, édités par W. Loth, concernent la période d'après-guerre. Ils ont été subventionnés par la Fondation Volkswagen : cf. Stiftung Volkswagenwerk, 1981, *Bericht (1980/1981)*, Göttingen, Vandenhoeck & Ruprecht, p. 52.
> 4. Cf. Loth, 2006 ; Stiftung Volkswagenwerk, 1974, *Bericht (1974)*, Göttingen, Vandenhoeck & Ruprecht, p. 82.

Quant à la question des archives détenues par les institutions communautaires (la CECA, la CEE et l'Euratom), elle n'était pas encore réglée. Cette situation empêchait les historiens, en particulier ceux des relations internationales, qui privilégient les archives institutionnelles, d'effectuer des recherches sur les CE. C'est dans ce contexte qu'en septembre 1977, Lipgens réunit des spécialistes des relations internationales de différentes nationalités pour fonder une équipe de recherche internationale qui puisse faire le point sur l'accessibilité aux différentes archives et l'aider dans ses travaux. L'équipe ainsi constituée autour de Lipgens est composée des Français P. Gerbet et Raymond Poidevin, du Néerlandais Adrian

Manning, de l'Italien Enrico Serra et du Britannique Donald Cameron Watt[50]. La Commission européenne, non seulement intéressée par le développement des études européennes, mais aussi contrainte par l'ouverture imminente au public, par les États membres, d'archives concernant les CE, décide alors de rendre accessibles les archives des CE datant de trente ans ou plus (suivant le modèle des archives nationales) et de les transférer à l'IUE. Même si des restrictions sont prévues pour les documents « sensibles », notamment ceux de l'Euratom, cette ouverture des archives au public et la perspective de leur présence à l'IUE sont un succès pour W. Lipgens et son équipe. Au sein de la Commission européenne, elles constituent aussi un succès pour ceux qui ont fait leur l'ambition de gagner les citoyens à la cause européenne et qui, dans ce cadre, œuvrent en faveur du développement des études européennes : à savoir non seulement les fonctionnaires de la division en relation avec les universitaires, mais aussi le secrétaire général de la Commission, É. Noël, qui est fortement engagé en faveur des études sur l'intégration européenne et qui a notamment joué un rôle important dans l'ouverture des archives communautaires au public[51].

Les débuts de l'histoire de l'intégration européenne découlent ainsi de la rencontre d'enjeux politiques et scientifiques. L'image de l'intégration européenne véhiculée par les travaux du Britannique P. Ludlow, lui aussi professeur à l'IUE, n'est d'ailleurs pas moins positive que celle qui découle des travaux de Lipgens, et ce qu'il se consacre à la coopération des gouvernements des pays alliés de 1939 à 1945 ou à la genèse du Système monétaire européen à la fin des années 1970[52]. De plus, après son départ de l'IUE, P. Ludlow dirigera un *think tank* dédié aux questions communautaires proche de la Commission européenne : le Centre des études politiques européennes (Centre for European Policy Studies) à Louvain-la-Neuve[53]. Si les termes « agents doubles » employés par C. Robert et A. Vauchez (2010b, p. 12 et 14) pour qualifier les juristes s'engageant dans une carrière politique au sein des institutions européennes ne conviennent pas pour W. Lipgens ou P. Ludlow, les débuts de l'histoire de l'intégration européenne restent ainsi marqués par la position de ses fondateurs à mi-chemin entre les mondes scientifique et politique.

Ce type de position suscite cependant déjà des controverses dans le monde académique – même en Allemagne, où il est pourtant favorisé par l'existence d'organisations promouvant l'« éducation politique », notamment les fondations

---

50. Cf. Lipgens Walter (dir.), 1980, *Sources for the History of European Integration (1945-1955). À Guide to Archives in the Countries of the Community/Sources de l'histoire de l'intégration européenne (1945-1955). Guide des archives conservées dans les pays de la Communauté*, Leyden, Sijthoff, p. 185. Pour la liste complète des historiens présents en 1977, cf. *ibid.*, p. 183.
51. À propos des Archives historiques des CE, cf. Le Boulay, 2019. À propos du soutien d'É. Noël aux études européennes, cf. l'entretien de M. Dumoulin et J. Cailleau avec J. Lastenouse-Bury, cité ; Calligaro, 2013, p. 23-24.
52. Cf. notamment son éloge du Système monétaire européen : Ludlow Peter, 1982, *The Making of the European Monetary System. A Case Study of the Politics of the European Community*, Londres, Butterworth Scientific, p. 288.
53. Cf. IUE, 1984, *Tätigkeitsbericht*, n° 7, Florence, IUE, p. 9.

politiques[54]. La vision de la construction européenne de W. Lipgens lui vaut ainsi les critiques de ses collègues historiens. Karl-Georg Faber, qui travaille à ses côtés à l'université de la Sarre jusqu'en 1976, où il étudie les fondements de la science historique, se souvient de cette controverse dans le cadre d'une conférence sur les liens entre les historiens et le politique en 1981 :

> « [L'utilisation de l'histoire à des fins proeuropéennes après 1945] est un vieux conflit qui m'opposait à mon collègue sarrebruckois Walter Lipgens, qui est un Européen engagé et a fallacieusement présenté [*frisiert*] tous les projets de la Résistance comme étant européens. C'était prévisible [*Dies zu tun, lag auf der Hand*] après la création d'une Europe répressive par Hitler, mais les mouvements de résistance étaient pour la plupart des mouvements nationaux et non pas européens[55]. »

La fragilité de l'histoire de l'intégration européenne à l'IUE

Les professeurs de l'IUE sont nommés pour quelques années seulement : ils regagnent ensuite leur université d'origine et d'autres viennent les remplacer. W. Lipgens retourne ainsi à l'université de la Sarre dès 1979 et P. Ludlow quitte Florence pour Louvain-la-Neuve en 1980. Pour les remplacer, aucun professeur spécialiste du temps présent n'est nommé à temps plein dans le département d'histoire, si bien que l'histoire de l'intégration européenne y repose jusqu'en 1983 sur des « professeurs invités » dont le travail à l'IUE n'est pas l'activité principale : P. Ludlow lui-même ainsi que les historiens des relations internationales R. Girault et Ennio Di Nolfo, puis Roy Price, professeur britannique d'études européennes qui a été à la tête de la Direction générale en charge de l'« information » au sein de la Commission européenne à partir de 1973[56]. Cette perte de signification de l'histoire de l'intégration européenne à l'IUE montre la fragilité de ce domaine de recherche émergent, qui n'intéresse encore que peu de chercheurs. Elle est également liée au changement de présidence de l'IUE. En 1981, le juriste et ancien ministre de l'Intérieur ouest-allemand Werner Maihofer remplace en effet M. Kohnstamm à la tête de cet institut. Or, si ce dernier s'était engagé en faveur de l'émergence d'une histoire des CE, W. Maihofer s'intéresse davantage à l'« identité culturelle européenne[57] ».

En 1981, R. Price met pourtant en place un projet de recherche sur les débuts des CE dans la période de l'après-guerre (de 1945 à 1950) et le Britannique

---

54. Cf. Roa Bastos, 2016.
55. Faber Karl-Georg, 1984, « Geschichte als Legitimation », *in* Karl-Ernst Jeismann (dir.), *Geschichte als Legitimation? Internationale Schulbuchrevision unter den Ansprüchen von Politik, Geschichtswissenschaft und Geschichtsbedürfnis*, Braunschweig, GEI, p. 38-39 ; nous traduisons.
56. Cf. IUE, 1982, *Tätigkeitsbericht*, n° 5, Florence, IUE, p. 15 et IUE, 1983, *Tätigkeitsbericht*, n° 6, Florence, IUE, p. 26-27. À propos de R. Price, cf. l'entretien de M. Dumoulin et J. Cailleau avec J. Lastenouse-Bury, cité, p. 16. Il dirige l'axe de recherche sur l'intégration européenne en 1981-1982 en faisant appel à d'autres professeurs invités, dont R. Girault, E. Di Nolfo et A. Manning.
57. Cf. Bossuat Gérard, 2010, « Émile Noël… », cité.

A. Milward, recruté en 1983, mène ce projet à bien – notamment avec l'aide de l'Allemand de l'Ouest Werner Abelshauser, professeur à l'IUE en 1983-1984. La période étudiée est même prolongée jusqu'en 1954, incluant ainsi non seulement le plan Schuman, mais aussi les débuts de la CECA. À la différence de W. Lipgens, A. Milward, néanmoins, n'est pas fédéraliste (cf. encadré 4).

Encadré 4. Alan Milward, successeur de W. Lipgens à l'IUE

Le Britannique A. Milward est spécialiste d'histoire des relations économiques internationales. Avant de se pencher sur l'intégration communautaire, il s'intéressait aux économies nationales[1]. C'est dans cette perspective qu'il envisage le processus d'intégration : après avoir travaillé à la publication au Royaume-Uni d'un ouvrage de Lipgens en l'enrichissant d'une étude de la Conférence de coopération économique européenne (CEEC) et des projets d'union douanière élaborés par les pays européens après-guerre, A. Milward propose une analyse de la construction européenne comme outil permettant aux États-nations de défendre leurs intérêts économiques[2]. Il est donc loin de l'histoire idéaliste de l'intégration dessinée par W. Lipgens, pour qui celle-ci permet de dépasser les États-nations ; il la critique même fermement. Même si, quand il arrive à l'IUE en 1983, A. Milward est en relation avec la Commission européenne dans le cadre du Groupe de liaison qui vient d'être fondé en 1982 (et que nous étudierons plus loin), sa proximité avec l'institution est aussi moins étroite[3]. Professeur d'études européennes à l'université de Manchester avant son arrivée à l'IUE, il enseignera à la London School of Economics (LSE) à son retour au Royaume-Uni en 1988 – avant de revenir à l'IUE en 1995[4].

1. Cf. en particulier MILWARD Alan et SAUL Samuel, 1973-1977, *The Economic Development of Continental Europe*, Londres, G. Allen & Unwin, 2 vol., au sujet du développement économique des différents pays européens entre 1780 et 1914.
2. Cf. LIPGENS Walter, 1982, *A History of European integration. 1945-1947: The Formation of the European Unity Movement. With contributions by Wilfried Loth and Alan Milward*, Oxford, Clarendon Press (qui est la traduction anglaise de : LIPGENS Walter, 1984, *Die Anfänge der europäischen Einigungspolitik…, op. cit.*) ; MILWARD Alan, 1984, *The reconstruction of Western Europe, 1945-51*, Londres, Methuen.
3. Cf. VARSORI, 2010, p. 12.
4. Cf. IUE, 1977-1987, *Tätigkeitsbericht*, n° 1-9, Florence, IUE ; IUE, 1984-1993, *Akademisches Jahr (1985/1986-1994/1995)*, Fiesole, Badia Fiesolana ; IUE, 1995, *The President's Annual Reports (1994)*, Luxembourg, OPOCE. À propos d'A. Milward, cf. aussi GUIRAO *et al.*, 2012 ; CALLIGARO, 2018.

Alors que le département d'histoire de l'IUE avait été conçu dans une étroite relation entre chercheurs et politiques et que l'histoire des origines de l'intégration européenne avait été au cœur du projet, ce lien se relâche donc dès le début des années 1980. À l'inverse, après l'arrivée de W. Maihofer à la présidence de l'IUE, les recherches en histoire socio-économique ou culturelle portant aussi bien sur l'époque moderne que sur la période contemporaine, ou dans une autre mesure sur le Moyen Âge, y gagnent de l'importance, aux côtés de l'histoire politico-économique de l'intégration européenne. En 1981, le Britannique D. Hay lance notamment un projet de recherche sur les contacts culturels et les contrastes entre l'Europe du Nord et celle du Sud, de la Renaissance à l'époque des Lumières. En 1983, l'Italien Carlo Poni et le Britannique Stuart Woolf créent un axe de recherche sur le travail et la famille en Europe préindustrielle, privilégiant une approche comparée des différents pays européens ; au sein de cet axe, l'Allemande de l'Ouest Gisela Bock mène notamment des travaux sur les politiques démographiques. Par ailleurs, l'Ouest-Allemand Peter Hertner lance la même année une étude sur les grandes entreprises allemandes, françaises et italiennes de 1900 à 1929. Quant à l'historien français Claude Fohlen, arrivé à l'IUE en 1983, il se consacre aux relations entre l'Europe et les États-Unis au XXe siècle : aussi bien aux émigrés européens aux États-Unis qu'à l'antiaméricanisme en Europe. Il privilégie lui aussi la comparaison entre plusieurs pays européens (l'Allemagne, la France et l'Italie). Les recherches historiques menées à l'IUE ne se réduisent donc pas à l'étude du processus d'intégration. Les travaux que nous venons de citer ne font cependant pas de l'« Europe » leur objet principal : ils sont menés dans le cadre de coopérations scientifiques internationales propres à l'IUE, font de l'Europe le terrain de leur enquête, mais ne questionnent pas le concept d'Europe et son histoire. Ce sont plutôt les contrastes entre le Nord et le Sud, le travail, la famille, les politiques démographiques, les relations américano-européennes ou les grandes entreprises qui sont au cœur de ces travaux[58]. Jusqu'à la fin des années 1980, la spécialisation sur l'Europe en tant qu'objet de recherche est donc bel et bien réservée aux historiens des CE.

La naissance d'un domaine de recherche à l'IUE et au-delà

Malgré la présence d'autres objets de recherche à l'IUE, la création de cet institut joue un rôle clef dans la constitution de l'histoire de l'intégration européenne comme domaine scientifique. Cet institut étant, contrairement au Collège d'Europe, dédié à la recherche, la science historique a pu s'y imposer comme une discipline fondamentale avec la création d'un département d'histoire. Et c'est dans ce cadre institutionnel que des chercheurs animés de convictions politiques autant que d'ambition scientifique ont mis en place des travaux pionniers, proposé des coopérations internationales et lutté pour l'accessibilité des archives. Ce faisant, et en particulier en s'assurant un accès privilégié aux sources grâce au transfert des archives communautaires à l'IUE, ces chercheurs ont fait de ce département un lieu de première importance pour l'histoire de la construction européenne. À la fin des années 1970, celui-ci est devenu le noyau des coopérations scientifiques internationales sur cet objet. Même après le départ des fondateurs du département, dans les années 1980, il reste un lieu incontournable pour l'histoire de l'intégration. Tout d'abord grâce aux professeurs qui y enseignent : en particulier A. Milward, dont les travaux assurent la pérennité des recherches sur la construction européenne à l'IUE, mais aussi les historiens invités ou à temps partiel, qui viennent élargir les rangs de cette recherche. Ensuite, grâce aux nombreux doctorants et jeunes chercheurs qui se lancent dans des travaux correspondant aux axes de recherches de l'institut, notamment en

---

58. Cf. IUE, 1985-1987, *Tätigkeitsbericht*, n° 8-9, Florence, IUE.

histoire de l'intégration communautaire[59]. Enfin, grâce aux Archives historiques des Communautés européennes (AHCE), qui ouvrent leurs portes en 1985 pour accueillir les archives officielles des institutions communautaires datant de plus de trente ans (et qui deviendront plus tard les Archives historiques de l'Union européenne : AHUE)[60].

Le rôle de l'IUE se fait cependant aussi ressentir hors de ses murs, au sein des universités nationales. En devenant un lieu clef pour la recherche sur l'histoire de la construction européenne, cet institut contribue en effet à faire de cette histoire un objet de recherche légitime et même à faire émerger un sous-champ de recherche consacré cet objet. Les historiens en poste à l'IUE organisent des conférences sur l'histoire de l'intégration communautaire et mettent en place des coopérations scientifiques fédérant des chercheurs universitaires au niveau européen. Ils encouragent donc les chercheurs « nationaux » à investir ce domaine de recherche. Eux-mêmes sont rattachés à une université dans leur pays d'origine, dans laquelle ils finissent par retourner. C'est ainsi que la création d'un Groupe de liaison auprès de la Commission européenne va constituer un moyen pour d'anciens enseignants de l'IUE, en particulier pour W. Lipgens, mais aussi pour le professeur invité R. Girault et pour d'autres historiens avec lesquels ils ont mis en place des projets collectifs, de prolonger la coopération internationale, de poursuivre l'action en faveur de l'ouverture au public des archives communautaires et de se lancer dans l'écriture d'une histoire des débuts de l'intégration européenne. Même s'il entretient des relations étroites avec l'IUE, ce groupe va bientôt rivaliser avec lui.

Le « Groupe de liaison » auprès de la Commission européenne

Au début des années 1980, alors que la Commission européenne finalise son projet d'ouverture des archives communautaires au public, elle souhaite organiser une rencontre avec des historiens afin de stimuler leur intérêt pour l'histoire de l'intégration européenne. Ce souhait concorde avec les demandes de H.-P. Schwarz, l'un des rares chercheurs en contact avec la division responsable de « l'information universitaire » travaillant sur cet objet : celui-ci voudrait lui aussi voir se développer les relations de cette division avec des historiens. Ce souhait n'est pas non plus étranger à R. Price : cet ancien responsable de la politique d'« information » au sein de la Commission devenu professeur au département d'histoire de l'IUE tente d'encourager les recherches sur la construction européenne après-guerre. Avec l'aide de H.-P. Schwarz et de J.-B. Duroselle[61], la responsable de « l'information universitaire » J. Lastenouse recense les historiens à inviter et un colloque est finalement organisé en janvier 1982.

---

59. D. Keogh et A. Varsori, qui seront plus tard membres du Groupe de liaison, sont notamment doctorants à l'IUE à la fin des années 1970.
60. Cf. Le Boulay, 2019.
61. Cf. Dulphy Anne, Manigand Christine, « Entretien avec Jacqueline Lastenouse… », art. cité, p. 15.

La plupart des chercheurs présents sont des contemporanéistes spécialistes d'histoire politique ou économique des relations internationales. Il s'agit tout d'abord de professeurs ou d'anciens professeurs de l'IUE se consacrant à l'étude de la construction européenne : W. Lipgens et R. Price. L'équipe de chercheurs constituée autour de W. Lipgens en 1977 (P. Gerbet, A. Manning, R. Poidevin, E. Serra et D. C. Watt) est également réunie, ainsi que quelques-uns des historiens qui avaient assisté à leur rencontre sans être intégrés à l'équipe : H.-P. Schwarz, Dermot Keogh, Sergio Pistone et Hermann Walther von der Dunk. R. Girault, qui a enseigné à l'IUE en tant que professeur invité et a lancé en 1980 un programme international de recherche conforme à la vision traditionnelle de l'Europe au sein de l'histoire des relations internationales – le programme « Perceptions de la puissance en Europe de l'Ouest entre 1939 et 1958[62] », sur la perception des puissances étatiques que sont l'Allemagne, la France, la Grande-Bretagne et l'Italie –, est aussi présent avec d'autres coordinateurs de ce programme : l'Italien E. Di Nolfo, l'Ouest-Allemand Josef Becker et le Britannique Robert Parker. Quelques autres historiens ont été conviés à l'événement, en particulier A. Milward, qui n'a pas encore été nommé à l'IUE, mais travaille alors à la parution d'un ouvrage de W. Lipgens sur l'intégration européenne[63], le Belge Michel Dumoulin, qui a, en 1979, obtenu une bourse pour jeune chercheur de la Commission européenne dans le cadre de « l'information universitaire[64] » ainsi que J.-B. Duroselle qui a aidé à organiser ce colloque[65]. Plusieurs fonctionnaires de la Commission européenne sont également présents. Parmi eux, il faut surtout citer J. Lastenouse, responsable de « l'information universitaire », et Hans Hofmann, responsable des Archives historiques de la Commission. En outre, le président de la Commission, Gaston Thorn, se déplace pour l'occasion. C'est même à sa demande que le colloque a lieu dans son pays, le Luxembourg[66]. Il y prononce un long discours dans lequel il insiste sur le rôle de la recherche historique pour la construction européenne. Giuseppe Glisenti, Étienne Hirsch, Paul Reuter, Ulrich Sahm, Dirk Spierenburg et Paolo Emilio Taviani, qui ont chacun été acteurs de la construction européenne au début des années 1950, sont aussi venus apporter leur témoignage sur la genèse de la CECA. Sont enfin présents des membres de la

---

62. À propos de ce programme de recherche et notamment pour une liste plus complète de ses participants, cf. Varsori, 2010, p. 8-10. Notons qu'il n'est pas le seul à poursuivre l'étude traditionnelle des puissances étatiques européennes et de leurs relations extérieures : cf. en particulier en RFA, puis en Allemagne réunifiée, Fischer Wolfram (dir.), 1980-1993, *Handbuch der europäischen Wirtschafts- und Sozialgeschichte*, Stuttgart, Klett-Cotta, 6 vol. ; Reinhard Wolfgang, 1983-1990, *Geschichte der europäischen Expansion*, Stuttgart/Berlin/Köln, Kohlhammer, 4 vol. ; Schmitt Eberhard (dir.), 1984-1988 puis 2003-, *Dokumente zur Geschichte der europäischen Expansion*, Munich, Beck, puis Wiesbaden, Harrassowitz, 11 vol.

63. Lipgens Walter, *A History of European integration…*, op. cit.

64. Cf. Dulphy Anne et Manigand Christine, « Entretien avec Jacqueline Lastenouse… », art. cité, p. 14.

65. Sont aussi présents P. Hertner, qui travaille à l'IUE sur l'histoire économique et sociale contemporaine des pays européens, l'Irlandais D. Mac Cartney, qui fera partie du Groupe de liaison, et le jeune historien français A. Marès, qui en sera secrétaire. Pour la liste complète des participants, cf. *Étude du début de la construction européenne…*, op. cit., p. 113-115.

66. Cf. Dulphy Anne et Manigand Christine, « Entretien avec Jacqueline Lastenouse… », art. cité, p. 15.

Fondation Jean Monnet pour l'Europe, qui dispose de fonds privés d'archives : l'un des objectifs principaux du colloque est d'encourager les recherches sur l'histoire de l'intégration européenne en présentant aux historiens les sources accessibles à ce sujet.

C'est à l'issue de cette manifestation que R. Girault propose de créer un réseau d'historiens issus des pays membres des CE ou candidats à l'adhésion[67]. Ce réseau ayant pour objectif de favoriser la recherche historique sur l'intégration européenne prend le nom de « Groupe de liaison des professeurs d'histoire contemporaine auprès de la Commission des Communautés européennes ». Avec l'aide que leur apporte la Commission européenne pour organiser des colloques sur l'histoire des débuts de l'intégration, ses membres vont renouveler leur courant historiographique, l'histoire des relations internationales. Leur relation avec la Commission et l'IUE ne se fait néanmoins pas sans heurts.

Des historiens des relations internationales en position fragile, mais dotés de ressources spécifiques

Les fondateurs du Groupe sont au nombre de douze (cf. tableau 1). Parmi eux, seuls W. Lipgens et depuis peu A. Milward sont spécialistes de l'intégration communautaire. J.-B. Duroselle, proche de la retraite, ne devient pas en effet membre du Groupe ; malgré ses publications sur l'unification européenne, il reste de toute manière surtout spécialiste de l'histoire de l'« idée » de cette unification avant 1950. L'examen du parcours antérieur des autres fondateurs révèle cependant la prédisposition de la plupart d'entre eux à l'étude des CE. Non seulement ils ont l'habitude de travailler sur les archives officielles, mais la plupart d'entre eux maîtrisent aussi une langue européenne autre que la leur et ont une expérience de recherche à l'étranger. En effet, plusieurs d'entre eux ont jusqu'alors consacré leurs recherches à un couple de pays européens dont ils étudient les relations binationales[68] ; d'autres ont travaillé sur la

---

67. Cf. « Compte-rendu », in *Étude du début de la construction européenne...*, cité, p. 20-21.
68. R. Poidevin, R. Girault et M. Dumoulin ont respectivement écrit leur thèse sur les relations économiques franco-allemandes, franco-russes et italo-belges : cf. POIDEVIN Raymond, 1969, *Les relations économiques et financières entre la France et l'Allemagne de 1898 à 1914*, thèse d'histoire, dir. Pierre Renouvin, université de Paris ; GIRAULT René, 1971, *Les relations économiques et financières entre la France et la Russie de 1887 à 1914*, thèse d'histoire, dir. René Portal, université Paris 1 ; DUMOULIN Michel, 1981, *Italie – Belgique, 1861-1915. Relations diplomatiques, culturelles et économiques*, thèse d'histoire, dir. Roger Robert, Université catholique de Louvain. E. Serra s'intéresse aux relations entre l'Italie et la France, cf. DUROSELLE Jean-Baptiste et SERRA Enrico (dir.), 1981, *Italia e Francia. Dal 1919 al 1939*, Milano, Istituto per gli studi di politica internazionale. G. Trausch est spécialiste du Luxembourg, mais il s'est intéressé aux relations franco-luxembourgeoises dans le cadre d'une coopération avec R. Poidevin : cf. POIDEVIN Raymond et TRAUSCH Gilbert, 1978, *Les relations franco-luxembourgeoises de Louis XIV à Robert Schuman : actes du Colloque de Luxembourg, 17-19 novembre 1977*, Metz, Centre de recherches relations internationales de l'université de Metz. A. Marès, qui deviendra secrétaire du Groupe, est spécialiste des relations franco-tchécoslovaques : cf. MARÈS Antoine, 1975, *Le séjour d'Edouard Bénès en France (1915-1919)*, thèse d'histoire, université Paris 1.

Tableau 1. – les premiers membres du Groupe de liaison (1982-1988)*

	Fondation du groupe en 1982	Volumes 1 et 2 de la collection du groupe (1986, 1988)
RFA	LIPGENS Walter (université de la Sarre)	LOTH Wilfried (université d'Essen)
	SCHWARZ Hans-Peter (université de Cologne)	SCHWABE Klaus (Technische Hochschule d'Aix la Chapelle)
Belgique	DUMOULIN Michel (Université catholique de Louvain)	DUMOULIN Michel (Université catholique de Louvain)
France	GIRAULT René (université Paris 10 Nanterre)	GIRAULT René (université Paris 1 Panthéon-Sorbonne)
	POIDEVIN Raymond (université Strasbourg 3)	POIDEVIN Raymond (université Strasbourg 3)
Irlande	Mac CARTNEY Donal (université de Dublin)	KEOGH Dermot (université de Cork)
	KEOGH Dermot (université de Cork)	
Italie	SERRA Enrico (université de Bologne)	SERRA Enrico (université de Bologne)
Luxembourg	TRAUSCH Gilbert (université de Liège)	TRAUSCH Gilbert (Centre universitaire de Luxembourg)
Pays-Bas	MANNING Adrian (université de Nimègue)	MANNING Adrian (université de Nimègue)
Royaume-Uni	MILWARD Alan S. (université de Manchester)	MILWARD Alan S. (IUE, puis LSE)
	WATT Donald Cameron (LSE)	WATT Donald Cameron (LSE)

* Cf. la liste des membres du Groupe dans chacun des ouvrages de sa collection.

politique extérieure de leur pays[69]. Dans ce cadre, ils ont pu rencontrer la question de l'intégration européenne. C'est notamment le cas R. Poidevin et de H.-P. Schwarz avec leurs recherches respectives sur Robert Schuman et K. Adenauer[70]; R. Poidevin est même rattaché au Centre universitaire des hautes études européennes de l'université Strasbourg III depuis 1980. D. C. Watt et R. Girault ont déjà publié ou dirigé des ouvrages ayant pour ambition d'englober l'ensemble du continent européen[71]; ceux-ci relevaient cependant de l'histoire des États européens, de leurs relations entre eux et avec le reste du monde. Enfin et surtout, nombre d'entre eux ont déjà participé à une équipe de recherche internationale[72]. Ces prédispositions ne sont pas d'ordre individuel : c'est le fait qu'ils sont historiens des relations internationales qui leur confère un « capital international » – c'est-à-dire une familiarité avec un ou plusieurs pays étrangers[73] – et des compétences professionnelles propices à l'étude du processus de construction communautaire.

L'analyse de la position institutionnelle des fondateurs du Groupe de liaison montre cependant aussi la difficulté qu'il y a alors à trouver des historiens intéressés par l'étude de l'intégration européenne dans chacun des pays des CE. Tout d'abord, si presque tous sont nés dans les années 1920 ou 1930 et occupent un poste de professeur, M. Dumoulin et D. Keogh sont nés après-guerre et sont encore assistants ou lecteurs en 1982. Ce dernier n'a même pas fini la rédaction de sa thèse sur l'Irlande et l'Europe qu'il a commencée à l'IUE. Il reste de plus surtout spécialiste de l'Irlande et participe peu aux activités du groupe[74]. D. Mac Cartney est de plus lui aussi surtout spécialiste de l'Irlande et ne restera

---

69. C'est le cas d'A. Manning, H.-P. Schwarz, D. C. Watt et D. Keogh : cf. MANNING Adrian, 1981, « Die Niederlande und Europa von 1945 bis zum Beginn der fünfziger Jahre », *Vierteljahrshefte für Zeitgeschichte*, 29(1), p. 1-20; SCHWARZ Hans-Peter, 1980 (1966), *Vom Reich zur Bundesrepublik. Deutschland im Widerstreit der außenpolitischen Konzeptionen in den Jahren der Besatzungsherrschaft 1945-1949*, Stuttgart, Klett-Cotta, 2ᵉ éd.; BOURNE Kenneth, WATT Donald Cameron et PARTRIDGE Michael (dir.), 1987-1997, *British documents on foreign affairs. Reports and papers from the Foreign Office confidential print*, Frederick puis Bethesda, University Publications of America, 30 vol.
70. Cf. POIDEVIN Raymond, *Robert Schumans Deutschland- und Europapolitik zwischen Tradition und Neuorientierung*, op. cit.; SCHWARZ Hans-Peter, « Adenauer und Europa », art. cité.
71. Cf. WATT Donald Cameron (dir.), 1969, *Contemporary History in Europe*, Londres, G. Allen & Unwin; GIRAULT René, *Diplomatie européenne et impérialismes…*, op. cit.
72. Outre l'équipe constituée autour de W. Lipgens en 1977, nous avons déjà cité le groupe de recherche sur la perception de la puissance en Europe. E. Serra participe de plus au Comité italo-français d'études historiques, aux côtés notamment de J.-B. Duroselle : cf. DUROSELLE Jean-Baptiste et SERRA Enrico (dir.), *Italia e Francia…*, op. cit. Et R. Poidevin est membre depuis 1968 de l'Association européenne d'histoire contemporaine (qui devient l'AIHCE en septembre 1982), cf. Association européenne d'histoire contemporaine, 1977, *Bulletin de liaison et d'information*, n° 0, p. 1. Il faut enfin mentionner les coopérations mises en place par le Centre de recherche relations internationales fondé en 1971 à Metz par R. Poidevin : avec l'université de la Sarre, où W. Lipgens est de retour depuis 1979, avec G. Trausch ou encore avec M. Dumoulin. Cf. BECKER Josef, 2001, « Raymond Poidevin », *Francia. Forschungen zur westeuropäischen Geschichte*, 28(3), p. 199-201; LIPGENS Walter et POIDEVIN Raymond, 1977, « Metz — Saarbrücken: Gemeinschaftsseminar über die deutschen und französischen Reaktionen auf der Schuman-Plan 1950-1952 », *Geschichte in Wissenschaft und Unterricht*, 28, p. 541-542.
73. À propos de cette notion, cf. WAGNER et RÉAU, 2015.
74. Cf. KEOGH Dermot, 1988, *Ireland and Europe, 1919-1948*, Dublin, Gill and Macmillan; notre entretien avec W. Loth, 2009.

pas longtemps membre du Groupe de liaison. En outre, plusieurs des membres de ce groupe occupent un poste en science politique, et non pas en histoire. C'est non seulement le cas de H. P. Schwarz, mais aussi celui de W. Loth quand il rejoint le Groupe en 1984. Doctorant, puis assistant de W. Lipgens à l'université de la Sarre, celui-ci a néanmoins contribué aux travaux de son maître sur la période d'après-guerre avec une analyse de la politique extérieure des États ouest-européens[75]. Même s'il est alors surtout spécialiste des débuts de la guerre froide, W. Loth est sollicité après le décès soudain de W. Lipgens en 1984 pour mener à terme la publication des documents relatifs aux projets d'intégration européenne initiée par celui-ci, dont les volumes inachevés concernent la période allant de 1945 à 1950. Il remplace également ce dernier au sein du Groupe de liaison[76].

La difficulté de recruter des membres au Groupe de liaison se manifeste aussi par le fait que, si l'idée était au départ de compter deux historiens par pays, qu'ils soient membres des CE ou candidats à l'adhésion, cette ambition est revue à la baisse en se limitant à deux historiens par « grand pays » et un seul pour les « petits pays[77] ». En outre, non seulement aucun historien issu d'un pays candidat ne rejoint alors le groupe, mais aucun non plus n'est issu du Danemark (membre de la CEE depuis 1973) ou de la Grèce (qui vient d'adhérer à la CEE). Cette difficulté peut être liée aux limites des réseaux relationnels des fondateurs du Groupe et de la division responsable de « l'information universitaire » au sein de la Commission européenne. Elle est sans aucun doute aussi liée au faible intérêt de la plupart des historiens, alors, pour l'intégration européenne ainsi qu'à des réticences à l'égard des liens étroits qui se tissent entre la Commission et le Groupe de liaison. Lors de la création de ce groupe, J.-B. Duroselle lui-même se montre sceptique. Lui qui entretenait déjà des liens avec des personnalités de la Commission observe d'un œil critique la naissance de relations formalisées entre un groupe d'historiens et cette institution. Il insiste même sur le caractère nécessairement « spontané[78] » de la recherche.

Les historiens qui fondent le Groupe de liaison font cependant le pari que le jeu en vaut la chandelle. Même si la plupart d'entre eux sont favorables à la construction européenne, l'enjeu principal n'est pas tant de contribuer à cette construction : tous ne partagent pas le militantisme de W. Lipgens[79]. Il est avant tout d'utiliser leurs ressources (leurs compétences professionnelles et leur « capital international ») pour faire émerger un nouveau domaine de recherche.

---

75. Cf. LIPGENS Walter, *Die Anfänge der europäischen Einigungspolitik…*, *op. cit.*
76. Cf. le *curriculum vitae* de W. Loth, 9 juin 2006 [http://www.historicum.net/themen/internationale-geschichte/wissenschaft/wissenschaftler/art/Loth_Prof_Dr/html/artikel/1907/ca/9efc071dd0/], consulté le 16 février 2009 ; entretien avec W. Loth, 2009.
77. Cf. « Compte-rendu », in *Étude du début de la construction européenne…*, cité, p. 20 ; entretien avec W. Loth, 2009. On retrouve ici une préoccupation des institutions européennes qui accordent une grande importance au fait que chaque pays membre des CE soit représenté lors des manifestations politiques, scientifiques et culturelles, cf. MACCIOCCHI Maria-Antonietta, 1988, *La femme à la valise*, Paris, Grasset, p. 296-298.
78. Cf. « Compte-rendu », in *Étude du début de la construction européenne…*, cité, p. 21.
79. Cf. notamment CALLIGARO, 2013, p. 48.

Le contexte peu favorable dans lequel ils se trouvent leur fait accepter les risques d'un rapprochement avec la Commission.

Au début des années 1980, l'histoire des relations internationales, qui repose sur l'étude des États-nations et de leurs relations extérieures, est en voie de devenir obsolète du fait de l'intégration européenne. De plus, parce qu'il accorde une grande importance aux événements politiques et aux « décideurs » (responsables politiques ou hauts fonctionnaires), ce courant s'oppose à la « Nouvelle Histoire » socioculturelle issue de l'École des *Annales*, qui triomphe au niveau international à la fin des années 1970 (Dosse, 2003, p. 111-114). Certes, en RFA, les *Annales* n'ont presque pas d'influence et l'histoire politique domine l'histoire sociale. Celle-ci gagne pourtant peu à peu en autonomie (Kaelble, 1986). Surtout, du fait que les spécialistes d'histoire sociale de toute l'Europe pratiquent la comparaison internationale de manière croissante dans les années 1970 et 1980 (Kaelble, 1995), la concurrence devient particulièrement forte pour les historiens des relations internationales. Enfin, en se focalisant sur les aspects politiques, militaires et économiques, ceux-ci se positionnent à la frontière de l'économie et surtout de la science politique. Or du fait de leur manque de débouchés en histoire, ils sont dépendants à l'égard de ces disciplines voisines. Nous avons déjà évoqué le cas de P. Gerbet (qui n'intègre pas le Groupe de liaison), devenu professeur de science politique parce que « les chances étaient plus nombreuses » dans cette discipline, ainsi que ceux de H.-P. Schwarz et W. Loth, membres de Groupe de liaison malgré leur poste en science politique. Avant de devenir professeur d'histoire, A. Milward a quant à lui enseigné l'économie[80]. Or, comme le note le sociologue Michael Pollak, une discipline (ici une sous-discipline, l'histoire des relations internationales) qui manque de débouchés spécifiques est une (sous-)discipline dominée (1976, p. 106).

Dans ce contexte, pour les fondateurs du Groupe de liaison, créer un réseau européen est un moyen de jouer la carte de l'institutionnalisation ; se spécialiser dans le domaine de l'histoire de l'intégration européenne un moyen de renouveler leurs questionnements sur un nouvel objet, un « territoire » porteur d'avenir. Le politiste Antonin Cohen (2007, p. 24) a montré comment, vingt ans plus tôt, en participant au projet de biographie de J. Monnet, J.-B. Duroselle tentait de construire la légitimité de l'histoire des relations internationales face à l'École des *Annales* et à l'histoire diplomatique traditionnelle. En 1982, la création du Groupe de liaison marque le passage de collaborations individuelles de quelques historiens avec la Commission européenne à un partenariat plus durable entre un groupe de spécialistes d'histoire des relations internationales et la division responsable de « l'information universitaire ».

Cette relation privilégiée est utilisée pour tenter de construire un domaine de recherche dédié à l'histoire de l'intégration et, ainsi, donner un nouveau souffle à l'histoire des relations internationales. Avec l'appui de la Commission, le Groupe de liaison réunit dans des colloques les historiens de ce courant prêts

---

80. Cf. le *curriculum vitae* de W. Loth, cité ; Guirao *et al.*, 2012, p. 527-528.

à revisiter leur domaine de recherche (la politique extérieure d'un pays, les relations de deux États, l'histoire économique d'après-guerre ou un courant de pensée politique) à la lumière du processus d'intégration. Un cercle de chercheurs proche du Groupe de liaison se forme alors : outre les membres du Groupe, les Français J.-B. Duroselle, P. Gerbet, Pierre Guillen, Pierre Mélandri, François Roth et Maurice Vaïsse, les Allemands de l'Ouest Ludolf Herbst et Hanns Jürgen Küsters ainsi que des chercheurs d'autres nationalités deviennent des habitués de ces colloques[81]. Ce faisant, le Groupe de liaison ne se contente pas de « provoquer et favoriser une recherche intense dans le domaine de la construction européenne[82] ». Ses membres s'efforcent aussi de structurer ce domaine de spécialité et d'améliorer sa visibilité : ils ont pour ambition de « développer un réseau interuniversitaire de professeurs/chercheurs en histoire contemporaine intéressés par les problèmes de l'unité européenne » et veulent faire en sorte que la recherche sur cet objet « passe le plus rapidement possible dans l'enseignement universitaire et secondaire[83] ». À partir de 1984, la revue de la Commission *Nouvelles universitaires européennes*, qui présente l'actualité des recherches, des colloques et des enseignements relatifs à l'intégration européenne, publie quelques pages intitulées le « coin des historiens » et, à partir de 1986, une *Lettre d'information des historiens de l'Europe contemporaine* paraît sous la direction de M. Dumoulin[84] ; elle recense les professeurs, les cours et les manuels publiés dans ce domaine. À travers ces actions, c'est leur courant, l'histoire des relations internationales, que les membres du Groupe de liaison cherchent à renforcer. Ils s'approprient en effet l'intégration européenne comme un objet de recherche qui leur serait dévolu ; et si l'écriture de l'histoire de l'intégration européenne devient un moyen de renouveler ce courant, le Groupe de liaison entend dans ce cadre faire figure de « catalyseur[85] ».

Comme nous l'avons souligné précédemment, l'histoire de l'intégration européenne est proche à ses débuts de la science politique. Les universitaires à mi-chemin entre l'histoire et la science politique, à l'instar de P. Gerbet, W. Loth, H.-P. Schwarz, ou encore H. J. Küsters qui a obtenu son doctorat sous la direction de ce dernier, sont largement acceptés dans le cercle du Groupe de liaison. H.-P. Schwarz et W. Loth sont même un temps membre de ce groupe malgré leur poste de politiste. Peu à peu pourtant, la frontière entre les disciplines devient

---

81. Les participants aux trois premiers colloques du groupe, qui ont lieu entre 1984 et 1987, ont été recensés dans les actes de ces colloques : POIDEVIN Raymond (dir.), 1986, *Histoire des débuts de la construction européenne (mars 1948-mai 1950). Actes du colloque de Strasbourg, 28-30 novembre 1984*, Bruxelles, Bruylant ; SCHWABE Klaus (dir.), 1988, *Die Anfänge des Schuman-Plans 1950-51. Beiträge des Kolloquiums in Aachen, 28.-30. Mai 1986*, Bruxelles, Bruylant ; SERRA Enrico (dir.), 1989, *Il rilancio dell'Europa e i trattati di Roma. Atti del Convegno di Roma 25-28 marzo 1987*, Bruxelles, Bruylant. Ils ne le sont plus par la suite.
82. TRAUSCH Gilbert, « En guise de préface », *in* Klaus SCHWABE (dir.), *Die Anfänge des Schuman-Plans…*, *op. cit.*, p. 21-22.
83. *Statuts du Groupe de liaison des professeurs d'histoire contemporaine auprès de la Commission des Communautés Européennes, adoptés le 16 juin 1988*, BDIC, Fonds R. Girault, Chemise F delta 1777/3/9, p. 1 et 2.
84. Cf. Commission européenne, 1984, *Nouvelles universitaires européennes*, n° 133-134 ; 1986-1992, *Lettre d'information des historiens de l'Europe contemporaine*.
85. TRAUSCH Gilbert, « En guise de préface », cité, p. 21.

plus nette. Selon W. Loth, dès le premier colloque organisé par le Groupe en 1984, H.-P. Schwarz n'en est plus membre, même s'il participe à cette manifestation [86] : l'historien Klaus Schwabe l'a remplacé (spécialiste des États-Unis et des relations germano-américaines [87], il va se lancer dans l'étude du plan Marshall). Quoi qu'il en soit, H.-P. Schwarz voit sa position changer au fil des colloques : alors qu'il prenait encore la parole en 1984 au nom du Groupe, il n'intervient que très peu dans les colloques suivants. Quant à W. Loth, trois ans après son habilitation à diriger des recherches en 1986, il obtient un poste de professeur d'histoire moderne et contemporaine (*Neuere Geschichte*) [88]. De la sorte, le Groupe de liaison ne compte plus que des professeurs d'histoire parmi ses membres ; les historiens des relations internationales ont réussi à se libérer de la dépendance qu'ils entretenaient jusque-là à l'égard de la science politique et à construire un domaine de recherche autonome : l'histoire de l'intégration européenne. Cette observation confirme une deuxième remarque de M. Pollak (1976, p. 106) : nouer des relations avec le champ du pouvoir permet aux scientifiques d'acquérir une plus grande autonomie à l'égard des disciplines voisines.

Le gain en autonomie du Groupe à l'égard de la science politique ne doit cependant pas laisser oublier que ses membres restent proches de cette discipline. H.-P. Schwarz et P. Gerbet, qui sont issus de la première génération de chercheurs sur l'intégration européenne et n'ont pas obtenu de poste en histoire, sont toujours invités à ses colloques. P. Gerbet est même chargé de réviser la version française du troisième volume de leur collection [89] (la collection « Groupe de liaison des Historiens auprès des Communautés », dans laquelle sont publiés les actes de ces colloques). Surtout, le récit de la construction européenne que font les historiens du Groupe et les collègues qu'ils invitent est dominé par l'histoire politique : l'étude des élites politiques est prééminente, même si une place importante est aussi faite à l'attitude des élites économiques à l'égard de l'intégration lors d'un colloque sur les débuts du Plan Schuman [90]. Dans la période qui nous intéresse ici, seul le colloque de 1987 aborde la question de l'« opinion publique » – et cet « écart » est dû à l'intervention de la Commission européenne en la personne de J.-R. Rabier plus qu'au Groupe de liaison lui-même [91]. En dehors des actes de cette

---

86. Son nom reste inscrit dans la liste des membres du groupe figurant dans les trois premiers volumes de la collection. Nous ne l'avons pas rencontré dans les procès-verbaux des réunions, ce qui vient conforter les propos de W. Loth.
87. Cf. SCHWABE Klaus (dir.), 1971, *Deutsche Revolution und Wilson-Frieden: die amerikanische und deutsche Friedensstrategie zwischen Ideologie und Machtpolitik, 1918/19*, Düsseldorf, Droste.
88. Cf. le *curriculum vitae* de W. Loth, cité.
89. Cf. SERRA Enrico, « La relance européenne et les traités de Rome », *in* Enrico SERRA (dir.), *Il rilancio dell'Europa e i trattati di Roma…*, *op. cit.*, p. 10.
90. Cf. SCHWABE Klaus (dir.), *Die Anfänge des Schuman-Plans…*, *op. cit.* Quant aux élites intellectuelles, seule une communication porte sur ce thème, lors du colloque de 1984. Cf. NOACK Paul, « Der Einfluss der Intellektuellen in der Frühphase der europäischen Bewegung », *in* Raymond POIDEVIN (dir.), *Histoire des débuts de la construction européenne…*, *op. cit.*, p. 225-240.
91. C'est J.-R. Rabier et E. Gazzo qui interviennent sur ce sujet. Le premier, responsable du service « Presse et information » de la Commission jusqu'en 1973, a ensuite été en charge des études Eurobaromètre sur l'opinion publique. Le second est directeur d'une « Agence Europe » à Bruxelles. Si quelques historiens proposent des interventions dans le cadre de cette thématique, celles-ci portent sur les partis politiques ou

rencontre, la collection de Groupe de liaison signe la naissance d'un véritable récit de l'intégration communautaire, avec ses étapes et ses héros.

La rédaction d'un récit des origines, entre affinités et tensions avec la Commission

La production scientifique du Groupe de liaison se limite, à très peu d'exceptions près, au cadre des CE[92]. Elle a pour objectif d'aller au-delà des recueils de documents historiques, mais aussi des études portant sur une personnalité ou sur la période antérieure à 1950 (en particulier celles de W. Lipgens). Son ambition est d'écrire un récit des origines reposant sur une analyse des archives officielles. Les trois premiers colloques organisés se focalisent chacun sur une étape de la construction européenne. Le premier, qui a lieu à Strasbourg en 1984, porte sur la période allant de 1948 à 1950. En 1986 à Aix-la-Chapelle, ce sont les débuts du plan Schuman de 1950 à 1951 qui retiennent l'attention. En 1987 enfin, à l'occasion du trentième anniversaire de la signature des traités de Rome, la Commission et le Groupe de liaison organisent en grande pompe un troisième colloque à Rome portant sur la relance européenne de 1954 à 1957. Jacques Delors, le président de la Commission, fait le déplacement, à l'instar de son prédécesseur G. Thorn en 1982. Comme le souligne l'historien italien Antonio Varsori, qui rejoindra plus tard le Groupe de liaison, cette progression chronologique est liée à l'ouverture progressive des archives (2010, p. 14). Conformément à la perspective historiographique des membres du Groupe, le récit de la construction européenne qui ressort de ces rencontres accorde de l'importance aux événements (l'annonce du Plan Schuman en 1950, la Conférence de Messine en 1955, la signature des traités de Rome en 1957) et aux « grands hommes » (Spaak, Schuman, Monnet, Adenauer)[93].

Ce récit est compatible avec la *success story* que les partisans de l'intégration européenne s'efforcent de diffuser depuis les années 1950. Celle-ci repose en effet sur la commémoration de dates fondatrices (en particulier celle de la déclaration de R. Schuman, grâce à la Journée de l'Europe fêtée depuis 1985) et sur la canonisation de plusieurs hommes politiques au rang de « pères de l'Europe »[94]. La Commission européenne – en particulier son secrétaire général É. Noël et la division responsable de « l'information universitaire » – apporte donc son soutien au Groupe de liaison : elle participe au financement de ses colloques et finance

---

les groupes de pression. Les autres thématiques de ce colloque relèvent toutes d'une histoire politique, institutionnelle et événementielle. Cf. SERRA Enrico (dir.), *Il rilancio dell'Europa e i trattati di Roma...*, op. cit.
92. Lors de ses colloques, seuls deux chercheurs sont invités à présenter des travaux qui dépassent ce cadre : A. Fleury, qui analyse le cas particulier de la Suisse et M.-T. Bitsch, qui étudie « Le rôle de la France dans la naissance du Conseil de l'Europe ». Cf. POIDEVIN Raymond (dir.), *Histoire des débuts de la construction européenne...*, op. cit. ; SERRA Enrico (dir.), *Il rilancio dell'Europa e i trattati di Roma...*, op. cit.
93. Cf. les premiers volumes de la collection du Groupe : POIDEVIN Raymond (dir.), *Histoire des débuts de la construction européenne...*, op. cit. ; SCHWABE Klaus (dir.), *Die Anfänge des Schuman-Plans...*, op. cit. ; SERRA Enrico (dir.), *Il rilancio dell'Europa e i trattati di Roma...*, op. cit.
94. Cf. COHEN, 2007 ; CONSTANTIN, 2009.

intégralement ses réunions[95]. Nous sommes ainsi en présence d'une relation d'interdépendance entre ces historiens et la Commission, voire de légitimation réciproque : si le Groupe de liaison offre un récit des origines de l'intégration européenne qui concurrence celui des États-nations, la Commission l'aide en retour à fonder un nouveau domaine scientifique qui, on l'a vu, va lui permettre de gagner en autonomie à l'égard des disciplines voisines.

Peu valorisés au sein de la communauté historienne et dépendants à l'égard de la science politique et de l'économie, les membres du Groupe de liaison ont peu à perdre en adoptant un positionnement au croisement des universités et de la Commission, d'autant plus que certains d'entre eux entretiennent déjà des relations en tant qu'experts avec le pouvoir politique au niveau national. C'est le cas de R. Girault, le premier président du Groupe : en juillet 1982, il est chargé par le ministre de l'Éducation nationale français de présider une commission dont la mission est d'écrire un rapport sur l'enseignement de l'histoire et de la géographie dans le secondaire[96]. Ou de W. Lipgens, qui a été, comme nous l'avons déjà noté, membre d'un *think tank* proche du monde politique : l'Institut de recherche de la DGAP. Les historiens du Groupe de liaison assument d'ailleurs leur ambition d'écrire une histoire utile aux dirigeants européens. R. Poidevin introduit l'ouvrage issu du premier colloque du Groupe en soulignant l'intérêt pour les responsables politiques de tirer des enseignements du passé :

> « L'histoire des débuts de l'Europe peut-elle donner quelques leçons aux responsables d'aujourd'hui ? Il convient de rappeler que bon nombre de difficultés auxquelles se heurte l'Europe de nos jours se manifestaient aussi en ces années 1948-1950 […]. En analysant toutes [les] difficultés [des débuts de la construction européenne], en tentant de faire comprendre comment les "pas en avant" ont pu se produire, l'historien n'offre-t-il pas aux responsables d'aujourd'hui quelques thèmes de méditation[97] ? »

Leurs efforts pour rester indépendants du pouvoir et de toute considération idéologique sont cependant rappelés en permanence.

> Les membres du Groupe « n'entendent pas écarter de leur champ de recherche les oppositions, les réticences voire les simples indifférences [au processus de construction européenne] ». Ils ont pour objectif de favoriser les recherches dans ce domaine « en toute liberté d'esprit, sans le moindre dogmatisme[98] ».

La relation entre le Groupe de liaison et la Commission est loin d'être dénuée de tensions. Celles-ci se concentrent surtout sur la place à accorder aux témoignages d'anciens acteurs de la construction européenne. En tant qu'historiens du temps présent privilégiant l'étude des élites, les historiens de l'intégration européenne

---

95. Entretien avec W. Loth, 2009.
96. À propos de ce rapport remis au ministère en 1983, cf. GARCIA et LEDUC, 2003, p. 240.
97. POIDEVIN Raymond, « Avant-propos », *in* Raymond POIDEVIN (dir.), *Histoire des débuts de la construction européenne…*, *op. cit.*, p. 6-7.
98. TRAUSCH Gilbert, « En guise de préface », cité, p. 9 et 22.

sont en effet confrontés au fait que les « décideurs » ou leurs collaborateurs ayant participé au processus d'intégration sont parfois toujours en vie. Depuis les années 1960, un nombre sans cesse croissant d'entre eux prétendent écrire l'histoire de l'intégration en publiant leurs mémoires[99], faisant ainsi concurrence aux historiens travaillant sur cet objet. Or la Commission européenne tente d'imposer le point de vue de ces acteurs historiques en les invitant à des manifestations. Cela a notamment été le cas lors du colloque de 1982, à la fin duquel a été décidée la création du Groupe de liaison : des hommes politiques et de hauts fonctionnaires européens avaient été conviés à faire le récit des débuts de l'Europe communautaire.

Cette situation fait écho à un engouement pour les autobiographies et les « expériences vécues » qui saisit l'Europe après les événements de mai 1968 et qui se traduit surtout, dans la discipline historique, par la naissance d'une « histoire orale » en histoire sociale. La « Nouvelle Histoire » en France et l'histoire du quotidien en Allemagne (*Alltagsgeschichte*) s'intéresse en effet à la « mémoire du quotidien des petites gens[100] », pour laquelle les historiens ne disposent pas d'archives ; ceux-ci réalisent alors des entretiens qui leur servent de « sources orales ». En histoire politique ou des relations internationales, cette pratique est très peu répandue jusque dans le milieu des années 1980[101], et même par la suite, les historiens de ces courants se concentrent surtout sur l'étude des archives officielles. Il est vrai que quelques spécialistes d'histoire politique tentent de promouvoir une « histoire orale des "élites" » dès le début des années 1980[102]. En ce qui concerne l'histoire de l'intégration européenne, l'historienne italienne Maria Grazia Melchionni entreprend en 1984 une série d'entretiens avec des personnalités ayant contribué aux négociations des traités de Rome dans la période 1955-1957. Pour mener à bien ce travail, elle est appuyée par Roberto Ducci, qui a lui-même participé à ces négociations en tant que conseiller d'ambassade italien, ainsi que par la Fondation Jean Monnet pour l'Europe[103]. Dans une moindre mesure, les jeunes chercheurs A. Marès et H. J. Küsters, tous deux proches du Groupe de liaison, de même que J.-B. Duroselle, mènent eux aussi des interviews avec des représentants politiques ou de hauts fonctionnaires européens[104]. Les archives officielles restent cependant primordiales pour

---

99. Cf. la bibliographie « Mémoires, souvenirs, témoignages », *in* Michel Dumoulin (dir.), 2007, *La Commission européenne 1958-1972…*, *op. cit.*, p. 606-607.
100. Dosse, 2003.
101. À propos des usages de l'histoire orale dans les années 1970 et dans la première moitié des années 1980, cf. Descamps, 2005, p. 93-130. L'intérêt naissant de quelques spécialistes d'histoire politique pour cette méthode se manifeste en RFA par le recueil, dès les années 1950, de témoignages au sujet de la Seconde Guerre mondiale et de l'immédiat après-guerre (*ibid.*, p. 45). En France, R. Rémond, P. Renouvin et R. Girardet font appel à des témoins dès les années 1960 (*ibid.*, p. 138-139).
102. Cf. *ibid.*, p. 142-143 (termes entre guillemets empruntés à Melchionni Maria Grazia et Ducci Roberto, 2007, *La genèse des traités de Rome. Entretiens inédits avec 18 acteurs et témoins de la négociation*, Paris, Economica, p. 1).
103. Ces entretiens donneront lieu à la publication de : Melchionni Maria Grazia et Ducci Roberto, *La genèse des traités de Rome…*, *op. cit.*
104. Cf. s. d., « Liste des enregistrements », [https://jean-monnet.ch/wp-content/uploads/2018/10/itw_audio.pdf], consulté le 24 janvier 2020 ; Serra Enrico (dir.), *Il rilancio dell'Europa e i trattati di Roma…*, *op. cit.*, p. 626-627.

ces historiens et ceux-ci font le plus souvent preuve de réserve à l'égard de tels témoignages. Lors du colloque de 1982, les interventions des acteurs historiques du processus d'intégration avaient ainsi été remis en question par les historiens présents, qui accusaient en particulier ceux-ci de sous-estimer les motivations militaires et économiques ayant conduit à la création de la CECA[105].

À contre-courant de l'intérêt de la Commission et de quelques historiens pour la parole des dirigeants européens, en juin 1985, les ministres de la Culture des différents pays membres des CE, réunis en Conseil des ministres à Milan, évoquent l'intérêt qu'il y aurait à recueillir la mémoire des citoyens européens. Le Groupe de liaison et les chercheurs engagés dans une histoire orale des responsables européens sont sollicités par la Commission dans le cadre de ce projet, mais ils s'y opposent farouchement. M. G. Melchionni, H. J. Küsters, Antoine Marès et M. Dumoulin du Groupe de liaison se réunissent en octobre 1986 « pour se prononcer sur [sa] faisabilité ». Ils jugent « dangereux » le projet d'enquêter sur le « vécu européen » des citoyens de base et proposent plutôt de « sauver "la mémoire européenne" des décideurs et des témoins importants ». Leur proposition s'apparente néanmoins plutôt à un projet d'archives orales – même si ces termes peuvent sembler paradoxaux. Il ne s'agit pas tant d'écrire une histoire de l'intégration européenne sur la base d'entretiens que de veiller à ce que la mémoire des dirigeants européens soit conservée. Le Groupe de liaison profite d'ailleurs de l'intérêt des institutions européennes pour la mémoire des citoyens pour attirer leur attention sur les autres types d'archives à collecter et à rendre accessibles, outre les archives officielles : celles « des radios, des cinémathèques (informations filmées), des télévisions, des journaux et de nombreuses institutions spécialisées (instituts de sondage, centres de recherche universitaires…)[106] ».

Même si l'intérêt pour les témoignages d'acteurs de la construction européenne grandit chez les historiens de l'intégration européenne, leur portée reste source de conflit avec la Commission européenne. En 1987, à l'occasion du colloque fêtant l'anniversaire des traités de Rome, la Commission invite de nouveau de nombreux acteurs de la construction européenne à participer aux débats. Ceux-ci vont compléter, voire rectifier les propos des historiens. L'ancien ministre français des Affaires étrangères Christian Pineau contredit ainsi avec véhémence les propos de l'historien P. Guillen, proche du Groupe de liaison, au sujet de l'attitude du gouvernement français durant les négociations des traités de Rome et met en doute les informations se trouvant dans les archives.

> « Dans l'intérêt même du professeur Guillen, qui est un homme éminent, je crois qu'il faut établir quelques vérités. La première c'est que, bien entendu, vous ne trouverez pas dans les archives du Quai d'Orsay, la description écrite du programme ou plutôt de la stratégie que Guy Mollet et moi-même avons dû

---

105. Cf. « Compte-rendu », in *Étude du début de la construction européenne…*, cité, p. 15-16.
106. Cf. s. d., *Histoire orale. Avis pour la Commission des Communautés européennes*, BDIC, Fonds R. Girault, Chemise F delta 1777/3/9, p. 1 et 3. Cf. aussi Calligaro, 2013, p. 51-52.

élaborer au début de 1956. Vous ne la trouverez pas non plus dans la presse, car nous ne faisions pas de confidences aux journalistes, et vous ne la trouverez pas dans les comptes rendus des groupes parlementaires car c'était vraiment le dernier endroit où il eût fallu faire une déclaration[107]. »

P. Guillen se défend sur le fond, et la discussion est close. Mais elle est relancée le lendemain par H.-P. Schwarz qui souligne que les déclarations d'un témoin de l'histoire ne suffisent pas à faire preuve :

« il est normal que l'on prenne très au sérieux ce qu'[un témoin] nous dit, qu'on tienne compte de ses déclarations pour que nous réexaminions la documentation dont nous disposons. Mais lorsque ce témoin, *a posteriori*, donne des interprétations qui ne sont pas confirmées nettement par d'autres sources ou par les recherches antérieures ou sont même en opposition avec celle[s]-ci, la charge de la preuve incombe alors au témoin ; c'est à lui d'essayer de convaincre l'historien en lui ouvrant des sources sûres ou en faisant appel à d'autres témoignages afin de faire confirmer son interprétation.

Des déclarations subjectives : "Nous avons voulu ceci", "nous avons voulu cela" ne suffisent pas tout à fait. On ne peut utiliser que ce qui est vérifiable et les historiens, à cet égard, sont assez critiques[108] ».

H. P. Schwarz accuse même les témoins présents de vouloir contrôler les historiens[109]. Une controverse oppose ainsi les témoins et les historiens présents au sujet de la validité respective des archives et des témoignages.

D. Spierenburg : « [...] les archives ne donnent pas toujours tout[110]. »

É. Noël : « [Les] papiers et [les] archives, j'ai contribué à en fabriquer assez longtemps pour en connaître la valeur et la relativité. Dans la masse des documents qui arrivent (ou qui n'arrivent pas) aux archives, il y a ceux qui comptent et ceux qui ne comptent pas mais qui font volume. Ce qui me reste de ma formation scientifique [É. Noël a fait des études de mathématiques et de physique[111]] m'amène à dire, et je ne pense pas que le Professeur Schwarz me démentira, que l'esprit critique est aussi important que le travail de dépouillement des archives. Il faut distinguer, dans les documents accessibles, ceux qui ont effectivement une valeur et ceux qui ne sont que des épiphénomènes[112]. »

R. Rothschild : « Je voudrais appuyer ce qu'ont dit M. Spierenburg et M. Noël et mettre une nouvelle fois en garde les historiens envers les archives[113]. »

---

107. Serra Enrico (dir.), *Il rilancio dell'Europa e i trattati di Roma...*, *op. cit.*, p. 525.
108. *Ibid.*, p. 621.
109. *Ibid.*, p. 620.
110. *Ibid.*, p. 622.
111. Cf. Bossuat Gérard, 2010, « Émile Noël... », cité.
112. Serra Enrico (dir.), *Il rilancio dell'Europa e i trattati di Roma...*, *op. cit.*, p. 624.
113. *Ibid.*, p. 625.

Le fait qu'É. Noël mette en doute le sérieux des historiens irrite particulièrement J.-B. Duroselle.

> « Je peux vous dire que tout le monde est au courant du fait que, de plus en plus, les hommes politiques sachant qu'il y a des historiens qui viennent après, retirent tout ce qui peut leur paraître dangereux pour leur mémoire [...].
> Autrement dit, il faut se méfier terriblement des archives. Mais il faut quand même les utiliser parce que, dans un très grand nombre de cas, les témoins ont oublié ce qu'ils ont fait[114]. »

Si les historiens présents reconnaissent qu'il peut être judicieux de prendre connaissance des témoignages des acteurs de l'histoire, pour ces spécialistes d'histoire politique, le travail sur les archives compte plus que tout : c'est à leur lumière que la parole des témoins doit être questionnée. C'est ce qu'écrivait déjà G. Trausch en préface au deuxième volume de la collection du Groupe :

> « Les témoins de la première génération [de l'intégration européenne] commencent à se faire rares. Il faut leur donner la parole en réponse à des questions posées par des historiens qui connaissent bien la documentation des archives[115]. »

On observe donc la réticence de la plupart de ces historiens des relations internationales à faire leurs les méthodes de l'histoire orale : leur source principale reste les archives officielles. Dans le prolongement des actions menées par W. Lipgens et les historiens qu'il avait réunis, un de leurs enjeux principaux reste l'accessibilité de ces archives.

Lutter pour l'accès aux archives.
Le Groupe de liaison tente de supplanter l'IUE

Le Groupe de liaison ne se contente pas d'organiser des colloques scientifiques, ni même de structurer le nouveau domaine scientifique qu'est l'histoire de l'intégration communautaire ou d'améliorer sa visibilité. Dès sa fondation en 1982, il se donne aussi pour mission « de conseiller les Communautés [européennes] sur les actions scientifiques à entreprendre avec son appui[116] ». Ses membres se rencontrent régulièrement pour préparer les colloques, discuter des projets scientifiques, mais aussi exprimer leurs revendications quant au rapport des institutions européennes à leur histoire, en particulier en ce qui concerne l'accessibilité des archives communautaires. Qu'elles aient lieu à Bruxelles ou ailleurs, leurs réunions se déroulent en effet en présence de fonctionnaires de

---
114. *Ibid.*, p. 626.
115. Trausch Gilbert, « En guise de préface », cité, p. 21. E. Serra, chargé de conclure le colloque de 1987 au nom du Groupe, a un discours similaire : cf. Serra Enrico (dir.), *Il rilancio dell'Europa e i trattati di Roma...*, *op. cit.*, p. 702. À propos du rapport qu'entretiennent les spécialistes d'histoire politique avec les acteurs historiques, cf. Descamps, 2005, p. 143-144.
116. Cf. « Compte-rendu », in *Étude du début de la construction européenne...*, cité, p. 20.

la Commission européenne, en particulier de J. Lastenouse, responsable des relations avec le Groupe au sein de la division en charge de « l'information universitaire ». D'autres employés de cette division ou membres de la Commission viennent parfois se joindre à eux ou suivent les activités du Groupe avec intérêt, en particulier É. Noël, secrétaire général de la Commission européenne jusqu'en 1987. Peu à peu, au gré des réunions, se nouent des relations étroites qui vont permettre aux historiens de faire entendre leurs opinions. On l'a vu en ce qui concerne le recueil de témoignages, mais c'est surtout la question de l'accessibilité des archives qui reste au cœur de leurs préoccupations au cours des années 1980.

Dès le colloque de 1982, les futurs fondateurs du Groupe avaient profité de leur rencontre avec des fonctionnaires de la Commission, notamment archivistes, pour réclamer un meilleur accès aux documents communautaires et même pour émettre, en vain, le vœu d'être associés à leur tri[117]. En 1987, à l'occasion de la préparation du colloque organisé pour l'anniversaire des traités de Rome, les historiens du Groupe de liaison peuvent accéder à certaines archives communautaires non encore transférées à l'IUE. Ils se plaignent pourtant de nouveau des « résistances des archivistes » et de « classifications abusives[118] ». Sous le parrainage d'É. Noël, le Groupe obtient que son président, accompagné d'A. Milward qui est membre du Groupe, mais également professeur à l'IUE, réalise une enquête sur les sources disponibles[119]. La proposition de R. Girault de créer une « commission des archives » composée de diplomates, d'archivistes et d'historiens n'est pourtant pas retenue[120]. L'ambition du Groupe de publier un recueil de « documents communautaires » – ce qui reviendrait à s'approprier le projet encore inachevé de Lipgens – est également déçue : E. Noël, qui est encore secrétaire général de la Commission, mais sait déjà qu'il va prendre la présidence de l'IUE quelques mois plus tard, « réserve un tel travail [à l'Institut de] Florence[121] ».

Le Groupe de liaison est ainsi au cœur de conflits d'intérêts qui l'opposent non seulement à la Commission et à ses archivistes, mais aussi à l'IUE. Alors que l'histoire de l'intégration européenne est fragilisée à l'IUE au cours des années 1980, c'est le Groupe de liaison qui, malgré la présence des AHCE à Florence, poursuit le combat de W. Lipgens pour l'accès aux archives communautaires et pour la constitution d'un domaine de recherche dédié à l'histoire de la construction européenne. L'appartenance à ce groupe représente même une étape ultérieure et davantage aboutie de la carrière de plusieurs historiens ayant enseigné à l'IUE : W. Lipgens, mais aussi R. Girault qui a été « professeur invité »

---

117. *Ibid.*, p. 10.
118. *Réunion du Groupe de liaison des Historiens auprès de la Commission des Communautés, le 19 mars 1987 à Rome*, BDIC, Fonds R. Girault, Chemise F delta 1777/3/9, p. 2.
119. Cf. *Ibid.* C'est G. Trausch, le nouveau président du groupe à partir de 1989, qui réalisera cette mission avec A. Milward (*Procès-verbal de la réunion du 16 juin 1988 tenue à l'Institut universitaire européen de Florence*, BDIC, Fonds R. Girault, Chemise F delta 1777/3/9, p. 3).
120. Pour plus de précision, cf. Le Boulay, 2019.
121. *Réunion du Groupe de liaison...*, cité, p. 2 ; Serra Enrico (dir.), *Il rilancio dell'Europa e i trattati di Roma...*, *op. cit.*, p. 701. C'est effectivement dans une collection de l'IUE que paraissent les volumes de Lipgens Walter et Loth Wilfried (dir.), *Documents on the History of European Integration*, *op. cit.*

de cet institut et devient président du Groupe à sa création. À l'inverse de l'IUE, le Groupe de liaison est en effet intégré au sein même de la Commission ; il fédère durablement des historiens issus des différents États membres des CE et ceux-ci se spécialisent tous dans l'étude du processus d'intégration.

À son arrivée à la présidence de l'IUE en 1987, É. Noël développe l'ambition de renouer avec le projet de départ de l'institut en intensifiant la place accordée aux thèmes liés au processus d'intégration (Palayret, 1998, p. 497). En tant que représentant de la Commission, É. Noël a soutenu le Groupe de liaison depuis sa création. Mais sa nomination à l'IUE en fait un concurrent. Un an plus tard, en 1988, A. Milward quitte de plus Florence pour retourner au Royaume-Uni, alors qu'il était jusque-là membre du Groupe et professeur à l'IUE à la fois et faisait donc le lien entre ces deux pôles de l'histoire de l'intégration européenne. C'est dans ce contexte que les conflits entre l'IUE et le Groupe de liaison s'accentuent.

Quand, en juin 1988, une réunion du Groupe est organisée à l'IUE en présence non seulement de J. Lastenouse, mais aussi d'É. Noël et de Richard Griffiths, un proche du Groupe de liaison qui vient de remplacer A. Milward à l'IUE, le Groupe craint de se retrouver en position de soumission à l'égard de cet institut. D'autant plus qu'É. Noël n'hésite pas à intervenir pour faire entendre son opinion quant au contenu scientifique des colloques organisés par le Groupe. C'est surtout la manière d'envisager les « échecs » de l'intégration européenne qui les oppose. En mars 1987, le Groupe projette de consacrer son quatrième colloque au thème « La construction de l'Europe du plan Schuman aux traités de Rome. Projets, initiatives et déboires ». É. Noël n'est pas enthousiaste : « [Il] est effrayé par l'ampleur des thèmes abordés. Pour lui, la périodisation qui s'impose est 1952-1958[122]. » Si le procès-verbal de la réunion ne fait pas état de désaccord sur le terme de « déboires », celui-ci semble bien poser problème : quelques jours plus tard, lors du troisième colloque du Groupe à Rome, É. Noël récuse l'interprétation faite notamment par R. Griffiths selon laquelle la réunion des ministres des Affaires étrangères d'octobre 1956 serait un « échec[123] ». En juin 1988, le Groupe de liaison décide qu'il « invitera le représentant de l'IUE à participer à ses réunions *au coup par coup* et qu'il n'existe donc pas de lien institutionnel entre l'IUE et le Groupe[124] ». R. Griffiths, qui défendait pourtant l'idée d'un échec lors des négociations, ne sera pas intégré au Groupe : c'est A. Milward qui en reste

---

122. *Réunion du Groupe de liaison...*, cité, p. 1. Ce colloque aura lieu en 1989. Il accordera une place importante aux « initiatives qui n'ont pas abouti ou qui n'ont pas donné ce qu'en attendaient leurs pères », par exemple de l'intégration européenne dans le domaine des transports ou la Communauté européenne de défense. Ce n'est pourtant pas une vision négative de l'intégration qui en ressort : G. Trausch défend plutôt l'idée que « Les débris mêmes que laisse un échec peuvent devenir les pierres de taille d'une construction nouvelle. » Cf. TRAUSCH Gilbert, 1993, « En guise d'introduction. Succès et échecs de la construction européenne au cours d'une décennie d'une extraordinaire intensité », in Gilbert TRAUSCH (dir.), *Die Europäische Integration vom Schuman-Plan bis zu den Verträgen von Rom: Pläne und Initiativen, Enttäuschungen und Mißerfolge. Beiträge des Kolloquiums in Luxemburg, 17.-19. Mai 1989*, Bruxelles, Bruylant, p. 20.
123. Cf. SERRA Enrico (dir.), *Il rilancio dell'Europa e i trattati di Roma...*, op. cit., p. 508.
124. *Procès-verbal de la réunion du 16 juin 1988...*, cité, p. 1. Souligné dans le texte.

membre. Alors que l'IUE et le Groupe de liaison étaient jusque-là étroitement liés, ils se démarquent ainsi l'un de l'autre à la fin des années 1980.

La suprématie de l'histoire politique de l'intégration aux yeux de la Commission européenne

À l'IUE ou dans le cadre de « l'information universitaire », la promotion de l'histoire de l'intégration communautaire par la Commission européenne favorise l'histoire politique de la période postérieure à 1945 au détriment de l'histoire socioculturelle de la « longue durée » et même de l'histoire contemporaine antérieure à 1945. L'AIHCE, notamment, qui organise depuis 1982 des colloques internationaux au sujet de l'Europe contemporaine (en particulier dans le domaine de l'histoire des relations internationales)[125], n'est pas soutenue par la Commission malgré ses tentatives d'établir des liens avec cette institution[126]. Néanmoins, les mouvements de 1968, la détente des relations entre l'Ouest et l'Est de l'Europe (particulièrement marquée au milieu des années 1970), la relance du couple franco-allemand à l'arrivée au pouvoir en 1974 de Valéry Giscard d'Estaing en France et de Helmut Schmidt en RFA, puis de François Mitterrand et de Helmut Kohl au début des années 1980 ainsi que la première élection du Parlement européen au suffrage universel en 1979[127] confèrent aux partisans d'une Europe des peuples et de la culture un poids plus important sur le plan politique. Dès le début des années 1970, la Commission européenne prend modèle sur le Conseil de l'Europe, actif, lui, dans le domaine culturel depuis 1954, et réfléchit aux actions culturelles que pourraient mener les CE (Calligaro, 2013, p. 82-83). Et à partir du début des années 1980, les dirigeants des pays membres des CE suivent la position du Parlement en développant peu à peu l'ambition de rapprocher les CE des citoyens (Catala, 2009, p. 90-97). Cette ambition était déjà une réalité auparavant pour le service « Presse et information » de la Commission européenne ainsi que pour les études Eurobaromètres, lancées par la Commission en 1973 et dirigées par J.-R. Rabier[128]. Elle devient cependant alors un enjeu partagé au sein des insitutions européennes.

Or cet intérêt grandissant pour la culture et les citoyens se répercute dans l'approche que les institutions européennes ont de l'histoire : leur intérêt pour

---

125. Elle organise quatre colloques entre 1982 et 1987, portant respectivement sur « L'Europe et la Guerre civile espagnole », « Les conséquences des traités de paix de 1919-1920 en Europe centrale et sud-orientale », les « Idées et initiatives gouvernementales en faveur de la paix internationale du milieu du XIXe siècle au pacte Briand-Kellogg » et « La révolution d'octobre et les pays européens 1917-1924 », cf. Bariéty Jacques et Fleury Antoine (dir.), 1987, *Mouvements et initiatives de paix dans la politique internationale*, Berne, Peter Lang, p. 2.
126. Cf. AIHCE, 1985, *Bulletin de liaison*, n° 7, p. 9. Il faut dire qu'elle appréhende surtout l'Europe comme un espace ou une somme de pays européens ; elle écarte même des propositions de colloques questionnant « La création de la CEE » ou l'« esprit européen » : cf. AIHCE, 1983, *Bulletin de liaison*, n° 5, p. 7-8. Cette association repose sur les cotisations de ses membres et des subventions « [d']Universités, [de] fonds de recherche ou d'autres instances cultuelles », cf. AIHCE, 1985, *Bulletin de liaison*, n° 7, p. 8.
127. À ces sujets, cf. Calligaro, 2013, p. 83 ; Bitsch, 2004, p. 196, 203-205, 214 et 226.
128. Cf. Aldrin, 2011.

l'histoire de l'Europe entendue dans un sens plus large commence à se développer et vient s'opposer à la perspective des historiens de l'intégration européenne. Nous avons évoqué la proposition du Conseil des ministres de la Culture en 1985 de recueillir la mémoire des citoyens. En outre, le concept d'« héritage commun » apparaît en 1973 au sein du Parlement européen (Calligaro, 2013, p. 81). L'histoire de l'Europe depuis l'Antiquité commence aussi à intéresser la Commission. En 1965, J. Monnet avait certes préfacé l'ouvrage de J.-B. Duroselle sur *L'idée d'Europe dans l'histoire* en défendant l'idée d'une « civilisation européenne » et en présentant l'intégration communautaire comme l'accomplissement logique de l'histoire[129]; cet ouvrage n'avait cependant pas obtenu d'autre soutien des institutions européennes. J. Delors, président de la Commission à partir de 1985, décide, lui, de soutenir l'écriture d'une histoire de l'Europe portant sur plusieurs siècles[130].

C'est l'ouvrage de J.-B. Duroselle *L'Europe. Histoire de ses peuples*[131], dont une première version est déjà achevée en 1986, qui est finalement promu par la Commission. Celle-ci invite l'auteur à présenter ses travaux lors d'un colloque qu'elle organise en 1987, puis dans ses locaux à Bruxelles en 1989, devant un public de Commissaires européens[132]. Hormis ces invitations, elle ne finance pourtant pas cet ouvrage. Surtout, il faut souligner que celui-ci offre un long récit chronologique menant de la préhistoire à l'intégration européenne (cf. encadré 5). Il est critiqué par nombre d'auteurs pour son interprétation téléologique de l'histoire, donnant rétrospectivement un sens (en l'occurrence européen) au passé[133]. On n'assiste donc en aucun cas à une rupture dans la politique de la Commission européenne : son nouvel intérêt pour l'histoire longue de l'Europe est secondaire et cette histoire doit avant tout servir à légitimer l'intégration européenne en cours.

En suivant ce travail avec intérêt, la Commission européenne commence dès le milieu des années 1980 à faire sienne un discours sur l'héritage d'une « civilisation européenne ». Le fait qu'elle choisisse de se tourner vers J.-B. Duroselle en dit pourtant long sur la suprématie, à ses yeux, des contemporanéistes spécialistes de l'histoire politique des relations internationales. Comme nous le verrons dans notre deuxième chapitre, des historiens des *Annales*, en particulier F. Braudel et Jacques Le Goff, avaient également projeté d'écrire une histoire européenne, en privilégiant, eux, une perspective socioculturelle. Ils avaient cependant dû y renoncer, en grande partie en raison de l'absence de soutien politique ; le projet de J.-B. Duroselle et F. Delouche avait en effet été préféré par la Commission. O. Calligaro

---

129. Cf. MONNET Jean, « Préface », *in* Jean-Baptiste DUROSELLE, *L'idée d'Europe dans l'histoire*, op. cit., p. 11-12.
130. En 1984, la Commission européenne aurait aussi, selon A. Milward, voulu encourager l'histoire de la culture européenne à l'IUE. Cf. CALLIGARO, 2018, p. 102.
131. Cf. DUROSELLE Jean-Baptiste, *op. cit.*
132. Cf. Commission européenne, 16 novembre 1989, « Présentation à la Commission d'un livre d'histoire : "Une Histoire européenne de l'Europe" » (communiqué de presse n° IP/89/871). Selon l'ancienne députée européenne M.-A. Macciocchi, présente en 1987, J. Delors aurait au départ prévu de demander à un membre de l'Académie française d'écrire une telle histoire. Sans citer son nom, elle évoque « le professeur D. » et raconte qu'en 1987, le projet de J.-B. Duroselle est exposé en présence de ce professeur et de J.-B. Duroselle. Cf. MACCIOCCHI Maria-Antonietta, *La femme à la valise*, op. cit., p. 31-32. En 1989, c'est cependant F. Delouche, qui n'est pas professeur mais banquier, qui accompagne Duroselle.
133. Cf. entre autres CALLIGARO, 2013, p. 31 ; GILBERT, 2008, p. 643-644 ; RIOUX, 1996, note 3, p. 103.

souligne qu'avant même que J. Le Goff sollicite la Commission européenne pour lui demander de l'aide, celle-ci avait, en 1985, subventionné une rencontre entre J.-B. Duroselle et ses conseillers. Un arbitrage a néanmoins bien eu lieu entre les deux projets au début de l'année 1986. Officiellement, le projet de F. Braudel et J. Le Goff a été écarté au motif que celui-ci aurait été conçu pour un public cultivé, alors que F. Delouche souhaitait éditer, outre l'ouvrage de J.-B. Duroselle, un manuel scolaire d'histoire de l'Europe pour les lycéens[134]. Dès 1985, le projet de F. Braudel et J. Le Goff comprenait pourtant aussi l'édition d'un ouvrage destiné à l'enseignement scolaire[135]. Une autre explication du choix opéré réside dans la proximité personnelle et surtout scientifique de J.-B. Duroselle avec la Commission européenne et le Groupe de liaison – d'autant plus que ce groupe s'efforce de faire entendre son point de vue au sein de la Commission concernant les actions relatives à l'histoire et qu'il a, effectivement, été associé à l'arbitrage entre les deux projets[136]. Alors que la vision de l'Europe de J.-B. Duroselle et du Groupe de liaison est conforme à celle de la Commission, celle des spécialistes d'histoire socioculturelle s'en éloigne. Nous allons y revenir dans notre deuxième chapitre. Nous mettrons ainsi en lumière une corrélation entre les positionnements scientifiques et politiques des historiens, mais aussi et surtout le fait que jusqu'à la fin des années 1980, l'histoire socioculturelle de la civilisation européenne ne fait pas partie de « l'horizon des possibles[137] ».

Encadré 5. *L'Europe. Histoire de ses peuples* (1990), une histoire longue de l'unification européenne sous la plume de Jean-Baptiste Duroselle

En 1986, alors que J.-B. Duroselle termine la rédaction d'une *Histoire européenne de l'Europe* depuis la préhistoire, Frédéric Delouche, un banquier militant pour l'unification européenne, lui propose de constituer un consortium d'éditeurs européens afin que cet ouvrage paraisse dans plusieurs pays des CE. À cette fin, il suggère à J.-B. Duroselle de faire relire son manuscrit par des professeurs d'autres nationalités[1]. Celui-ci réunit alors autour de lui trois contemporanéistes surtout spécialistes de leur propre nation : l'Allemand de l'Ouest Karl Dietrich Erdmann, le Britannique Keith Robbins et l'Espagnol Juan Antonio Sanchez Garcia Sauco[2]. L'Italien Sergio

---

1. Cf. DUROSELLE Jean-Baptiste, 1991, « Karl Dietrich Erdmann (1910-1990) », *Francia. Forschungen zur westeuropäischen Geschichte*, 18(3), p. 329.
2. Cf. ERDMANN Karl Dietrich, 1984 (1976), *Deutschland unter der Herrschaft des Nationalsozialismus: 1933-1939*, Munich, Deutscher Taschenbuch Verlag, 4ᵉ éd. ; ROBBINS Keith, 1983, *The Eclipse of a Great Power: Modern Britain, 1870-1975*, Londres, Longman ; SANCHEZ GARCIA SAUCO Juan Antonio, 1974,

---

134. Cf. *ibid.*, p. 58 et 60. Ce manuel sera publié en 1992 : DELOUCHE Frédéric (dir.), 1992, *Histoire de l'Europe. Écrit par 12 historiens européens,* Paris, Hachette. Un projet de série télévisée va aussi être envisagé, cf. CALLIGARO, 2013, p. 61.
135. Cet aspect de leur projet est connu de la Commission, mais étonnamment, elle le juge périphérique (CALLIGARO, 2013, p. 60).
136. Cf. CONSTANTIN, 2009, p. 21, qui cite des archives du Groupe se rapportant à l'évaluation de ces projets.
137. Nous empruntons ces termes à GINGRAS, 2013, p. 119.

Romano, qui est diplomate et journaliste, mais a publié plusieurs ouvrages sur l'histoire politique et économique de l'Italie ou de la France contemporaine et a fait partie du Conseil Supérieur de l'IUE jusqu'en 1983, se joint aussi à cette équipe[3]. Leur coopération va donner lieu à une nouvelle version de l'*Histoire européenne de l'Europe* qui suscite l'intérêt de la Commission et qui prendra finalement pour titre *L'Europe. Histoire de ses peuples*. Conformément à l'idée de F. Delouche, celle-ci sera traduite en sept langues et publiée simultanément dans plusieurs pays membres des CE.

Le titre de cet ouvrage reflète l'attention croissante que portent les institutions aux citoyens. C'est pourtant moins une histoire des peuples de l'Europe que proposent J.-B. Duroselle et ses conseillers qu'un panorama de l'histoire de l'Europe depuis la préhistoire, soulignant les phases d'unification (notamment « La grande époque des Celtes », l'Empire Romain, « La grande époque des Germains », l'Empire carolingien, « L'apogée de la chrétienté occidentale » ou la Renaissance) et se terminant avec l'histoire récente : l'intégration européenne. Ce panorama repose sur la thèse d'une préexistence de la « communauté européenne » par rapport aux nations et se veut la preuve que la quête d'une unité politique de l'Europe est « validée » par l'histoire[4].

> « la construction de l'Europe est d'autant plus "naturelle", "réaliste", "authentique", *que la communauté européenne existe*, de façon d'abord embryonnaire, depuis des temps reculés, puis de plus en plus élaborée, et cela malgré les guerres, les conflits, le sang, les larmes ».

> « le nationalisme et le morcellement de l'Europe en États-nations est un phénomène relativement récent, peut-être passager, certainement pas irréversible[5] ».

Ce récit millénaire de l'unification européenne que propose J.-B. Duroselle est marqué par sa conception de l'histoire des relations internationales. Cette approche, qu'on peut considérer comme typiquement française, est différente de celle de la plupart des historiens de l'intégration européenne : elle emprunte à l'école des *Annales* l'ambition d'une « histoire totale » prenant en compte la conjoncture économique, sociale et culturelle. Si, tout au long du livre, une grande importance est accordée aux événements politiques et militaires et aux personnages historiques, les aspects religieux, démographiques, culturels, sociaux et économiques sont aussi mentionnés[6] – alors qu'au sein du Groupe de liaison, il n'y a guère que R. Girault qui s'intéresse aux aspects culturels de l'histoire (nous y reviendrons dans le chapitre 3). Comme J.-B. Duroselle s'efforce de le rappeler, il garde pourtant ses distances à l'égard des *Annales* : son projet ne s'apparente pas à l'histoire de la « longue durée » de Fernand Braudel ; le « politique » garde chez lui

---

La Revolución de 1934 en Asturias, Madrid, Ed. nacional. J.-B. Duroselle a rencontré K. D. Erdmann en 1951, lors de rencontres franco-allemandes ayant pour objectif de discuter des divergences d'interprétation de l'histoire dans les manuels scolaires français et ouest-allemands : cf. Unesco, *Les consultations bilatérales pour l'amélioration des manuels d'histoire, op. cit.*, p. 18-19.

3. Cf. Romano Sergio, 1981, *La Francia dal 1870 ai nostri giorni : un saggio storico-politico*, Milano, A. Mondadori ; Romano Sergio, 1982, *Giuseppe Volpi et l'Italie moderne : finance, industrie et État de l'ère giolittienne à la Deuxième Guerre mondiale*, Rome, École française de Rome ; IUE, 1977-1987, *Tätigkeitsbericht*, n° 1-9, Florence, IUE.
4. Duroselle Jean-Baptiste, *L'Europe. Histoire de ses peuples, op. cit.*, p. 10.
5. *Ibid.*, p. 10 et 11 ; en gras dans le texte.
6. Cf. *ibid.*, p. 69-73, 159-160, 202-204, 226-230, et 360-364.

une importance fondamentale[7]. Et ce sont bien des spécialistes d'histoire contemporaine qu'il réunit autour de *L'Europe. Histoire de ses peuples*. Il reste d'ailleurs proche du Groupe de liaison et est présent à plusieurs de ses colloques.

Outre les vives critiques portant sur la manière dont il instrumentalise l'histoire, il faut souligner que cet ouvrage a suscité une controverse au sujet de la place qu'il réserve à l'influence de la Grèce antique et à l'Empire byzantin. Jugeant cette place bien trop réduite, des députés européens d'origine grecque et des héllenistes ont véhément protesté, allant jusqu'à demander à J. Delors d'empêcher la publication de cet ouvrage. Selon F. Delouche, ce serait cette controverse qui aurait conduit la Commission à ne pas le soutenir davantage. Et selon O. Calligaro, elle expliquerait même le fait que la Commission, à partir de cette date, évite de financer les projets qui retracent l'histoire de l'Europe au fil des siècles[8].

---

7. Il déclare lors d'un colloque du Groupe de liaison : « Je ne me représente pas l'évolution du monde comme une suite de *cycles*, économiques ou autres, de Dimiand ou de Kondratieff, ni comme une dialectique de type hégélien ou marxiste, mais comme une succession de *créations*, qui sont ensuite absorbées dans le *flot* du travail humain. » Et : « Je pense que, pour réussir, [la relance qui doit aboutir au Marché européen unique] doit être *politique* […]. » Cf. DUROSELLE Jean-Baptiste, « La relance européenne : 1954-1957 », *in* Enrico SERRA (dir.), *Il rilancio dell'Europa e i trattati di Roma…*, *op. cit.*, p. 56, en italique dans le texte. À propos de sa relation avec les *Annales*, cf. FRANK, 2003, p. 43-44.
8. Cf. CALLIGARO, 2013, p. 66-68.

2

Un récit alternatif est-il possible ?
L'histoire socioculturelle de l'Europe en peine de soutien

À l'opposé de l'histoire contemporaine des relations internationales, l'École des *Annales* domine la discipline historique, en particulier à la fin des années 1970 et en France, où la revue du même nom a été fondée par Lucien Febvre et M. Bloch à la fin des années 1920[1]. Ce mouvement est animé par la volonté de rapprocher l'histoire des sciences sociales. Il s'éloigne de l'étude des événements politiques et des « grands hommes » pour se concentrer sur l'histoire économique et sociale « vue d'en bas ». En France, les historiens des *Annales* et ceux des relations internationales s'opposent aussi quant à l'époque qu'ils étudient : les premiers, médiévistes ou modernistes, se penchent sur la « longue durée » et les « civilisations », alors que les seconds privilégient l'étude du XIXe et du XXe siècle. Enfin, ces deux courants s'opposent quant à leur orientation politique (même si l'on ne peut parler d'homogénéité de ce point de vue au sein de chacun d'entre eux) : à l'origine, les *Annales* empruntent leur intérêt pour la question sociale au marxisme, alors que les historiens des relations internationales se montrent plutôt critiques à l'égard des thèses de Karl Marx[2], voire affichent des positions conservatrices[3].

Dans la période qui nous intéresse ici, les *Annales* entrent dans leur troisième génération : celle de la « Nouvelle Histoire », qui connaîtra un rayonnement sans précédent au niveau international. Née après les événements de mai 1968, elle fait la part belle à l'histoire socioculturelle plutôt qu'à l'analyse des structures économiques et sociales : l'influence du marxisme décline. Cette Nouvelle

---

1. Cf. Dosse, 2003, p. 114.
2. Selon P. Renouvin par exemple, les intérêts économiques ne peuvent pas tout expliquer et le « politique » conserve une autonomie importante face à l'économie. Cf. Frank, 1998, p. 10 ; Frank, 2003, p. 45.
3. En rejetant la thèse de Fritz Fischer d'une culpabilité allemande dans le déclenchement de la Première Guerre mondiale, K. D. Erdmann, qui participe à l'ouvrage *L'Europe. Histoire de ses peuples* (Duroselle Jean-Baptiste, *op. cit.*), se positionne notamment parmi les conservateurs allemands. P. Renouvin et J.-B. Duroselle le soutiennent dans ce conflit. Cf. Duroselle Jean-Baptiste, « Karl Dietrich Erdmann (1910-1990) », cité, p. 328. Notons aussi que H. P. Schwarz est proche de la Fondation Konrad Adenauer, elle-même proche de la Christlich Demokratische Union Deutschlands (CDU), le parti conservateur allemand. C'est avec l'appui de cette fondation qu'il publie son recueil de discours de K. Adenauer : Schwarz Hans-Peter (textes réunis par), *Konrad Adenauer…*, *op. cit.* H. J. Küsters, qui a écrit sa thèse sous la direction de H. P. Schwarz, est aussi proche de cette fondation.

Histoire s'intéresse aux « mentalités », au « quotidien » et aux « sans-grade », notamment aux femmes et aux immigrés. Comme le souligne l'historien Pierre Nora (1978), elle s'adapte ainsi aux changements de la société et en particulier à la multiplication des groupes sociaux qui revendiquent une « mémoire ». Ce faisant, elle remet en cause le « roman national » (Dosse, 2003, p. 125). Malgré ces nouvelles directions, cette génération reste fidèle aux orientations propres aux *Annales*. Elle continue à dialoguer avec les autres sciences sociales et à s'inspirer de leurs questionnements. Elle délaisse l'écriture d'une « histoire-récit » au profit d'une « histoire-problème ». Elle s'intéresse aux « permanences » et emprunte les notions de « longue durée » et de « civilisation » à F. Braudel, historien français de la deuxième génération des *Annales* qui fait quasiment figure de mythe pour la Nouvelle Histoire[4]. C'est justement celui-ci, suivi de plusieurs de ses héritiers (en particulier J. Le Goff et Georges Duby), qui élabore le projet d'écrire une histoire de la « civilisation européenne ».

En RFA, l'influence des *Annales* a longtemps été minime. L'histoire sociale s'est développée après-guerre dans le contexte de la social-démocratie plutôt que du marxisme et s'est inspirée non seulement de K. Marx, mais aussi de M. Weber[5]. Contrairement à l'histoire sociale française, l'histoire sociale ouest-allemande se focalise surtout sur l'étude du XIXe et du XXe siècles. L'histoire de la nation et son passé nazi retiennent tout particulièrement son attention. Ainsi, elle ne délaisse pas l'étude des faits politiques et des événements. Ceux-ci sont même souvent le « point de départ » des travaux de ce courant, si bien qu'on peut parler d'une « histoire sociale politique » (Kaelble, 1986, p. 11). Dans les années 1980, cette histoire gagne cependant en autonomie à l'égard de l'histoire politique. L'histoire du quotidien (*Alltagsgeschichte*) se développe et l'étude des mentalités prend de l'ampleur, ce qui contribue à rapprocher une partie des spécialistes d'histoire sociale ouest-allemands de leurs collègues français (Kaelble, 1986, p. 20-21). De plus, quelques spécialistes ouest-allemands d'histoire sociale travaillent sur les époques moderne et médiévale ; eux sont encore davantage influencés par les *Annales*. Parmi ceux ouverts à l'histoire socioculturelle et en relation avec des chercheurs français, quelques-uns, en particulier le moderniste Rudolf Vierhaus, mais aussi le moderniste Rudolf von Thadden et le spécialiste de la fin du XVIIIe et du début du XIXe Wolfgang Mommsen se joignent à F. Braudel et ses héritiers pour tenter d'écrire une histoire de la civilisation européenne. Ensemble, ils tentent de mettre en place des coopérations internationales plus larges. Deux projets transnationaux de manuel scolaire d'histoire européenne vont ainsi être lancés l'un après l'autre.

Dans ce chapitre, nous tenterons dans un premier temps de retracer l'histoire de ces deux projets restés inaboutis. Pour le premier d'entre eux, nous nous appuierons sur une publication périodique de l'Institut Georg Eckert de recherche internationale sur les manuels scolaires (Georg-Eckert-Institut für

---

[4]. À propos des *Annales* et de la Nouvelle Histoire, cf. REVEL, 1979 ; DOSSE, 2003.
[5]. Cf. BRUHNS, 1995 à propos de la réception de M. Weber en France et en Allemagne.

internationale Schulbuchforschung : GEI), la revue *Informationen*, qui expose les grandes lignes de ce projet alors que celui-ci est en cours de réalisation[6]. Cet institut y est en effet associé : il tente à cette époque de faire renaître l'idée, née après-guerre, d'un manuel européen d'histoire. Nous nous appuierons aussi sur les récits de trois acteurs. Premièrement, celui que fait l'historien français Maurice Aymard à l'occasion d'un hommage rendu à R. Vierhaus en 2002 : il y raconte les débuts des relations franco-allemandes dans le domaine de l'histoire sociale et revient notamment sur cette idée d'écriture d'un manuel d'histoire européenne à laquelle il a lui-même contribué. Deuxièmement, celui de l'expert de l'enseignement de l'histoire Pierre Garrigue : la politiste Hélène Baeyens a mené un entretien avec lui dans lequel il évoque la genèse de ce projet au sein du ministère français de l'Éducation nationale. Enfin, troisièmement, celui de Maria-Antonietta Macciocchi. Les mémoires de cette intellectuelle italienne proche des universitaires parisiens de gauche[7] nous renseigneront cependant surtout sur les débuts du second projet de coopération internationale qui fut très vite abandonné et a laissé peu de traces : elle y relate les déboires de cette seconde tentative à laquelle elle a elle-même participé et les discussions qu'elle a eues avec F. Braudel ou J. Le Goff à ce sujet.

Parce que l'abandon de ces deux projets pose la question du soutien que les organisations politiques apportent à la mise en place d'un enseignement de l'histoire tourné vers l'Europe, en particulier le Conseil de l'Europe et les CE, nous nous pencherons dans un second temps sur les actions de ces organisations. Nous pourrons alors constater les résistances auxquelles se heurtent les partisans d'un tel enseignement dans la sphère politique européenne. Ces résistances sont en partie liées à la réticence des États membres des CE à céder leurs prérogatives sur les questions éducatives. Mais elles sont aussi liées à la vision de l'Europe qui domine alors au sein des institutions européennes : celles-ci favorisent surtout la transmission de connaissances relatives à la coopération des États européens après-guerre, au détriment d'une histoire de la « civilisation européenne ». Inversement, les spécialistes d'histoire socioculturelle qui réfléchissent au concept de civilisation européenne n'ont pas l'intention de renoncer à leur idée d'une « Europe culturelle ». Ils adoptent une attitude critique à l'égard du pouvoir européen et en particulier de la Commission – attitude facilitée par leur position que certains qualifient de « triomphante[8] » au sein de la discipline historique. Cet antagonisme ne doit pas être confondu avec une absence totale d'interactions. Même si les relations entre ces historiens et les institutions européennes sont rares, elles existent, mais demeurent stériles. Elles rappellent la situation que décrit l'historien et sociologue des sciences Yves Gingras quand il souligne qu'« une théorie [scientifique] peut, à un moment donné, se situer en

---

6. Cf. GEI, 1984-1985, *Informationen*, n° 6-12. Ni le *Bulletin d'information de la Mission historique française en Allemagne* ni le périodique *MSH informations* ne mentionnent les deux projets étudiés.
7. Outre F. Braudel et J. Le Goff, elle mentionne notamment ses relations avec Michel Foucault, Alain Touraine et Edgar Morin : MACCIOCCHI Maria-Antonietta, *La femme à la valise, op. cit.*, p. 331.
8. Dosse, 2003, p. 114.

dehors de l'horizon des possibles défini par l'état des connaissances » si elle est incompatible avec les théories dominantes de l'époque[9]. À la seule différence que « l'horizon des possibles » est ici limité par les « conditions sociales ou idéologiques du moment[10] » plutôt que par « l'état des connaissances ».

En somme, ce chapitre va mettre en lumière le fait que, particulièrement en sciences humaines et sociales, en l'occurrence en histoire, le contexte politique peut condamner un projet à l'échec. La plupart des travaux portant sur les rapports entre les mondes scientifique et politique se penchent plutôt sur des relations étroites telles que celles que nous avons étudiées dans notre chapitre précédent, afin de mettre en lumière des formes de « circulation » d'idées, de « transaction » ou de légitimation réciproque. Ce chapitre va au contraire être l'occasion de se pencher sur une relation qu'on peut qualifier d'impossible entre un groupe d'historiens souhaitant écrire une histoire de la civilisation européenne destinée à l'enseignement secondaire et les organisations européennes.

Écrire une histoire de la civilisation européenne ? Deux tentatives inabouties

Deux projets collectifs d'écriture d'une histoire européenne ont donc été conçus par des spécialistes d'histoire socioculturelle au cours des années 1980. Tous deux avaient pour ambition d'écrire une histoire de la civilisation européenne tenant compte des aspects économiques, politiques, juridiques, sociaux, culturels et géographiques, et devaient aboutir à la parution d'un manuel destiné à l'enseignement. Le premier projet est lancé en 1980 par des historiens français et ouest-allemands, auxquels se joignent des Italiens et des Néerlandais. Il est abandonné en 1985. Le second voit alors le jour sous la direction d'historiens français des *Annales*. Il réunit des chercheurs issus d'un nombre élargi de pays européens. Il est cependant lui aussi abandonné, dès 1986.

Une première initiative, franco-allemande

Le premier projet, lancé en 1980, réunit des chercheurs de la Maison des sciences de l'homme (MSH) de Paris, de l'Institut Max Planck d'histoire (Max Planck Institut für Geschichte : MPIG) de Göttingen, de la MHFA, à Göttingen également, ainsi que du GEI de Brunswick. Ce projet est issu d'une commande du ministre de l'Éducation nationale français de l'époque, Christian Beullac, mais aussi de l'engagement de deux spécialistes de la question de l'enseignement de l'histoire : l'un français, P. Garrigue, directeur des Affaires internationales au ministère de l'Éducation nationale, et l'autre ouest-allemand, Karl-Ernst Jeismann, directeur du GEI. Tous deux militent séparément pour l'introduction d'une perspective européenne dans cet enseignement. Leur engagement en ce

---
9. Cf. Gingras, 2013, p. 119-120.
10. Cf. *Ibid.*, p. 97.

sens va rencontrer l'intérêt de deux historiens prêts à tenter d'écrire un manuel d'histoire européenne destiné aux enseignants : le Français F. Braudel, alors directeur de la MSH, et l'Ouest-Allemand R. Vierhaus, directeur de la section d'histoire moderne (*Neuzeit*[11]) du MPIG. Ceux-ci vont mettre en place une équipe d'historiens venant de plusieurs pays, qui va se réunir à plusieurs reprises.

Une commande du ministère de l'Éducation nationale français

M. Aymard et P. Garrigue racontent tous deux que l'initiative de ce projet de manuel européen d'histoire revient au ministre de l'Éducation nationale français C. Beullac : en septembre 1979, celui-ci lance l'idée d'un « livre européen du maître » ; il demande à F. Braudel, alors directeur de la MSH, d'écrire ce manuel[12]. Il faut dire que son prédécesseur au ministère, René Haby, a initié une réforme redéfinissant le contenu des enseignements à l'école primaire et dans le secondaire. Celle-ci prévoit en particulier de fonder l'enseignement de l'histoire, de la géographie, de l'économie et de l'éducation civique dans un ensemble imbriqué. Dans ce cadre, de nouveaux programmes scolaires doivent être conçus et le récit chronologique et événementiel de l'histoire nationale doit laisser la place à une histoire davantage thématique, attentive aux permanences et faisant la part belle à l'étude des civilisations, européenne et extra-européennes[13]. En somme, l'enseignement scolaire de l'histoire doit être redéfini selon les orientations des *Annales*. L'idée de ce manuel européen d'histoire est donc conforme à l'esprit de la « réforme Haby ». D'autant plus que F. Braudel, figure centrale de la deuxième génération des *Annales*, avait tenté dès les années 1950 de soutenir une réforme similaire ; dans ce cadre, notamment, il s'était déjà penché sur l'étude de l'Europe (cf. encadré 6, page suivante).

En 1980, F. Braudel aurait accepté la proposition de C. Beullac d'élaborer un manuel d'histoire européenne destiné aux enseignants, à la condition de mener ce projet dans le cadre d'une coopération transnationale. C'est ainsi qu'il se serait tourné vers R. Vierhaus, le directeur de la section « histoire moderne » du MPIG de Göttingen, pour mettre en place avec lui une équipe composée de chercheurs de plusieurs pays[14]. Il faut dire que celui-ci s'intéressait lui aussi déjà à l'histoire de l'Europe : il avait notamment organisé une conférence internationale sur cette histoire en novembre 1975, dans le cadre d'un programme de financement de la Fondation Volkswagen en faveur de recherches historiques adoptant une perspec-

---

11. Même si le terme *Neuzeit* renvoie en général en Allemagne à une époque allant de la fin du Moyen Âge à nos jours, c'est-à-dire (selon la périodisation habituelle en France) à la fois à l'époque moderne et à l'époque contemporaine, il vaut mieux traduire ici *Neuzeit* par « histoire moderne », notamment parce que le XXe siècle ne fait pas partie des périodes étudiées au MPIG. Cf. 1980, « L'Institut d'Histoire de la Société Max Planck », *Bulletin d'information de la Mission historique française en Allemagne*, n° 1, p. 5-6.
12. Cf. AYMARD Maurice, 2003, « Grußwort », in Hartmut LEHMANN (dir.), *Die Verantwortung des Historikers. Rudolf Vierhaus zum 80. Geburtstag*, p. 14-15 ; BAEYENS, 2000, note 360, p. 218.
13. Cf. GARCIA et LEDUC, 2003, p. 213-222.
14. Cf. AYMARD Maurice, « Grußwort », cité, p. 14-15.

tive européenne ou comparée[15]. Et il faut dire, surtout, que la MSH et le MPIG entretenaient déjà des relations depuis plusieurs années (cf. encadré 7, ci-contre).

**Encadré 6. Fernand Braudel, une figure des *Annales*
qui entend s'émanciper du cadre national**

En s'intéressant aux faits économiques, sociaux, culturels et géographiques, F. Braudel s'approprie les interrogations des disciplines voisines. Sa thèse sur la Méditerranée, organisée autour de « trois durées » (celle du milieu naturel, celle des groupes sociaux et celle des événements politiques), a profondément marqué le mouvement des *Annales*[1]. À l'École pratique des hautes études, dont il a assuré la direction de 1956 à 1972, ou à la MSH, qu'il a fondée en 1962, il contribue à la mise en place d'échanges interdisciplinaires. Ainsi, il s'attache à faire dialoguer les différentes sciences humaines et sociales et à consolider le programme des *Annales*.

Quand C. Beullac lui propose d'écrire un manuel d'histoire européenne destiné aux enseignants de plusieurs pays des CE, F. Braudel est engagé dans un vaste projet d'écriture d'une histoire de la France. Il entend cependant se démarquer des récits nationaux classiques. Il insiste notamment sur le fait que cette histoire s'inscrit dans un espace plus large : « entre la Méditerranée, l'Europe et l'Atlantique[2] ». Il faut dire qu'il a mené des recherches dans différents pays européens pour son étude de la Méditerranée et qu'il a passé une bonne partie de sa carrière hors de France[3]. Il est donc intéressé par l'écriture d'une histoire dépassant le cadre national et dispose, de manière similaire aux membres du Groupe de liaison, d'un « capital international ». F. Braudel est aussi le candidat idéal pour mener à bien ce projet de manuel, car il a déjà investi plus tôt la question de l'enseignement de l'histoire au lycée. Dans les années 1950 notamment, il a contribué à la conception d'une réforme tentant (avec un succès limité) d'introduire l'étude des grandes aires de civilisation dans le programme de Terminale[4]. Il a même écrit la partie d'un manuel scolaire consacrée à ce thème, et notamment à l'Europe[5]. Malgré son projet sur l'histoire de France, il n'a pas d'ailleurs délaissé cet objet et dirige un ouvrage vulgarisateur sur l'Europe[6].

---
1. Cf. Revel, 1999, p. 12-13.
2. Cf. Aymard, 1999, p. 209.
3. Il a passé environ dix ans en Algérie et trois ans au Brésil (ainsi que cinq ans en Allemagne en tant que prisonnier pendant la Seconde Guerre mondiale). Cf. Revel, 1999, p. 10.
4. Les enseignants, habitués à l'histoire chronologique et événementielle, s'étaient opposés à cette réforme, si bien que l'étude des civilisations avait été rendue marginale (Garcia et Leduc, 2003, p. 202-203).
5. Ce manuel était paru en 1963 sous le titre *Le monde actuel. Histoire et civilisations*. Sa partie centrale, rédigée par F. Braudel, sera rééditée après la mort de ce dernier : cf. Braudel Fernand, 1987 (1963), *Grammaire des civilisations*, Paris, Flammarion.
6. Braudel Fernand (dir.), 1982, *L'Europe,* Paris, Arts et métiers graphiques.

---

15. Cf. Stiftung Volkswagenwerk, 1976, *Bericht (1975/76)*, Göttingen, Vandenhoeck & Ruprecht, p. 41-42. À ses débuts, ce programme n'avait donné lieu qu'à peu de candidatures et la Fondation avait dû rappeler que les travaux relevant d'histoires nationales ne pouvaient être subventionnés. Cf. *Ibid.*, p. 42 ; Stiftung Volkswagenwerk, 1982, *Bericht (1981/82)*, Göttingen, Vandenhoeck & Ruprecht, p. 59. De nombreux projets, insistant plus ou moins sur la perspective européenne, finissent tout de même par être financés. Nous serons amenés à en citer plusieurs au fil de ce chapitre.

> **Encadré 7. Les relations entre la MSH et le MPIG :
> un dialogue entre spécialistes d'histoire sociale
> français et ouest-allemands ayant conduit à la création de la MHFA**
>
> En 1977, R. Vierhaus, spécialiste d'histoire sociale et culturelle et lecteur des *Annales*[1], avait invité des historiens de la MSH à se rendre à Göttingen. Les deux administrateurs adjoints de la MSH à Paris – le bras droit de F. Braudel d'origine autrichienne, Clemens Heller, et le Français M. Aymard – avaient ainsi pu rencontrer les chercheurs du MPIG[2]. Ils étaient accompagnés de Jacques Revel, maître assistant à l'École des hautes études en sciences sociales (EHESS) et secrétaire de rédaction de la revue des *Annales*[3]. Alors que l'histoire sociale française et ouest-allemande divergeaient quant aux époques étudiées, aux objets et aux perspectives de recherche, les études du MPIG, portant sur les époques médiévales et modernes et mêlant histoire sociale, démographie historique et anthropologie, se rapprochaient suffisamment de celles des historiens de la MSH pour que se développe un intérêt réciproque. M. Aymard racontera plus tard : « [...] nous repartions pour Paris avec la conviction d'avoir fait une véritable découverte : celle d'un pôle original de la recherche historique, dont il nous fallait lire les travaux et avec qui il nous fallait aussi approfondir le dialogue[4]. » À la suite de cette première rencontre, un centre de recherche français est créé à Göttingen avec comme objectif de développer les échanges franco-allemands dans le domaine de l'histoire socioculturelle : c'est la MHFA. Dès 1977, celle-ci ouvre ses portes dans les locaux du MPIG[5]. Elle sera associée au projet d'écriture d'un manuel d'histoire européenne.
>
> 1. Cf. Mommsen, 2003, p. 32.
> 2. À propos de cette rencontre et de la création de la MHFA, cf. Aymard Maurice, « Grußwort », cité, p. 13-14.
> 3. Cf. Le Goff Jacques, Chartier Roger et Revel Jacques (dir.), 1978, *La Nouvelle Histoire*, Paris, Retz CEPL, p. 8.
> 4. Aymard Maurice, « Grußwort », cité, p. 13. À propos du MPIG, cf. aussi François, 1980, p. 2.
> 5. La création de la MHFA est favorisée par le ministère français des Affaires étrangères qui, en cette période de coopération franco-allemande, souhaite promouvoir la recherche sur l'Allemagne (*ibid.*).

L'équipe mise en place en 1980 par F. Braudel et R. Vierhaus est composée, outre de ceux-ci et de M. Aymard, du directeur de la MHFA Étienne François, du Néerlandais Henri Wesseling (contemporanéiste influencé par les *Annales*) ainsi que de l'Italien S. Romano[16]. La présence de ce dernier, un diplomate, journaliste et auteur d'ouvrages historiques qui deviendra en 1986 l'un des conseillers de J.-B. Durosselle pour l'ouvrage *L'Europe. Histoire de ses peuples*[17], peut surprendre, tant ces deux projets s'opposent par leur contenu et les types d'historiens impliqués. N'étant pas historien, S. Romano n'est néanmoins pas positionné dans tel ou tel courant historiographique. Il est donc étranger aux luttes intra-disciplinaires. Alors que peu d'historiens professionnels s'intéressent à l'Europe, son intérêt pour l'histoire et son capital international (reposant sur sa maîtrise de langues étrangères et les réseaux relationnels liés à sa position de

16. Entretien avec É. François, 2015. Celui-ci a remplacé Robert Mandrou à la tête de la MHFA en 1979.
17. Durosselle Jean-Baptiste, *op. cit.*

diplomate) rendent de plus possible la mise en place d'équipes internationales élargies, au-delà notamment du pôle franco-allemand déjà établi autour de la MSH, du MPIG et de la MHFA. À ce titre, sa participation au projet de manuel d'histoire européenne de F. Braudel abandonné en 1985 explique même sans doute que J. B. Duroselle fasse appel à lui en 1986.

Pour revenir à la genèse, difficile à retracer, du projet finalement abandonné en 1985, il convient de rappeler la mobilisation de plusieurs experts de l'enseignement de l'histoire en faveur de l'enseignement de l'histoire européenne à l'époque où le ministre C. Beullac décide de soutenir l'écriture d'un manuel européen. Premièrement, il faut mentionner le rôle de P. Garrigue. Agrégé d'histoire et directeur des Affaires internationales du ministère de l'Éducation nationale, il représentait alors la France au sein d'un « Comité de l'éducation » chargé des questions éducatives au niveau européen. Dans ce cadre, il militait pour le développement d'une perspective européenne dans l'enseignement de l'histoire, de la géographie et de l'éducation civique ; il était aussi en contact avec la Commission européenne et avec un membre de l'Association européenne des enseignants (AEDE), active depuis 1956 en faveur la promotion des thèmes communautaires auprès des enseignants des CE : Pierre Vanbergen[18]. La « multipositionnalité » de P. Garrigue faisait de lui un « passeur » entre le monde historien, le monde des associations européennes favorables à l'apprentissage par les élèves de connaissances relatives à l'Europe, la Commission européenne et le ministère français de l'Éducation nationale. Son poste au côté de C. Beullac laisse penser qu'il n'est pas étranger au projet de ce dernier de soutenir l'élaboration d'un manuel européen d'histoire. H. Baeyens évoque effectivement sa « participation à la tentative d'une Histoire européenne de Fernand Braudel[19] » (sans plus de précision). Deuxièmement, il faut noter qu'en décembre 1979, soit la même année que celle où C. Beullac décidait de soutenir la rédaction d'un manuel européen d'histoire, le directeur du GEI, K.-E. Jeismann, organisait une conférence ayant pour objectif de réfléchir à un concept de manuel d'histoire européen pour les enseignants de lycée. Celle-ci réunissait des spécialistes de la didactique de l'histoire et des historiens, parmi lesquels R. Vierhaus, futur coresponsable du projet de manuel européen avec F. Braudel.

La tentative de l'Institut Georg Eckert de relancer un projet datant de l'après-guerre

K.-E. Jeismann est à la fois historien et didacticien. Avant d'être nommé directeur du GEI, il a enseigné la didactique de l'histoire[20]. En décembre 1979, il invite plusieurs historiens et didacticiens à discuter de la faisabilité d'un manuel d'histoire

---

18. Cf. BAEYENS, 2000, p. 146, 149, 169 et 217 ; BÉDARIDA François, 2003, « Du passé normalien à l'écriture de l'histoire au présent », in Gabrielle MUC et Michel TREBITSCH (textes réunis par), *François Bédarida. Histoire, critique et responsabilité*, Bruxelles, Complexe, p. 32.
19. BAEYENS, 2000, p. 218. Notons que P. Garrigue publiera un article sur l'histoire de l'Europe : GARRIGUE Pierre, 1993, « Histoire(s) d'Europe(s). Une histoire de l'Europe est-elle possible ? », *Éducation & pédagogies*, n°18, p. 65-76.
20. Cf. le site Internet du GEI [www.gei.de], consulté le 16 novembre 2019.

européenne qui ne serait pas la somme d'histoires nationales, mais interrogerait les phénomènes historiques européens. Ce manuel, dont l'objectif serait d'enrichir l'enseignement de l'histoire d'une composante européenne, devrait pouvoir être utilisé par les enseignants de lycée dans plusieurs pays d'Europe. K.-E. Jeismann ouvre cette conférence en soulignant les obstacles qui s'opposent à la transmission d'une histoire identique à tous les élèves européens : les différences entre les systèmes scolaires nationaux, la division de l'Europe entre Ouest et Est et le fait que l'histoire ne doit pas être instrumentalisée au nom de l'unité de l'Europe. Il insiste pourtant sur le fait que l'Europe peut être distinguée des autres régions du monde et propose de s'intéresser aux points communs et aux différences qui existent entre les histoires nationales et qui caractérisent l'histoire européenne[21]. R. Vierhaus, non seulement directeur de la section d'histoire moderne du MPIG, mais aussi membre du comité scientifique du GEI, est le premier à prendre la parole après lui. Il discute des fondements de la « civilisation européenne ». Puis les historiens universitaires présents – Karl Ferdinand Werner, médiéviste ouest-allemand directeur de l'Institut historique allemand de Paris, Charles-Olivier Carbonell, Français spécialiste de l'historiographie du XIXe siècle et Hans Mommsen, Ouest-Allemand spécialiste d'histoire sociale qui fut longtemps collègue de R. Vierhaus à l'université de Bochum[22] – exposent chacun leurs connaissances historiques de l'Europe[23].

Parmi les participants à cette conférence, il faut souligner la présence de deux didacticiens ayant organisé des manifestations sur le thème de l'Europe quelques mois auparavant. Le premier, Paul Leidinger, dirige l'Association des enseignants d'histoire du *Land* de Rhénanie-du-Nord-Westphalie. En mars 1979, il a organisé la rencontre annuelle de cette association sur le thème de « L'image de l'Europe et de la construction européenne d'un point de vue européen et extra-européen » (*Europabild und europäische Einigung aus europäischer und außereuropäischer Sicht*). Il considère qu'une perspective européenne devrait être adoptée pour enseigner l'histoire du temps présent, mais aussi des époques antérieures. Le second, Karl Pellens, a contribué, en mars 1979 également, à l'organisation d'une rencontre internationale de didacticiens au sujet de la représentation de l'Europe dans les programmes scolaires et les outils pédagogiques (rencontre à laquelle K.-E. Jeismann a participé). Alors que ces précédentes manifestations étaient destinées pour l'une à des enseignants d'histoire du secondaire, pour l'autre à des didacticiens spécialistes de l'enseignement de l'histoire ou de la « politique »[24],

---

21. Cf. Jeismann Karl-Ernst, 1980, « Gegenstand, Probleme und Ziele der Konferenz », *in* Karl-Ernst Jeismann et Rainer Riemenschneider (dir.), *Geschichte Europas für den Unterricht der Europäer. Prolegomena eines Handbuchs der europäischen Geschichte für die Lehrer der Sekundarstufe II*, Braunschweig, Westermann, p. 11.
22. Cf. Mommsen, 2003, p. 31.
23. Cf. Jeismann Karl-Ernst et Riemenschneider Rainer (dir.), 1980, *Geschichte Europas für den Unterricht der Europäer. Prolegomena eines Handbuchs der europäischen Geschichte für die Lehrer der Sekundarstufe II*, Braunschweig, Westermann.
24. Cf. GEI, 1979, *Internationale Schulbuchforschung* (1), p. 61-63 ; Leidinger Paul, 1979, « Europa und Schule. Europäische Direktwahlen und europäischer Bildungsauftrag », *Geschichte, Politik und ihre Didaktik*, 7, p. 11. En France, on parlerait d'enseignement de l'« éducation civique » plutôt que de la « politique ».

la conférence du GEI a pour particularité de réunir des historiens universitaires et des didacticiens[25]. Il est vrai que cet institut n'est pas seulement un centre de recherche. C'est également un forum ayant pour objectif de faire le lien entre les chercheurs en histoire, en géographie ou en sciences sociales et les didacticiens, mais aussi les associations d'enseignants, les éditeurs de manuels et les responsables politiques, afin qu'ils pensent en commun la politique éducative (cf. encadré 8).

> **Encadré 8. De l'Institut international pour l'amélioration des manuels scolaires, créé après-guerre, à l'Institut Georg Eckert de recherche internationale sur les manuels scolaires**
>
> À la fin des années 1940, avec le soutien de politiques français soucieux de « rééduquer » le peuple allemand, des historiens français et allemands s'étaient rencontrés afin de mettre à jour les divergences d'interprétation historique et de pacifier l'enseignement de l'histoire – sur la base de précédentes discussions qui avaient eu lieu dans l'Entre-deux-guerres[1]. C'est pour prolonger ces efforts qu'un organisme consacré aux manuels scolaires a été créé à Brunswick en 1951. Il portait alors le nom d'Institut international pour l'amélioration des manuels scolaires (Internationales Institut für Schulbuchverbesserung). L'idée d'un manuel européen d'histoire développée lors des rencontres franco-allemandes précitées et confiée à l'IEG en 1950 a été transférée à ce nouvel Institut dès sa création[2]. Entre 1951 et 1973, ce sont pourtant surtout des rencontres binationales consacrées aux manuels d'histoire et de géographie qui ont été organisées par le directeur de cet institut, l'historien Georg Eckert, en coopération avec l'Organisation des Nations unies pour l'éducation, la science et la culture (Unesco) – dont il a présidé la Commission allemande à partir de 1964[3]. De nouvelles rencontres franco-allemandes ont notamment été menées entre 1950 et 1967. La plupart d'entre elles ont réuni des représentants d'enseignants d'histoire pour comparer les manuels scolaires de France et de RFA ; plusieurs rencontres ayant pour objectif de discuter les « points litigieux de l'histoire commune aux deux pays[4] » ont aussi rassemblé des historiens universitaires : en 1951, des spécialistes d'histoire moderne et contemporaine (parmi lesquels le Français J.-B. Duroselle et l'Allemand de l'Ouest K. D. Erdmann), puis, en 1956, des médiévistes[5]. Après le décès de G. Eckert en 1974, l'institut est réorganisé. Il prend en 1975 le nom d'Institut Georg Eckert de recherche internationale sur les manuels scolaires (Georg-Eckert-Institut für internationale Schulbuchforschung : GEI).
>
> ---
> 1. Cf. DEFRANCE et PFEIL, 2007.
> 2. Cf. DEFRANCE, 1992, p. 72.
> 3. Cf. le site Internet du GEI, cité.
> 4. Cf. Unesco, *Les consultations bilatérales pour l'amélioration des manuels d'histoire, op. cit.*, p. 18.
> 5. Cf. *Ibid.*, p. 15-19 ; D'HOOP Jean-Marie, 1980, « Un aspect des relations intellectuelles franco-allemandes contemporaines : la coopération dans la recherche et l'enseignement de l'histoire », *Historiens et Géographes* (280), p. 101-111.

---

25. Pour la liste complète des participants venus d'Allemagne, de France, de Grande-Bretagne, d'Italie, du Luxembourg, des Pays-Bas et de Pologne, cf. JEISMANN Karl-Ernst et RIEMENSCHNEIDER Rainer (dir.), *Geschichte Europas für den Unterricht der Europäer…, op. cit.*

À l'arrivée de K.-E. Jeismann à la tête du GEI en 1978, celui-ci souhaite aller au-delà des actions menées jusqu'alors, qui ont tenté de lutter contre les préjugés sans pour autant remettre en cause la perspective nationale des histoires enseignées. Selon lui, désormais, « avec les transformations du système politique mondial, la recherche internationale sur les manuels scolaires pourrait avoir d'autres objectifs[26] ». K.-E. Jeismann souligne en particulier en 1984 que : « Les discussions bilatérales sont […] certes utiles, mais déjà dépassées historiquement. *Des projets européens multilatéraux doivent remplacer ces dernières*[27]. » C'est dans cette perspective que le GEI organise la conférence de 1979, puis qu'il s'associe au projet d'écriture d'un manuel européen dirigé par F. Braudel et R. Vierhaus – même si nous ne pouvons pas déterminer à quel moment le projet du GEI et celui, similaire, du ministère de l'Éducation nationale français ont été fondus pour n'en faire qu'un[28].

Un projet d'histoire totale menant surtout à l'approfondissement de liens internationaux

Dans sa conception scientifique, ce projet est empreint des orientations historiographiques de la MSH et du MPIG. Les historiens impliqués prévoient d'écrire une histoire de la « civilisation européenne » dans la longue durée en prenant en compte « État et ordre juridique, religion et Église, société et économie, espaces ruraux et territoires urbains, culture et science, guerre et traités de paix, colonisation et décolonisation[29] ». Ce faisant, leur ambition est d'écrire l'histoire d'une « Europe aux frontières ouvertes, dont […] notre "petite Europe de l'Ouest" ne [constitue] qu'une partie » et dont l'identité est fondée sur la culture[30]. Le programme rédigé par F. Braudel en 1980 a pour titre « La culture, langue commune de l'Europe »[31]. Au sein du GEI, le projet s'intitule « Europe : histoire d'une civilisation. Manuel d'histoire pour les lycées dans les pays européens » (*Europa: Geschichte einer Zivilisation. Handbuch für den Geschichtsunterricht der Oberstufe europäischer Länder*)[32].

---

26. Jeismann Karl-Ernst, 1979, « Internationale Schulbuchforschung. Aufgaben und Probleme », *Internationale Schulbuchforschung*, n° 1, p. 9 ; nous traduisons.
27. Jeismann Karl-Ernst, 1984, *Das GEI für internationale Schulbuchforschung, 1978-1984. Bericht des Direktors zur 20. Kuratoriumssitzung*, p. 12 ; nous traduisons. Le document dactylographié que nous avons consulté au GEI était souligné à la main, sans qu'il nous ait été possible de savoir de quand datait ce soulignement. Notons que le GEI organise toujours des rencontres bilatérales, notamment franco-allemandes.
28. Les actes de la conférence du GEI de 1979 ne mentionnant pas le projet du ministère de l'Éducation nationale français, il est probable que ces projets se sont rejoints ultérieurement : cf. Jeismann Karl-Ernst et Riemenschneider Rainer (dir.), *Geschichte Europas für den Unterricht der Europäer…*, *op. cit.* Cette incertitude est liée au fait que ceux-ci ne seront de toute façon pas mis en œuvre, concrètement, par l'écriture d'un manuel.
29. GEI, 1984, *Informationen* (6), p. 2 ; nous traduisons.
30. Aymard Maurice, « Grußwort », cité, p. 15.
31. *Ibid.*
32. Cf. GEI, 1984, *Informationen*, n° 6, p. 0. Si le GEI le destine aux lycées, M. Aymard évoque quant à lui la classe de Terminale, mais aussi la première année d'université (2003, p. 14-15).

Sur le plan pédagogique, il reprend les grandes lignes dessinées lors de la conférence du GEI en décembre 1979. L'idée est de concevoir un manuel scolaire qui serait publié en plusieurs langues. Celui-ci ne serait pas directement destiné aux élèves, car les programmes scolaires des pays européens sont trop différents. Il serait plutôt proposé aux enseignants d'histoire pour leur permettre d'intégrer une perspective européenne dans leur enseignement. Bien que K.-E. Jeismann se défende de vouloir placer l'histoire au service de l'ordre politique communautaire et qu'il souligne que ce projet a pour objectif de présenter ce qui divise le continent aussi bien que ce qui le soude, l'objectif final est que « les Européens prennent conscience de leur convergence dans le passé, afin que l'avenir d'une Europe unie ou même agissant en commun ait un fondement dans la conscience des gens[33] ».

L'équipe de rédaction de ce manuel se rencontre à plusieurs reprises : à Paris, Brunswick, Florence et Leyde[34]. La publication est prévue pour 1986[35], mais celle-ci n'aura jamais lieu. L'abandon du projet en 1985 est à la fois lié à des difficultés d'ordre scientifique et à un manque de soutien politique. Sur le plan scientifique, la rédaction en commun d'une histoire de l'Europe par des historiens issus de différents pays semble s'être heurtée à des difficultés. En 1984, K.-E. Jeismann remarque que les projets multinationaux, qui concernent plus de deux nations, sont particulièrement délicats à mettre en œuvre ; il qualifie même l'idée d'écrire un manuel européen d'histoire de rêve[36]. Vingt ans plus tard, lorsque M. Aymard raconte les rencontres d'historiens de la MSH et du MPIG, il admet que « Passer d'une confrontation des conceptions et des écritures de l'histoire de l'Europe à la rédaction d'une histoire de l'Europe était une entreprise beaucoup plus difficile. » À propos de ce projet d'écriture, il déclare même : « Nous avons beaucoup discuté, beaucoup appris les uns des autres (au moins moi). Nous en avons même oublié d'écrire[37]. »

L'abandon de ce projet est cependant également lié à la faiblesse de l'intérêt politique à son égard. En France, le soutien dont il bénéficiait de la part du ministre de l'Éducation nationale prend fin dès 1981. Cette année-là, C. Beullac quitte le ministère à la suite des élections présidentielles qui conduisent à un changement de gouvernement et P. Garrigue change de poste pour devenir inspecteur général d'histoire-géographie. Le nouveau ministre, Alain Savary, ne prolonge pas le soutien apporté au projet d'un manuel d'histoire européenne[38]. Il faut dire que dans le cadre de la réforme Haby, la fin de l'année 1979 et l'année 1980 ont été marquées par des débats houleux très médiatisés sur l'enseignement

---

33. GEI, 1984, *Informationen*, n° 6, p. 1 ; nous traduisons.
34. AYMARD Maurice, « Grußwort », cité, p. 15.
35. GEI, 1984, *Informationen*, n° 6, p. 0.
36. JEISMANN Karl-Ernst, *Das GEI für internationale Schulbuchforschung, 1978-1984*, op. cit., p. 12 ; JEISMANN Karl-Ernst, 1984, « Europäische Identität – der Beitrag des Geschichtsunterrichts », *Informationen für den Geschichts- und Gemeinschaftskundelehrer*, 28, p. 38.
37. AYMARD Maurice, « Grußwort », cité, p. 14-15.
38. Cf. BAEYENS, 2000, p. 217-218. M. Aymard déclare : « […] nous n'étions plus soumis à la même pression d'en haut » (AYMARD Maurice, « Grußwort », cité, p. 15).

scolaire de l'histoire, impliquant des représentants politiques, l'Association des professeurs d'histoire et de géographie et plusieurs historiens : la disparition de l'histoire en tant que discipline autonome, le renoncement à la chronologie et « l'abandon de la nation française comme "référence primordiale"[39] » suscitent de vives critiques. On assiste là à une fronde contre la place faite aux orientations de la Nouvelle Histoire dans l'enseignement scolaire ; même s'ils partagent certaines critiques à l'encontre de cette réforme, des historiens des *Annales*, notamment F. Braudel et J. Le Goff, défendent d'ailleurs certains de ses aspects[40].

Si les programmes scolaires du début du primaire et du collège publiés en 1977 et 1978 sont conformes à l'esprit de cette réforme, ceux de la fin du primaire et du lycée, publiés entre 1980 et 1982, sont finalement plus traditionnels – même si celui de seconde est en grande partie consacré à l'Europe[41]. Ces nouveaux programmes, et plus encore les débats publics sur la nécessité de réhabiliter l'histoire de la nation, sont peu propices au succès d'un manuel d'histoire de la civilisation européenne. Ils expliquent le fait que le nouveau ministre, A. Savary, suspende le soutien du ministère.

Outre la fin du soutien politique de la France à ce projet, nous verrons bientôt que sur le plan européen, les partisans du développement d'une perspective européenne dans l'éducation rencontrent aussi des résistances dans la première moitié des années 1980, en particulier en ce qui concerne l'enseignement de l'histoire : le Conseil de l'Europe et les CE ne sont pas prêts à promouvoir l'enseignement d'un héritage européen commun. Certes, le Conseil de l'Europe organise une rencontre sur le thème de « La coopération en Europe depuis 1945 telle qu'elle est présentée dans les matériels d'enseignement de l'histoire, de la géographie et de l'éducation civique dans les écoles secondaires » à Brunswick en 1979, quelques jours seulement avant la conférence portant sur l'idée d'un manuel d'histoire européenne pour les enseignants[42]. Pourtant, il ne s'implique pas dans le projet qui se met en place en 1980. C'est vers la Fondation Volkswagen que le GEI se tourne afin de demander un soutien financier. Il obtient ainsi une subvention en 1984, dans le cadre du programme de cette fondation en faveur de recherches historiques adoptant une perspective européenne ou comparée. C'est cependant la dernière année d'activité de ce programme de financement[43].

L'attitude des différents participants semble diverger à cette époque. Selon M. Aymard, l'équipe de rédaction du manuel décide d'abandonner ses travaux à la suite du décès de F. Braudel en novembre 1985. M.-A. Macciocchi rapporte

---

39. Cf. GARCIA et LEDUC, 2003, p. 222-227, ici p. 225.
40. Cf. *ibid.*, p. 230 et 227 ; 1980, « Un événement : le débat d'*Historia* sur l'enseignement de l'histoire », *Historiens et géographes*, n° 278, p. 558.
41. GARCIA et LEDUC, 2003, p. 228-230.
42. Cf. CONSEIL DE L'EUROPE, 1995, *Contre les stéréotypes et les préjugés. Les travaux du Conseil de l'Europe sur l'enseignement de l'histoire et les manuels d'histoire*, Strasbourg, Conseil de l'Europe.
43. Cf. GEI, 1984, *Informationen*, n° 6, p. 0 ; STIFTUNG VOLKSWAGENWERK, 1984, *Bericht (1983/84)*, Göttingen, Vandenhoeck & Ruprecht, p. 215. Notons qu'en 1984, l'historien Ernst Hinrichs, un élève de R. Vierhaus, a remplacé K.-E. Jeismann à la tête du GEI. C'est R. Vierhaus qui l'aurait incité à se tourner vers la Fondation Volkswagen (entretien avec É. François, 2015).

pourtant que celui-ci lui a confié sa décision d'y renoncer dès l'été 1985[44]. À l'inverse, le GEI a toujours l'espoir que ce projet soit poursuivi, même après la disparition de F. Braudel[45]. Il est vrai que cet institut est le seul à disposer d'un financement pour ce projet. En outre, en 1985, avant même le décès de F. Braudel, un nouveau projet d'écriture d'histoire européenne a été élaboré, auquel le GEI ne participe pas, si ce n'est par l'intermédiaire de R. von Thadden qui est membre du comité scientifique de cet institut. Ce second projet a l'ambition d'associer davantage d'historiens, issus non plus de quatre pays différents, mais « de tous les pays d'Europe[46] ». Il prévoit la publication d'un ouvrage scientifique et, à terme, d'un ouvrage destiné à l'enseignement.

Malgré l'échec du premier projet de rédaction collective d'une histoire de la civilisation européenne, l'ambition des historiens impliqués dans l'écriture d'une telle histoire ne faiblit donc pas. Au contraire, cette première tentative inspire d'autres projets : celui évoqué ci-dessus, auquel sont consacrées les pages suivantes, et d'autres encore, qui n'aboutiront que des années plus tard[47]. Elle constitue de plus un pas important pour le rapprochement des spécialistes d'histoire socioculturelle français et ouest-allemands. Et celui-ci s'effectue au profit d'une ouverture vers les autres pays européens. En témoigne la participation d'historiens italiens et néerlandais à ce premier projet transnational d'histoire de la civilisation européenne. En témoigne aussi le lancement en 1985 par la MSH, avec l'aide de R. Vierhaus, d'un projet de résidence pour chercheurs en sciences humaines et sociales étrangers de passage à Paris : la Maison Suger, qui ouvrira ses portes en 1990[48]. C'est donc d'abord dans le développement de liens transnationaux entre chercheurs que le projet d'écriture d'un manuel d'histoire européenne lancé en 1980 porte ses fruits.

Un second projet, désireux de fédérer des historiens « de tous les pays d'Europe »

Comme nous l'avons évoqué plus haut, à partir du milieu des années 1970, les partisans d'une « Europe des citoyens » et d'une action des CE dans le domaine de la culture commencent à faire entendre leur voix. Dans ce cadre, les chefs d'État des pays membres des CE décident en 1978 de créer à Paris une Fondation européenne qui aurait pour but « de relier entre elles les universités, de créer une histoire commune de l'Europe, de travailler à la connaissance des langues européennes, de faire voyager la jeunesse d'un pays à l'autre, de

---

44. Cf. AYMARD Maurice, « Grußwort », cité, p. 15 ; MACCIOCCHI Maria-Antonietta, *La femme à la valise*, *op. cit.*, p. 27.
45. Cf. GEI, 1985, *Informationen*, n° 12, p. 0.
46. Cf. MACCIOCCHI Maria-Antonietta, *La femme à la valise, op. cit.*, p. 27.
47. M. Aymard (2003, p. 15) indique notamment que c'est ce premier projet qui l'a conduit à participer à d'autres histoires de l'Europe : la *Storia d'Europa* de l'éditeur italien Einaudi et une histoire des Européens dirigée avec l'historienne Hélène Ahrweiler. Après l'échec du second projet que nous allons étudier, J. Le Goff lancera quant à lui la collection « Faire l'Europe », que nous examinerons dans notre troisième chapitre.
48. Cf. *ibid.*, p. 16.

réinventer les programmes audiovisuels en fonction d'une meilleure connaissance réciproque, etc.[49] ». C'est M.-A. Macciocchi qui conduit ce projet à partir du début des années 1980. Militante communiste, elle s'est installée à Paris au début des années 1970 à la suite d'un conflit avec le Parti communiste italien. Elle y a enseigné la sociologie et a soutenu une thèse à la Sorbonne avant d'être élue, en 1979, députée au Parlement européen, où elle restera jusqu'en 1984[50]. Soucieuse de « réunir dans un endroit d'Europe les hommes de culture », elle organise (avec le soutien de la Commission européenne) deux rencontres internationales d'intellectuels : la première à Venise en mars 1984 au sujet de « l'identité culturelle européenne » et la seconde à Madrid en octobre 1985 sur le thème de « l'espace culturel européen »[51]. Lors de cette dernière, une table ronde porte sur l'histoire. Le médiéviste G. Duby y présente un projet d'ouvrage collectif sur l'histoire de l'Europe. Celui-ci serait écrit par « des historiens, venus de tous les pays d'Europe » qui s'accorderaient sur « le cadre chronologique et spatial », « un plan général » et « se répartiraient la tâche en prenant soin de préserver la cohésion de l'ensemble ». M.-A. Macciocchi rapporte que « Duby souhaitait que l'entreprise débouche sur "un grand ouvrage, publié simultanément dans toutes les langues", ainsi que sur des "éditions abrégées, d'un usage plus populaire, et destinées en particulier à l'enseignement moyen" ; il fallait également en prévoir "l'adaptation… à d'autres procédés médiatiques, et notamment à la télévision"[52] ».

G. Duby est proche du mouvement des *Annales*. Il s'intéresse à l'étude des sociétés rurales et des civilisations, à l'histoire culturelle et aux « mentalités ». Il est notamment influencé par la géographie et entretient des relations étroites avec F. Braudel qu'il a rencontré dans les années 1950. En 1970, c'est F. Braudel qui a fait élire G. Duby au Collège de France. Ce dernier y enseigne encore en 1985, lorsque son projet d'histoire européenne est discuté à Madrid. À cette date, il s'est déjà penché sur l'histoire religieuse, socio-économique et culturelle de l'Europe dans plusieurs ouvrages[53]. Le projet qu'il propose est conforme à ses choix historiographiques : il a pour ambition de « relier les événements aux structures économiques, politiques, juridiques et culturelles » et souhaite aussi prendre en compte « les données du milieu naturel »[54].

Au congrès de Madrid, des historiens de nombreux pays européens se réunissent pour envisager l'écriture d'un ouvrage selon ces grandes lignes et un « comité provisoire de travail » se forme, composé en grande partie d'historiens disposant déjà d'un capital international. Parmi les Français, on retrouve F. Braudel, qui est chargé du rôle d'administrateur du projet, ainsi que deux directeurs d'études à l'EHESS : J. Revel, spécialiste d'histoire moderne culturelle

---

49. Cf. Macciocchi Maria-Antonietta, *La femme à la valise, op. cit.*, p. 338-339.
50. Cf. *Ibid.*, p. 183 ; 2009, « Journée-hommage à Maria-Antonietta Macciocchi », [https://biosoc.univ-paris1.fr/spip.php?article171], consulté le 26 janvier 2020.
51. La première réunit environ soixante intellectuels, la seconde cent quarante. Cf. Macciocchi Maria-Antonietta, *La femme à la valise, op. cit.*, p. 329-333.
52. M.-A. Macciocchi cite G. Duby : *ibid.*, p. 27.
53. À propos de G. Duby, cf. Le Goff, 1997.
54. Cf. Macciocchi Maria-Antonietta, *La femme à la valise, op. cit.*, p. 27, qui cite G. Duby.

et religieuse qui s'était joint à la rencontre entre la MSH et le MPIG en 1977, et J. Le Goff, spécialiste des milieux intellectuels et économiques au Moyen Âge. Tous deux ont largement participé au lancement de la troisième génération des *Annales* avec la publication de *La Nouvelle Histoire*[55]. Entre 1983 et 1985, J. Le Goff a en outre présidé la Commission de réflexion sur l'enseignement de l'histoire et de la géographie sous l'égide du ministère de l'Éducation nationale[56]. Krzysztof Pomian, un médiéviste d'origine polonaise émigré en France, chercheur au Centre national de la recherche scientifique (CNRS) et enseignant lui aussi à l'EHESS, est aussi membre de ce comité ; il s'intéresse notamment à l'histoire culturelle. Deux historiens ouest-allemands sont associés à ce projet : R. von Thadden, professeur à l'université de Göttingen (qu'il a présidée durant l'année universitaire 1974-1975) et directeur d'études associé à l'EHESS depuis 1983, et W. Mommsen, professeur à l'université de Düsseldorf, ancien directeur de l'Institut historique Allemand de Londres et frère jumeau de H. Mommsen, qui a participé en 1979 à la conférence du GEI au sujet d'un manuel d'histoire européenne. La plupart de leurs travaux peuvent être qualifiés d'« histoire sociale politique[57] ». Le premier est en particulier spécialiste de l'histoire de France au XVIIIe siècle. Il s'intéresse aussi à l'histoire religieuse. En 1982, il a obtenu un financement dans le cadre du programme de la Fondation Volkswagen en faveur des recherches adoptant une perspective européenne ou comparatives, pour un projet de recherche sur les Huguenots en Allemagne. Le second est spécialiste de la fin du XVIIIe et du début du XIXe siècle. Ses recherches portent notamment sur l'histoire de l'Allemagne et l'impérialisme. En 1981, il s'est vu lui aussi attribuer un financement dans le cadre du programme de la Fondation Volkswagen, pour un projet de recherche sur les conséquences sociales de la Première Guerre mondiale en Allemagne, en Grande-Bretagne et en France. Le comité se compose en outre de deux historiens italiens (Girolamo Arnaldi et Valerio Castronovo), d'un historien espagnol (Miguel Artola) et d'un historien portugais (José Mattoso). Il est prévu qu'un Britannique, un Belge et un Néerlandais rejoignent cette équipe. Le directeur de l'IUE de Florence, W. Maihofer, qui, rappelons-le, s'intéresse au concept d'« identité culturelle européenne », est aussi associé au projet. C'est enfin également le cas de M.-A. Macciocchi, qui est chargée d'assurer sa coordination[58].

---

55. Cf. LE GOFF Jacques, CHARTIER Roger et REVEL Jacques (dir.), *La Nouvelle Histoire*, op. cit.
56. Cf. LEGRIS, 2012, p. 80-81. Notons aussi que J. Le Goff a publié un ouvrage sur *La civilisation de l'Occident médiéval* (Grenoble, Arthaud, 1964).
57. Rappelons que H. Kaelble (1986, p. 11) emploie ce concept pour désigner l'histoire sociale ouest-allemande, car elle ne délaisse pas l'étude des faits politiques.
58. Nous nous appuyons sur la liste des membres publiée par M.-A. Macciocchi dans *La femme à la valise*, *op. cit.*, p. 33. Elle indique que l'équipe sera plus tard composée de vingt-quatre historiens (*ibid.*, p. 32), mais ne cite pas les membres supplémentaires. À propos de J. Le Goff, cf. REVEL, 1998 ; de K. Pomian, cf. « Pomian Krzysztof », cité ; de R. von Thadden, cf. FUHRMANN-KOCH Marietta, 18 juin 2002, « Historiker Prof. Dr. Rudolf von Thadden feiert seinen siebzigsten Geburtstag », [http://idw-online.de/pages/de/news49509], consulté le 23 janvier 2020 et de W. Mommsen, cf. CORNELISSEN, 2010. Cf. aussi Stiftung Volkswagenwerk, 1981, *Bericht (1980/81)*, Göttingen, Vandenhoeck & Ruprecht, p. 52-53 ; Stiftung Volkswagenwerk, 1983, *Bericht (1982/83)*, Göttingen, Vandenhoeck & Ruprecht, p. 186.

Après le décès en novembre 1985 de F. Braudel, qui devait piloter cette équipe, c'est finalement J. Le Goff qui assume cette tâche. Le projet d'écriture transnationale d'une histoire européenne tourne cependant court, en particulier en raison de difficultés pour trouver des soutiens financiers. J. Le Goff envoie bien des documents présentant ce projet à la Commission européenne et demande un rendez-vous pour le comité d'historiens qui le porte, mais il ne reçoit aucune réponse. C'est en discutant avec M.-A. Macciocchi qu'il apprend la raison de ce silence : la Commission a décidé de plutôt soutenir le projet d'histoire européenne de J.-B. Duroselle et de F. Delouche qui aboutira à la publication de *L'Europe. Histoire de ses peuples*[59]. M.-A. Macciocchi lui raconte en particulier que ce dernier projet a été présenté lors d'un colloque tenu à Florence en 1987 sur « le défi culturel ». La réaction de J. Le Goff montre à quel point le manque de soutien politique et les préoccupations financières ont joué dans la décision d'abandonner le projet qu'il conduit. Il demande en effet à M.-A. Macciocchi combien a coûté ce colloque et lorsque celle-ci lui répond « sept cent mille écus, cinq cents millions de francs français… », J. Le Goff s'exclame : « Mais une somme pareille […] aurait suffi pour faire *L'Histoire de l'Europe*[60]… »

L'échec des ambitions européennes de cette équipe de spécialistes d'histoire socioculturelle, pour la plupart médiévistes ou modernistes, est donc lié au manque de soutien de la Commission à leur égard. Comme nous l'avons vu dans notre premier chapitre, celle-ci préfère promouvoir l'écriture d'une histoire politique et événementielle qui focalise son attention sur l'intégration communautaire d'après-guerre. Même si l'ouvrage de J.-B. Duroselle retrace l'histoire de l'Europe à travers les siècles, il privilégie en effet l'histoire politique et tente avant tout de révéler les unifications passées du continent ; le sentiment y domine que la construction européenne constitue l'aboutissement de l'histoire[61]. À l'inverse, les historiens qui s'aventurent dans le projet initié par G. Duby ou ceux qui s'étaient engagés dans celui de F. Braudel et de R. Vierhaus proposent une histoire socioculturelle de la civilisation européenne qui ne se limite pas aux États membres des CE et accordent davantage d'importance aux aspects sociaux et culturels ainsi qu'aux « mentalités ». Ils aspirent de plus à la construction d'une Europe des peuples et de la culture reposant notamment sur la mobilité des universitaires et des étudiants. Les deux échecs que nous avons exposés sont donc non seulement ceux d'une vision de l'histoire, mais aussi ceux d'une vision de l'Europe et même de l'Université.

Pour une Europe des peuples et de la culture

La rencontre intellectuelle qui a lieu à Madrid en 1985, lors de laquelle le projet de G. Duby est discuté, est organisée à un moment où l'action des CE dans le domaine de la culture devient une question politique d'actualité. Dans ce

---
59. Duroselle Jean-Baptiste, *op. cit.*
60. Cité par Macciocchi Maria-Antonietta, *La femme à la valise*, *op. cit.*, p. 31-32.
61. Cf. Duroselle Jean-Baptiste, *L'Europe. Histoire de ses peuples*, *op. cit.*

contexte, elle a, comme celle de l'année précédente à Venise, une portée politique. À la fin de ces deux manifestations, des textes sont votés qui exposent la vision d'une « Europe culturelle » par les intellectuels présents. Ces derniers sont « déçus par leurs relations avec Bruxelles », car ils doutent du soutien que les institutions européennes souhaitent apporter à la culture ; ils veulent de plus préserver leur indépendance à l'égard des institutions. Le *Manifeste* signé à Madrid reflète particulièrement un mécontentement à propos de la politique culturelle européenne. Les signataires y rejettent notamment « les considérations bureaucratiques et politiques ». Selon M.-A. Macciocchi, qui avait organisé les deux rencontres avec le soutien de la Commission européenne, dans le cadre du projet de création d'une Fondation européenne à Paris, les relations entre ces intellectuels et le Commissaire de la culture, Carlo Ripa Di Meana, se sont dégradées à la suite de ce congrès. Ses actes ne sont pas publiés et l'idée d'organiser un troisième congrès est abandonnée, car la Commission refuse de prolonger son soutien. À la place, cette dernière organise elle-même une nouvelle rencontre : celle de 1987 sur « le défi culturel », lors de laquelle est notamment présenté le projet d'histoire européenne de J.-B. Duroselle[62]. Le projet d'une Fondation européenne de Paris tourne court la même année[63].

Les historiens qui ont tenté au cours des années 1980 de mettre en place des projets transnationaux d'écriture d'une histoire de la civilisation européenne partagent l'amertume à l'égard des relations entre les intellectuels et les institutions européennes. Ils clament en particulier l'importance de l'indépendance des universitaires vis-à-vis du monde politique et notamment de ces institutions. J. Le Goff déclare :

> « l'Europe intellectuelle […] ne doit […] être fermée ni sur l'Europe économique ni sur l'Europe ouvrière ni sur l'Europe politique. Mais l'Europe intellectuelle doit […] se définir en dehors de la politique, au sens politicien du mot. Elle ne doit avoir de relations avec le politique que dans la mesure où il faut qu'il y ait une politique intellectuelle et culturelle[64] ».

Lorsqu'il apprend qu'É. Noël, le secrétaire général de la Commission européenne, vient d'être nommé à la tête de l'IUE pour succéder à W. Maihofer, il s'emporte :

> « Mais personne ne le sait, […] qu'ils ont mis un non-universitaire à la tête d'un Institut comme celui de Florence ! C'est une honte, nous devrions protester. Pour diriger une université, il faut des gens qui ont vécu à l'intérieur des universités, qui connaissent les différents enseignements, qui ont l'expérience de la direction du savoir universitaire et des épicentres culturels européens. Il faut nous

---

62. Cf. MACCIOCCHI Maria-Antonietta, *La femme à la valise*, op. cit., p. 292 et 332-333. Selon M.-A. Macciocchi, peu d'intellectuels étaient présents en 1987 « bien qu'un grand nombre de lettres d'invitation aient été envoyées de Bruxelles » (*ibid.*, p. 333).
63. Les Pays-Bas, qui disposent déjà d'une Fondation européenne de la culture à Amsterdam, refusent de ratifier ce projet. Selon M.-A. Macciocchi (*ibid.*, p. 340-341), l'« eurocratie » ne s'y intéressait pas, de toute façon.
64. Propos rapportés par M.-A. Macciocchi (*ibid.*, p. 81).

faire entendre par la Commission ! Le bon administrateur doit être aux côtés de l'intellectuel, pas le remplacer ! Le problème, c'est que les charges sont attribuées d'en haut : l'institution se promeut elle-même[65]. »

La critique que J. Le Goff émet à l'égard de la Commission qui « se promeut elle-même » laisse entrevoir un rejet de la politique mémorielle de cette institution, telle qu'elle se pratique notamment à l'IUE : une politique centrée sur l'histoire de l'intégration communautaire et de ses institutions. J. Le Goff dénonce cependant surtout l'usage commémoratif que les institutions européennes font de l'histoire de la civilisation européenne. Il souhaite que l'étude de l'histoire amène plutôt à « tourner notre regard vers aujourd'hui, vers le futur » :

> « Même s'il est capital de récupérer une mémoire historique, il faut la faire circuler, faire vivre l'habitude intellectuelle de créer ensemble du nouveau. [...] nous sommes partis [au début de la conversation] du Moyen Âge, mais pour tourner notre regard vers aujourd'hui, vers le futur. Et il me semble qu'au contraire beaucoup de ces institutions européennes passent leur temps à regarder le nombril de notre civilisation millénaire. [...] j'ai l'impression que les institutions actuelles sont en train de devenir de plus en plus des institutions de commémoration. Je dirais, à la limite, *des institutions de nostalgie*. Et pour moi, elles doivent devenir des institutions d'espoir, d'avenir[66]. »

L'hostilité de J. Le Goff à l'égard des politiques universitaires et mémorielles des institutions européennes est justement lié au fait que leur vision de l'avenir diverge : J. Le Goff, tout comme F. Braudel, s'oppose à la forme que prend la construction européenne et en particulier l'européanisation de l'enseignement supérieur. Un autre dialogue qu'il mène avec M.-A. Macciocchi rend bien compte de ce que devrait être la politique universitaire européenne selon lui :

> « [J. Le Goff] À mon avis, il faut des organismes de type universitaire pluridisciplinaires, disséminés au niveau européen. Il faut augmenter les échanges et la collaboration d'une université à l'autre, en pleine liberté. Nous avons déjà l'Institut de Florence comme université européenne. Mais [...] il ne me semble pas bien fonctionner. Je me demande pourquoi.
> — [M.-A. Macciocchi] [...] Il est enfermé dans la tour d'ivoire communautaire. [...]. Les professeurs et les étudiants sont des prisonniers heureux enfermés dans une merveilleuse villa du XV siècle sur les collines de Fiesole, au milieu de trésors de bibliothèques. Mais ce qu'on leur demande, d'après les programmes, ce n'est pas la pluridisciplinarité, c'est la connaissance du mécanisme communautaire, économique, juridique, etc. Disons que cette connaissance est limitative, surtout dans le domaine des sciences humaines, et en ce qui concerne l'histoire…
> [...]

---

65. *Ibid.*, p. 87.
66. *Ibid.*, p. 85-86 ; en italique dans le texte.

> — Mais alors, fit Le Goff, on a fait à Florence exactement ce qu'il ne fallait pas faire. On s'est complètement trompé d'orientation. Ce dont nous avons besoin est à l'opposé d'une monade universitaire européenne. Il faut construire exactement le contraire. L'université doit baigner dans la société, elle doit recevoir son sang du cœur même de la société[67]. »

J. Le Goff déclare aussi :

> « J'espère que le plan Erasme, qu'on est en train de mettre en place pour les échanges interuniversitaires, dépassera [les] barrières administratives spécifiquement nationales, qui fonctionnent au point de décider des carrières des étudiants et des professeurs[68]. »

Pour cet historien des *Annales*, les institutions spécialisées dans la recherche et l'enseignement supérieur doivent donc favoriser la pluridisciplinarité[69]. Elles ne doivent pas prendre la forme de « monades » refermées sur elles-mêmes, mais au contraire être ouvertes sur la société. Les échanges de professeurs, mais aussi d'étudiants, sont essentiels. Cette position s'inscrit dans le cadre d'un conflit qui est né dès la fin des années 1940 et que nous avons déjà évoqué plus haut : doit-on faire reposer la politique universitaire européenne sur une université spécifique ? Ou au contraire sur les nombreuses universités nationales, en y favorisant la prise en compte d'une perspective européenne, les coopérations transnationales et la mobilité universitaire ? C'est la seconde option que privilégie J. Le Goff. La position de F. Braudel est similaire. Nous avons déjà mentionné le lancement en 1985 par la MSH du projet de la Maison Suger, qui accueillera les chercheurs en sciences humaines et sociales étrangers de passage à Paris à partir de 1990. F. Braudel insiste encore davantage sur l'importance des échanges étudiants :

> « À propos des jeunes, j'aimerais bien qu'on aborde la question de l'université européenne de Florence [l'IUE]. On en parle beaucoup mais à mon avis, ce n'est pas sur elle qu'il faut compter, c'est sur la ville de Florence. Ce qui est important, ce n'est pas d'avoir des professeurs d'une certaine qualité, qui parlent plusieurs langues. [...] Ce qui est important, c'est la circulation des étudiants et pas la circulation des professeurs, ils circulent déjà comme ils veulent, non[70] ? »

Cette vision de l'Université est associée à une vision de l'Europe : c'est à une Europe des peuples ouverte sur le monde que F. Braudel aspire :

> « Le problème, c'est qu'il y a une superstructure de l'Europe qui écrase tout le reste [...]. On nous a présenté une Europe des patries, il y a une Europe des

---

67. *Ibid.*, p. 83-84.
68. *Ibid.*, p. 85.
69. Si J. Le Goff ne parle pas d'« universités », il faut rappeler qu'il est directeur d'études à l'EHESS, qui n'en est pas une, car elle est dotée d'un statut particulier.
70. Propos de F. Braudel tenus en 1985, rapportés par M.-A. Macciocchi dans *La femme à la valise, op. cit.*, p. 220-221.

> gouvernements, l'Europe du Conseil, celle des grands *trusts*. Et moi, en vérité, il n'y a qu'une seule Europe qui m'intéresse, c'est l'Europe des peuples[71]. »

> « l'Europe, c'est aussi l'Amérique européenne, ça va de soi, mais c'est aussi l'Europe qui est sous le contrôle soviétique et pour finir, c'est le monde soviétique lui-même ; il y a une certaine Europe qui va depuis Brest jusqu'à Vladivostok. […]. Et ce qui est en train de se bâtir, chez nous, c'est une petite Europe[72] ».

L'ambition de F. Braudel et de ses collègues d'écrire une histoire socioculturelle de la civilisation européenne qui ne se limite pas aux frontières des CE est inséparable de cette position. Vision de l'Europe, vision de l'Université et approches historiographiques sont interdépendantes. M. Aymard souligne ainsi au sujet de R. Vierhaus et de ses travaux scientifiques : « Il a contribué à construire une Europe différente, qui est celle de la culture. Non pas une Europe refermée sur elle-même, mais ouverte sur le large monde[73]. » Ces propos montrent bien que l'écriture d'une histoire européenne a une signification politique, pour R. Vierhaus comme pour F. Braudel. Et l'on voit que les historiens qui s'impliquent dans l'écriture d'une histoire de la « civilisation européenne » sont aux antipodes des membres du Groupe de liaison que nous avons étudié dans notre premier chapitre. Même si les uns comme les autres sont partisans de la coopération européenne, leur vision de l'Europe est radicalement opposée. Cette opposition est intimement liée à leur position au sein de la communauté historienne : alors que les uns sont spécialistes de l'histoire sociale, culturelle ou religieuse du Moyen Âge ou de l'époque moderne, les autres sont spécialistes d'histoire contemporaine, politique, économique et événementielle. Or les CE telles qu'elles se développent au cours des années 1980 ne coïncident pas avec la représentation de l'Europe des premiers – ni avec leurs domaines de compétence ou leurs attentes politiques. La division entre l'Est et l'Ouest de l'Europe restreint l'intégration européenne à une petite partie du continent. Et même si les partisans d'une politique culturelle européenne gagnent peu à peu en visibilité, celle-ci se limite encore au domaine audiovisuel, notamment avec l'émergence de projets de chaînes télévisées européennes, et au domaine symbolique, avec la création d'un nouveau drapeau, d'un hymne et d'un passeport européens ainsi que d'une « Journée de l'Europe », le 9 mai, en souvenir de la déclaration de R. Schuman de 1950 annonçant la création de la CECA. Il existe certes des projets qui envisagent de promouvoir la mobilité des étudiants et des enseignants universitaires au sein des CE – et qui renvoient, eux, à l'histoire des relations transnationales des intellectuels au Moyen Âge. Ceux-ci ne seront cependant pas mis en place avant 1987, à travers le programme Erasmus[74].

---

71. *Ibid.*, p. 218.
72. *Ibid.*, p. 217.
73. Aymard Maurice, « Grußwort », cité, p. 16.
74. Cf. Catala, 2009, p. 90-97. C'est le traité de Maastricht qui conférera officiellement des compétences aux CE dans le domaine culturel en 1992.

L'échec des projets d'écriture collective d'une histoire de la civilisation européenne est donc lié à la forme prise par le processus de construction européenne. Non seulement le pessimisme de F. Braudel à l'égard de ce processus le décourage – la persistance de rivalités nationales l'agace particulièrement[75]. Mais surtout, ces projets ne bénéficient d'aucun appui au niveau européen, car la relation entre les institutions communautaires et les spécialistes d'histoire socioculturelle qui s'intéressent à l'Europe est impossible en raison de l'incompatibilité de leur représentation de l'Europe et de l'UE. Le fait que ceux-ci prévoient d'écrire un manuel destiné à l'enseignement secondaire rend même leur projet encore plus délicat. À l'Université, des enseignements sont certes consacrés à la civilisation européenne (ou aux civilisations européennes au pluriel)[76]. Dans le secondaire, en l'absence de politiques en faveur de cet enseignement, les projets en ce sens sont cependant voués à l'échec. Or, conformément à la forme prise par la construction européenne, les institutions communautaires et le Conseil de l'Europe apportent peu de soutien, à cette époque, à la promotion d'une « dimension européenne » dans l'enseignement secondaire de l'histoire. Ils préfèrent promouvoir l'enseignement relatif à la coopération européenne plutôt que celui d'un passé commun. C'est ce que nous allons voir à présent.

Transmettre un héritage historique commun ? Une idée qui peine à s'imposer

Au lendemain de la Seconde Guerre mondiale, les discours officiels soulignant l'existence d'un passé européen commun s'étaient multipliés. Les acteurs politiques de l'intégration européenne avaient alors développé un récit permettant d'« échapper à la conflictualité des mémoires nationales, en particulier de la France et de l'Allemagne » (Neumayer, 2007, p. 249). Si ces deux pays avaient jusque-là été présentés comme des ennemis héréditaires, leur complémentarité et leurs affinités étaient désormais mises en avant[77]. La figure de Charlemagne avait particulièrement été mise à contribution afin de « dépasser la lecture nationalisante du Moyen-âge faite au XIXe et au début du XXe siècle » : étant inscrite dans l'histoire française comme allemande et les frontières de son Empire étant comparables à celle des six pays de la CECA, elle se prêtait bien alors à la mise en lumière d'une histoire européenne commune (Larat, 2006). Les défenseurs de l'intégration communautaire usaient ainsi d'un instrument qui avait déjà fait ses preuves pour la construction des nations et des identités nationales.

Comme nous l'avons évoqué en revenant sur la naissance du GEI, ces lectures officielles du passé s'étaient accompagnées d'efforts de la part de responsables

---

75. Cf. MACCIOCCHI Maria-Antonietta, *La femme à la valise, op. cit.*, p. 28. F. Braudel aurait même déclaré : « On ne prétendra pas qu'à Bruxelles on met des gens cultivés ! » (*ibid.*, p. 338).
76. En France, pour les années 1980, nous avons recensé quatre DEA sur cet objet (dans les universités Paris Panthéon-Sorbonne, Strasbourg 2, Strasbourg 3 et Nancy 2). Cf. ONISEP, 1977-1980, *Répertoires des Universités*, 1 ; DIRECTION DES ENSEIGNEMENTS SUPÉRIEURS, 1981-1987, *La recherche à l'Université. Diplômes de 3e cycle.*
77. Cf. notamment ROSOUX, 2006 au sujet de l'évolution des discours du général de Gaulle.

politiques français et de l'Unesco pour soutenir les historiens désireux de favoriser l'écriture et de l'enseignement d'une histoire libérée des préjugés nationalistes. Le gouvernement militaire français présent en RFA à la suite de la Seconde Guerre mondiale avait tout d'abord tenté de « ramener les historiens (ouest-) allemands dans le giron de la corporation internationale des historiens ». Afin de lutter contre la vision nationale, voire nationaliste de l'histoire portée par l'Association des historiens allemands et son directeur, Gerhard Ritter, il avait en particulier favorisé le travail des spécialistes d'histoire religieuse, tourné vers l'idée d'une « Europe héritière de l'Occident chrétien ». Dans ce cadre, des rencontres entre historiens français et allemands avaient été organisées à Spire, en RFA, entre 1948 et 1950. Elles avaient pu relancer une discussion sur les divergences d'interprétation de l'histoire qui avait été amorcée dans l'Entre-deux-guerres, de manière à concevoir des manuels scolaires pacifiés. L'histoire du Moyen Âge avait alors été au cœur de ces discussions. C'est à la suite de ces rencontres que l'IEG, codirigé par un médiéviste spécialiste d'histoire universelle, Fritz Kern, et un spécialiste d'histoire religieuse de l'Occident, Joseph Lortz, fut créé en 1950 à Mayence, toujours avec l'appui des politiques français. Cet institut avait alors eu pour mission de combattre le nationalisme, d'œuvrer à la réconciliation franco-allemande et de promouvoir les travaux sur l'histoire européenne, notamment en menant à bien l'idée formulée à Spire d'un manuel européen d'histoire[78].

Le Conseil de l'Europe, créé en 1949, avait également encouragé, conjointement avec l'Unesco, les acteurs nationaux à réviser les manuels scolaires. Il avait adopté des recommandations en ce sens et, chaque année entre 1953 et 1958, avait organisé des conférences encourageant à lutter contre la présence de préjugés relatifs aux pays voisins dans les manuels scolaires d'histoire et à introduire une dimension transnationale et en particulier européenne dans ces manuels[79]. Ce faisant, le Conseil de l'Europe poursuivait les tentatives amorcées dans l'Entre-deux-guerres par la Société des Nations et la Dotation Carnegie pour la paix internationale : toutes deux avaient à l'époque soutenu les efforts d'historiens et d'enseignants d'histoire soucieux d'entreprendre une réflexion sur le contenu des manuels scolaires[80].

À partir de la fin des années 1950, les actions politiques en faveur de l'enseignement d'un héritage historique européen sont cependant laissées de côté. En particulier, les rencontres organisées par le Conseil de l'Europe se raréfient et elles ne font plus de l'Europe une question centrale[81]. Quand, au début des

---

78. Cf. DEFRANCE, 1992, p. 59-63 ; SCHULZE, 1992 ; DEFRANCE et PFEIL, 2007, p. 92-95.
79. Cf. Comité des ministres du Conseil de l'Europe, 19 mars 1952, Résolution (52) 17 : « Manuels d'histoire et de géographie » (résolution qui fait suite à une recommandation de l'APCE datant de 1949) ; Conseil de l'Europe, *Contre les stéréotypes et les préjugés…, op. cit.* ; BOUSINGEN Durand de, 1999, *Leçons d'histoires. Le Conseil de l'Europe et l'enseignement de l'histoire*, Strasbourg, Conseil de l'Europe, p. 9-10.
80. Cf. GARCIA, 2009, p. 180 ; BAZIN, 2007, p. 107.
81. Parmi les sept colloques qui ont porté sur l'enseignement de l'histoire entre 1958 et 1991, deux seulement se penchent sur l'Europe : une conférence organisée en 1965, portant notamment sur l'enseignement de l'histoire de l'Europe, et celle qui a lieu à Brunswick en 1979 au sujet de la coopération européenne depuis 1945. Cf. CONSEIL DE L'EUROPE, *Contre les stéréotypes et les préjugés…, op. cit.*

années 1980, cette organisation met en place une politique éducative en faveur de l'émergence d'une conscience européenne, c'est surtout l'enseignement des langues étrangères qui est privilégié. De même, quand à la fin des années 1980 les CE rejoignent le Conseil de l'Europe en promouvant elles aussi la « dimension européenne » des enseignements secondaires, les langues sont en première ligne. En ce qui concerne les autres disciplines, c'est surtout l'étude des CE qui est encouragée. Dans ce contexte, l'enseignement de l'histoire n'est pas particulièrement ciblé : alors que l'Europe est marquée par la division entre l'Est et l'Ouest, l'idée d'un passé européen commun ne mobilise plus autant que dans l'immédiat après-guerre.

La place marginale de l'histoire dans les politiques éducatives européennes

Au cours des années 1980, le Conseil de l'Europe, puis les CE adoptent tour à tour des textes promouvant l'enseignement de l'Europe à l'école. Si l'enseignement de l'histoire y est mentionné, il n'y est pas privilégié. Le Conseil de l'Europe évoque certes parmi ses objectifs la prise de conscience par les jeunes Européens de leur « patrimoine commun », mais, désormais, il a quasiment abandonné son programme de conférences sur l'enseignement de l'histoire. Quant au Parlement européen et aux ministres de l'Éducation des pays membres des CE, ils prônent surtout la transmission de connaissances relatives aux CE. Comme le montre l'échec de la proposition d'une eurodéputée de concevoir un manuel scolaire d'histoire européenne, ils ne sont pas prêts à promouvoir l'enseignement d'une telle histoire.

L'intérêt limité du Conseil de l'Europe pour l'enseignement de l'histoire

C'est au début des années 1980 que le Conseil de l'Europe relance sa politique de promotion des « programmes éducatifs conçus pour éveiller la conscience européenne dans les écoles secondaires » : en 1983, son Comité des ministres, composé des ministres des Affaires étrangères de ses États-membres, adopte une recommandation en ce sens, visant notamment à amener les jeunes Européens « à se considérer non seulement comme des citoyens de leur région et de leur pays, mais aussi comme des citoyens de l'Europe et du monde ». Elle concerne un ensemble de disciplines : « les langues, l'histoire, la géographie et les sciences humaines », mais aussi « la science et [...] la technologie, [les] activités artistiques et [...] la musique et d'ailleurs [...] presque toutes les matières du programme de l'enseignement secondaire[82] ».

---

82. Cf. Comité des ministres du Conseil de l'Europe, 18 avril 1983, Recommandation n° R (83) 4 « concernant une meilleure sensibilisation à l'Europe dans les écoles secondaires ». Celle-ci réaffirme un engagement de 1964 : Comité des ministres du Conseil de l'Europe, 6 octobre 1964, Résolution (64) 11 « Civisme et Éducation Européenne ». Deux autres textes seront aussi dédiés à un ensemble de disciplines : APCE, 22 septembre 1989, Recommandation 1111 (1989) « relative à la dimension européenne de l'éduca-

Cette « conscience européenne » que le Conseil de l'Europe appelle de ses vœux renvoie non seulement à la « connaissance des institutions et organismes créés pour promouvoir la coopération européenne et la volonté de soutenir leurs idéaux et leurs activités », mais aussi à la « compréhension [par les jeunes Européens] de leur patrimoine commun[83] ». À ses yeux, l'Europe ne se limite donc pas à la construction européenne contemporaine. Néanmoins, c'est surtout l'enseignement des langues qui est privilégié : celui-ci est l'objet d'un programme d'action spécifique, qui se concentre en particulier sur la formation des enseignants[84]. En comparaison, l'enseignement de l'histoire européenne est quelque peu délaissé. Dans la période qui nous intéresse ici (la seconde moitié des années 1970 et les années 1980), la seule conférence organisée par le Conseil de l'Europe sur ce thème est celle qui a lieu à Brunswick en 1979 au sujet du traitement accordé par les matériels pédagogiques du secondaire à la coopération européenne postérieure à 1945[85]. Nous avons déjà souligné qu'elle n'aboutit à aucun soutien du Conseil de l'Europe au profit du projet de manuel européen qui se met en place quelques mois plus tard sous l'égide du GEI, de la MSH, du MPIG et de la MHFA. Il faut de plus insister ici sur le fait que le thème de cette conférence est bien la coopération européenne d'après-guerre : il n'est pas question d'héritage historique datant de plusieurs siècles, comme cela avait été le cas lors des précédentes conférences organisées dans les années 1950.

Certes, le Conseil de l'Europe ne renonce pas à l'idée de faire « prendre conscience [aux Européens de leur] communauté d'histoire et de destin[86] ». Cette politique mémorielle se traduit cependant plutôt par des actions culturelles relatives à l'histoire. À partir des années 1950, il organise en effet des expositions, tout d'abord consacrées à l'histoire de l'art européen, puis, à partir du milieu des années 1960, à des personnages tels que Charlemagne, la reine Christine de Suède, les chevaliers de Malte ou les Médicis et, à partir du milieu des années 1980, à des thématiques historiques telles que « les découvertes portugaises et l'Europe de la Renaissance »[87]. À partir des années 1960 le Conseil de l'Europe mène également une politique de conservation du « patrimoine européen », architectural ou archéologique[88]. Il faudra en revanche attendre l'effondrement

---

tion » ; Conférence permanente des ministres de l'Éducation du Conseil de l'Europe, 16-17 octobre 1991, Résolution n° 1 « sur la dimension européenne de l'éducation : pratique de l'enseignement et contenu des programmes ».
83. Comité des ministres du Conseil de l'Europe, Recommandation n° R (83) 4, citée.
84. Cf. GROSJEAN Étienne, 1997, *40 ans de coopération culturelle européenne (1954-1994)*, Strasbourg, Conseil de l'Europe, p. 21-23.
85. D'autres conférences sont organisées à d'autres sujets : outre une conférence sur les découvertes portugaises (en lien avec une exposition du Conseil de l'Europe sur ce thème), des conférences portant sur l'enseignement de l'Europe dans le secondaire, mais de manière plus générale et non pas dans le cadre de l'enseignement de l'histoire. Cf. notamment GEI, 1981, *Internationale Schulbuchforschung*, 3, p. 165-169.
86. Cf. GROSJEAN Étienne, *40 ans de coopération culturelle européenne (1954-1994)*, *op. cit.*, p. 258, qui cite une déclaration officielle de 1985.
87. Cf. *Ibid.*, p. 58-59 ; s. d., « Expositions d'art passées du Conseil de l'Europe », [https://www.coe.int/fr/web/culture-and-heritage/past-exhibitions], consulté le 26 janvier 2020.
88. GROSJEAN Étienne, *40 ans de coopération culturelle européenne (1954-1994)*, *op. cit.*, p. 73-82.

du bloc communiste en 1989-1991 pour que le Conseil de l'Europe redonne une place importante à son action relative à l'enseignement de l'histoire. Ce n'est qu'à partir de là qu'il relancera un véritable programme de conférences au sujet de l'enseignement de l'histoire de l'Europe et qu'il adoptera un texte consacré au rôle de l'histoire pour « forger une identité culturelle[89] ».

La frilosité des CE à l'égard de l'enseignement de l'histoire de l'Europe

En ce qui concerne les CE, ce n'est qu'à la fin des années 1980 que les partisans de la promotion de la « dimension européenne de l'éducation » obtiennent l'adoption de résolutions communautaires allant en ce sens : quelques années, donc, après l'adoption d'une recommandation similaire par les ministres des Affaires étrangères des pays membres du Conseil de l'Europe. Certes, plusieurs textes relatifs à l'éducation avaient été publiés plus tôt. Pourtant, loin de marquer l'avènement d'une véritable politique éducative communautaire, ils montraient plutôt la résistance des États membres des CE en la matière. Dès 1974, sous l'impulsion de la Commission européenne et de l'AEDE, qui se mobilise depuis 1956 pour la promotion des thèmes communautaires auprès des enseignants des CE, les ministres de l'Éducation des États membres avaient adopté une résolution qui instaurait leur coopération. Ces ministres s'étaient cependant montrés réticents à l'idée d'abandonner leurs prérogatives[90]. Leur résolution prévoyait notamment la mobilité des enseignants et « l'amélioration de l'enseignement des langues étrangères[91] », mais préservait le pouvoir des États membres des CE à travers la création d'un Comité de l'éducation composé de représentants de ces États et de la Commission européenne[92]. Les contenus des enseignements nationaux n'avaient pas été remis en cause. En 1976, une nouvelle résolution des ministres de l'Éducation avait ajouté des mesures concernant notamment la mobilité des élèves ou « la création d'établissements de type européen ou international à programmes spécifiques et utilisant plusieurs langues d'enseignement[93] » ; elle évoquait en outre des « activités scolaires à contenu européen », mais ne donnait pas plus de précision. À la suite de cette résolution, en 1978, la

---

89. APCE, 22 janvier 1996, Recommandation 1283 (1996) « relative à l'histoire et à l'apprentissage de l'histoire en Europe ».
90. Cf. BAEYENS, 2000, p. 152.
91. Conseil des CE, 6 juin 1974, Résolution « concernant la coopération dans le domaine de l'éducation », JO C 098 du 20 août 1974, p. 2. À propos de la genèse de la politique de coopération européenne en matière d'éducation, cf. BAEYENS, 2000, p. 143-149. Celle-ci souligne en particulier le rôle des associations engagées en faveur de la dimension européenne de l'éducation (qui se multiplient à partir du milieu des années 1970) et leur interdépendance avec la Commission européenne (*ibid.*, p. 231). Elle souligne aussi que l'action de la France au niveau européen pour la défense du plurilinguisme a davantage été conçue pour défendre la langue française que pour sensibiliser les élèves à l'unification européenne (*ibid.*, p. 243).
92. Cf. BAEYENS, 2000, p. 33.
93. Conseil des CE, 9 février 1976, Résolution « comportant un programme d'action en matière d'éducation », JO C 038 du 19 février 1976, p. 1-5. La première « École européenne » a été créée en 1953 : cf. le site Internet du Bureau du Secrétaire général des Écoles européennes, [http://www.eursc.eu/], consulté le 17 janvier 2019.

Commission européenne avait soumis des propositions concrètes au Conseil des ministres. Ces propositions prévoyaient l'inscription de l'étude des CE dans les programmes scolaires ainsi que la production de matériel pédagogique adapté et la formation des enseignants à cette fin. Les ministres de l'Éducation n'avaient cependant donné aucune suite – hormis en RFA, où une recommandation des ministres de l'Éducation et de la culture des différents *Länder* avait été publiée en faveur des enseignements relatifs à l'Europe[94].

À la suite du Conseil européen de Fontainebleau de 1984 qui affirme l'importance de la promotion de l'« identité » européenne, une nouvelle série d'actions est cependant prévue pour promouvoir la « dimension européenne » de l'éducation – en particulier, encore une fois, la promotion de l'enseignement des langues étrangères. Le Parlement européen se saisit alors lui aussi de cette question en se prononçant en 1985 « en faveur d'une action communautaire visant à développer la dimension européenne dans l'enseignement[95] ». Signe de la persistance des résistances des États membres à l'européanisation de l'éducation, tant en ce qui concerne l'acquisition par les CE de compétences dans ce domaine que le contenu des enseignements, les ministres de l'Éducation font de nouveau preuve d'inertie en ralentissant l'examen de ces propositions[96]. Malgré tout, en 1987 et 1988 paraissent finalement des résolutions sur la « dimension européenne » de l'éducation[97].

Comme en témoigne le rapport parlementaire précédant l'adoption de ces résolutions, celles-ci ont comme pour objectif de favoriser la connaissance qu'ont les citoyens des CE et leur sentiment d'appartenance à son égard[98]. Il est vrai que faire de l'enseignement un lieu clef de l'attachement à l'Europe permet de déplacer le débat particulièrement saillant à l'époque sur le déficit de soutien de la population aux CE : ce déficit est associé à une question pédagogique, relative à la connaissance et à la compréhension de ce qu'est l'intégration européenne et non plus à la politique communautaire. La responsabilité du soutien de la population aux CE ne relève ainsi plus seulement des politiques, mais aussi des enseignants. Quoi qu'il en soit, dans ce cadre, si l'enseignement de l'histoire est évoqué, il ne bénéficie pas d'un statut particulier. Ces résolutions s'adressent

---

94. Cf. LEMASS Eileen, 25 septembre 1987, *Rapport fait au nom de la commission de la jeunesse, de la culture, de l'éducation, de l'information et des sports sur la dimension européenne à l'école* (document de séance du Parlement européen, A2-148/87), p. 11. En RFA, la recommandation mentionnait non seulement l'enseignement des langues, mais aussi l'histoire, la géographie et l'éducation civique (*Gemeinschaftskunde, Geschichte, Erdkunde und Sozialkunde*). Malgré la mention de « l'héritage historique commun » (*das gemeinsame historische Erbe*) et d'« une tradition culturelle commune » (*eine gemeinsame kulturelle Tradition*), elle limitait cependant l'emploi du terme Europe aux États membres des CE ou du Conseil de l'Europe : c'est surtout l'enseignement relatif à l'intégration communautaire qui était visé. Cf. Kultusministerkonferenz, 1978, *Europa im Unterricht (Beschluß der Kultusministerkonferenz vom 8.6.1978)*.
95. LEMASS Eileen, *Rapport…, op. cit.*, p. 14.
96. *Ibid.*, p. 11-12.
97. Cf. Parlement européen, 20 novembre 1987, Résolution « sur la dimension européenne à l'école », JO C 345 du 21 décembre 1987, p. 212-214 ; Conseil des CE, 24 mai 1988, Résolution « sur la dimension européenne dans l'éducation », JO C 177 du 6 juillet 1988, p. 5-7.
98. Cf. LEMASS Eileen, *Rapport…, op. cit.*, p. 9.

en effet à l'ensemble des disciplines : littérature, langues, histoire, géographie, sciences sociales, économie, disciplines artistiques. Elles insistent particulièrement sur l'enseignement des langues ainsi que sur l'importance de la formation des enseignants et de la mobilité des enseignants et des élèves. De plus, conformément aux propositions faites par l'AEDE et la Commission européenne depuis les années 1970, elles prônent l'étude des CE et non pas celle de l'Europe entendue au sens large. Si l'expression « dimension européenne » (apparue pour la première fois en 1973 dans un rapport de la commission européenne[99]) reste vague, c'est bien à « l'enseignement relatif à la Communauté » que le Parlement européen fait référence dans sa résolution de 1987[100]. Celle du Conseil des ministres de 1988 est plus ambiguë : elle évoque parmi ses objectifs celui de « renforcer chez les jeunes le sens de l'identité européenne et leur faire comprendre la valeur de la civilisation européenne ». Malgré tout, ses objectifs sont surtout de « préparer les jeunes à participer au développement économique et social de la Communauté et à faire progresser concrètement l'union européenne », de « leur faire prendre conscience des avantages que la Communauté représente » et d'« améliorer leur connaissance des aspects historiques, culturels, économiques et sociaux de la Communauté et de ses États membres ». Et c'est bien sur la connaissance des CE que les mesures contenues dans cette résolution insistent[101].

Pourtant, depuis la fin des années 1970, les mobilisations d'historiens et d'experts de l'enseignement de l'histoire en faveur de la prise en compte d'une perspective européenne dans l'enseignement de leur discipline commencent à se multiplier. Nous avons déjà souligné l'engagement de P. Garrigue et de K.-E. Jeismann. Ceux-ci ne plaident pas seulement pour l'enseignement de l'histoire de l'intégration communautaire, mais aussi pour celui de l'histoire de la « civilisation européenne ». L'historien W. Lipgens milite aussi en ce sens : certes, il plaide surtout pour l'enseignement dans le secondaire de l'histoire du processus d'intégration communautaire dont il est spécialiste, mais il s'exprime aussi en faveur de l'enseignement des points communs qui fondent l'identité culturelle de l'Europe[102]. En partie à l'origine des textes de 1987 et 1988 en faveur de la dimension européenne de l'éducation, une eurodéputée avait même proposé d'encourager la conception d'un manuel scolaire d'histoire européenne, mais elle avait échoué à faire valoir un rôle particulier à l'enseignement de l'histoire (cf. encadré 9).

---

99. Cf. BAEYENS, 2000, p. 165.
100. Cf. Parlement européen, Résolution « sur la dimension européenne à l'école », citée, p. 212-214.
101. Cf. Conseil des CE, Résolution « sur la dimension européenne dans l'éducation », citée, p. 5-7. Le passage sur la civilisation européenne fait référence aux « bases sur lesquelles les peuples européens entendent fonder aujourd'hui leur développement, à savoir notamment la sauvegarde des principes de la démocratie, de la justice sociale et du respect des droits de l'homme ». C'est donc finalement là aussi de la coopération européenne dont il est question.
102. Selon lui, la chrétienté, les villes, les mouvements intellectuels tels que la Renaissance, la Réforme ou la création des universités, mais aussi le conservatisme, le libéralisme et le socialisme (LIPGENS Walter, « Der Zusammenschluß Westeuropas. Leitlinien für den historischen Unterricht », art. cité).

Encadré 9. L'échec au Parlement européen d'une proposition de résolution pour l'élaboration d'un manuel scolaire d'histoire européenne

En 1985, la députée européenne Jacqueline Thome-Patenôtre propose au Parlement européen d'adopter une résolution ayant pour objet « la conception et la réalisation d'un manuel d'histoire mettant l'accent sur la perspective européenne et destiné en priorité aux adolescents dont l'âge correspond à peu près à la dernière année de scolarité obligatoire[1] ». Le Parlement européen refuse d'entériner cette proposition ainsi que celle d'une autre députée portant sur l'introduction d'un cours de droit des institutions européennes dans les programmes du dernier cycle de l'enseignement secondaire. Il les renvoie à la commission parlementaire de la jeunesse, de la culture, de l'éducation, de l'information et des sports[2].

En 1987, alors que des députés proposent d'instaurer une Journée de l'Europe dans les établissements scolaires et de créer des chaires européennes dans les universités des CE, cette commission décide d'examiner l'ensemble de ces propositions et de soumettre au Parlement une nouvelle résolution. Celle-ci n'accordera pas de statut particulier à l'enseignement de l'histoire. Elle n'intègrera ni l'idée d'un manuel scolaire d'histoire européenne ni celle d'un cours de droit des institutions européennes au lycée. La commission déclarera préférer « aborder une réflexion sur le thème général de la *dimension européenne à l'école*[3] ». Parmi la série de mesures qu'elle propose (concernant notamment la formation et la mobilité des enseignants, les échanges européens d'élèves et d'étudiants, l'enseignement des langues étrangères et la création de chaires européennes pour les universitaires), on compte pourtant la création de prix pour les travaux de recherche portant sur l'intégration européenne. Si plusieurs mesures sont destinées aux auteurs de « matériel didactique à dimension européenne » et si l'utilisation de ce type de matériel « dans les différentes disciplines (histoire, géographie, sciences sociales, économie, etc.) » est évoqué, en ce qui concerne la proposition d'un manuel d'histoire européenne, le rapport de la commission parlementaire soulignera que la Commission européenne préfère limiter son action à l'aide qu'elle apporte « en matière de publication et de diffusion » aux organisations non gouvernementales, notamment au GEI. En effet, « La question est particulièrement délicate, non pas seulement du fait des sensibilités nationales mais aussi de la diversité des cultures des pays de la Communauté[4] [...]. » C'est ce rapport qui aboutira à l'adoption en novembre 1987 par le Parlement européen d'une résolution sur la « dimension européenne » à l'école, puis en 1988 à celle d'une résolution similaire des ministres de l'Éducation des pays membres des CE[5].

---

1. LEMASS Eileen, *Rapport...*, *op. cit.*, p. 18. J. Thome-Patenôtre ne fait aucune référence au projet en cours de la MSH, du MPIG, de la MHFA et du GEI. Elle en ignore peut-être l'existence. Elle évoque seulement « des propositions émanant de nombreuses associations de militants européens, telle l'Association européenne des enseignants, qui veulent "former les esprits aux mutations que nécessite l'achèvement de l'Europe" » (*ibid.*). Notons qu'en octobre 1982, un autre député européen avait proposé que dans tous les pays des CE, on enseigne l'histoire des autres États membres ainsi que le fonctionnement des institutions communautaires. Cf. 1982, « Europa-Informationen », *Geschichte, Politik und ihre Didaktik*, 10, p. 152.
2. LEMASS Eileen, *Rapport...*, *op. cit.*, p. 3.
3. *Ibid.*, p. 9. Souligné dans le texte.
4. *Ibid.*, p. 13.
5. Cf. Parlement européen, Résolution « sur la dimension européenne à l'école », citée, p. 212-214 ; Conseil des CE, Résolution « sur la dimension européenne dans l'éducation », citée, p. 5-7.

Les institutions européennes ne sont donc pas prêtes à imposer aux pays membres des CE l'enseignement, dans le secondaire, d'une « histoire européenne ». Elles préfèrent s'en remettre aux chercheurs impliqués dans ce domaine. Si la frilosité du Parlement européen apparaît clairement lors de l'examen de cette proposition relative à un manuel d'histoire européenne, nous avons constaté plus haut la réticence, plus manifeste encore, des ministres de l'Éducation des États membres, réunis en Conseil des ministres, à promouvoir la dimension européenne des enseignements. Quant à la Commission, nous avons vu qu'elle soutient avant tout les recherches et les enseignements universitaires sur l'intégration européenne.

La notion d'héritage historique européen dominée par l'histoire de l'intégration

Le fait que les promoteurs de la perspective européenne dans l'enseignement secondaire de l'histoire ne parviennent pas à ce que soit accordé un rôle privilégié à cette discipline et le fait que les politiques éducatives communautaires prévoient surtout l'étude de la coopération européenne postérieure à 1945 sont tous deux liés à l'infortune de l'idée d'un héritage européen commun. Alors qu'au lendemain de la Seconde Guerre mondiale, les acteurs de l'intégration européenne faisaient largement usage de cette notion, celle-ci n'est plus déterminante à partir du milieu des années 1950. Nous avons déjà montré dans notre premier chapitre que, malgré la tenue d'un séminaire sur l'héritage historique de l'Europe à la création du Collège d'Europe de Bruges en 1949, l'histoire de l'Europe ne parvient pas, alors, à s'imposer durablement parmi les enseignements de ce Collège. Nous avons aussi révélé que les rencontres d'historiens organisées par le Conseil de l'Europe se sont raréfiées – la seule conférence organisée dans la période que nous étudions ici (la seconde moitié des années 1970 et les années 1980) se limitant à la question de la coopération des États européens après 1945. Il faut dire qu'en dépit de la promotion par le Conseil de l'Europe du « patrimoine européen », les notions d'« héritage européen commun » et de « civilisation européenne » connaissent des déboires au sein de son Assemblée parlementaire. Alors qu'elles étaient utilisées au début des années 1950 par les fédéralistes pour défendre leur conception d'une Europe supra-étatique, elles sont vite abandonnées, car les partisans d'une simple coopération entre les États européens sont dominants et réfutent l'idée selon laquelle l'histoire de l'Europe est source d'unité (Pavkovic, 1999) : la marginalisation de cette représentation de l'histoire est liée à un rapport de force politique.

Le désintérêt pour l'héritage historique de l'Europe touche aussi le monde historien. Les deux projets inaboutis présentés dans ce chapitre font figure d'exceptions, en particulier en ce qui concerne leur perspective résolument européenne et le fait qu'ils portent sur la « civilisation » de l'Europe. Notre étude de l'IUE dans le chapitre précédent a montré que les recherches menées dans les années 1980 sur les époques médiévale ou moderne privilégient une perspective comparée des différents pays européens. En ce qui concerne l'IEG créé en 1950, sa section d'histoire religieuse est devenue « un centre de recherche œcuménique sur la Réforme »[103]. Sa section d'histoire universelle se penche davantage sur la question de l'Europe : son directeur de 1968 à 1994, Karl Otmar Freiherr von Aretin, a notamment mené pendant l'année 1978-1979 un projet sur l'Europe dans l'Entre-deux-guerres avec l'aide financière de la Fondation Volkswagen – dans le cadre de l'axe de financement en faveur des recherches historiques adoptant une perspective européenne ou comparative[104]. Rappelons que les ouvrages de la collection éditoriale de l'IEG ne portent pas sur l'histoire de l'Europe entre le début des années 1960 et la fin des années 1980[105].

Certes, dans la période que nous étudions ici (la seconde moitié des années 1970 et les années 1980), les CE font usage du concept d'« héritage commun »[106] et le Conseil de l'Europe se réfère de manière croissante à une « identité culturelle », une « tradition » et un « patrimoine » communs dans ses textes officiels[107]. La Commission européenne, qui encourage pourtant surtout l'histoire de l'intégration européenne, soutient le récit de J.-B. Duroselle remontant à l'Antiquité *L'Europe. Histoire de ses peuples*. Comme nous l'avons mentionné dans notre premier chapitre, W. Maihofer, qui s'intéresse à l'« identité culturelle européenne »[108], est aussi nommé à la tête de l'IUE au début des années 1980 et l'histoire du Moyen Âge et de l'époque moderne de l'Europe s'y développe, même si c'est dans une perspective comparée. Néanmoins le concept flou d'« héritage commun » européen est loin de dominer la vision de l'histoire de l'époque. Nous avons déjà été amenés à constater à plusieurs reprises que l'idée d'une histoire longue de l'Europe est en opposition avec l'histoire de l'intégration communautaire promue par la Commission. À l'occasion de notre étude de l'activité du département d'histoire de l'IUE, nous avons perçu un rapport de force entre l'histoire politico-économique des débuts de l'intégration européenne et l'histoire socio-économique ou culturelle de l'Europe. Au sein même de la Commission, nous avons observé la confrontation de plusieurs lectures de l'histoire : celle du Groupe de liaison, focalisée sur le processus de construction européenne depuis 1945, celle de J.-B. Duroselle, qui cherche des formes antérieures d'unification européenne au cours de l'histoire, et enfin celle de F. Braudel et de son équipe, qui proposent d'étudier l'identité sociale, culturelle et religieuse de l'Europe au cours des siècles. Ces oppositions ne portent pas seulement sur l'époque mise en avant : le temps présent ou les époques moderne et médiévale, voire l'Antiquité. Elles portent aussi sur l'espace européen considéré : la « petite Europe » qui s'arrête aux frontières des CE ou l'Europe-continent, ouverte aux pays non membres des CE, voire au reste du monde. Elles renvoient enfin à l'opposition entre deux conceptions de l'Europe : celle des « grands hommes », de

---

103. Cf. 1981, « L'institut d'Histoire Européenne de Mayence », *Bulletin d'information de la Mission historique française en Allemagne*, n° 3, p. 4-7.
104. Cf. Stiftung Volkswagenwerk, 1979, *Bericht (1978/79)*, Göttingen, Vandenhoeck & Ruprecht, p. 55.
105. Cf. la collection « Veröffentlichungen des Instituts für Europäische Geschichte. Bände ».
106. Cf. CALLIGARO, 2013, p. 79 et suivantes.
107. Cf. notamment GROSJEAN Étienne, *40 ans de coopération culturelle européenne (1954-1994)*, op. cit., p. 60, 115 et 130.
108. Cf. BOSSUAT Gérard, 2010, « Émile Noël… », cité.

l'« eurocratie » pour reprendre le terme de M.-A. Macciocchi (1988, p. 340), et celle des peuples et de la culture.

Ce conflit entre deux représentations concurrentes de l'Europe divise les organisations européennes elles-mêmes. Au sein des CE, la Commission défend avant tout l'histoire politique de l'intégration. Le Parlement européen s'intéresse davantage à l'« Europe des citoyens ». Il mentionne l'« héritage commun » de l'Europe[109]. Pour autant, c'est surtout pour « la formation de la conscience *communautaire* européenne » qu'il s'engage[110], comme l'atteste notamment la résolution sur la « dimension européenne » à l'école qu'il adopte en 1987. Finalement, c'est surtout le Conseil de l'Europe qui défend l'idée d'un « patrimoine européen », même si cela passe avant tout par sa politique culturelle. Dans ce domaine, il s'oppose à la vision de l'histoire européenne dominante au sein des institutions des CE : il insiste sur le fait que l'Europe ne peut être réduite à cette organisation politique. Ainsi, en 1985, à l'occasion d'une résolution sur l'« identité culturelle de l'Europe », son Comité des ministres « Note que la tradition commune et l'identité européenne en tant qu'aboutissement d'une histoire culturelle commune ne s'arrêtent pas aux frontières entre les différents systèmes politiques en Europe[111]. » Il faut dire que ce Comité réunit les ministres des Affaires étrangères des États membres du Conseil de l'Europe, parmi lesquels on compte les États des CE, mais aussi d'autres États européens[112].

Or cette période est marquée par la division entre l'Ouest et l'Est de l'Europe ainsi que par la position dominée du Conseil de l'Europe, à l'ombre des CE[113]. Dans ce contexte, l'histoire de l'intégration prévaut largement sur l'histoire longue de la civilisation européenne. C'est bien la vision d'une petite Europe centrée autour du processus d'intégration politique et économique qui s'impose au détriment de celle d'une Europe élargie mettant les citoyens et la culture au cœur de son projet. Le soutien apporté au Groupe de liaison et le désintérêt pour les tentatives d'écriture d'un manuel d'histoire de la civilisation européenne en sont l'expression. Et c'est à cause de cette vision dominante que les promoteurs d'une perspective européenne dans l'enseignement secondaire de l'histoire se heurtent à des résistances. Ceux-ci sont non seulement confrontés aux limites de la coopération européenne quant à ses domaines de compétences, mais aussi au fait que les institutions européennes hésitent encore à imposer une « identité européenne » qui signifie davantage que l'adhésion au processus de construction communautaire.

---

109. Cf. Calligaro, 2013, p. 81.
110. Cf. Catala, 2009, p. 89, qui cite une résolution de 1975. Je souligne.
111. Comité des ministres du Conseil de l'Europe, 25 avril 1985, Résolution (85) 6 « sur l'identité culturelle européenne ».
112. En 1985, les CE ne comprennent que dix pays : ses six pays fondateurs (la Belgique, la France, l'Italie, le Luxembourg, les Pays-Bas et la RFA) auxquels se sont joints l'Irlande, le Danemark, le Royaume-Uni et la Grèce. Le Conseil de l'Europe, lui, en comprend vingt et un : ses dix pays fondateurs (la Belgique, le Danemark, la France, l'Irlande, l'Italie, le Luxembourg, la Norvège, les Pays-Bas, le Royaume-Uni et la Suède) auxquels se sont joints la Grèce, la Turquie, l'Islande, la RFA, l'Autriche, Chypre, la Suisse, Malte, le Portugal, l'Espagne et le Liechtenstein.
113. À ce propos, cf. Courcelle, 2005.

Conclusion de la première partie

Alors que l'histoire de l'Europe avait été délaissée par la plupart des historiens et des organisations politiques à partir de la fin des années 1950 et que des « études européennes » avaient, au contraire, déjà commencé à voir le jour en droit, en économie et dans une moindre mesure en science politique, des réseaux internationaux d'historiens dont l'ambition est d'écrire cette histoire se mettent peu à peu en place à partir de 1976. Ils sont plus ou moins couronnés de succès. Le regain d'intérêt pour l'Europe reste de plus encore limité à un très petit nombre d'historiens. Malgré tout, un nouveau sous-champ de recherche commence alors à s'institutionnaliser à la croisée des espaces politiques et scientifiques.

Les projets collectifs qui sont développés suivent deux directions diamétralement opposées. Les uns ont pour objectif de fonder un nouveau domaine de spécialité : l'histoire de l'intégration européenne. Ils se focalisent sur l'étude de la « petite Europe » que constituent les CE, les événements historiques la concernant, ses institutions et ses élites politiques et économiques. L'histoire qu'ils proposent est surtout destinée, outre au milieu universitaire, aux dirigeants européens. Les autres ont pour ambition de repenser l'histoire dans la longue durée en écrivant un manuel traitant de la « civilisation européenne » destiné aux enseignants de lycée ou aux étudiants. Ils s'intéressent à une Europe élargie et ouverte au monde. Ils souhaitent prendre en compte les aspects non seulement politiques et économiques, mais aussi géographiques, sociaux, culturels et religieux. Deux pôles se forment ainsi, qui s'ignorent l'un l'autre – hormis en 1986 quand le Groupe de liaison est associé par la Commission européenne à l'étude du projet envoyé par J. Le Goff. Le premier pôle regroupe des spécialistes des relations internationales contemporaines qui se lancent dans l'écriture d'une histoire du temps présent. Le second est constitué de médiévistes et de modernistes spécialistes d'histoire sociale, culturelle ou religieuse. Si chacun d'entre eux rassemble des historiens venus de plusieurs pays européens, Français et Allemands de l'Ouest y jouent un rôle primordial. Le premier pôle se constitue en majeure partie dans des espaces *ad hoc* (l'IUE de Florence et le Groupe de liaison), mais aussi, même plus marginalement, au sein de l'IEP de Paris, de la Sorbonne et de l'université Strasbourg 3 en France ainsi que de l'université de la Sarre en RFA. Il entretient notamment des relations de proximité avec l'Institut d'histoire du temps présent de Munich. Ses principales figures sont W. Lipgens pour l'IUE et R. Girault pour le Groupe de liaison. H.-P. Schwarz et J.-B. Duroselle jouent aussi un rôle essentiel dans sa genèse. Le second pôle réunit surtout des historiens issus en France de l'EHESS ou de la MSH et en RFA du MPIG de Göttingen ; le GEI et la MHFA y jouent également un rôle. F. Braudel, J. Le Goff, R. Vierhaus et K. E. Jeismann sont les principaux chercheurs qui y sont impliqués.

Outre leurs divergences scientifiques, ces historiens se distinguent par leur position au sein de la discipline historique. Les uns, issus de l'histoire des relations internationales, souffrent d'un manque de débouchés dans cette discipline. Leur courant de recherche, même s'il dispose de « zones de rayonnement » (Guenée et Sirinelli, 1995, p. 306), est peu valorisé. Les autres, proches de l'histoire sociale, sont au contraire en position de force : dans la seconde moitié des années 1970 et dans les années 1980, ce courant est en plein essor en Europe. En France, la troisième génération des *Annales*, la Nouvelle Histoire, connaît un succès international que certains assimilent à un triomphe[1]. En RFA, l'histoire sociale commence à gagner en autonomie face à l'histoire politique.

Pourtant, dans le domaine de la recherche sur l'Europe, les projets d'histoire socioculturelle de la « civilisation européenne » ne peuvent pas être concrétisés, alors que des historiens des relations internationales parviennent à fonder l'histoire de l'intégration communautaire, devenant ainsi *les* spécialistes de l'Europe. Il est vrai que cet objet n'a pas la même signification pour l'un et l'autre courant. Pour les historiens des relations internationales, le processus de construction européenne est un défi, car il bouleverse les relations entre les États européens. Et pour ceux parmi eux qui s'engagent dans l'écriture d'une histoire de ce processus, il s'agit d'une véritable reconversion, voire, pour reprendre les termes de Pierre Bourdieu (1976, p. 97), d'une « [remise] en question de l'ordre scientifique ancien ». Ce nouvel objet les amène en effet à aller au-delà de l'étude des puissances étatiques et, chose encore peu fréquente à cette époque (Gingras, 2002), à travailler dans le cadre d'étroites coopérations internationales. Il devient, surtout, leur domaine de spécialisation. En histoire sociale, même si un nombre croissant de travaux comparent différents pays européens (Kaelble, 1995), l'Europe constitue rarement un véritable objet de recherche. Quant aux chercheurs qui lancent l'idée d'écrire une histoire socioculturelle européenne dans le cadre d'équipes internationales, ils travaillent également sur d'autres sujets, en particulier sur l'histoire nationale[2] : la question européenne ne constitue pas une rupture dans leur trajectoire. Ils abandonnent même leur projet d'histoire de l'Europe dès que celui-ci se trouve confronté à des difficultés matérielles.

Même si les historiens des relations internationales ne sont pas vraiment « dominés » au sens où l'emploie P. Bourdieu dans son article sur le champ scientifique[3], l'étude de l'historiographie de l'Europe n'est donc pas sans rappe-

---
1. Cf. Dosse, 2003, p. 114.
2. Outre le projet d'histoire de France de F. Braudel déjà mentionné, cf. Le Goff Jacques et Rémond René (dir.), 1988-1992, *Histoire de la France religieuse*, Paris, Le Seuil, 4 vol. ; Vierhaus Rudolf, 1984, *Staaten und Stände. Vom Westfälischen bis zum Hubertusburger Frieden, 1648 bis 1763*, Berlin, Propyläen.
3. Ses réflexions concernent avant tout les nouveaux entrants dans ce champ.

ler ce que remarque ce sociologue : ce sont les dominés qui sont les plus enclins à innover (1976, p. 96). Ou pour reprendre les termes du sociologue américain Lewis Feuer : « Une révolution scientifique trouve son terrain le plus fertile dans une contre-communauté[4]. » C'est certes une petite « révolution » dont il s'agit ici, mais elle conduit bien à l'institutionnalisation d'un nouvel objet de recherche, l'histoire de l'intégration européenne, et au développement de ce qu'Y. Gingras (2002, p. 31) nomme, pour les trente dernières années du XXe siècle, « un nouveau mode de production du savoir fondé sur la collaboration entre chercheurs de pays différents ». De plus, les fondateurs du Groupe de liaison constituent bien une « contre-communauté scientifique » au sens où l'entend L. Feuer : un « [groupe] d'intellectuels marginaux, placés dans des positions de porte-à-faux […][5] » – en l'occurrence à cause de l'essor de l'histoire sociale et à cause de la transformation de leur objet de recherche, les relations internationales, du fait de la construction européenne. À l'inverse, pour poursuivre l'analogie avec les remarques de P. Bourdieu, même s'ils caressent l'idée d'écrire un manuel d'histoire de la civilisation européenne, les « dominants » – si l'on peut employer ce terme pour les spécialistes d'histoire socioculturelle – privilégient plutôt une stratégie de conservation « visant à assurer la perpétuation de l'ordre scientifique établi » (Bourdieu, 1976, p. 96). En ce sens, l'étude des conditions d'émergence du sous-champ de recherche qu'est l'histoire de l'Europe ne peut pas se limiter à la mise en évidence de l'engagement proeuropéen de ses pionniers (J.-B. Duroselle, W. Lipgens et P. Ludlow) : elle doit prendre en compte les stratégies des acteurs pour améliorer (ou conserver) leur position.

Qu'ils appartiennent à l'un ou l'autre des deux pôles, les historiens qui se saisissent de la question européenne au début des années 1980 ont malgré tout des points communs : outre une expérience préalable de l'étranger (un « capital international »), ils ont souvent une position singulière au sein de la communauté historienne, car ils cultivent une relation avec la sphère politique. En France, cette relation se joue surtout autour de la question de l'enseignement secondaire. F. Braudel et R. Girault ont tous deux noué des relations avec le ministère de l'Éducation nationale en contribuant à la conception des programmes scolaires du secondaire[6]. Cette situation n'est pas extraordinaire : dans ce pays, la frontière entre histoire universitaire et scolaire est poreuse, du fait notamment de l'existence d'une agrégation (Garcia et Leduc, 2003, p. 277-278). Il n'est pas rare qu'un universitaire contribue à l'élaboration des programmes scolaires ou soit l'auteur d'un manuel destiné à l'enseignement. À ce titre, les projets étudiés dans notre deuxième chapitre n'ont rien d'exceptionnel. Cette proximité du monde politique n'est cependant pas anodine. En RFA, la frontière est plus marquée entre les historiens et le monde de l'enseignement scolaire, réservé en principe aux didacticiens (Raphael, 2000, p. 41 ; Wittenbrock, 1999, p. 36) – les projets de manuel que nous avons étudiés

---

4. Cf. BOURDIEU, 1976, p. 97, qui cite L. Feuer.
5. Cf. *ibid.*
6. Rappelons aussi la participation de J. Le Goff à la Commission de réflexion sur l'enseignement de l'histoire et de la géographie.

sont donc d'une nature bien plus exceptionnelle qu'en France. À l'exception de K.-E. Jeismann, qui est aussi didacticien, les historiens que nous avons étudiés ne sont pas proches *a priori* du monde de l'enseignement scolaire. La singularité de leur parcours est plutôt liée au fait qu'ils travaillent dans des organismes extra-universitaires. On sait effectivement qu'en Allemagne, la frontière entre champ académique et politique est particulièrement souple : il y est fréquent que des universitaires jouent un rôle d'expert au sein de fondations, de *think tanks* ou d'agences privées[7] ; c'est le cas de W. Lipgens, dont l'intérêt pour la construction européenne remonte à son activité au sein d'un *think tank* fédéraliste, l'Institut de recherche de la DGAP. Chez les historiens, qui offrent peu de solutions pratiques aux problèmes politiques, ce cas reste cependant rare. Notre étude montre que ce sont plutôt les directeurs d'instituts extra-universitaires qui sont portés à cultiver des relations avec le monde politique. Outre K.-E. Jeismann, qui dirige le GEI, R. Vierhaus dirige ainsi le MPIG lorsqu'il participe au projet d'un manuel d'histoire européenne[8] et W. Mommsen a été directeur de l'Institut historique allemand de Londres jusqu'en 1985[9]. Il faut aussi souligner le cas particulier de R. von Thadden, qui a présidé l'université de Göttingen pendant un an.

C'est par l'action conjointe de ces historiens qui entretiennent des relations avec la sphère politique et d'institutions politiques favorables à l'émergence d'une conscience européenne (la Commission européenne, la fondation allemande Volkswagen, le ministère français de l'Éducation nationale, sans oublier le rôle indirect de la fondation américaine Ford, qui a contribué aux premières actions de la Commission et de la Fondation Volkswagen en faveur des études européennes) que se mettent en place des coopérations internationales d'historiens et qu'un espace de recherche sur l'histoire de l'Europe se structure autour des deux pôles que nous avons décrits. C'est en effet dans le cadre de relations étroites entre des fonctionnaires européens fervents partisans de l'intégration communautaire (qu'on peut à ce titre qualifier de « fonctionnaires militants[10] »), en particulier M. Kohnstamm, É. Noël et J. Lastenouse et des historiens de l'IUE, puis du Groupe de liaison, que l'histoire de l'intégration européenne se développe. Et c'est dans le cadre de relations entre des spécialistes d'histoire socioculturelle et des partisans d'un enseignement relatif à l'Europe dans le secondaire, actifs notamment au sein du ministère français de l'Éducation nationale, que les projets d'histoire de la civilisation européenne voient le jour.

Si ces derniers projets sont voués à l'échec, c'est parce que les historiens qui y sont impliqués s'opposent à la forme prise par la construction européenne et, que face à eux, les organisations européennes sont plutôt réticentes à l'idée de promouvoir la notion d'« héritage commun » : leurs relations peuvent être quali-

---

7. La sociologue Valérie Lozac'h (2016) montre notamment que le néomanagérialisme est diffusé en Allemagne par des acteurs situés à la frontière des mondes politique, administratif et scientifique.
8. Il partage la direction de cet institut avec J. Fleckenstein, responsable de la section d'histoire médiévale. Cf. 1980, « L'Institut d'Histoire de la Société Max Planck », *Bulletin d'information de la Mission historique française en Allemagne*, n° 1, p. 5.
9. En France, le cas de J. Le Goff est comparable : il a dirigé l'EHESS entre 1972 et 1977. Cf. Revel, 1998, p. 36.
10. À propos de cette expression, cf. Dumoulin, 2007, p. 524.

fiées d'« impossibles ». Ceci n'est pas sans rappeler une deuxième différence entre « dominés » et « dominants » du champ scientifique, qui est étroitement liée à celle que nous avons notée plus haut. Tels des dominés – notamment tels les spécialistes d'écologie étudiés par le sociologue Jean-Louis Fabiani (1985) ou les professeurs de droit public de la seconde moitié du XIXe siècle étudiés par le politiste Guillaume Sacriste (2011) –, les historiens des relations internationales sont prêts à investir le terrain politique malgré les risques de discrédit inhérents à cette stratégie. Au contraire, les spécialistes d'histoire socioculturelle, tels les dominants bénéficiant d'un « capital scientifique » important décrits par P. Bourdieu (1976, p. 96), sont moins enclins à accepter de tels risques : ils manifestent une position critique à l'égard des institutions communautaires et préfèrent abandonner leurs projets d'histoire européenne plutôt que se compromettre. Le succès de l'histoire de l'intégration communautaire et l'échec de celle de la « civilisation européenne » restent malgré tout liés au fait que la construction européenne se limite alors à quelques pays d'Europe de l'Ouest. Malgré la détente des relations entre l'Europe de l'Ouest et celle de l'Est jusqu'au milieu des années 1970, de nouvelles tensions marquent la seconde moitié des années 1970 et la première moitié des années 1980 (Bitsch, 2004, p. 196-197). De plus, la construction européenne se concentre avant tout sur les domaines politique et économique. Cette situation est davantage propice à l'écriture d'une histoire politico-économique de l'intégration communautaire qu'à celle d'une histoire socioculturelle de la civilisation européenne, d'autant plus que, dans ce contexte, le soutien politique et financier dont ces histoires bénéficient est très inégal. Certes, la Fondation Volkswagen propose entre 1974 et 1984 des subventions dans le domaine de l'histoire européenne et comparée qui permettent de financer quelques recherches ne se focalisant pas sur l'intégration communautaire. Mais ses objectifs restent prudents : « contribuer à une nouvelle vision européenne de l'histoire et à une nouvelle compréhension des spécificités nationales » et apporter une solution aux problèmes de l'identité allemande[11]. Elle n'a pas pour ambition de fonder un véritable récit de la « civilisation européenne ». La Commission européenne, à l'inverse, impose sa vision de l'Europe à travers un ensemble de dispositifs : non seulement des financements, mais aussi un prix de thèse, des répertoires de travaux universitaires, des centres de documentation et des archives historiques.

En somme, jusqu'à la fin des années 1980, l'écriture de l'histoire de l'Europe est tributaire de la Commission européenne : seuls les historiens dont l'approche est compatible avec l'idée que se fait cette institution de l'Europe sont en mesure de construire, conjointement avec elle, un domaine de recherche consacré à cet objet. Cette situation va cependant changer avec la relance du processus d'intégration européenne et l'effondrement du monde communiste.

---

11. STIFTUNG VOLKSWAGENWERK, 1976, *Bericht (1975/76)*, Göttingen, Vandenhoeck & Ruprecht, p. 41 ; nous traduisons.

SECONDE PARTIE

Les reconfigurations du sous-champ de recherche consacré à l'histoire de l'Europe (depuis la fin des années 1980)

3

Entre consolidation et éclatement
L'essor de l'histoire de l'Europe
de la fin des années 1980 à la fin des années 1990

Alors que l'histoire de l'Europe était jusque-là un sous-champ de recherche marginal, réservé à un très petit nombre d'historiens, celui-ci connaît un essor considérable à partir de la fin des années 1980. Non seulement l'histoire de la « civilisation européenne », jusque-là à l'état de projet inabouti, peut être concrétisée ; mais en outre, les recherches ne se limitent plus à deux directions – l'histoire politico-économique de l'intégration européenne et l'histoire socio-culturelle de l'Europe entendue au sens large. De plus en plus de courants historiographiques se saisissent en effet de cet objet et revendiquent un domaine de recherche spécifique. Malgré tout, nombre de ces entreprises scientifiques se rejoignent quant à leur ambition : repenser l'histoire dans une perspective transnationale pour contribuer à l'avènement d'une Europe unie.

L'étude de ces entreprises ne nous permet pas d'identifier de date précise à laquelle l'enthousiasme pour l'histoire européenne débute. Celui-ci est vraiment manifeste après l'effondrement du bloc communiste. En Allemagne, la chute du Mur de Berlin en novembre 1989 conduit particulièrement les historiens à s'interroger sur le tournant à donner à la science historique. Il est vrai qu'entre 1949 et 1989, ceux de l'Ouest et de l'Est avaient des cadres institutionnels, des modèles méthodologiques et des visions du monde distinctes : en République démocratique allemande (RDA), une science historique marxiste assurait la légitimation du régime ; en RFA, le conservatisme était dominant (Raphael, 2000, p. 39). Après la chute du Mur, les historiens ouest-allemands bénéficient certes d'une « "supériorité morale" face aux historiens [de RDA] compromis par le régime » (Christian et Droit, 2005, p. 120) qui contraint ces derniers à s'adapter aux normes ouest-allemandes (François, 1995, p. 97). Les uns comme les autres se trouvent cependant face à la question de l'« unification des deux systèmes de recherche historique » (Kocka, 1992, p. 32). Dans ce cadre, l'historiographie nationale est remise en question (Kocka, 1992 ; Raphael, 2003, p. 251). Il faut dire que se forme alors dans les débats politiques et scientifiques l'idée selon laquelle la réunification doit être pensée de pair avec la construction européenne : le pays devrait résoudre ses problèmes identitaires grâce à l'émergence d'une identité post-nationale, européenne[1]. Des historiens allemands cherchent notamment le dialogue avec leurs collègues français pour penser en commun l'historiographie post-1989[2]. En France comme en Allemagne, l'Europe redevient en effet un thème majeur des débats publics. Certes, la nature de ces débats diffère des deux côtés du Rhin – du fait notamment de l'organisation d'un référendum au sujet du traité de Maastricht en France, mais pas en Allemagne. À l'heure où la fin de la division politique entre l'Est et l'Ouest permet de concevoir l'Europe comme une entité et ouvre la perspective d'un élargissement de l'UE, la notion d'« identité européenne » est cependant mise en avant dans les deux pays. Le thème du rapport des populations à la construction européenne, déjà présent dans les débats depuis le milieu des années 1970, devient aussi un enjeu important[3].

C'est en grande partie dans ce contexte que les projets relatifs à l'histoire de l'Europe se multiplient. Pourtant, notre étude va montrer que leur multiplication et l'élargissement de leurs perspectives se sont dessinés dès la fin des années 1980, les années 1988 et 1989 étant particulièrement fécondes à cet égard. Il est vrai que la relance du processus d'intégration européenne par une série de textes, à commencer par l'Acte unique européen, signé en 1986, qui élargit le champ de compétences des institutions européennes, ravive alors déjà les débats sur l'Europe. Surtout, malgré l'importance indéniable de cette conjoncture, ce chapitre a pour objectif de comprendre la reconfiguration du sous-champ de recherche qu'est l'histoire de l'Europe qui se joue alors sans se contenter d'une explication par le contexte politique.

Il convient d'abord de souligner que les débats sur l'Europe sont alors en bonne partie animés par des experts en sciences humaines et sociales. Les sciences juridiques et économiques, qui dominaient déjà largement le paysage de la recherche sur l'intégration européenne jusqu'à la fin des années 1980, continuent de jouer un rôle majeur. Du fait de la portée croissante du système juridique de l'UE, des juristes issus des différentes branches du droit privé et public prennent en effet de plus en plus ce système en compte, concurrençant ainsi les spécialistes de droit communautaire[4]. Quant aux économistes, ils entreprennent des études sur la monnaie européenne et la répartition des compétences économiques entre l'UE et les États membres. Politistes et sociologues se joignent à eux en multipliant leurs travaux sur l'UE – de manière encore relativement timide en France, mais

---

1. Cf. notamment 10 janvier 1990, « "Deutsche dürfen nicht vorpreschen"! », *Frankfurter Allgemeine Zeitung*, p. 4 ; 18 janvier 1990, « Kohl: Bonn steht ohne Wenn und Aber zur europäischen Verantwortung. Kein Widerspruch zwischen Europa und der deutschen Einheit », *Frankfurter Allgemeine Zeitung*, p. 1 ; WEIDENFELD Werner (dir.), 1993, *Deutschland, eine Nation – doppelte Geschichte: Materialen zum Deutschen Selbstverständnis*, Köln, Wissenschaft und Politik.
2. Cf. notamment BOURDIEU Pierre, CHARLE Christophe, KAELBLE Hartmut *et al.*, 1995, « Deux séminaires. Le séminaire de Paris », *Actes de la recherche en sciences sociales*, 106-107, p. 101-104 ou plusieurs coopérations franco-allemandes que nous présenterons plus loin.
3. Cf. LE BOULAY, 2008.
4. C'est notamment ce qui se passe à l'IUE : cf. JOERGES Christian et SCHMIDT Christoph, été 2000, « Das Fach Rechstwissenschaften am Europäischen Hochschulinstitut », *EUI Review*, p. 17-21.

particulièrement marquée en Allemagne. Enfin, des chercheurs issus non seulement de l'histoire, mais aussi notamment de la philosophie, de l'ethnologie, de l'histoire de l'art ou des sciences de la culture appréhendent l'objet « Europe » – et non pas seulement l'intégration communautaire[5]. Ainsi, c'est non seulement le contexte politique qui change, mais aussi la configuration des savoirs sur l'Europe.

Au-delà du contexte politique et scientifique, comprendre les conditions concrètes de la diversification des entreprises relatives à l'histoire de l'Europe implique surtout de se poser la question des nouveaux acteurs qui contribuent à transformer ce domaine scientifique et d'examiner les partenariats qui se nouent entre historiens et acteurs extérieurs au champ scientifique. Ce chapitre interroge donc le parcours et les domaines de spécialité des nouveaux historiens s'emparant de l'histoire de l'Europe ainsi que le gain d'influence de nouveaux promoteurs de cette histoire. Une question essentielle est également de savoir dans quelle mesure les nouvelles initiatives scientifiques transforment ce sous-champ de recherche en termes de visibilité, de cohérence, mais aussi de structure. Nous étudierons donc les réactions qu'elles suscitent chez les acteurs impliqués depuis longtemps dans ce domaine. Comment des spécialistes d'histoire socioculturelle du Moyen Âge et de l'époque moderne dont les projets avaient dû être abandonnés quelques années plus tôt vont-ils se saisir de cette configuration pour mener leur projet à bien ? Et surtout, comment les activités du département d'histoire de l'IUE, celles du Groupe de liaison et celles de la division responsable de « l'information universitaire » au sein de la Commission européenne vont-elles évoluer face aux transformations qui touchent l'Europe et aux nouvelles perspectives et méthodes qui se développent pour écrire son histoire ?

Nous examinerons les nouvelles initiatives scientifiques relatives à l'Europe moderne, médiévale ou antique, puis celles relatives à l'histoire de l'Europe contemporaine au sens large, avant de nous pencher sur le cas de l'histoire de l'intégration communautaire. À cette fin, nous poursuivrons la lecture des rapports annuels de l'IUE et celle des archives et des publications du Groupe de liaison ; nous approfondirons notre analyse des rapports annuels de l'ESF et celle des professeurs enseignant l'histoire au Collège d'Europe ; et nous étudierons de nombreux matériaux relatifs au lancement de nouvelles entreprises consacrées à l'histoire de l'Europe, que ce soient des programmes de recherche, des dispositifs de formation universitaires ou des collections éditoriales.

La recherche des origines de l'Europe, désormais promue par des acteurs politiques, scientifiques et privés

Si les travaux sur les racines de l'Europe ou « l'idée d'Europe » s'étaient raréfiés dans le courant des années 1960 (Kirsch, 2008, p. 198-200) et si l'ambi-

---

5. Cf. l'ouvrage collectif Jaeger et Joas, 2008a qui examine, surtout pour l'Allemagne, la production scientifique de différentes disciplines au sujet de l'Europe ; en ce qui concerne les travaux des politistes et des sociologues français (qui se développent surtout à partir du début des années 2000), cf. Belot *et al.*, 2008 ; Georgakakis et Smith, 2004 ; Saurugger, 2008.

tion nourrie dans la première moitié des années 1980 par des historiens des *Annales* et des chercheurs du MPIG d'écrire une histoire socioculturelle de la civilisation européenne avait été victime d'un manque de soutien politique et financier, à partir de la fin des années 1980 et particulièrement après l'effondrement du monde communiste, la situation évolue. L'IUE, l'ESF, le ministère français de la Recherche, l'Agence allemande pour la recherche (Deutsche Forschungsgemeinschaft : DFG), qui est l'une des organisations de financement de la recherche les plus importantes en Allemagne, ainsi qu'un grand nombre d'éditeurs soutiennent l'écriture d'une « histoire européenne » depuis le Moyen Âge ou l'Antiquité. De nouvelles équipes de recherche, de nouvelles offres de formation universitaire et de nouvelles collections éditoriales sont créées dans ce domaine. Elles consolident l'existence d'un sous-champ de recherche consacré à l'histoire de l'Europe, mais viennent concurrencer l'histoire de l'intégration européenne : désormais, l'étude historique de l'Europe ne se limite plus à l'intégration communautaire ou à la comparaison des États nationaux.

Les coopérations internationales au service d'une histoire de l'Europe dans la longue durée

Dès la création de l'IUE, l'époque moderne et dans une moindre mesure le Moyen Âge avaient été l'objet de travaux au sein de son département d'histoire. Ceux-ci privilégiaient cependant une perspective comparée. Ils n'avaient pas pour objectif de révéler une histoire de l'Europe. C'est lors de l'année universitaire 1989-1990 qu'un questionnement à ce sujet apparaît : les recherches de l'Italien Franco Angiolini, de l'Allemande G. Bock, du Français Daniel Roche et du Portugais Robert Rowland sont alors regroupées au sein d'un axe de recherche intitulé « Histoire culturelle de l'Europe du XVIe au XXe siècle » qui entend étudier la « diversité culturelle » de l'Europe, mais aussi son « processus de civilisation propre[6] ».

De manière similaire, alors que les réseaux de recherche historique financés par l'ESF dans les années 1980 comparaient les différentes histoires nationales, la plupart de ceux portant sur les époques moderne ou médiévale soutenus dans les années 1990 comportent un questionnement relatif aux origines historiques de l'Europe[7]. Si un programme de recherche étudiant, entre 1988 et 1992, le « processus européen de formation de l'État » du XIIIe au XVIIIe siècle reste encore largement fondé sur une comparaison des différents cas nationaux et conclut que « le développement de quelques États de l'Europe occidentale qui sont devenus des monarchies centralisées, bureaucratiques et absolutistes, ne constitue pas une norme valable pour l'ensemble de l'Europe[8] », un autre mené entre 1993 et 1997

---

[6]. Cf. IUE, 1988, *Akademisches Jahr (1989/1990)*, Fiesole, Badia Fiesolana, p. 19-20 ; nous traduisons.
[7]. Cf. ESF, 1989-1999, *Annual Reports (1988-1999)*, Strasbourg, ESF ; le site Internet de l'ESF, [http://www.esf.org/], consulté le 30 août 2019.
[8]. BLOCKMANS Wim et GENET Jean-Philippe, 1998, « Préface », in Wolfgang REINHARD, *Les élites du pouvoir et la construction de l'état en Europe*, Paris, Presses universitaires de France, p. x.

va plus loin. Consacré à la période de transition entre l'Empire Romain et le début du Moyen Âge, il affirme vouloir étudier les origines de l'Europe, interroger les notions d'Est et d'Ouest du continent et montrer qu'au-delà de leurs différences, ces régions ont un héritage historique commun. D'autres réseaux financés ensuite examinent les « concepts et symboles de l'Europe », le républicanisme comme héritage européen partagé ou les échanges culturels en Europe[9].

Ainsi, non seulement ces pistes de recherche mobilisent des chercheurs, mais elles sont en outre soutenues par deux structures européennes : l'IUE et surtout l'ESF. Cette dernière, rappelons-le, repose sur des organismes scientifiques issus de différents pays européens ; ses liens avec la Commission européenne sont moins forts que ceux que celle-ci entretient avec l'IUE[10] – à ce titre, il est frappant qu'aucun programme de recherche soutenu par l'ESF ne soit consacré à l'histoire de la construction européenne si chère à la Commission. Si l'IUE et l'ESF encouragent la coopération de chercheurs issus de différents pays depuis le milieu des années 1970, désormais, ce type de coopération n'a donc plus seulement comme objectif de comparer les différentes histoires nationales – ou l'étude du processus d'intégration. À travers l'étude des échanges intra-européens, de la culture ou de la civilisation européenne, elle est désormais aussi et même surtout pensée comme un moyen de chercher ce qui fait l'Europe d'un point de vue historique – ce qui n'est pas sans rappeler les projets d'écriture d'une histoire de la civilisation européenne de la première moitié des années 1980.

En France, le ministère de la Recherche soutient également de telles coopérations internationales : il lance en 1989 un programme intitulé « Intelligence de l'Europe » pour financer des groupes européens de recherche en sciences de l'homme et de la société favorisant « une réflexion lucide et critique sur l'entreprise d'exception et de longue haleine que constitue la construction européenne » et « l'émergence d'une conscience européenne commune[11] ». Placé sous la direction de la spécialiste de l'histoire de l'éducation Marie-Madeleine Compère, l'un des groupes financés dans ce cadre entre 1989 et 1993 analyse l'histoire du temps scolaire depuis le Moyen Âge en tenant compte des aspects religieux, politiques, sociaux et culturels et montre l'unification progressive de l'Europe de ce point de vue[12].

En Allemagne, il n'y a pas de dispositif de financement comparable, entièrement consacré à l'étude de l'Europe ou de la « construction européenne » entendue au sens large. Cela ne signifie pas que ce type de travaux n'est pas encouragé par les organismes de financement de la recherche. La DFG, en particulier, qui est le plus important d'entre eux et repose sur des fonds publics, finance des équipes de recherche sur l'histoire de l'Europe. Nous avons cependant choisi de porter notre attention sur les collèges doctoraux qu'elle soutient dans ce

---

9. Cf. ESF, 1995-2004, *Annual Reports (1994-2003)*, Strasbourg, ESF.
10. Depuis 1990, la Commission contribue au financement de l'un de ses instruments (les conférences « Euresco », qui durent quelques jours et peuvent être organisées par les réseaux soutenus par l'ESF), mais celui-ci reste réservé aux sciences dures. Cf. ESF, 1991, *Annual Reports (1990)*, Strasbourg, ESF, p. 49.
11. Cf. MINISTÈRE DE LA CULTURE, 1989, *Culture et recherches*, n° 22, p. 2.
12. Cf. COMPÈRE Marie-Madeleine (dir.), 1997, *Histoire du temps scolaire en Europe*, Paris, Economica.

domaine : si les recherches que nous venons de mentionner élargissent l'horizon de « l'histoire de l'Europe », jusque-là monopolisée par l'histoire de l'intégration communautaire, et si elles renforcent l'existence d'un domaine scientifique relatif à cette histoire, c'est surtout la création de nouvelles offres de formation universitaire et de collections éditoriales qui fait de ce domaine scientifique un véritable sous-champ de recherche (et d'enseignement universitaire).

Une institutionnalisation au sein des universités et du monde de l'édition

Même si nous avons qualifié l'histoire de l'Europe de sous-champ de recherche dans notre précédente partie, celui-ci avait encore une existence très marginale dans la mesure où ses principaux piliers, l'IUE et le Groupe de liaison, constituaient des institutions à part : certes en relation avec les universités nationales – puisque les membres du Groupe de liaison conservent leur poste universitaire et qu'à l'IUE les professeurs sont nommés pour quelques années seulement –, mais hors des cadres des universités. Seuls les colloques du Groupe de liaison et sa collection créée en 1986 permettaient un dialogue (limité) avec le reste de la profession et un ancrage dans l'espace traditionnel de la recherche. Dans la période que nous étudions ici, non seulement des historiens se penchent sur l'histoire de l'Europe dans une longue durée (notamment en mettant en place des coopérations internationales), mais ils mettent également en place des formations destinées à des étudiants ou de jeunes chercheurs souhaitant se spécialiser dans ce domaine et des collections au sein de maisons d'édition.

Des formations à la recherche en histoire de l'Europe moderne, médiévale et antique

Outre l'évolution des travaux menés à l'IUE et de leurs perspectives, il ne faut pas oublier que cet institut est un établissement dédié à la formation de jeunes chercheurs : des doctorants travaillent sous la direction des professeurs en poste dans son département d'histoire. Et s'il reste un établissement singulier, l'étude des cas français et allemand montre que des formations à la recherche en histoire de l'Europe dans la longue durée sont aussi créées au sein d'universités nationales[13].

En France, nous pouvons examiner les Diplômes d'études approfondies (DEA), créés avec l'aval du ministère de la Recherche. Ces diplômes de fin d'étude, qui forment des étudiants afin qu'ils puissent s'engager dans un doctorat par la suite, rassemblent plusieurs professeurs autour d'un domaine de spécialisation. Entre 1976 et 1982, deux d'entre eux avaient déjà été consacrés aux civilisations européennes : à l'université Strasbourg 2 et l'université Paris 1 Panthéon-Sorbonne. Après quelques années sans formation de ce type, trois DEA similaires sont créés

---

13. Nous n'étudions pas ici le cas du Collège d'Europe, qui ne forme pas de jeunes chercheurs, mais nous verrons plus loin qu'il recrute des médiévistes à partir de 1994.

à la rentrée 1985. Puis, dans les années qui suivent, des DEA qui existaient déjà auparavant proposent des options européennes ou se concentrent sur l'espace européen alors qu'ils portaient jusque-là sur un espace plus large (cf. tableau 2, page suivante)[14]. Certes, deux d'entre eux cessent leurs activités assez rapidement et l'un des DEA d'« histoire et civilisations de l'Europe » se spécialise à partir de 1991 dans l'étude de l'intégration européenne, puis à partir de 1995 dans celle de l'Europe au XXe siècle. Ils signent néanmoins l'apparition d'espaces nationaux dédiés à l'étude de l'histoire de l'Europe : ce ne sont plus seulement les doctorants de l'IUE qui se forment dans ce domaine (et leur formation ne se limite plus à l'histoire de l'intégration européenne). De plus, ce ne sont pas des spécialistes de l'Europe qui dirigent ces formations[15]. Ainsi, non seulement l'étude de l'histoire de l'Europe se diversifie, mais elle n'est de surcroît plus réservée à quelques historiens dotés de compétences spécifiques.

En Allemagne, nous pouvons examiner les collèges doctoraux que la DFG finance depuis 1990. Ceux-ci proposent des financements et un programme d'encadrement pour des doctorants. De manière similaire aux DEA, ils rassemblent plusieurs professeurs (la plupart du temps de différentes disciplines) autour d'un même thème. Dès 1991, un collège doctoral de l'université de Trèves a pour ambition d'étudier l'histoire de l'Europe de l'Ouest depuis l'Antiquité. Animé par une équipe réunissant des spécialistes des différentes époques historiques, ce collège considère cette histoire « comme le cadre [...] souvent conflictuel, mais dans son ensemble tout de même homogène d'événements qui présente de nombreuses convergences[16] ». Dans les années qui suivent, trois collèges sont consacrés à l'histoire culturelle de l'Europe (cf. tableau 3, page suivante). En comparaison avec les DEA français, ceux-ci sont animés par des historiens davantage spécialistes de l'Europe – ce qui est sans doute lié à la procédure de sélection de la DFG et au fait qu'il s'agit de collèges doctoraux. Celui de l'université d'Augsbourg, en particulier, est fondé par Johannes Burkhardt, qui a dirigé l'Institut d'histoire culturelle européenne de cette université entre 1991 et 1998. Celui d'Erlangen-Nuremberg rassemble des médiévistes spécialistes des transferts culturels en Europe, notamment Klaus Herbers. Quant à celui de Bonn, il est principalement conçu par des historiens de l'art, mais Bernd Roeck, un historien ayant étudié Augsbourg comme une « ville européenne », y participe aussi[17].

---

14. À Grenoble, le DEA d'« histoire religieuse en Europe » s'intéressait auparavant aussi bien aux espaces « hors d'Europe » qu'à l'Europe. À Dijon, le DEA était jusque-là intitulé « Ordre et désordre dans les sociétés occidentales de l'époque médiévale à l'époque contemporaine ».

15. C'est ce qui apparaît tout du moins dans l'annuaire faisant état des responsables de ces formations pour les années universitaires 1993-1994 et 1995-1996 : ministère de l'Enseignement supérieur et de la recherche, 1993 et 1995, *Annuaire des diplômes d'études approfondies*. Les noms de ces responsables n'ont pas été publiés pour les autres années.

16. S. d., « Graduiertenkolleg "Westeuropa in vergleichender historischer Perspektive" », [http://rlp-forschung.de/public/facilities/598], consulté le 4 juin 2019 ; nous traduisons.

17. Cf. les *curricula vitae* de J. Burkhardts, s. d., [http://www.philhist.uni-augsburg.de/lehrstuehle/geschichte/fruehneuzeit/mitarbeiter/burkhardt/], consulté le 29 août 2012, et de K. Herbers, 14 août 2012, [https://www.geschichte.phil.fau.de/person/herbers-klaus/], consulté le 23 janvier 2020 ; Roeck Bernd, 1985, *Elias Holl. Architekt einer europäischen Stadt*, Regensburg, Pustet.

Tableau 2. – DEA consacrés à l'histoire de l'Europe dans la longue durée créés dans les années 1980 et 1990*

Années	Université	Formation
1985-1992	Université Nancy 2	Méthodes et techniques de recherche appliquées à l'étude des civilisations traditionnelles de l'Europe
1985-2005	Université Strasbourg 2	Histoire et civilisations de l'Europe Devient en 2000-2001 : Art, histoire et civilisation de l'Europe
1985-1991	Université Strasbourg 3	Histoire et civilisations de l'Europe Devient en 1991-1992 : Histoire et civilisations de l'Europe, option histoire des relations internationales et de l'intégration européenne ; puis en 1995-1996 : Histoire de l'Europe au xxe siècle
1989-1990	Université Paris-Sorbonne (Paris 4)	Études médiévales, option européenne
1990-1992	Université Pierre Mendès France Grenoble 2	Histoire religieuse en Europe
1995-2004	Université de Dijon	Ordre et désordre dans les sociétés européennes de la protohistoire à l'époque contemporaine

* Cf. Direction des enseignements supérieurs, 1981-1987, *La recherche à l'Université. Diplômes de 3ᵉ cycle* ; Conférence des présidents d'université (CPU), 1990-1999, *Annuaire national des Universités*. Les listes des DEA des années universitaires 1979-1980, 1980-1981 et 1988-1989 sont indisponibles. Pour les DEA créés en 1976 cités plus haut, cf. ONISEP, 1977-1980, *Répertoires des Universités*, 1.

Tableau 3. – collèges doctoraux consacrés à l'histoire de l'Europe dans la longue durée financés par la DFG dans les années 1990*

Années	Université	Formation
1991-1999	Université de Trèves	L'Europe de l'Ouest dans une perspective historique (Westeuropa in historischer Perspektive)
1993-2002	Université de Bonn	La renaissance italienne et sa réception européenne : art – histoire – littérature (Die italienische Renaissance und ihre europäische Rezeption: Kunst – Geschichte – Litteratur)
1998-2008	Université d'Augsburg	Les champs scientifiques dans les temps modernes. Naissance et construction de la culture européenne de l'information (Wissensfelder der Neuzeit, Entstehung und Aufbau der europäischen Informationskultur)
1999-2009	Université Friedrich-Alexander d'Erlangen-Nuremberg	Les transferts culturels au Moyen Âge européen (Kulturtransfer im europäischen Mittelalter)

* Cf. DFG, 1990-1999, *Jahresbericht. Band 2. Programme und Projekte*. Un collège intitulé « Classicisme et romantisme dans le contexte européen » (*Klassizismus und Romantik im europäischen Kontext*) se penche aussi sur l'histoire de la culture européenne, mais aucun historien n'y participe avant 2003.

Tout comme plusieurs réseaux de recherche financés par l'ESF et mentionnés plus haut, ces trois collèges doctoraux témoignent non seulement de l'intérêt croissant pour la « culture européenne » et son histoire, mais aussi de l'essor d'une méthode historiographique : celle de l'analyse des relations transnationales, des « circulations » et des « transferts » entre pays européens. Le collège dirigé par J. Burkhardt, notamment, est consacré au rôle de la production et de la circulation des savoirs à l'époque moderne dans la construction d'une culture de l'information européenne. Or cette volonté de ne pas se limiter à des comparaisons internationales, mais de s'intéresser aussi aux échanges transnationaux et à l'influence réciproque de différents pays européens les uns sur les autres a en particulier été conçue par un groupe en relation étroite avec le MPIG et la MHFA : le « Groupe de recherche sur les transferts culturels franco-allemands » aux XVIIIe et XIXe siècles, créé en 1986 par deux spécialistes d'histoire culturelle de l'Allemagne, Michel Espagne et Michael Werner[18]. Le dialogue entre historiens français et allemands, qui avait été engagé à partir de 1977 et qui s'intensifie au cours des années 1980 et 1990, notamment dans le cadre de ce groupe, joue ainsi un rôle important dans l'écriture d'une histoire européenne. Réciproquement, c'est grâce au fait que l'Europe est devenue un objet d'actualité que cette approche connaît un véritable succès. Quoi qu'il en soit, l'étude des relations internationales, jusque-là réservée au courant historiographique du même nom et focalisée sur les relations diplomatiques et économiques entre États, occupe désormais aussi les spécialistes d'histoire sociale et culturelle – même si ceux-ci se gardent bien d'employer les mêmes termes, car, comme nous aurons l'occasion de le constater au fil de ce chapitre, ce sont les relations entre intellectuels, entre universitaires, entre étudiants, entre religieux ou entre migrants qui les intéressent.

Signalons enfin l'ouverture à Berlin en 1998 d'un Institut pour l'histoire comparée de l'Europe au Moyen Âge (Institut für Vergleichende Geschichte Europas im Mittelalter). Celui-ci est créé par le médiéviste Michael Borgolte, dont le parcours montre bien le rôle majeur que la réunification allemande joue dans l'essor de l'écriture d'une histoire européenne (cf. encadré 10, page suivante).

Ces différents dispositifs de formation confèrent à l'histoire de l'Europe dans la longue durée une position institutionnalisée au sein de la discipline : comme le souligne la sociologue Isabelle Baszanger (1990, p. 272), la création de diplômes universitaires est une étape essentielle du processus de légitimation et de définition d'un domaine scientifique. Le cas de M. Borgolte montre en outre qu'elle donne non seulement aux jeunes chercheurs qui suivent ces formations, mais aussi aux professeurs qui les animent la possibilité de faire carrière dans ce domaine.

---

18. Cf. Espagne Michel et Werner Michael (dir.), 1988, *Transferts. Les relations interculturelles dans l'espace franco-allemand : XVIIIe et XIXe siècle*, Paris, Recherche sur les civilisations.

> **Encadré 10. Michael Borgolte, acteur de la refondation de la science historique à l'Est de Berlin**
>
> Lors de la réunification de l'Allemagne, les universités des nouveaux *Länder* et notamment leurs départements d'histoire, qui avaient été voués à la légitimation du régime communiste en RDA, ont été réorganisés afin de répondre aux normes de l'Allemagne de l'Ouest. Dans ce cadre, un nombre important d'historiens originaires de l'Ouest ont été recrutés (François, 1995, p. 97). À l'université Humboldt de Berlin, située du côté Est de la ville, M. Borgolte, un Allemand de l'Ouest spécialiste d'histoire sociale et religieuse, obtient ainsi la chaire d'histoire médiévale en 1991 – son premier poste de Professeur d'université. Il y côtoie, outre les historiens est-allemands encore en poste, d'autres historiens ouest-allemands (les spécialistes d'histoire moderne et contemporaine Wolfgang Hardtwig, L. Herbst, Hartmut Kaelble et Heinrich August Winkler) ainsi que l'Allemand de l'Est Hartmut Harnisch, spécialiste de la Prusse : ceux-ci viennent également d'être recrutés.
>
> Dans cette situation particulière qui suscite chez lui une forme d'« euphorie[1] », M. Borgolte mène une réflexion sur l'historiographie du Moyen Âge en RFA et en RDA, avec comme objectif de contribuer à la réunification allemande. Alors que H. Kaelble, déjà spécialiste de l'Europe de l'Ouest, participe à la création d'un Centre d'histoire comparée de l'Europe (le Zentrum für Vergleichende Geschichte Europas : ZVGE) spécialisé dans l'étude des XVIIIe, XIXe et XXe siècles sur lequel nous reviendrons plus loin, il crée en 1998 un institut dédié à l'histoire de l'Europe au Moyen Âge ayant pour ambition de dépasser la vision nationale de l'histoire. Cette création est le signe d'un tournant donné à sa vie scientifique : contrairement à H. Kaelble, il n'était pas spécialiste de l'Europe avant son arrivée dans cette université ; sa seule expérience professionnelle à l'étranger se résumait de plus à des enseignements en Suisse[2].
>
> ---
>
> 1. Cf. Borgolte Michael, 15 janvier 2004, « Königsberg – Deutschland – Europa. Heinrich August Winkler und die Einheit der Geschichte. Festvortrag anlässlich des 65. Geburtstages », [https://edoc.hu-berlin.de/bitstream/handle/18452/2332/Borgolte.pdf?sequence=1&isAllowed=y], consulté le 1er avril 2019, p. 24.
> 2. Cf. le *curriculum vitae* de M. Borgolte, 13 octobre 2017 [https://www.geschichte.hu-berlin.de/de/bereiche-und-lehrstuehle/emeriti-ehemalige-professor_innen/migei/personen/borgolte/mb_cv.pdf], consulté le 23 janvier 2020 ; Borgolte Michael, « Königsberg… », cité, p. 24-25 ; Borgolte Michael, 1996, *Sozialgeschichte des Mittelalters. Eine Forschungsbilanz nach der deutschen Einheit*, Munich, Oldenbourg, en particulier p. vii-viii ; Borgolte Michael, 1999, « Vorwort des Herausgebers », *in* Wolfgang Eric Wagner, *Universitätsstift und Kollegium in Prag, Wien und Heidelberg. Eine vergleichende Untersuchung spätmittelalterlicher Stiftungen im Spannungsfeld von Herrschaft und Genossenschaft*, Berlin, Akademie Verlag, p. 5 ; le *curriculum vitae* de H. Kaelble, 18 janvier 2013 [https://www.geschichte.hu-berlin.de/bereiche-und-lehrstuehle/kaelble], consulté le 2 avril 2019.

Des collections dédiées à l'histoire moderne, médiévale et ancienne de l'Europe

L'avènement d'un domaine de recherche dédié à l'histoire de l'Europe dans la longue durée est particulièrement manifeste dans la création de nombreux supports de publication qui permettent de diffuser les résultats de la recherche dans ce domaine et de consacrer son existence même. Les anciennes séries d'ouvrages qui privilégiaient l'étude des puissances étatiques européennes et de leurs relations extérieures publient en effet leurs derniers ouvrages[19] et laissent la place à de nouvelles séries et collections ayant pour ambition de dépasser les histoires nationales. Parfois, celles-ci adoptent une approche comparative, mais le plus souvent, elles tentent de révéler l'existence d'un héritage commun tant sur les plans culturel, social, démographique, religieux qu'économique ou politique. Si plusieurs d'entre elles bénéficient de soutiens politiques, elles résultent en majorité de l'initiative conjointe de maisons d'édition et d'historiens – dont la plupart ne sont pas intégrés dans l'un des réseaux de recherche européens que nous avons évoqués. C'est donc l'intérêt du marché du livre pour les origines historiques de l'Europe qui leur permet de voir le jour.

De telles collections apparaissent avant même la chute du Mur de Berlin. En France, la première est lancée en 1988 : c'est l'« Histoire de l'Europe » des éditions Horvath, dirigée par Pierre-Roger Gaussin, spécialiste d'histoire religieuse du Moyen Âge. Elle ne va publier que trois volumes (sur *Les racines des Européens*, *L'Europe des Lumières* et *L'Europe au temps de Napoléon*), mais est bientôt suivie d'autres initiatives similaires. En Allemagne, outre un léger regain d'intérêt pour la question européenne dans la collection de l'IEG créée en 1952[20], il faut noter la création en 1989 d'une collection intitulée « Beiträge zur deutschen und europäischen Geschichte » (Contributions à l'histoire allemande et européenne), qui paraît à Hambourg aux éditions Krämer et « veut faire comprendre ce qu'est l'histoire européenne[21] ». Elle est dirigée par trois historiens chacun spécialiste d'une époque différente, mais ayant en commun des travaux et des carrières les amenant à s'interroger sur l'Europe : Wolf D. Gruner, dont le mémoire d'habilitation à diriger des recherches soutenu en 1980 portait sur la paix européenne au début du XIXe siècle, travaille depuis sur les relations de l'Allemagne à l'Europe au XIXe et au XXe siècle ; K. Krüger étudie l'histoire des villes européennes à l'époque baroque ; enfin, K. Arnold, spécialiste de l'histoire sociale de l'enfance au Moyen Âge, occupe depuis 1982 un poste de professeur à l'université de Hambourg axé sur l'histoire sociale de l'Europe de l'Ouest[22].

---

19. Cf. REINHARD Wolfgang, *Geschichte der europäischen Expansion*, cité ; FISCHER Wolfram (dir.), *Handbuch der europäischen Wirtschafts- und Sozialgeschichte*, cité ; 1975-1978 puis 1993 et 1994, *Propyläen Geschichte Europas*, Berlin, Propyläen, 8 vol.

20. Rappelons que cette collection avait arrêté de se pencher sur le concept historique d'Europe au début des années 1960. Dans la période que nous étudions ici, deux de ses volumes abordent respectivement l'« Allemagne et l'Europe à l'époque moderne » et « les ambitions européennes de la Maison de Wittelsbach » : MELVILLE Ralph, SCHARF Claus, VOGT Martin *et al.* (dir.), 1988, *Deutschland und Europa in der Neuzeit. Festschrift für Karl Otmar Freiherr von Aretin zum 65. Geburtstag*, Stuttgart, Steiner ; SCHRYVER Reginald de, 1996, *Max II. Emanuel von Bayern und das spanische Erbe. Die europäischen Ambitionen des Hauses Wittelsbach, 1665-1715*, Mayence, von Zabern.

21. ROGOSCH Detlef, 1990, *Hamburg im Deutschen Bund 1859-1866. Zur Politik eines Kleinstaates in einer mitteleuropäischen Föderativordnung*, Hamburg, R. Krämer, p. 229 ; nous traduisons.

22. Cf. le *curriculum vitae* de W. D. Gruner, 1er juin 2006, [http://cpr.uni-rostock.de/metadata/cpr_professor_000000001306], consulté le 23 janvier 2020 ; GIRAULT René (dir.), *Identité et conscience européennes au XXe siècle*, op. cit., p. 225-226 ; KRÜGER Kersten (dir.), 1988, *Europäische Städte im Zeitalter des Barock. Gestalt, Kultur, Sozialgefüge*, Köln/Weimar/Wien, Böhlau ; ARNOLD Klaus, 1986, « Kindheit im europäischen Mittelalter », *in* Jochen MARTIN et August NITSCHKE (dir.), *Zur Sozialgeschichte der Kindheit*, Freiburg im Breisgau, Alber, p. 443-467 ; le *curriculum vitae* de K. Arnold, s. d., [http://www.karnold-kitzingen.de/], consulté le 23 janvier 2020. Les ouvrages de cette collection reflètent la diversité des objets qui intéressent ses trois directeurs : ils se rapportent à l'histoire de l'Europe ou des États européens aux différentes époques historiques et étudient aussi bien les aspects sociaux ou religieux que diplomatiques ou économiques.

Après la chute du bloc communiste et la réunification allemande, ce type de collections se multiplie. Hormis la collection « Bürgertum. Beiträge zur europäischen Gesellschaftsgeschichte » (Bourgeoisie. Contributions à l'histoire de la société européenne, publiée à partir de 1991) qui a moins pour ambition de fonder une histoire de l'Europe que de contribuer à l'affirmation de l'histoire de la société (*Gesellschaftsgeschichte*)[23] – et qui montre à quel point la référence à la « société européenne » est alors prisée par les chercheurs et les maisons d'édition –, la collection transnationale « Faire l'Europe », lancée en 1993 par le médiéviste J. Le Goff (encadré 11), est la première d'entre elles.

Encadré 11. La collection transnationale « Faire l'Europe » : concrétisation d'une histoire « totale » de l'Europe, grâce à l'intérêt de plusieurs éditeurs

« [Née] de l'initiative de cinq éditeurs de langues et de nationalités différentes, Beck à Munich, Basil Blackwell à Oxford, Critica à Barcelone, Laterza à Rome et à Bari, Le Seuil à Paris[1] », *Faire l'Europe* propose une histoire de l'Europe dans les domaines économique, politique, social, religieux et culturel : en somme, une histoire « totale » de l'Europe. Grâce à ses volumes focalisés, dans une perspective européenne, soit sur une période historique, soit sur un objet tel que la ville, la mer, les paysans, la science, la famille ou les migrations, elle tente de répondre aux questions : « Qui sommes-nous [sous-entendu : les Européens] ? D'où venons-nous ? Où allons-nous[2] ? » Comme le montre sa présentation par son directeur J. Le Goff, elle a pour ambition de contribuer à « faire l'Europe » en révélant l'existence d'une histoire européenne au fil des siècles :

> « L'Europe se construit. C'est une grande espérance. Elle ne se réalisera que si elle tient compte de l'histoire : une Europe sans histoire serait orpheline et malheureuse. […]. Notre Europe, entre Atlantique, Asie et Afrique, existe depuis très longtemps en effet, dessinée par la géographie, modelée par l'histoire, depuis que les Grecs lui ont donné son nom, toujours repris depuis. Son passé n'est intelligible que dans le contexte du monde entier. Et l'avenir doit s'appuyer sur ces héritages qui, depuis l'Antiquité, voire la préhistoire, ont fait de l'Europe un monde d'une exceptionnelle richesse, d'une extraordinaire créativité dans son unité et sa diversité[3]. »

---

1. LE GOFF Jacques, 1993, « Préface », *in* Michel MOLLAT DU JOURDIN, *L'Europe et la mer*, Paris, Le Seuil, p. 7. En Allemagne, cette collection est intitulée « Europa Bauen » : Construire l'Europe. La publication de cette collection dans plusieurs pays n'est pas sans rappeler la collection plus ancienne « Eurolibri » (cf. BAILLEUX, 2014, note 279, p. 296).
2. LE GOFF Jacques, « Préface », cité, p. 8.
3. *Ibid.*, p. 7.

---

23. Ce courant entreprend d'affirmer l'autonomie de l'histoire sociale allemande à l'égard de l'histoire politique et diplomatique en se rapprochant d'autres sciences sociales telles que l'économie, la sociologie et la psychologie. Cf. HETTLING *et al.*, 1991. Il est étroitement lié à l'étude de l'histoire allemande et notamment du passé nazi, mais ses promoteurs recourent souvent à la comparaison internationale, notamment au sein de cette collection. Pour plus de précision concernant les travaux de l'équipe à l'origine de cette collection, cf. TENFELDE et WEHLER, 1994.

Grâce à la coopération de cinq éditeurs, les volumes de cette collection paraissent en plusieurs langues. En France, le Centre national du livre (CNL), organisme sous la tutelle du ministère de la Culture, finance la traduction d'ouvrages en français. En effet, une commission ayant comme mission de favoriser la publication d'ouvrages « contribuant à une meilleure connaissance de l'histoire et de la culture de l'Europe sous tous ses aspects » a été créée au sein de cet organisme en 1991. Intitulée « Librairie européenne des idées », elle est composée de chercheurs en sciences humaines ou sociales et d'éditeurs[24]. À sa tête, P. Nora fait figure de passeur entre ces deux mondes : non seulement il est historien, directeur d'études à l'EHESS et il a contribué à la fondation de la Nouvelle Histoire, mais il est aussi responsable du secteur « non-fiction » des éditions Gallimard[25]. Il est en outre déjà proche du monde politico-administratif et en particulier du ministère de la Culture, car à la suite de ses premières publications sur les *Lieux de mémoire* et de la réélection de F. Mitterrand en 1988, il s'est vu confier plusieurs missions qui l'ont conduit à contribuer à la politique patrimoniale de ce ministère[26].

On voit là comment l'intérêt politique, mais aussi l'intérêt du marché du livre pour la question de l'Europe jouent un rôle dans l'essor du domaine de recherche historique spécialisé sur cette question. Rappelons que dès 1985, J. Le Goff avait développé, avec F. Braudel et G. Duby, l'ambition de fonder une histoire « totale » de l'Europe qui puisse être publiée en plusieurs langues, mais qu'il avait été contraint à y renoncer du fait d'un manque de soutien politique et financier. Huit ans plus tard, cette ambition peut renaître sous la forme d'une collection. Il est vrai que les événements politiques (la fin de la division entre l'Est et l'Ouest et le traité de Maastricht) ont remis non seulement l'UE, mais aussi l'Europe en tant qu'espace de civilisation au cœur des débats, les deux sujets se mêlant même de plus en plus (Kaelble, 2001, p. 224) et le terme « Europe » étant parfois utilisé de manière ambiguë, comme le montre notre citation de J. Le Goff qui commence par « L'Europe se construit. » Concrètement, c'est pourtant bien grâce à l'intérêt nouveau que portent le ministère de la Culture et surtout des maisons d'édition au projet de J. Le Goff que celui-ci peut enfin être réalisé.

Si l'intérêt précoce de J. Le Goff pour l'Europe lui permet, à partir du moment où il dispose de soutien, de concrétiser rapidement son projet sous la forme d'une collection éditoriale, c'est surtout dans les années qui suivent que les supports de publication dédiés à l'histoire de l'Europe dans la longue durée se multiplient. En France, plusieurs séries de volumes paraissent sur ce thème : en particulier, aux éditions Fayard, une *Histoire des populations de l'Europe* en trois volumes qui reçoit elle aussi le soutien de la Librairie européenne des idées[27] et, aux éditions

---

24. Informations fournies en 2012 par une employée du CNL, par courrier électronique. Les ouvrages soutenus par cette commission relèvent non seulement de l'histoire, mais aussi la philosophie, la sociologie, l'histoire de l'art ou la géographie.
25. À propos de P. Nora, cf. Dosse, 2011.
26. Cf. *ibid.*, p. 268-269, 340-342 et 344.
27. Cf. Bardet Jean-Pierre et Dupâquier Jacques (dir.), 1997-1999, *Histoire des populations de l'Europe*, Paris, Fayard, 3 vol.

Privat, une *Histoire européenne de l'Europe* en deux volumes conçue dans le cadre d'un réseau international créé en 1988 sous l'égide du Conseil de l'Europe[28]. En Allemagne paraissent également deux séries d'ouvrages : une histoire de l'Europe aux éditions Siedler à Berlin, pour laquelle cette maison d'édition a demandé à trois historiens enseignant dans cette ville d'écrire chacun un volume correspondant à la période dont il est spécialiste, et, aux éditions Böhlau, une série consacrée à l'Europe moderne accordant une place significative à l'histoire de l'Europe de l'Est[29].

En Allemagne, il faut cependant surtout souligner la multiplication de collections ayant l'ambition de réécrire l'histoire dans une perspective européenne[30]. Pensée dès le début des années 1980[31], « Europäische Geschichte » (Histoire européenne) paraît aux éditions Fischer à Francfort-sur-le-Main à partir de 1996. Elle ne repose pas seulement sur le travail d'un conseil scientifique international composé de spécialistes de différentes époques et dirigé par Wolfgang Benz, spécialiste de l'Allemagne du XXe siècle, en particulier du nazisme et de l'antisémitisme. Pour la conception de cette collection, celui-ci est entouré de deux docteurs en histoire qui jouent, de manière un peu comparable à P. Nora, un rôle de passeur entre les mondes historien et éditorial : la moderniste Rebekka Habermas, qui a travaillé aux éditions Fischer de 1986 à 1990 et est désormais chercheuse à l'université de Bielefeld, et Walter H. Pehle, un spécialiste du nazisme qui, lui, fait entièrement carrière dans cette maison d'édition[32]. À partir de 1997, la collection « Europa in der Geschichte. Schriften zur Entwicklung des modernen Europa » (L'Europe dans l'histoire. Écrits sur le développement de l'Europe moderne) est publiée aux éditions D. Winkler à Bochum sous la direction du médiéviste Dieter Berg. Malgré son titre ambigu et deux de ses volumes portant sur d'autres périodes historiques, elle se concentre sur le Moyen Âge et l'idée d'un Occident chrétien ; en étudiant les conflits et les relations d'interdépendance entre les nations ou les régions européennes ainsi que leurs relations avec le reste du monde, elle tente de concevoir une réflexion sur les racines de l'Europe et le développement historique d'une « conscience européenne parta-

---

28. Cf. CARBONELL Charles-Olivier (dir.), 1999, *Une histoire européenne de l'Europe*, Paris, Privat, 2 vol. À propos de ce réseau interdisciplinaire intitulé Eurethno, également destiné à concevoir des ressources pédagogiques, cf. son site Internet, [http://www.eurethno.altervista.org/], consulté le 26 janvier 2020. P. Milza et S. Berstein, deux contemporanéistes ayant publié une *Histoire de l'Europe contemporaine* (1992, Paris, Hatier, 2 vol.), complètent aussi celle-ci par trois volumes couvrant la période allant de l'Antiquité au début du XIXe siècle et en modifient le titre : c'est à présent une *Histoire de l'Europe* en cinq volumes qui paraît chez Hatier en 1994 et 1995.
29. Cf. 1998-2006, *Siedler Geschichte Europas*, Berlin, Siedler, 3 vol. ; DONNERT Erich (dir.), 1997-2008, *Europa in der Frühen Neuzeit: Festschrift für Günter Mühlpfordt*, Köln/Weimar/Wien, Böhlau, 7 vol.
30. Leur nombre est lié à la décentralisation du pays et au fait que les docteurs allemands sont obligés de publier leur thèse – ce qui explique aussi le nombre important d'entre elles publiées dans ces collections.
31. Cf. HOMMEN Tanja et PEHLE Walter H. (dir.), 1996, *Europa entdecken. Prospekt auf eine neue Buchreihe. Informationen für den in- und ausländischen Buchhandel*, Francfort-sur-le-Main, Fischer Taschenbuch, p. 8.
32. Cf. les *curricula vitae* de R. Habermas, s. d., [https://www.ae-info.org/ae/Member/Habermas_Rebekka/CV], consulté le 23 janvier 2020, et W. H. Pehle, s. d., [http://www.fischerverlage.de/autor/walter_h_pehle/4132], consulté le 23 janvier 2020. Cette collection s'inspire de son pendant *Faire l'Europe : par ses ambitions et parce qu'elle* publie notamment des ouvrages écrits par des historiens étrangers.

gée » (*eines « europäischen Gemeinschaftsbewußtseins*[33] »). Aux éditions De Gruyter à Berlin depuis 1999, « Europa im Mittelalter. Abhandlungen und Beiträge zur historischen Komparatistik » (L'Europe au Moyen Âge. Thèses et contributions à la comparaison historique) se focalise elle aussi sur le Moyen Âge. Elle est créée par le médiéviste M. Borgolte un an après l'ouverture sous sa direction, en 1998, d'un Institut pour l'histoire comparée de l'Europe au Moyen Âge à l'université Humboldt de Berlin. Elle accueille surtout les publications des chercheurs et des doctorants de son institut, mais est ouverte à tous les auteurs prêts à dépasser « la vision nationale et obsolète de l'histoire[34] ».

Enfin, deux nouvelles collections transnationales sont lancées à la fin des années 1990. La première, « Les origines de l'État moderne, XIIIe-XVIIIe siècles » (publiée aux Presses universitaires de France entre 1996 et 2001 avec le soutien de la Librairie européenne des idées), est liée au programme scientifique international du même nom financé par l'ESF de 1988 à 1992. Sous la codirection des médiévistes français Jean-Philippe Genet et néerlandais Wim Blockmans, elle présente les résultats de ce programme dont l'objectif était d'étudier le « processus européen de formation de l'État » en comparant le cas de plusieurs États européens. La seconde, « Europe et histoire » (publiée entre 1997 et 2002), conçoit davantage l'Europe dans son ensemble, dans les domaines culturels, religieux, politique et économique. Elle paraît simultanément en France aux éditions Belin et en Belgique aux éditions de Boeck. À la tête de son conseil scientifique, le Français Lucien Bély est spécialiste d'histoire moderne des relations internationales. En 1991, il a participé à la publication de deux volumes sur la guerre et la paix en Europe au XVIIe siècle, cette question ayant été intégrée au programme du concours du Certificat d'aptitude au professorat de l'enseignement du second degré (CAPES)[35]. Mais alors que ceux-ci privilégiaient une histoire des relations internationales dans les domaines militaire, institutionnel, économique et culturel, la collection « Europe et histoire » comprend des volumes portant sur l'idée d'Europe depuis le Moyen Âge ou les liens qu'entretient l'Europe avec la chrétienté. Si elle bénéficie du soutien de la Commission européenne, il faut souligner que l'un des membres de son conseil scientifique, l'Allemand Klaus Malettke, est en relation avec le programme Erasmus dans le cadre de son engagement en faveur des échanges universitaires franco-allemands et, surtout, qu'il dirige dans cette collection un ouvrage proposant une histoire des projets d'unification européenne[36]. Ainsi, tout comme la Commission européenne avait montré, à la fin des années 1980, un intérêt pour l'ouvrage *L'Europe. Histoire de ses peuples*, dans lequel J.-B. Duroselle proposait un récit allant de la préhistoire à l'intégration communautaire, elle soutient cette collec-

---

33. Cf. BERG Dieter, « Vorwort des Herausgebers », cité, p. 7.
34. BORGOLTE Michael, « Vorwort des Herausgebers », cité, p. 5 ; nous traduisons.
35. Cf. BÉLY Lucien, BÉRENGER Jean, BERCÉ Yves-Marie *et al.* (dir.), 1991, *Guerre et paix dans l'Europe du XVIIe siècle*, Paris, SEDES, 2 vol.
36. Cf. 5 décembre 2007, « *Bundesverdienstkreuz 1. Klasse für Prof. Dr. Dr. h. c. Klaus Malettke* », [http://www.uni-marburg.de/aktuelles/news/2007/1205c], consulté le 4 juin 2019 ; MALETTKE Klaus (dir.), 1998, *Imaginer l'Europe*, Paris, Belin/Bruxelles, De Boeck.

tion animée elle aussi par des spécialistes des relations internationales en lien avec elle et dédiée, de manière similaire, à l'histoire de l'Europe tout en abordant la construction européenne. À l'inverse de l'ouvrage de J.-B. Duroselle néanmoins, cette collection bénéficie d'un véritable soutien financier.

L'histoire « européenne » existe-t-elle ? Une controverse lancée par des contemporanéistes français

Se pencher sur l'histoire de l'Europe permet notamment aux modernistes, médiévistes et antiquisants de se défendre contre l'ombre que peut leur faire l'histoire du XXe siècle[37] : l'enjeu européen constitue une question contemporaine pour laquelle leur domaine de compétence peut être valorisé. En France, des contemporanéistes remettent néanmoins en question l'idée d'une « histoire européenne » longue de plusieurs siècles. En 1993, N. Roussellier, maître de conférences à l'IEP de Paris et spécialiste d'histoire politique contemporaine, publie un article dans la revue *Vingtième siècle* intitulé « Pour une écriture européenne de l'histoire de l'Europe ». Malgré ce titre, il y affirme que « l'histoire européenne n'existe pas[38] », l'histoire étant faite selon lui par les nations. Il critique donc les différentes tentatives d'écrire une telle histoire. Il se montre particulièrement hostile à l'égard de ce qu'il nomme l'« histoire civilisationnelle », qui tente depuis 1989 « d'inventer la généalogie et l'identité de l'Europe entière ». Selon lui, celle-ci « étire le passé sur le présent[39] ». N. Roussellier ne considère pas qu'il ne faut pas écrire d'histoire de l'Europe. Il a d'ailleurs lui-même publié un ouvrage sur *L'Europe des libéraux* aux XIXe et XXe siècles[40]. Mais il préfère parler d'une « histoire "transnationale" des États et des sociétés européennes » et plaide pour une « histoire-problème » reposant sur des « interrogations formulées sous forme de concepts : le problème du libéralisme en Europe [...], la question de la naissance et du développement de l'État-providence, le problème de la crise de la démocratie libérale dans l'Entre-deux-guerres, la question de la société démocratique depuis les années 1960, l'interrogation sur les formes de religiosité contemporaines, etc.[41] ». En somme, des questions propres au XIXe et surtout au XXe siècle.

Trois ans plus tard, Jean-Pierre Rioux, spécialiste de la France contemporaine et notamment d'histoire politique, inspecteur général de l'Éducation nationale et rédacteur en chef de la revue *Vingtième siècle*, public dans cette même revue un article intitulé « Pour une histoire de l'Europe sans adjectif ». Il y dénonce « un concept assez incantatoire, l'histoire "européenne" qui connaît fortune et

---

37. À propos de la montée en puissance de l'histoire contemporaine et en particulier du temps présent en France depuis la fin des années 1970 et du fait que l'histoire voit de plus en plus sa reconnaissance sociale liée à des enjeux contemporains, cf. HARTOG et REVEL, 2001, p. 20-21. À propos de l'importance accordée à l'étude du passé nazi et de la RDA en Allemagne, cf. KAELBLE, 1986, p. 10 ; KOTT, 2002, p. 24.
38. ROUSSELLIER, 1993, p. 75.
39. *Ibid.*, p. 78, 83 et 85.
40. Cf. ROUSSELLIER Nicolas, 1991, *L'Europe des libéraux*, Bruxelles, Complexe.
41. ROUSSELLIER, 1993, p. 77 et 86.

qui sous-tend, consciemment ou non, maintes discussions sur la part d'Europe qu'il faudrait désormais privilégier dans le travail des historiens et des professeurs d'histoire[42] ». Comme N. Roussellier, il réfute en effet l'idée d'une « histoire européenne ».

> « il n'y a pas d'histoire "européenne" parce que très rares sont les faits, les événements ou les chaînes d'événements qui, dans le cadre de l'Europe moderne et contemporaine, ont pu être qualifiés d'événements "européens". Comme l'a bien dit Nicolas Roussellier, les exemples supposés les plus probants, du "printemps des peuples" de 1848 à la querelle de la CED [Communauté européenne de défense], des étapes marquantes de la construction européenne depuis 1957 à la dislocation du bloc de l'Est depuis 1989, offrent une gerbe d'événements coïncidants mais toujours distincts, sans communion, parce qu'ils interviennent en un temps où l'État-nation fait toujours l'histoire[43] ».

J.-P. Rioux n'affirme pas lui non plus qu'il ne faut pas écrire d'histoire de l'Europe. Mais il critique celles qui remontent au Moyen Âge ou à l'Antiquité : en particulier l'ouvrage de J.-B. Duroselle *L'Europe. Histoire de ses peuples* et la collection « Faire l'Europe » de J. Le Goff[44]. Il dénonce « Une histoire téléologique en forme de supplément d'âme à la construction bruxelloise puis "maastrichtoïde" et d'hymne à la joie des Droits de l'homme, pour tout dire, dont ni la recherche ni l'enseignement ne peuvent, semble-t-il, tirer ni justification ni profit ». Selon lui, cette histoire « s'épuise à enraciner un projet exclusivement contemporain ». Il plaide en faveur d'« une histoire de l'Europe [...] qui ne torde pas la chronologie par docilité à quelque force irrépressible de l'idéal "européen"[45] ».

Toujours dans la même revue, Gérard Bossuat, spécialiste de la politique de construction européenne de la France, publie en 1999 un article intitulé « Des lieux de mémoires pour l'Europe unie ». En référence aux « travaux de Pierre Nora sur les lieux de mémoire en France comme symboles structurants de la conscience nationale française et républicaine », il s'y interroge sur les « lieux de mémoire » européens qui pourraient « fonder une identité européenne citoyenne, une loyauté envers un ensemble humain et culturel qu'on appelle l'Europe et plus particulièrement l'ensemble institutionnel de l'Union européenne[46] ». Il faut dire qu'en 1988, lors d'une conférence internationale portant sur « l'identité culturelle européenne », P. Nora avait lui-même proposé d'identifier des lieux de mémoire européens[47]. Mais G. Bossuat se montre très critique à l'égard de ses propositions

---

42. Rioux, 1996, p. 102.
43. *Ibid.*, p. 105.
44. *Ibid.*, p. 103. Il critique aussi l'*Histoire de l'Europe* en cinq volumes de S. Berstein et P. Milza parue en 1994 et 1995 à Paris chez Hatier.
45. Rioux, 1996, p. 107-108.
46. Bossuat Gérard, 1999, « Des lieux de mémoire pour l'Europe unie », *Vingtième Siècle. Revue d'histoire*, n° 61, p. 56 et 57.
47. Cf. Nora Pierre, 1988, « Les "lieux de mémoire" dans la culture européenne », *in* Jean-Pierre Angrémy (dir.), *Europe sans rivage. Symposium international sur l'identité culturelle européenne, Paris, janvier 1988*, Paris, Albin Michel, p. 38-42.

comme à l'égard des études qui cherchent à relire l'histoire pour construire une « mémoire de l'Europe ». Selon lui, « L'unité européenne ne préexiste pas à l'acte volontaire des peuples de se dire Européens. » et seule l'histoire postérieure à 1945 est propre à nourrir un « patriotisme européen », par exemple à travers la célébration de la déclaration de R. Schuman du 9 mai 1950[48].

C'est ainsi une « controverse scientifique » qui se développe : elle répond à la définition qu'en donne Y. Gingras puisqu'elle porte « sur des questions de méthodes, de faits, d'hypothèses ou de théories » et qu'elle « se [déroule] dans un espace relativement clos dans lequel on retrouve les experts du domaine[49] », en l'occurrence la revue *Vingtième siècle*. Cette revue est consacrée au siècle qui lui donne son titre. Elle est aussi dominée par l'histoire politique. L'opposition à la quête d'une « identité européenne » à travers les siècles est donc ici celle de spécialistes d'histoire politique contemporaine. Elle s'apparente à la défense de l'objet européen comme objet qui leur serait réservé.

N. Roussellier et J.-P. Rioux lancent d'ailleurs ce combat à un moment où les programmes scolaires du secondaire sont l'objet de débats en France et où se pose en particulier la question de la place qui y est réservée aux différentes époques. Des propositions de nouveaux programmes ont en effet été formulées en 1992 par un comité d'historiens et de géographes présidé par le spécialiste de la Révolution française Jean-Clément Martin – qui avait, auparavant, effectué plusieurs séjours de recherche au GEI[50]. Elles prévoyaient l'étude approfondie de l'Europe dans la longue durée en classes de Première et Terminale, alors qu'on y étudiait jusque-là le XXe siècle. Elles ont déclenché des controverses portant sur la conception de l'enseignement de l'histoire comme lieu de formation d'une conscience européenne et sur l'opportunité d'enseigner un héritage européen remontant à des temps anciens. Celles-ci ont abouti à l'adoption en 1995 de programmes plus traditionnels, conçus cette fois-ci sous la direction de deux spécialistes du XXe siècle : Serge Berstein, chercheur au Centre d'histoire de l'Europe au XXe siècle de l'IEP de Paris, et Dominique Borne, doyen de l'inspection générale d'histoire et de géographie[51]. Bien qu'ayant introduit l'idée de « patrimoine culturel, religieux et politique de l'Europe », ces programmes n'ont pas remis en cause la place centrale de l'histoire nationale[52]. C'est dans ce contexte que les articles de N. Roussellier et de J.-P. Rioux sont publiés : l'un en 1993, l'autre en 1996. Même s'ils se concentrent surtout sur la question de l'écriture d'une histoire européenne, tous deux dénoncent l'idée d'enseigner une telle histoire. Ils critiquent en particulier un ouvrage rédigé par douze historiens de différentes nationalités, qui prétend être un « euromanuel » scolaire d'histoire – le deuxième volet de l'entreprise de l'homme d'affaires F. Delouche après

---

48. Bossuat Gérard, « Des lieux de mémoire pour l'Europe unie », art. cité, p. 63-64.
49. Gingras, 2013, p. 115.
50. Lors de ces séjours dont l'objectif était d'étudier la présentation de la Révolution dans les manuels étrangers, il avait trouvé cet institut « fabuleux » (entretien avec J.-C. Martin, 2009).
51. Cf. Garcia et Leduc, 2003, p. 242-243 ; 1993, « L'Europe à l'école », *Le Débat*, 5(77), p. 157-187.
52. Borne Dominique et Berstein Serge, 1996, « Les nouveaux programmes d'histoire des lycées », *Vingtième Siècle. Revue d'histoire*, n° 49, p. 140-141.

la parution de l'ouvrage de J.-B. Duroselle *L'Europe. Histoire de ses peuples*[53]. J.-P. Rioux, qui, en tant qu'inspecteur général de l'Éducation nationale, est responsable, sous l'égide du ministère, du suivi de la politique éducative et notamment des programmes scolaires, fait même référence aux propositions de programmes finalement non retenues[54]. Quant à N. Roussellier, il publie simultanément avec l'article que nous avons cité le compte-rendu d'une journée d'étude organisée en novembre 1992 sur le thème « Enseigner-Définir-Écrire l'histoire de l'Europe ». Il y écrit notamment : « Ne convient-il pas de valider un objet et une méthode d'exposition avant d'envisager de l'enseigner, c'est-à-dire d'en rendre le savoir transmissible[55] ? »

En Allemagne, il n'y a pas de controverse comparable sur l'existence d'une « histoire européenne » au fil des siècles. Cela ne signifie pas que la quête d'une telle histoire y fasse l'unanimité, mais plutôt que les rivalités entre les spécialistes de différentes époques et de différents courants historiographiques ne se trouvent pas durcies par l'enjeu que constitue l'enseignement scolaire. Certes il y a, en particulier après la chute du Mur de Berlin et l'effondrement des régimes communistes (au niveau national et dans plusieurs *Länder*), des prises de position en faveur de programmes scolaires réservant une place significative à l'Europe, qui conduisent notamment les ministres de l'Éducation et de la Culture des différents *Länder* à réaffirmer l'importance des enseignements relatifs à cet objet[56]. Ce sont cependant surtout les didacticiens et les associations d'enseignants d'histoire qui militent en ce sens. Les historiens universitaires allemands, eux, ne sont pas impliqués dans le processus d'élaboration des programmes scolaires, du fait du rôle important joué par les didacticiens dans ce pays (Bendick et François, 2013, p. 143). Ils sont donc plus rares à participer à ces débats[57]. À partir de 1994, des professeurs d'histoire ancienne s'associent néanmoins à des didacticiens et à des représentants des enseignants pour promouvoir la place accordée à l'Antiquité dans les programmes scolaires d'histoire des *Länder* allemands en mettant en avant son importance pour la formation de l'Europe[58] : en Allemagne aussi, l'« Europe » peut être un moyen de défendre l'étude d'une époque historique. Il n'y a cependant pas, dans ce cadre, de controverse quant à la pertinence d'un enseignement d'histoire tourné vers l'Europe. Il est vrai qu'outre-Rhin, le

---

53. Cf. Roussellier, 1993, p. 84 et Rioux, 1996, p. 103 – qui critiquent Delouche Frédéric (dir.), *Histoire de l'Europe…, op. cit.*
54. Cf. Rioux, 1996, p. 103. L'Inspection générale de l'Éducation nationale n'est plus responsable de la conception des programmes depuis 1990, mais elle publie des documents qui encadrent leur mise en œuvre (Garcia et Leduc, 2003, p. 244).
55. Cf. Roussellier Nicolas, 1993, « "Faire" l'histoire de l'Europe », *Vingtième Siècle. Revue d'histoire*, n° 38, p. 107.
56. Cf. Kultusministerkonferenz, 1990, *Europa im Unterricht (Beschluß der Kultusministerkonferenz vom 8.6.1978 i.d.F. vom 7.12.1990)*.
57. Cf. les prises de position à ce sujet dans les revues d'associations d'enseignants d'histoire *Geschichte in Wissenschaft und Unterricht* et *Geschichte, Politik und ihre Didaktik* (surtout dans la première partie des années 1990).
58. Cf. Buntz Herwig, 1996, « Der Kongreß "Alte Geschichte für Europa" (Freiburg 4.-7. Oktober 1995) », *Geschichte in Wissenschaft und Unterricht*, 47, p. 132-136.

« rapport au présent » (*Gegenwartsbezug*) est considéré comme central dans cet enseignement (Bendick et François, 2013, p. 149) ; l'idée que la construction européenne et la chute du monde communiste impliquent de faire évoluer l'histoire enseignée n'est donc guère remise en question.

Malgré tout, aussi bien en Allemagne qu'en France et au sein des réseaux internationaux, la question de l'existence ou non d'une histoire européenne est l'objet de réflexions de la part de médiévistes, de modernistes et de contemporanéistes qui tentent eux-mêmes de fonder une telle histoire. Ces réflexions s'accompagnent d'un rappel des règles méthodologiques, en particulier du rejet d'une histoire téléologique qui donnerait rétrospectivement un sens au passé. Elles aboutissent souvent à un discours selon lequel l'identité européenne n'est pas univoque, mais plurielle. Outre notre citation de J. Le Goff, qui, quand il présente sa collection « Faire l'Europe », évoque l'unité et la diversité de l'Europe, les exemples ne manquent pas.

> Au sujet d'un ouvrage sur *L'héritage antique* de l'Europe, les historiens S. Berstein et Pierre Milza affirment notamment : « […] ce sont les interactions plusieurs fois millénaires entre peuples, cultures, classes et pour finir États qui ont tissé une "unité" européenne, en fait plurielle et contradictoire[59] ».

> L'Allemand Heinz-Gerhard Haupt, ancien professeur à l'IUE et spécialiste d'histoire sociale des XIXe et XXe siècles, présente ainsi un ouvrage collectif qu'il dirige et où sont identifiés des « lieux du quotidien » (*Orte des Alltags*) de la culture européenne : « Des formes de cohésion dépassant les frontières nationales sont-elles apparues au cours de l'histoire européenne depuis le Moyen Âge, au sein de lieux de commerce et de production, d'administration et de sociabilité, de formation et de consommation ? » Mais il ajoute : « Quand l'histoire de l'Europe est trop écrite comme un antécédent du présent, la variété des expériences européennes est oubliée[60]. »

Conformément à ce que décrit Y. Gingras (2013, p. 115) au sujet des controverses scientifiques, celle relative à l'existence ou non d'une « histoire européenne » au fil des siècles finit ainsi par mener à un consensus : même si l'écriture d'une telle histoire ne fait pas l'unanimité, les historiens qui travaillent sur l'Europe s'entendent sur l'idée que celle-ci est « plurielle » et sur le rejet des récits téléologiques. Il est vrai que comme dans toute controverse scientifique, « Les chercheurs en présence ont […] des formations relativement homogènes et partagent une même culture scientifique, c'est-à-dire un certain vocabulaire technique et la connaissance tacite des règles du jeu » (Gingras, 2013, p. 115). Et parmi ces règles, il en est une, commune aux chercheurs de différentes disciplines, qui veut que la poursuite d'objectifs non scientifiques (par exemple la

---

59. Berstein Serge et Milza Pierre, 1994, « Avant-propos », *in* Serge Berstein et Pierre Milza, *Histoire de l'Europe,* Paris, Hatier, vol. 1, p. 8.
60. Haupt Heinz-Gerhard, 1994, « Einleitung », *in* Heinz-Gerhard Haupt (dir.), *Orte des Alltags. Miniaturen aus der europäischen Kulturgeschichte*, Munich, Beck, p. 9 et 11 ; nous traduisons.

formation d'une Europe unie) ainsi que l'« appel à une autorité extérieure au champ [scientifique] » (en l'occurrence les différents promoteurs d'une « histoire européenne ») risquent de discréditer leur autorité scientifique, qui repose sur le jugement des pairs et est un enjeu essentiel du champ scientifique (Bourdieu, 1976, p. 91).

Dans ce cadre, le rejet ostensible des récits téléologiques et les discours sur « l'unité dans la diversité » constituent une forme de « rhétorique de la scientificité », pour reprendre les termes de P. Bourdieu (1976, p. 103). Ils permettent aux historiens qui se lancent dans l'écriture de l'histoire de l'Europe d'affirmer leur respect de la « morale professionnelle » notamment décrite par l'historien Gérard Noiriel (1990, p. 70). Car cette morale, née dans la seconde moitié du XIXe siècle en même temps que la discipline historique, a évolué depuis ; l'idée de diversité est notamment devenue la norme après les expériences d'historiographies officielles assujetties à l'idée nationale ou aux régimes totalitaires du XXe siècle (Hohls *et al.*, 2005, p. 18). C'est en grande partie en ce sens qu'il faut lire les rappels incessants de la diversité de l'Europe.

L'histoire de l'intégration européenne concurrencée par d'autres approches de l'Europe contemporaine

Comme le laisse entendre la mobilisation de contemporanéistes français qui dénoncent la quête d'une histoire européenne au fil des siècles et affirment ou sous-entendent que c'est surtout à l'époque contemporaine que les termes « histoire de l'Europe » ont un sens, la diversification des approches historiographiques de l'Europe ne concerne pas uniquement les modernistes, les médiévistes et les antiquisants. À partir de 1989, un nombre croissant d'équipes scientifiques, souvent transnationales, interrogent l'histoire de l'Europe contemporaine. Sans se contenter, comme l'AIHCE, de développer des échanges entre contemporanéistes de différents pays[61], elles font des notions d'Europe ou d'« identité européenne » un véritable objet de recherche, voire affichent la volonté de fonder une histoire « européenne » de l'époque contemporaine – sans se limiter à l'étude des CE.

Un élargissement des perspectives pour comprendre la coopération européenne

Avec l'effondrement du monde communiste et l'essor dans les débats politiques et scientifiques de la question de l'« identité européenne », les frontières géographiques de l'Europe étudiées s'élargissent : les pays non membres de l'UE

---

61. Pendant la période étudiée ici, l'AIHCE organise des colloques sur « Les opinions publiques européennes et la décolonisation après la deuxième guerre mondiale » et « Le Plan Briand d'Union fédérale européenne » dans l'Entre-deux-guerres. Cf. AIHCE, 1989-1999, *Bulletin de liaison*, n° 9-13. Il faudra cependant attendre la création par cette association de la collection « L'Europe et les Europes » en 2001 pour que soit affichée une ambition autre que le développement des échanges internationaux dans le domaine de l'histoire contemporaine – en l'occurrence celle de « Construire l'Europe » en se souvenant du passé.

sont intégrés aux recherches. Le regard se tourne en particulier vers l'Est – ce qui se manifeste notamment par des efforts pour inviter des chercheurs issus de cette partie du continent à participer à des projets internationaux. L'étude de la coopération européenne ne se focalise plus sur les CE, mais se tourne aussi vers d'autres organisations, au premier rang desquelles le Conseil de l'Europe. Et ce n'est plus seulement l'histoire postérieure à 1945 qui est l'objet d'une lecture dans une perspective européenne, mais l'ensemble du XXe, voire le XIXe siècle. L'histoire politique et institutionnelle n'est plus dominante non plus : l'histoire économique de l'Europe affirme son autonomie et les histoires sociale, culturelle et religieuse de l'Europe deviennent des domaines de spécialité à part entière. Les récits historiques qui en résulte sont moins glorieux : les guerres mondiales, l'Europe hitlérienne et le conflit Est/Ouest commencent à être l'objet de recherches et donc à être, eux aussi, érigés au rang d'« objets européens ».

Questionner l'« identité européenne » au XXe siècle pour fédérer davantage d'historiens

Même si la diversification des approches de l'histoire de l'Europe contemporaine repose en grande partie sur des chercheurs extérieurs au Groupe de liaison – qui ont justement d'autres compétences et conçoivent l'Europe différemment –, dès la fin des années 1980, le renouvellement de cette histoire est aussi porté par le premier président du Groupe de liaison lui-même : R. Girault. En 1988, alors que ce groupe a déjà tiré profit de l'ouverture des archives communautaires au public pour écrire un récit des débuts de la construction européenne jusqu'à la signature des traités de Rome en 1957, R. Girault propose d'enrichir l'approche jusque-là politico-économique du Groupe par des questionnements d'ordre socioculturel. Lors d'une réunion du Groupe qui a lieu en présence de J. Lastenouse, la responsable de « l'information universitaire » au sein de la Commission européenne, il expose un projet d'« histoire culturelle de l'Europe au XXe siècle[62] ». Il faut dire qu'en France, l'histoire des relations internationales est conçue de manière plus ouverte qu'ailleurs en Europe. Même si elle s'oppose à l'École des *Annales*, celle-ci l'a tout de même influencée (Frank, 2003, p. 43). P. Renouvin, le fondateur de l'histoire française des relations internationales, a en effet tenté de renouveler l'histoire diplomatique avec la notion de « forces profondes » : il considérait que les facteurs géographiques, démographiques et économiques ainsi que les « mentalités collectives » ne doivent pas être négligés, car ils ont une influence sur l'action des diplomates. Si tous les historiens français des relations internationales n'adhèrent pas avec la même intensité à cette forme de « socio-histoire des relations internationales » (Frank, 2003, p. 48), R. Girault fait partie de ceux qui partagent largement cette perspective (cf. encadré 12).

---

62. Cf. le *Procès-verbal de la réunion du 16 juin 1988...*, cité.

> **Encadré 12. René Girault, un historien des relations internationales attentif aux « mentalités » qui a bâti sa carrière sur l'étude de l'Europe**
>
> Professeur à l'université Paris 10 Nanterre à partir de 1973, puis à l'université Paris 1 Panthéon-Sorbonne où il succède à J.-B. Duroselle en 1983, R. Girault a commencé sa carrière professionnelle en enseignant l'histoire et la géographie au lycée pendant près de dix ans – ce qui lui a valu d'être chargé en 1982 d'un rapport sur cet enseignement[1].
>
> Après avoir soutenu en 1971 une thèse sur *Les relations économiques et financières entre la France et la Russie de 1887 à 1914*[2], il élargit son terrain de recherche à l'Europe. Dans un premier temps, il est fidèle à la vision traditionnelle de l'Europe comme somme d'États. Il questionne le poids de l'économie dans les relations internationales et travaille sur l'impérialisme (questions qui montrent l'influence du marxisme en France, y compris sur les historiens des relations internationales[3]). Puis il fonde en 1980 le programme de recherche international sur les puissances européennes et enseigne comme professeur invité à l'IUE[4]. À partir de la création en 1982 du Groupe de liaison, dont il devient le premier président, il se tourne vers l'étude de l'intégration européenne.
>
> Dans le milieu relativement conservateur de l'histoire diplomatique et des relations internationales, R. Girault est plutôt proche du Parti socialiste (Varsori, 2010, p. 10). Ancien étudiant de P. Renouvin, il « considère que l'histoire économique est, à bien des égards, inséparable de l'histoire des mentalités : ses études de milieux d'affaires sont aussi des analyses de la formation [des] décideurs, de leurs perceptions, de leur culture » (Frank, 1998, p. 11). Le programme international de recherche qu'il a fondé en 1980 a ainsi pour objet de recherche la « perception » des puissances étatiques en Europe[5]. En tentant d'intégrer cette sensibilité intellectuelle à l'étude de l'intégration européenne, il donne un nouveau tournant à sa carrière scientifique – et à l'histoire de l'intégration telle qu'elle était pensée jusque-là.
>
> ---
> 1. Cf. Frank Robert, « Hommage à René Girault », cité ; Garcia et Leduc, 2003, p. 240.
> 2. Girault René, *Les relations économiques et financières entre la France et la Russie de 1887 à 1914*, op. cit.
> 3. Cf. Frank, 1998, p. 10 ; Girault René, *Diplomatie européenne et impérialismes…, op. cit.*
> 4. Cf. Frank Robert, « Hommage à René Girault », cité ; IUE, 1982-1983, *Tätigkeitsbericht*, n° 5-6, Florence, IUE.
> 5. Cf. aussi Girault René, *Diplomatie européenne et impérialisme…, op. cit.*, où, suivant P. Renouvin, il s'intéresse aux « forces profondes ».

Sa proposition de questionner les aspects culturels de l'intégration communautaire repose tout d'abord sur une volonté d'étudier l'« arrière-plan culturel » de la politique d'intégration, qu'il définit comme un « univers mental conditionné par plusieurs facteurs déterminants » (l'histoire récente, l'éducation scolaire, les pratiques religieuses, les habitudes de pensée) qui imprègnent selon lui les actions des « décideurs ». Mais R. Girault s'intéresse aussi à l'opinion des populations[63]. Son projet implique d'inviter des historiens spécialistes du

---
63. Cf. un article publié en 1989 et réédité en 1998 : Girault René, 1998, " "L'arrière-plan culturel" de la politique française d'intégration européenne (1989) », *in* René Girault (recueil de textes), *Être historien des relations internationales*, Paris, Publications de la Sorbonne, p. 341-409 et en particulier p. 392-393.

XXᵉ siècle issus d'autres courants que celui de l'histoire des relations internationales, en particulier des spécialistes d'histoire sociale. Le politiste Bastien François (1990, p. 98) – qui a étudié le cas du droit constitutionnel et de ses relations avec la science politique au début de la Vᵉ République – nomme « coups de force savants » ce type de tentatives d'incorporation dans un domaine de recherche donné de problématiques qui lui sont étrangères. Si des chercheurs peuvent ainsi espérer élargir leur espace de légitimité et ne pas subir passivement l'essor de domaines de recherche concurrents, ces tentatives risquent de « dévaloriser un capital symbolique d'autorité [...] en incorporant des éléments "impurs" ou pas assez contrôlés, et de porter ainsi atteinte à leur crédibilité » (François, 1990, p. 94). Les autres membres du Groupe de liaison réagissent effectivement de manière critique et défensive :

> « Face à un projet aussi intéressant mais tellement énorme qu'il en devient "un monstre" (A. Milward), il convient sans doute d'opérer une sélection (K. Schwabe) même si, paradoxalement, certains thèmes [ont] été oubliés comme celui des migrations (Mᵐᵉ Lastenouse, M. Dumoulin). En outre, le projet exige, d'une part, "la plus large recherche méthodologique possible" (R. Poidevin) et, d'autre part, des moyens financiers énormes (A. S. Milward[64]). »

La question de la forme que pourrait prendre cette recherche est posée. Le Groupe « considère le thème comme mobilisateur », mais refuse de « concentre[r] tous ses efforts sur [ce] projet » et d'y consacrer son prochain colloque. J. Lastenouse et les membres du Groupe sont également réticents à l'idée de lui attribuer des subventions : « il est entendu que l'élaboration d'un budget n'est et ne sera [...] possible qu'en fonction des résultats du travail de défrichement[65] ».

Malgré cet accueil frileux, R. Girault va réunir dès l'année suivante, en 1989, une vingtaine d'historiens (certains membres du Groupe de liaison, d'autres non) pour fonder des groupes de travail dédiés à des thèmes de recherche relatifs à la construction d'une « identité » et d'une « conscience » européenne au XXᵉ siècle (cf. tableau 4). Deux d'entre eux, la Britannique Anne Deighton et l'Italien A. Varsori, deviennent membres du Groupe de liaison peu de temps après leur insertion dans ce réseau. La première, spécialiste de la guerre froide et de la politique extérieure britannique, remplace D. C. Watt au sein du Groupe en 1991. Le second, dont les recherches portent sur les relations entre l'intégration européenne et l'Organisation du traité de l'Atlantique nord (OTAN), y remplace E. Serra en 1992[66].

---

64. *Procès-verbal de la réunion du 16 juin 1988...*, cité, p. 2.
65. *Ibid.*
66. Cf. leur *curricula vitae* : 1ᵉʳ octobre 2008, [http://www.politics.ox.ac.uk/about/staff/staff.asp?action=show&person=24&special], consulté le 13 août 2009 ; 1ᵉʳ novembre 2009, [http://www.dsi.unipd.it/docenti/curvarsori.htm], consulté le 7 août 2012.

Tableau 4. – le réseau de recherche sur l'identité et la conscience européennes au XXe siècle (première phase, 1989-1994)*

Groupes de recherche	Noms des responsables	Institutions de rattachement	Pays
Groupes codirigés par un membre du groupe de liaison			
Identification et structuration de l'Europe à travers les institutions	TRAUSCH Gilbert	Maison Robert Schuman, Luxembourg	Luxembourg
	LOTH Wilfried	Université d'Essen	Allemagne
Élites politiques et identité européenne	DEIGHTON Anne	Saint-Antony's College, Oxford	Royaume-Uni
	GRUNER Wolf D.	Université de Hambourg	Allemagne
Cercles et milieux économiques et conscience européenne	DUMOULIN Michel	Université catholique de Louvain	Belgique
	BUSSIÈRE Éric	Université Paris-Sorbonne (Paris 4)	France
Marges maritimes et identité européenne	VARSORI Antonio	Université de Florence	Italie
	WARNER Geoffrey	Université de Birmingham	Royaume-Uni
Autres groupes			
Société européenne, comportements sociaux et conscience européenne	KAELBLE Hartmut	Université Humboldt, Berlin	Allemagne
	CROSSICK Geoffrey	Université d'Essex	Royaume-Uni
Élites intellectuelles et culturelles et conscience européenne	ESPADAS-BURGOS Manuel	Conseil supérieur de la recherche scientifique, Madrid	Espagne
	BACHOUD Andrée	Université Paris-Diderot (Paris 7)	France
Le rôle des guerres dans la prise de conscience d'une identité européenne	FRANK Robert	IHTP, Paris	France
	FLEURY Antoine	Université de Genève	Suisse
Les régions frontières comme creuset de l'identification européenne	HUDEMANN Rainer	Université de la Sarre	Allemagne
	VOLDMAN Danièle	IHTP, Paris	France
Les migrants et la conscience européenne	MILZA Pierre	IEP, Paris	France
	CUESTA Josefina	Université de Salamanque	Espagne
Culture de masse et conscience européenne	DI NOLFO Ennio	Université de Florence	Italie

* Cf. GIRAULT René (dir.), *Identité et conscience européennes au XXe siècle, op. cit.*, p. 225-226.

Les quatre groupes thématiques dirigés ou codirigés par des membres du Groupe de liaison privilégient l'étude des relations internationales, des institutions et des élites politiques et économiques : finalement, les objets de recherche de prédilection du Groupe depuis sa création[67]. Les six autres groupes, coordonnés par des historiens extérieurs au Groupe de liaison, se penchent sur de nouveaux objets d'étude. Certes, plusieurs de leurs coordinateurs sont eux aussi spécialistes d'histoire politique ou des relations internationales. Trois d'entre eux ont même déjà travaillé étroitement avec des membres du Groupe de liaison : l'Italien E. Di Nolfo et le Français Robert Frank ont animé et animeront encore jusqu'en 1992 le programme de recherche sur la perception de la puissance en Europe avec R. Girault ; quant au Suisse Antoine Fleury, il a participé à deux colloques organisés par le Groupe de liaison au cours des années 1980[68]. Les groupes qu'ils dirigent sont néanmoins dédiés à des objets plus éloignés du processus politique de construction européenne que ceux coordonnés par des membres du Groupe de liaison. Surtout, d'autres groupes de travail sont également créés par d'autres historiens. La création au sein de ce nouveau réseau d'un groupe thématique intitulé « Société européenne, comportements sociaux et conscience européenne » par l'Ouest-Allemand H. Kaelble, secondé par le Britannique Geoffrey Crossick, est particulièrement marquante. Tous deux sont spécialistes d'histoire économique et sociale et s'intéressent à l'Europe. G. Crossick a codirigé un ouvrage sur les commerçants et les maîtres-artisans dans l'Europe du XIXe siècle[69]. Quant à H. Kaelble, il fait figure de spécialiste de l'Europe grâce à ses séjours de recherche à l'étranger et à ses publications (cf. encadré 13).

En invitant ces historiens qui privilégient des perspectives de recherche différentes des siennes à animer des groupes de travail au sein de ce réseau, R. Girault fait preuve d'une volonté de fédérer l'ensemble des chercheurs travaillant sur l'histoire contemporaine de l'Europe, toutes spécialités confondues : « [Son] but primordial est de créer une Europe des historiens […][70]. » Alors que G. Bock, professeure à l'IUE de 1985 à 1989, est la seule femme que nous ayons rencontrée dans notre étude jusqu'à présent et que la question de l'Europe n'était pas essentielle dans ses travaux – tout du moins avant la création d'un axe de recherche consacré à l'histoire culturelle de l'Europe l'année de son départ –, la présence de plusieurs femmes à la tête de ces groupes de travail peut même nous inciter à préciser que c'est une Europe des historiens et des historiennes qui émerge alors.

---

67. Même si l'existence de facteurs religieux, culturels et sociaux influençant l'« identité européenne » est évoquée dans le cadre du groupe d'A. Varsori intitulé « Marges maritimes et identité européenne », celui-ci se concentre sur les relations politiques entre les pays de l'UE et des pays extra-européens. Cf. VARSORI Antonio, « Les mers, frontières de l'Europe et leur rôle dans la formation de l'identité européenne », in René GIRAULT (dir.), *Identité et conscience européennes au XXe siècle, op. cit.*, p. 157-167.
68. Cf. POIDEVIN Raymond (dir.), *Histoire des débuts de la construction européenne…, op. cit.*, p. 459 ; SERRA Enrico (dir.), *Il rilancio dell'Europa e i trattati di Roma…, op. cit.*, p. 703.
69. Cf. CROSSICK Geoffrey et HAUPT Heinz-Gerhard (dir.), 1984, *Shopkeepers and Master Artisans in Nineteenth-Century Europe*, Londres, Methuen.
70. *Compte rendu de la réunion tenue à Bruxelles le lundi 12 février 1990 à la Commission des Communautés Européennes*, BDIC, Fonds R. Girault, Chemise F delta 1777/3/9, p. 2.

> **Encadré 13. Hartmut Kaelble, spécialiste d'histoire sociale
> de l'Europe dès la fin des années 1980**
>
> Après une thèse sur l'Association des industriels allemands et un mémoire d'habilitation sur les entrepreneurs berlinois, H. Kaelble est devenu professeur d'histoire économique et sociale contemporaine à l'Université libre de Berlin en 1971. Il a alors effectué plusieurs séjours de recherche à l'étranger : aux États-Unis (en tant que chercheur en études ouest-européennes), au Royaume-Uni, aux Pays-Bas et surtout en France, où il a effectué trois séjours au sein de la MSH (en 1978-1979, en 1985 et en 1987). De ces séjours, il a tiré un ouvrage, publié en 1987, consacré à l'histoire sociale de l'Europe de l'Ouest entre 1880 et 1980[1]. En étudiant les convergences des pays ouest-européens (y compris non membres des CE), notamment en ce qui concerne la famille, le travail, l'éducation et les politiques sociales, il y est passé d'une analyse comparée à un questionnement sur la « société européenne ». Alors qu'en histoire sociale, la question de l'Europe a donné lieu à très peu de travaux jusque-là, cet ouvrage fait de lui un spécialiste dans ce domaine. Malgré sa perspective de recherche éloignée de celle du Groupe de liaison, quand R. Girault lui propose d'animer un groupe de travail au sein de son réseau sur l'« identité européenne », il a déjà assisté (en 1986) à un colloque du Groupe organisé en Allemagne au sujet des débuts du plan Schuman, sans prendre la parole néanmoins[2].
>
> H. Kaelble deviendra par la suite Professeur d'histoire sociale à l'université Humboldt en 1991. Il participera à la création en 1998 d'un Centre d'histoire comparée de l'Europe (le ZVGE) et enseignera aussi au Collège d'Europe à partir de 2004[3].
>
> ---
> 1. Cf. KAELBLE Hartmut, 1987, *Auf dem Weg zu einer europäischen Gesellschaft. Eine Sozialgeschichte Westeuropas : 1880-1980*, Munich, Beck.
> 2. Cf. SCHWABE Klaus (dir.), *Die Anfänge des Schuman-Plans…, op. cit.*, p. 455.
> 3. Cf. le *curriculum vitae* de H. Kaelble, cité.

La volonté de favoriser les échanges internationaux va tout d'abord se concrétiser par des colloques propres à chaque groupe de travail. Puis, en novembre 1993, une conférence va réunir l'ensemble de ces groupes (soit une centaine de participants), qui présentent chacun le résultat de leurs recherches[71]. Après le départ de R. Girault à la retraite en 1994[72], deux de ses collaborateurs reprennent la direction de ce réseau en 1995 pour une seconde phase de recherches : R. Frank, jusque-là responsable d'un groupe de recherche au sein de ce réseau, et G. Bossuat, spécialiste de la politique d'intégration européenne de la France ayant écrit sa thèse sous la direction de R. Girault (cf. tableau 5, page suivante). Les groupes thématiques sont alors réorganisés. Parmi les nouveaux coordinateurs de groupes, on compte de nouveau des historiens et des historiennes dont les travaux relèvent d'une histoire politico-institutionnelle – en particulier les Françaises Marie-Thérèse Bitsch, spécialiste d'histoire institutionnelle (notamment du Conseil de l'Europe), proche du Groupe de liaison et en particulier de R. Poidevin, et Élisabeth du Réau, spécialiste d'histoire politique

---
71. Cf. GIRAULT René (dir.), *Identité et conscience européennes au XXᵉ siècle, op. cit.*
72. Cf. FRANK Robert, « Hommage à René Girault », cité.

qui a écrit sa thèse sous la direction de J.-B. Duroselle[73]. On compte cependant aussi des spécialistes d'autres domaines – parmi les Français, Nicole Racine et Michel Trebitsch pour l'histoire intellectuelle et Jean-Dominique Durand pour l'histoire religieuse[74].

Tableau 5. – le réseau de recherche sur les identités européennes au XXe siècle (seconde phase, 1995-1999)*.

Groupes de recherche	Noms des responsables	Institutions de rattachement	Pays
Groupes codirigés par un membre du groupe de liaison			
Les institutions européennes : intérêt national et supranational	BITSCH Marie-Thérèse	Université Strasbourg 3	France
	LOTH Wilfried	Université d'Essen	Allemagne
Les élites politiques et les opinions publiques	Du RÉAU Élisabeth	Université Paris Sorbonne Nouvelle (Paris 3)	France
	DEIGHTON Anne	Wolfson College, Oxford	Royaume-Uni
Les cercles et milieux économiques des années vingt aux années soixante	DUMOULIN Michel	Université catholique de Louvain	Belgique
	BUSSIÈRE Éric	Université Paris-Sorbonne (Paris 4)	France
L'Europe, ses marges et les autres	VARSORI Antonio	Université de Florence	Italie
	PETRICIOLI Marta	Université de Florence	Italie
Rôle et place des petits pays en Europe (nouveau groupe)	TRAUSCH Gilbert	Centre d'études et de recherches européennes Robert Schuman, Luxembourg	Luxembourg
Autres groupes			
La « société européenne » après la Seconde Guerre mondiale	KAELBLE Hartmut	Université Humboldt, Berlin	Allemagne
	PASSERINI Luisa	IUE, Florence	Italie
Élites intellectuelles, politique culturelle, perception de l'Europe	BACHOUD Andrée	Université Paris-Diderot (Paris 7)	France
	CUESTA Josefina	Université de Salamanque	Espagne
	RACINE Nicole	Fondation nationale de Sciences politiques, Paris	France
	TREBITSCH Michel	IHTP, Paris	France

---

73. Cf. SCHIRMANN, 2009, p. 15 ; la notice consacrée à É. du Réau dans DUCHENNE Geneviève et DUMOULIN Michel (dir.), 1999, « Répertoire des chercheurs et de la recherche en histoire de la construction européenne », *Historiens de l'Europe contemporaine*, 12-13, p. 65-66. Ces deux historiennes contribuaient déjà auparavant aux activités des groupes dont elles prennent à présent la direction. Cf. GIRAULT René (dir.), *Identité et conscience européennes au XXe siècle, op. cit.*, p. 229.
74. Aucun nouvel historien allemand ne rejoint le réseau.

La mémoire des guerres dans l'identité européenne	FLEURY Antoine	Université de Genève	Suisse
	FÜLOP Michel	Université de Budapest	Hongrie
Les phénomènes religieux et l'identification européenne (nouveau groupe)	CANAVERO Alfredo	Université de Milan	Italie
	DURAND Jean-Dominique	Université Lyon 2	France
Les historiens de l'Europe et l'Europe des historiens (nouveau groupe créé en 1997[1])	VIGEZZI Brunello	Université de Milan	Italie
	BENZONI Maria Matilde	Université de Milan	Italie

* Cf. FRANK Robert (dir.), 2004, *Les identités européennes au XXe siècle. Diversités, convergences et solidarités*, Paris, Publications de la Sorbonne, p. 12.
1. Cf. VIGEZZI, 2004, p. 169-170.

Les études menées pendant la première comme la seconde phase de travail proposent une vision élargie de l'intégration européenne. Tout d'abord, elles ne se limitent pas à une histoire politique, institutionnelle et économique : elles intègrent des questionnements issus de l'histoire sociale, mais aussi de l'histoire culturelle et religieuse. De manière étroitement liée, elles ne portent pas uniquement sur les élites politiques et économiques, mais aussi sur les élites intellectuelles, les « masses » et les migrants. Des chercheurs d'autres disciplines telles que la sociologie, l'histoire de l'art ou la géographie participent même aux travaux de certains groupes[75]. Ensuite, elles ne se limitent pas à la période postérieure à 1945, mais étudient le XXe siècle dans son entier. Enfin, elles tentent de dépasser les frontières de l'UE.

En ce qui concerne ce dernier point, cette ouverture reste encore timide lors de la première phase d'activité du réseau qui débute avant les événements de 1989-1991 : le Suisse A. Fleury coordonne certes un groupe de travail, mais les recherches se concentrent sur l'Europe de l'Ouest[76], voire sur le processus de construction européenne en ce qui concerne les ateliers animés par des membres du Groupe de liaison. Même si R. Girault projette dès 1990 d'inviter des historiens de l'Est dans le cadre d'un colloque qui porterait sur « L'intégration de l'Europe avant sa division »[77], lors du colloque final en 1993, seuls sept chercheurs viennent de pays n'appartenant pas à l'UE[78]. C'est en 1995, lors de la réorganisation du réseau pour sa seconde phase, consacrée aux identités européennes au pluriel, que des historiens de l'Est le rejoignent activement. Le Hongrois Mihaly

---

75. C'est le cas dans le groupe de travail sur les espaces frontaliers dirigé par R. Hudemann et D. Voldman. Cf. GIRAULT René, 20 mars 1991, *Correspondance* (à Mᵐᵉ Lastenouse), Paris, BDIC, Fonds R. Girault, Chemise F delta 1777/3/3.
76. En 1993, R. Girault participe à un colloque sur la question des « *Regards croisés* » entre l'Est et l'Ouest de l'Europe : cf. RÉAU Élisabeth du (dir.), 1996, *Regards croisés et coopération en Europe au XXe siècle,* Paris, Presses de la Sorbonne nouvelle. Si A. Deighton recense celui-ci parmi les manifestations de ce réseau, il ne relève pourtant d'aucun des groupes de travail et l'acte de ce colloque cité ci-dessus n'en fait aucune mention.
77. Cf. *Compte rendu de la réunion tenue à Bruxelles le lundi 12 février 1990*, cité, p. 3.
78. Cf. ROUSSELLIER Nicolas, 1994, « Vers une conscience et une identité européenne ? », *Vingtième Siècle. Revue d'histoire*, 42(1), p. 106-108 et p. 107. Il s'agit d'un Américain, d'un Estonien, d'un Finlandais, d'un Hongrois, de deux Japonais et d'un Russe. Cf. GIRAULT René (dir.), *Identité et conscience européennes au XXe siècle, op. cit.*, p. 229-230.

Fülop codirige en particulier le groupe de travail sur la « mémoire des guerres ». Plus globalement, en ce qui concerne les chercheurs participant aux activités des différents groupes, alors que dans sa première phase, entre 1989 et 1994, le réseau comptait 120 chercheurs de 8 nationalités différentes, dans sa seconde phase, entre 1995 et 1999, il en compte 180 de 15 nationalités différentes[79]. Et surtout, l'Europe centrale, « L'Est européen », la guerre froide, le Conseil de l'Europe et notamment son élargissement à l'Est sont à présent l'objet d'études, dans le cadre des groupes de travail coordonnés par des membres du Groupe de liaison aussi bien que dans le cadre de ceux coordonnés par des historiens extérieurs à ce groupe[80]. Néanmoins, il faut préciser que les membres du Groupe de liaison impliqués dans ce réseau ne se lancent pas eux-mêmes dans l'étude de l'Europe de l'Est : ils invitent plutôt des spécialistes de cet espace à intervenir lors de colloques qu'ils organisent.

Cet élargissement des perspectives de recherche différencie ce nouveau réseau du Groupe de liaison – qui, nous y reviendrons bientôt, continue à privilégier une approche politico-institutionnelle. Les fils directeurs choisis, ceux de l'identité et de la conscience européenne, sont d'ailleurs en soi révélateurs d'un tournant dans la recherche sur l'histoire de l'Europe : ils reflètent bien les débats de l'époque, mais s'éloignent des préoccupations traditionnelles du Groupe de liaison. On peut également noter qu'à l'inverse de celui-ci, le réseau de recherche sur l'identité européenne a non seulement pour ambition d'éclairer les responsables politiques, mais aussi les médias et les citoyens : en somme, « un vaste public[81] ».

Ce nouveau réseau bénéficie finalement du soutien de nombreuses universités et de plusieurs acteurs politiques : non seulement celui de ministères, en particulier français et allemands, mais aussi, malgré les réticences exprimées par J. Lastenouse lorsque R. Girault avait exposé son projet, celui de la Commission européenne[82]. Cependant, les subventions qu'il reçoit de la Commission sont distinctes de celles du Groupe de liaison, qui entend conserver son autonomie et sa relation privilégiée avec cette institution. Et surtout, celle-ci ne finance que quelques-unes des actions de ce nouveau réseau : la conférence de clôture de sa première phase d'activité en 1993 ainsi que quatre manifestations organisées par des groupes de travail thématiques (deux colloques du groupe spécialisé sur

---

79. Cf. FRANK Robert, « Introduction », *in* Robert FRANK (dir.), *Les identités européennes au xxe siècle...*, *op. cit.*, p. 8.
80. Cf. en particulier l'ouvrage qui revient sur les activités du réseau durant sa deuxième phase : FRANK Robert (dir.), *Les identités européennes au xxe siècle...*, *op. cit.*
81. GIRAULT René, 1993, « Introduction. L'Europe des Européens au xxe siècle », *in* Gérard BOSSUAT, René GIRAULT (dir.), *Les Europe des Européens*, Paris, Publications de la Sorbonne, p. 8.
82. Cf. le *Compte rendu de la réunion tenue à Bruxelles le lundi 12 février 1990*, cité, p. 3 ; GIRAULT René, 28 novembre 1990, *Projet de recherche « Vers une conscience et une identité européenne au xxe siècle ». Circulaire n° 2. Correspondance de René Girault (secrétaire général) adressée aux 9 responsables des groupes de travail*, BDIC, Fonds R. Girault, Chemise F delta 1777/3/3. Celui-ci évoque le soutien de ministères des Affaires étrangères, des Affaires européennes, de l'Éducation ou de la Recherche selon les pays, sans préciser chacun d'entre eux. Signe également de l'intérêt politique pour cette entreprise, la conférence de novembre 1993 a lieu à Paris « sous les hauts patronages de M. le Président de la République et M. le Président du Sénat ». Cf. GIRAULT René (dir.), *Identité et conscience européennes au xxe siècle*, *op. cit.*, p. 7 et 9.

les milieux économiques, un colloque du groupe spécialisé sur les institutions européennes et une manifestation organisée par le groupe de travail sur les élites intellectuelles portant notamment sur les politiques culturelles européennes). En revanche, la Commission ne s'associe pas aux activités des autres groupes de travail. Le nouvel ouvrage de H. Kaelble sur les sociétés européennes et celui de G. Trausch sur *Le rôle et la place des petits pays en Europe au XXe siècle*[83] vont même être publiés avec du retard du fait de difficultés financières. La Commission ne soutient pas non plus le colloque du groupe spécialisé sur les milieux économiques consacré à l'Europe centrale, ni celui du groupe spécialisé sur les institutions européennes consacré au Conseil de l'Europe. En somme, ce ne sont pas tant les orientations de recherche introduites par ce nouveau réseau qui séduisent la Commission que la poursuite en son sein de recherches traditionnelles sur la construction européenne[84].

Quoi qu'il en soit, la naissance de ce réseau marque l'institutionnalisation d'une histoire contemporaine de l'Europe entendue dans un sens plus large que jusque-là. Si quelques auteurs avaient déjà publié des ouvrages sur l'histoire de l'Europe au XXe siècle ne se limitant pas à l'étude de la construction européenne – nous avons en particulier cité les travaux d'H. Kaelble –, il encourage ce type de travaux, leur offre de la visibilité et « européanise » la recherche dans ce domaine grâce à l'organisation de rencontres internationales. En quelque sorte, sa création correspond, pour l'histoire contemporaine de l'Europe, à ce qu'a été la création de l'IUE ou du Groupe de liaison pour l'histoire de l'intégration européenne.

De même que nous avons noté le rôle du Groupe de recherche sur les transferts franco-allemands aux XVIIIe et XIXe siècles et du dialogue entre la MSH, le MPIG et la MHFA pour le développement des recherches sur l'histoire de l'Europe au fil des siècles et sur les échanges intra-européens, il convient de noter ici le rapprochement préalable entre des historiens français et allemands spécialistes du XIXe et du XXe siècle. Dans le domaine de l'histoire politique, un « Comité franco-allemand sur l'histoire de la France et de l'Allemagne aux XIXe et XXe siècles » a en effet été créé en 1986. Rainer Hudemann (qui coordonne

---

83. KAELBLE Hartmut (dir.), 2004, *The European way. European societies during the nineteenth and twentieth centuries*, New York, Berghahn Books ; TRAUSCH Gilbert (dir.), 2005, *Le rôle et la place des petits pays en Europe au XXe siècle*, Bruxelles, Bruylant.
84. Parmi les publications du réseau dont la liste est publiée dans DEIGHTON Anne (dir.), 1995, *Building postwar Europe. National Decision-makers and European Institutions, 1948-1963*, New York, St Martin's Press, p. XI-XII et FRANK Robert (dir.), *Les identités européennes au XXe siècle…*, op. cit., p. 193, seuls les ouvrages suivants incluent des remerciements à l'égard de la Commission européenne : GIRAULT René (dir.), *Identité et conscience européennes au XXe siècle, op. cit.* ; DUMOULIN Michel, GIRAULT René et TRAUSCH Gilbert (dir.), 1993, *L'Europe du patronat : de la guerre froide aux années soixante. Actes du colloque de Louvain-la-Neuve des 10 et 11 mai 1990*, Berne, Peter Lang ; BUSSIÈRE Éric et DUMOULIN Michel (dir.), 1998, *Milieux économiques et intégration européenne en Europe occidentale au XXe siècle*, Arras, Artois presses université ; BITSCH Marie-Thérèse, LOTH Wilfried et POIDEVIN Raymond (dir.), 1998, *Institutions européennes et identités européennes*, Bruxelles, Bruylant ; BACHOUD Andrée, CUESTA Josefina et TREBITSCH Michel (dir.), 2000, *Les intellectuels et l'Europe de 1945 à nos jours*, Paris, Publications universitaires Denis Diderot. Même s'il ne figure pas dans ces listes, l'ouvrage de TRAUSCH Gilbert (dir.), *Le rôle et la place des petits pays en Europe au XXe siècle, op. cit.*, relève bien de ce réseau.

l'un des groupes de travail du réseau de R. Girault) y a dirigé un groupe thématique sur les questions d'urbanisme. Dans le domaine de l'histoire sociale, des rencontres sont organisées, depuis 1986 également, par les Français Patrick Fridenson et Yves Lequin et les Allemands H.-G. Haupt et H. Kaelble. Or ce dernier dirige lui aussi l'un des groupes de travail du réseau de R. Girault[85]. Ces échanges scientifiques jouent sans aucun doute un rôle important dans la mise en place d'un réseau européen de recherche sur l'histoire contemporaine de l'Europe. Rappelons que celui-ci est dominé par les Français et les Allemands, qui codirigent la grande majorité de ses groupes de travail. Certes, cette prédominance est en partie liée à leur conviction que le « franco-allemand » peut et même doit servir de tremplin à l'écriture d'une histoire européenne ; H. Kaelble écrit notamment : « Une histoire de l'Europe qui n'est pas qu'une simple juxtaposition d'histoires nationales [...] ne peut être écrite sans une coopération étroite des historiens français et allemands[86]. » Mais elle est aussi liée au fait que ces chercheurs français et allemands, notamment R. Hudemann et H. Kaelble, disposent de ressources (d'un capital international et en particulier d'un réseau international de relations) qui facilitent leur intégration au sein du nouveau programme de recherche sur l'identité européenne.

En France et en Allemagne, les pistes de recherche de ce réseau vont d'ailleurs pouvoir être largement diffusées grâce au rôle essentiel qu'y jouent des historiens de ces deux pays. Du fait de sa direction française (par R. Girault, puis par R. Frank et G. Bossuat), c'est en France que ses ouvrages majeurs sont publiés[87]. En Allemagne, H. Kaelble organise dès 1990 (quelques jours avant la réunification) une section de travail sur l'identité européenne et les spécificités sociales de l'Europe au XXe siècle dans le cadre du trente-huitième congrès bisannuel des historiens allemands (les *Historikertage*) portant cette année-là sur le thème des « identités » dans l'histoire[88]. Il y plaide pour l'écriture d'une histoire sociale de la « conscience européenne » qui ne se limite pas à l'histoire des idées politiques, mais s'interroge sur l'Europe « vécue ». R. Girault y est invité à présenter les travaux du réseau qu'il a fondé. En 1992, lors du congrès suivant ayant pour thème « L'Europe – unité et diversité » (*Europa – Einheit und Vielheit*), R. Hudemann et K. Schwabe ripostent en organisant deux sections sur l'intégration européenne après 1945, tentant ainsi de réaffirmer le caractère essentiel de ce domaine de recherche. Bien que H. Kaelble y soit invité, ces deux sections privilégient l'histoire institutionnelle et politique[89]. Ainsi, les tensions qui divisent l'équipe de recherche mise en place par R. Girault et découlent de

---

85. Cf. BRUHNS, 1992, p. 202-203 et 205.
86. KAELBLE Hartmut, 1995, « Témoignages étrangers. Allemagne », *in* François BÉDARIDA (dir.), *L'histoire et le métier d'historien en France 1945-1995*, Paris, MSH, p. 406-407.
87. Cf. GIRAULT René (dir.), *Identité et conscience européennes au XXe siècle, op. cit.* ; FRANK Robert (dir.), *Les identités européennes au XXe siècle..., op. cit.*
88. Cf. SCHULZE Winfried, 1991, « Einleitung », *in* Wolfgang SCHMALE (dir.), *Bericht über die 38. Versammlung Deutscher Historiker in Bochum: 26. bis 29. September 1990*, Stuttgart, Klett Schulbuchverlage, p. 6.
89. Cf. HUDEMANN Rainer, KAELBLE Hartmut et SCHWABE Klaus (dir.), 1995, *Europa im Blick der Historiker*, Munich, Oldenbourg ; BERG Dieter, 1994, « Einleitung », *in* Raphaela AVERKORN, *Bericht über die 39.*

l'affirmation d'une histoire élargie de l'Europe du XXe siècle venant concurrencer l'histoire de l'intégration européenne existent aussi au niveau national. Elles persistent malgré les tentatives, en particulier celle de R. Girault, de concilier ces deux perspectives.

L'essor des histoires économiques, sociales et culturelles de l'Europe contemporaine

Le réseau de recherche sur l'identité européenne sera particulièrement reconnu grâce à sa visibilité obtenue par le soutien, même partiel, de la Commission européenne, au large éventail de ses objets de recherche et à sa longévité. L'élargissement des approches, des périodes étudiées et des historiens impliqués qu'il propose est cependant le fait de nombreuses recherches sur l'histoire de l'Europe lancées à partir de la fin des années 1980. Celles-ci bénéficient du soutien de plusieurs organismes, notamment l'IUE, l'ESF et le ministère français de la Recherche.

À l'IUE, des recherches en histoire contemporaine ayant d'autres objets que l'intégration européenne avaient déjà été menées plus tôt. Qu'elles étudient les grandes entreprises ouest-européennes, les politiques démographiques ou l'anti-américanisme en Europe, nous avons cependant souligné dans notre premier chapitre qu'elles ne se focalisaient pas sur la notion d'Europe. C'est quelques années après l'apparition d'un axe de recherche sur l'« Histoire culturelle de l'Europe du XVIe au XXe siècle » que se développent véritablement des études questionnant cette notion à l'époque contemporaine. Recrutée à l'IUE en 1994, l'historienne italienne Luisa Passerini y lance un projet sur l'« européanité et l'amour » de la fin du XIXe siècle jusqu'aux années 1940 ; celui-ci a pour objectif d'étudier le mythe d'un « amour européen » et de mettre ainsi en lumière l'existence d'un « eurocentrisme ». Le Tchèque Miroslav Hroch, premier professeur issu de l'Est de l'Europe au sein du département d'histoire de l'IUE, lance quant à lui en 1996 un projet sur l'identification de l'Europe centrale et de l'Est à l'Europe au XIXe siècle. Ces recherches sont lancées après l'arrivée en janvier 1994 de l'Irlandais Patrick Masterson à la tête de l'IUE. Professeur de philosophie, celui-ci est un universitaire et non pas un homme de la Commission européenne comme son prédécesseur É. Noël, qui favorisait les études sur l'intégration communautaire mais quitte l'IUE à l'âge de 70 ans[90].

En ce qui concerne l'ESF, deux réseaux financés durant cette période témoignent d'un intérêt nouveau pour l'histoire de l'Europe au début du

---

Versammlung Deutscher Historiker in Hannover: 23. bis 26. September 1992, Stuttgart/Leipzig, Klett Schulbuchverlage, p. IX.

90. Cf. IUE, 1988-1993, *Akademisches Jahr (1989/1990-1994/1995)*, Fiesole, Badia Fiesolana ; IUE, 1995-2000, *The President's Annual Reports (1994-1999)*, Luxembourg, OPOCE. Rappelons que lors de la seconde phase du réseau de recherche sur l'identité européenne, L. Passerini codirige le groupe de travail sur la société européenne avec H. Kaelble. Notons aussi que l'Europe de l'Est a été l'objet d'une attention nouvelle à l'IUE dès 1993, avec l'arrivée de l'Allemand (de l'Ouest) Michael Müller qui y a mené une recherche sur les élites de Pologne, de Hongrie et de Croatie.

XXᵉ siècle (et d'une ouverture vers l'Europe de l'Est, puisqu'ils intègrent des chercheurs qui en sont issus). Le premier, financé de 1989 à 1993, porte sur l'histoire économique de l'Europe entre les deux guerres. Ses membres sont des spécialistes de ce domaine de recherche ou des économistes. Alors que le Groupe de liaison étudie les relations à la fois politiques et économiques entre les pays membres des CE, mais se focalise sur l'action des gouvernements nationaux, des institutions communautaires et seulement dans une moindre mesure sur les milieux industriels, ce réseau est le signe que l'histoire économique de l'Europe acquiert de l'autonomie à l'égard de l'histoire politique. Le second, financé de 1994 à 1997, permet d'instaurer une coopération internationale dans un domaine de recherche jusque-là souvent traité au niveau national : l'occupation nazie durant la Seconde Guerre mondiale. Il est dirigé par l'Allemand W. Benz, dont nous avons déjà présenté la collection « Europäische Geschichte »[91].

À partir de 1990, le programme de financement « Intelligence de l'Europe » du ministère français de la Recherche soutient également trois groupes de recherche sur l'histoire contemporaine de l'Europe. Le premier est dirigé par G. Noiriel. Il a pour objectif de rassembler des spécialistes (comme lui) des migrations au XIXᵉ et au XXᵉ siècles issus des pays membres de l'UE, mais aussi, notamment, de Pologne, de Suisse ou de Norvège[92]. Le second est dirigé par Christophe Charle, un spécialiste des intellectuels, en particulier des universitaires, qui a participé aux travaux du groupe de recherche sur les transferts culturels franco-allemands de M. Espagne et M. Werner et participe encore, au sein du réseau de recherche sur l'identité européenne, au groupe de travail de H. Kaelble sur la « société européenne ». Son objectif est de montrer comment les réseaux intellectuels européens contribuent à la constitution d'une « culture européenne » entre 1890 et 1950[93]. Le troisième relève lui aussi d'une histoire des élites intellectuelles : Victor Karady, chercheur au CNRS d'origine hongroise, y propose une analyse sociohistorique des étudiants qui partent faire leurs études à l'étranger entre 1871 et 1945[94]. C'est donc une histoire sociale et culturelle des relations entre Européens qui s'écrit avec le soutien du ministère de la Recherche – et qui n'est pas sans rappeler les recherches sur les échanges européens aux époques antérieures que nous avons déjà mentionnées. Le programme « Intelligence de l'Europe » ayant pour objectif officiel de favori-

---

91. Cf. ESF, 1990-2000, *Annual Reports (1989-1999)*, Strasbourg, ESF.
92. Cf. BRUYANT Anne-Michèle, NOIRIEL Gérard, 1991, *Mise en place d'un réseau européen de chercheur : Histoire des Identités Nationales, du Racisme et des Migrations en Europe. Compte rendu de fin d'étude*, Paris, École normale supérieure. Financé en 1990-1991, ce réseau poursuivra ses activités jusqu'en 1996.
93. Cf. CHARLE Christophe, 1993, *Les réseaux intellectuels européens (1890-1950). Rapport de fin d'étude*, Paris, Institut d'histoire moderne et contemporaine ; ESPAGNE Michel et WERNER Michael (dir.), *Transferts…, op. cit.* ; KAELBLE Hartmut (dir.), *The European way…, op. cit.*
94. Cf. le *curriculum vitae* de V. Karady, s. d., [http://www.ceu.hu/profiles/faculty/victor_karady], consulté le 23 janvier 2020 ; KARADY Victor, 1992, *Relations inter-universitaires et rapports culturels en Europe (1871-1945). Rapport de fin d'étude*, Paris, MSH. Hormis le groupe de recherche sur l'histoire du temps scolaire en Europe depuis la fin du Moyen Âge déjà évoqué, les autres groupes financés ne portent pas vraiment sur l'histoire de l'Europe. Cf. ministère de la Culture, 1989, *Culture et recherche*, n° 22.

ser les réflexions sur la construction européenne et la « conscience européenne commune », on peut en déduire que l'histoire des relations entre diplomates n'est plus la seule à être considérée comme pertinente dans ce cadre et que ces notions ne renvoient plus uniquement à un processus politique institutionnel : la constitution d'une identité et d'une culture européennes (au XXe, au XIXe siècle ou avant) est à présent aussi considérée comme une question majeure par les chercheurs et les promoteurs.

Une concurrence ancrée au sein des universités et du monde de l'édition

De même que l'histoire de l'Europe dans la longue durée, celle de l'Europe contemporaine s'institutionnalise en tant que domaine de recherche avec la création de formations universitaires destinées à de jeunes chercheurs et de collections éditoriales qui viennent rivaliser avec celle du Groupe de liaison, mais ne se limitent pas à l'étude de la construction européenne.

Des formations à la recherche en histoire contemporaine de l'Europe

Au moment où des modernistes, des médiévistes et des antiquisants mettent en place des formations à la recherche sur l'Europe au fil des siècles, les offres de formation en histoire de l'Europe contemporaine ne se limitant à l'intégration communautaire se multiplient elles-aussi : non seulement à l'IUE (car il ne faut pas oublier que des doctorants travaillent sous la direction des professeurs en poste dans cet institut), mais aussi, comme le montre l'étude des cas français et allemand, au sein d'universités nationales[95]. Dotée de postes universitaires spécifiques, l'histoire contemporaine de l'Europe acquiert ainsi une position institutionnalisée au sein de la discipline, indépendante de celle de l'histoire de l'intégration européenne.

En France, trois DEA consacrés à l'Europe contemporaine sont créés dans les années qui suivent la chute du Mur de Berlin : deux en 1990 et un en 1991 (cf. tableau 6, page suivante). Ils sont animés par des universitaires non spécialistes de l'Europe. À Strasbourg, R. Poidevin précise alors la nature du DEA en histoire de l'Europe qui existe depuis 1985, avec les termes « option histoire des relations internationales et de l'intégration européenne ». Cette spécialisation sur l'étude de l'intégration ne survivra cependant pas au départ à la retraite de R. Poidevin : Jean-Pierre Mousson-Lestang, spécialiste de la Suède ayant écrit sa thèse sous la direction de J.-B. Duroselle, reprend la responsabilité de ce DEA à la rentrée 1995 et le transforme en DEA d'« Histoire de l'Europe au

---

[95]. Nous n'étudierons pas ici le cas du Collège d'Europe, qui ne forme pas de jeunes chercheurs, mais nous verrons plus loin que pendant la période que nous étudions ici les cours portant sur l'Europe contemporaine sont confiés à des spécialistes du processus d'intégration.

xxᵉ siècle⁹⁶ ». Une perspective élargie de cette histoire supplante ainsi celle du processus d'intégration.

Tableau 6. – DEA consacrés à l'histoire de l'Europe contemporaine créés dans les années 1980 et 1990*.

Années	Université	Formation
1985-1991	Université Strasbourg 3	Histoire et civilisations de l'Europe Devient en 1991-1992 : Histoire et civilisations de l'Europe, option histoire des relations internationales et de l'intégration européenne ; puis en 1995-1996 : Histoire de l'Europe au xxᵉ siècle
1990-1991	Université Bordeaux 1	Histoire comparée des sociétés européennes, xixᵉ et xxᵉ siècles
1990-2005	Université Vincennes Saint-Denis (Paris 8)	Mutations des sociétés et cultures en Europe Devient en 1996-1997 : Études européennes et eurasiennes : mutation des sociétés et cultures ; puis en 2001-2002 : Construction européenne : enjeux géopolitiques, économiques et socioculturels
1991-1995	Université Paris 10 Nanterre	Sociétés rurales européennes : histoire, géographie, sociologie

* Cf. Direction des enseignements supérieurs, 1981-1987, *La recherche à l'Université. Diplômes de 3ᵉ cycle* ; CPU, 1990-1999, *Annuaire national des Universités*. Rappelons que les listes des DEA des années universitaires 1979-1980, 1980-1981 et 1988-1989 ne sont pas disponibles et que les noms des responsables de ces DEA ont été publiés pour les années universitaires 1993-1994 et 1995-1996 seulement : cf. ministère de l'Enseignement supérieur et de la recherche, 1993 et 1995, *Annuaire des diplômes d'études approfondies*.

En Allemagne, trois collèges doctoraux interdisciplinaires traitant de l'histoire contemporaine de l'Europe reçoivent une aide financière de la DFG à partir du milieu des années 1990 (cf. tableau 7). Notons que même si l'historien Clemens Wurm, spécialiste de la construction européenne⁹⁷, participe à la création à Berlin du collège dédié à « La nouvelle Europe », celui-ci témoigne de l'apparition de nouveaux enjeux de recherche résultant de la chute du bloc soviétique : il est consacré à la transformation de l'Europe et en particulier de l'UE après la fin du conflit Est/Ouest.

---

96. Cf. ministère de l'Enseignement supérieur et de la recherche, 1995, *Annuaire des diplômes d'études approfondies* ; MOUSSON-LESTANG Jean-Pierre, 1983, *Le parti social-démocrate et la politique étrangère de la Suède (1914-1918)*, thèse d'histoire, dir. Jean-Baptiste Duroselle, université Paris 1.
97. Cf. WURM Clemens, 1995, *Western Europe and Germany. The Beginnings of European Integration, 1945-1960* Oxford, Berg. À partir de 1998, celui-ci est remplacé par L. Herbst, un spécialiste du troisième Reich ayant participé à un colloque du Groupe de liaison avec une analyse des projets européens de l'Allemagne nazie : cf. DUMOULIN Michel (dir.), 1995, *Plans des temps de guerre pour l'Europe d'après-guerre : 1940-1947. Actes du colloque de Bruxelles 12-14 mai 1993*, Bruxelles, Bruylant.

Tableau 7. – collèges doctoraux consacrés à l'histoire de l'Europe contemporaine financés par la DFG dans les années 1990*.

Années	Université	Formation
1995-2003	Université Humboldt de Berlin/Université libre de Berlin	La nouvelle Europe (Das neue Europa)
1995-2004	Université d'Osnabrück/université westphalienne Wilhelm de Münster	Migration dans l'Europe contemporaine (Migration im modernen Europa)
1997-2006	Université Georg-August de Göttingen	L'avenir du modèle social européen (Die Zukunft des europäischen Sozialmodells)

* Cf. DFG, 1990-1999, *Jahresbericht. Band 2. Programme und Projekte*. Le collège d'Osnabrück et Münster porte sur les migrations en Europe depuis la fin du XIXe siècle.

Il faut également rappeler la création à Berlin en 1998 – soit en même temps que l'Institut pour l'histoire comparée de l'Europe au Moyen Âge de M. Borgolte – d'un Centre d'histoire comparée de l'Europe (le ZVGE) spécialisé dans l'étude des XVIIIe, XIXe et XXe siècles accueillant des doctorants et des postdoctorants. Ce centre est placé sous l'égide de deux universités berlinoises : l'Université libre, qui était située à l'Ouest de la ville avant la chute du Mur de Berlin, et l'université Humboldt, qui était située à l'Est. Il est vrai que parmi les historiens appelés à refonder le département d'histoire de la Humboldt en 1991, H. Kaelble était jusque-là professeur à l'Université libre. À partir de 1992, il a participé à un collège doctoral interdisciplinaire consacré à la « comparaison des sociétés », notamment avec l'historien Jürgen Kocka, professeur à l'Université libre engagé tout comme H. Kaelble dans la conception d'une histoire sociale de l'Ouest de l'Europe reposant sur la comparaison – entre plusieurs pays européens, mais aussi entre l'Europe et des pays extra-européens[98]. En 1998, H. Kaelble et J. Kocka se joignent à Manfred Hildermeier et Holm Sundhaussen, respectivement spécialistes de l'histoire de l'Est et du Sud-Est de l'Europe, pour créer le ZVGE afin « d'utiliser la ville de Berlin comme lien entre l'histoire de l'Ouest de celle de l'Est de l'Europe[99] ». Ils bénéficient pour ce faire du soutien financier de la Fondation Volkswagen. La perspective comparée s'enrichit alors de questionnements sur les transferts internationaux. Les recherches, qui relèvent d'une histoire de la

---

[98]. Cf. notamment KOCKA Jürgen, 1988, « Probleme einer europäischen Geschichte in komparativer Absicht », *in* Marian Marek DROZDOWSKI (dir.), *Miedzy historia a teoria*, Warschau, p. 468-476. Ce collège, financé par la DFG et intitulé « Gesellschaftsvergleich in historischer, soziologischer und ethnologischer Perspektive », n'est pas explicitement consacré à l'Europe.

[99]. Cf. BKVGE, 2010, *Profil, wissenschaftliche Arbeiten und Veranstaltungen. Juli 2004 bis Juli 2009*, ici p. 2 ; nous traduisons.

société civile et portent sur l'espace public européen, la formation des identités nationales et sociales, le pouvoir et la culture politiques, la relation au travail ou la bourgeoisie au sens large (*Bürgertum*[100]), hissent la question de l'Europe au premier plan.

Des collections dédiées à l'histoire contemporaine de l'Europe

Deux nouvelles collections éditoriales sont consacrées à l'histoire contemporaine de l'Europe (sans se limiter à l'étude du processus politique d'intégration européenne). Elles sont le signe que l'intérêt politique et scientifique pour cette histoire se répercute sur le marché du livre : plusieurs éditeurs sont prêts à se lancer dans cette voie. Dans le champ scientifique, elles sont aussi le signe d'une émulation des chercheurs pour créer des collections dédiées à l'Europe dans leur domaine de compétence spécifique : en ne se contentant pas de codiriger des collections plus générales, dédiées à l'Europe depuis le Moyen Âge ou l'Antiquité, les contemporanéistes qui y participent affirment l'existence d'un domaine de recherche relatif à l'Europe contemporaine, voire plus spécifique encore. En France, une collection spécialisée dans l'« Histoire religieuse de l'Europe contemporaine » est ainsi fondée aux éditions du Cerf en 1997. La collection transnationale « Euroclio », publiée depuis 1993 aux éditions Peter Lang dans plusieurs pays, dont la France et l'Allemagne, est cependant la plus marquante et la plus prolifique (cf. encadré 14).

Outre ces collections, notons enfin deux séries d'ouvrages sur l'histoire contemporaine de l'Europe publiées par P. Milza et S. Berstein, tous deux chercheurs au Centre d'histoire de l'Europe au XXe siècle de l'IEP de Paris. Le premier, directeur de ce Centre, est spécialiste de l'Italie fasciste et de l'histoire des relations internationales à la fin du XIXe et au XXe siècle ; depuis 1989, il est responsable du groupe de travail sur « Les migrants et la conscience européenne » au sein du réseau de recherche sur l'identité européenne. Le second est spécialiste d'histoire politique du XXe siècle ; entre 1993 et 1995, il contribue à la refonte des programmes scolaires du secondaire, pour laquelle se pose notamment, comme nous l'avons mentionné plus haut, la question de la place réservée à l'histoire européenne. Ensemble, ces deux historiens ont écrit de nombreux manuels scolaires pour le collège et le lycée. Dans la première moitié des années 1990, alors justement que se pose la question de la place de l'Europe dans les programmes scolaires, ils publient deux séries de volumes sur l'histoire contemporaine de l'Europe, consacrés non seulement au processus de construction européenne, mais aussi à la période antérieure à 1945[101].

---

100. En Allemand, le terme *Bürger* désigne à la fois le bourgeois et le citoyen. À propos de la recherche sur cet objet, cf. notamment TENFELDE et WEHLER, 1994.
101. BERSTEIN Serge et MILZA Pierre, 1992, *Histoire de l'Europe contemporaine,* Paris, Hatier, 2 vol. ; BERSTEIN Serge et MILZA Pierre (dir.), 1994-1995, *Histoire de l'Europe au XXe siècle,* Bruxelles, Complexe, 5 vol.

> **Encadré 14. « Euroclio », une collection qui affirme la diversité des approches de l'histoire de l'intégration européenne**
>
> L'objectif de la collection « Euroclio » est d'« ouvrir des pistes en matière d'histoire de la construction/intégration/unification européenne[1] ». Elle comprend deux versants. L'un d'eux, *Références*, a seulement publié deux ouvrages : l'un bibliographique, l'autre historiographique. Le principal versant, *Études et documents*, publie quant à lui des ouvrages individuels ou collectifs destinés avant tout à l'enseignement universitaire.
>
> Cette collection est proche du réseau de recherche sur l'identité européenne fondé par R. Girault. Son conseil scientifique comprend en effet plusieurs coordinateurs de ce réseau : M. Dumoulin (le directeur de la collection[2]) ; W. Loth, G. Trausch et A. Varsori, qui sont tous quatre également membres du Groupe de liaison ; mais aussi A. Fleury, M.-T. Bitsch et G. Bossuat. Il comprend aussi R. Poidevin, Bruno Leuvrey et, à partir de 1994, Philippe Mioche, qui participent chacun à des groupes de travail de ce réseau[3].
>
> En regard des recherches sur l'intégration européenne menées dans les années 1980, la composition du conseil scientifique de la collection « Euroclio » est donc révélatrice d'une ouverture thématique et méthodologique. Dans un premier temps, les ouvrages publiés permettent à l'histoire économique de la construction européenne d'affirmer son autonomie à l'égard de l'histoire politique. Ce domaine de recherche était certes présent au sein de la collection du Groupe de liaison, mais il restait dominé par l'histoire politique et diplomatique. Ici au contraire, plusieurs volumes lui sont pleinement consacrés, que ce soit en relation avec le groupe thématique du réseau de recherche sur l'identité européenne ou indépendamment de celui-ci. D'autres approches scientifiques peuvent aussi s'affirmer : des études relatives à la mémoire des guerres, à la politique communautaire de communication ou à la politique agricole sont publiées. Un spécialiste de psychologie sociale, Claude Tapia, dirige même au sein de cette collection un ouvrage faisant place aux approches psychosociologiques et sociologiques, mais aussi philosophiques, littéraires et démographiques. Il faut enfin noter la publication au sein de cette collection d'ouvrages portant sur le début du XXe et même le XIXe siècle.
>
> ---
>
> 1. Cf. DUMOULIN Michel, GIRAULT René et TRAUSCH Gilbert (dir.), *L'Europe du patronat : de la guerre froide aux années soixante…*, op. cit., p. 2.
> 2. À partir de 2001, il dirigera cette collection en collaboration avec É. Bussière et A. Varsori.
> 3. Cf. BUSSIÈRE Éric et DUMOULIN Michel (dir.), 1992, *Les cercles économiques et l'Europe au XXe siècle*, Louvain-la-Neuve/Paris, Collège Érasme ; BITSCH Marie-Thérèse, LOTH Wilfried et POIDEVIN Raymond (dir.), *Institutions européennes et identités européennes*, op. cit. ; HUDEMANN Rainer et POIDEVIN Raymond (dir.), *Die Saar 1945-1955…*, op. cit. ; DUMOULIN Michel, GIRAULT René et TRAUSCH Gilbert (dir.), *L'Europe du patronat : de la guerre froide aux années soixante…*, op. cit.

Le dilemme des pionniers de l'histoire de l'intégration européenne : ouverture thématique ou spécialisation ?

Même si la diversification des approches de l'Europe prend en partie corps dans le réseau de recherche sur l'identité européenne et la collection « Euroclio », auxquels participent des membres du Groupe de liaison, les spécialistes de l'histoire de l'intégration européenne telle qu'elle a été conçue à partir du milieu des années 1970 sont bel et bien confrontés à l'apparition de nouvelles formes d'écriture de l'histoire de l'Europe. Encore plus que celles concernant l'Europe moderne, médiévale ou antique, les nouvelles pistes de recherches relatives à l'Europe contemporaine constituent pour eux un défi. En effet, elles constituent à la fois une opportunité – ces historiens peuvent espérer gagner en visibilité auprès de leurs collègues jusqu'à présent peu intéressés par l'Europe – et une menace – car les nouvelles initiatives scientifiques viennent concurrencer leurs travaux. Comment vont-ils réagir à cette évolution du sous-champ de recherche qu'est l'histoire de l'Europe, qui était jusque-là leur territoire quasiment dévolu ?

Une première stratégie, que nous avons déjà pu observer en étudiant le réseau de recherche sur l'identité européenne initié par R. Girault, vise à prendre part au renouvellement des perspectives de recherche, voire à l'animer. À la suite de B. François (1990, p. 97), nous pouvons la qualifier d'« iconoclaste » : elle rompt en effet avec la tradition de l'histoire de l'intégration communautaire qui s'est peu à peu établie depuis 1976. Si elle repose sur un intérêt scientifique pour les nouveaux questionnements relatifs à l'Europe – en particulier celui de R. Girault, dont nous avons souligné la position singulière au sein du Groupe de liaison –, elle renvoie aussi à une volonté de ne pas perdre le contrôle du sous-champ de recherche qu'est l'histoire de l'Europe. C'est ce qui justifie le terme « stratégie ». Comme nous l'avons souligné lors de notre étude du réseau de recherche sur l'identité européenne, l'ouverture thématique et méthodologique risque néanmoins de porter atteinte à la crédibilité des chercheurs qui en font usage – en l'occurrence celle des membres du Groupe de liaison. Elle fragilise en particulier la relation de ces historiens avec la Commission européenne qui, comme nous allons le voir, privilégie toujours les recherches et les enseignements relatifs à l'intégration communautaire.

Une deuxième stratégie, qui peut, en s'inspirant des travaux de B. François, être qualifiée d'« orthodoxe[102] », consiste au contraire pour les membres du Groupe à miser sur leur spécialisation dans un domaine bien précis, l'histoire politico-économique de l'intégration européenne. Nous allons constater que c'est finalement celle-ci qui va l'emporter au sein du Groupe de liaison. Il faut dire qu'elle leur permet de bénéficier de leur capital d'origine : leur proximité avec la Commission européenne. L'appui de la Commission est cependant lié à des attentes politiques. Or celles-ci ont évolué par rapport à celles des années 1970-1980 et, comme le montre le cas du département d'histoire de l'IUE, les spécialistes du processus d'intégration qui ne répondent pas à ces attentes prennent le risque d'être marginalisés.

Les rétributions de la spécialisation : chaires Jean Monnet et recrutements au Collège d'Europe

Comme nous l'avons évoqué dans notre deuxième chapitre, des députés européens avaient proposé en 1987 de créer des « chaires européennes » dans les

---

102. B. François (1990, p. 97) examine l'« orthodoxie » des spécialistes de droit constitutionnel qui s'opposent à l'incorporation de problématiques issues de la science politique dans leur branche du droit.

universités des pays des CE : « considérant qu'il est indispensable d'inculquer aux étudiants de toutes les disciplines une connaissance approfondie du patrimoine commun de l'Europe », ils demandaient que soient créées des chaires « qui tiennent davantage compte de la dimension européenne », « en priorité pour l'histoire, le droit, la philosophie et les sciences politiques[103] ». Cette proposition avait abouti à une résolution du Parlement qui prévoyait bien la création de telles chaires, mais plaidait surtout, contrairement à ce qui avait été proposé à l'origine, en faveur de « l'enseignement relatif à la Communauté ». Cette résolution insistait sur le fait que « les citoyens européens actuels et futurs ont besoin de connaître l'existence, les objectifs et le fonctionnement de la Communauté européenne dans laquelle ils sont appelés à vivre[104] ». Il faut dire que dès la fin des années 1950, l'idée de chaires destinées à encourager l'enseignement universitaire de l'intégration communautaire avait été formulée par la Fondation Ford et l'ICEEU, puis évoquée au sein de la division de la Commission européenne responsable de « l'information universitaire », sans être mise en œuvre néanmoins[105].

En 1990, ce projet donne naissance à l'Action Jean Monnet (AJM, aussi appelée « programme Jean Monnet »). Le principal volet de ce programme, en termes de budget notamment, correspond aux chaires Jean Monnet. Dotées d'une subvention, celles-ci sont liées à un poste de professeur consacré à l'étude de l'intégration communautaire (et non à une personne). À partir de 1996, des chaires *ad personam* sont cependant aussi attribuées à des professeurs considérés comme particulièrement méritants pour leurs enseignements et leurs publications dans ce domaine. L'AJM propose en outre des subventions pour des « cours permanents » (cours annuels dispensés par un spécialiste des questions européennes), des « modules européens » (de plus courte durée) ainsi que, à partir de 1998, des « pôles européens » d'enseignement. C'est la responsable de « l'information universitaire » J. Lastenouse qui coordonne ce dispositif, mais un comité est créé pour effectuer la sélection et le suivi des projets pour le compte de la Commission européenne : le Conseil universitaire européen pour l'Action Jean Monnet. É. Noël, ancien secrétaire général de la Commission et président de l'IUE depuis 1987, va présider ce comité de 1989 à 1996[106].

Le Groupe de liaison, qui entretient des relations privilégiées avec J. Lastenouse et est en contact étroit avec É. Noël, va en profiter pour défendre la place de l'histoire de l'intégration européenne : il « émet le vœu que les historiens ne soient pas oubliés dans le projet de création de chaires européennes[107] ». C'est dans ce contexte que sont créées quelques chaires d'histoire. Quatre membres du groupe, enseignant chacun l'histoire de l'intégration, pourront en bénéficier dans les premières années du programme : D. Keogh et W. Loth lors du

---

103. Cf. LEMASS Eileen, *Rapport…*, *op. cit.*, p. 20.
104. Parlement européen, Résolution « sur la dimension européenne à l'école », citée, p. 212-214.
105. Cf. COHEN, 2017 ; entretien de M. Dumoulin et J. Cailleau avec J. Lastenouse-Bury, cité, p. 23.
106. Il sera présidé par Léo Tindemans de 1996 à 2000, puis par José Maria Gil Robles. Cf. DULPHY Anne et MANIGAND Christine, « Entretien avec Jacqueline Lastenouse… », art. cité, p. 19. À propos de l'AJM, cf. aussi BELOT et BRACHET, 2004.
107. *Procès-verbal de la réunion du 16 juin 1988…*, cité, p. 3.

premier appel à candidatures en 1990, alors même que 1 200 candidatures ont été déposées, puis M. Dumoulin en 1991 et K. Schwabe en 1992[108]. Si l'on se concentre sur les historiens français et allemands ayant obtenu une chaire Jean Monnet entre 1990 et 1999 (nombreux en comparaison de leurs collègues d'autres pays[109]), on constate que nombre de ceux qui ne sont pas eux-mêmes membres du Groupe de liaison sont à la fois proches de ce groupe et membres du réseau de recherche sur l'identité européenne (cf. tableaux 8 et 9). W. D. Gruner et É. du Réau ne collaborent pas *a priori* directement avec des membres du Groupe de liaison, mais ils en côtoient plusieurs en animant eux aussi un groupe de travail dans le second réseau : celui portant sur les élites politiques. Ainsi, en France, cinq chaires sur sept sont réservées à des membres du Groupe de liaison ou à des historiens en relations plus ou moins étroites avec eux ; en Allemagne ce sont cinq chaires sur huit.

Tableau 8. – chaires Jean Monnet d'histoire en France entre 1990 et 1999*.

Date	Université	Intitulé de l'enseignement	Titulaire de la chaire	Liens avec un autre réseau financé par la Commission (lors de l'attribution ou avant)
1990	Université de Toulouse 2 – Le Mirail	Problèmes de la terre et horizons culturels dans la construction de l'Europe communautaire	PECH Remy	
1990	Université Paris 1 Panthéon-Sorbonne	Histoire de la construction européenne	1990-1994 : BOSSUAT Gérard[1]	Collaboration avec R. Girault (Groupe de liaison) : thèse sous sa direction
			1994- : FRANK Robert	Collaboration avec R. Girault (Groupe de liaison) : coanimation du programme de recherche sur la perception de la puissance en Europe Réseau de recherche sur l'identité européenne : coordination d'un groupe de travail

---

108. Cf. Dulphy Anne, Manigand Christine, « Entretien avec Jacqueline Lastenouse… », art. cité, p. 18. A. Varsori et A. Deighton recevront également une chaire Jean Monnet après avoir rejoint le Groupe de liaison : le premier en 1995, la deuxième en 1997. Cf. leur *curricula vitae*, cités.
109. La France et l'Allemagne figurent alors, avec l'Italie et l'Espagne, parmi les pays les mieux dotés en chaires Jean Monnet d'histoire. Cf. le répertoire de l'AJM sur le site Internet de l'EACEA, [https://eacea.ec.europa.eu/JeanMonnetDirectory/#/search-screen/], consulté le 21 mai 2019.

1994	Université de Provence – Aix-Marseille 1	Histoire de l'intégration européenne	MIOCHE Philippe	Collaboration avec M. Dumoulin (Groupe de liaison) : membre de son groupe de travail au sein du réseau de recherche sur l'identité européenne Réseau de recherche sur l'identité européenne : membre d'un groupe de travail
1997	Université Paris 12 – Val de Marne	Histoire de la construction européenne	CAILLET Louis	
1997	Université Paris Sorbonne Nouvelle (Paris 3)	Histoire de la construction européenne	Du RÉAU Élisabeth (ad personam)	Réseau de recherche sur l'identité européenne : coordination d'un groupe de travail
1998	Université Strasbourg 3	Histoire de la construction européenne	BITSCH Marie-Thérèse (*ad personam*)	Collaboration avec R. Poidevin et W. Loth (Groupe de liaison) : collègue de R. Poidevin et co-organisation avec lui du premier colloque du Groupe de liaison en 1984[2] ; coordination d'un groupe de travail du réseau de recherche sur l'identité européenne avec W. Loth Réseau de recherche sur l'identité européenne : coordination d'un groupe de travail
1999	Université Paris-Sorbonne (Paris 4)	Histoire de la construction européenne	BUSSIÈRE Éric (*ad personam*)	Collaboration avec M. Dumoulin (Groupe de liaison) : coordination d'un groupe de travail du réseau de recherche sur l'identité européenne avec lui Réseau de recherche sur l'identité européenne : coordination d'un groupe de travail

*Afin de préciser les informations disponibles sur le répertoire de l'AJM, parfois incomplètes, nous avons consulté deux rapports de l'AJM (1999, *Répertoire de l'Action Jean Monnet/Jean Monnet Project Directory, 1990-1999*, Luxembourg, OPOCE ; s. d., *Liste des universités bénéficiaires dans les États membres. 1990-2002*) ainsi que les *curricula vitae* de R. Frank, s. d., [http://irice.univ-paris1.fr/spip.php?article126], consulté le 8 août 2012 et P. Mioche, s. d., [http://telemme.mmsh.univ-aix.fr/membres/Philippe_Mioche], consulté le 26 janvier 2020. Les chaires Jean Monnet n'étant pas attachées à une personne, mais à un poste, elles changent parfois de titulaire, en particulier quand un historien change d'université.
1. G. Bossuat partageait cette chaire avec un juriste, un économiste et un politiste (entretien avec G. Bossuat, 2011). Cette pratique, concevable lors de la mise en place de l'AJM, ne sera plus possible par la suite.
2. Cf. SCHIRMANN, 2009, p. 15.

Tableau 9. – chaires Jean Monnet d'histoire en Allemagne entre 1990 et 1999*.

Date	Université	Intitulé de l'enseignement	Titulaire de la chaire	Liens avec un autre réseau financé par la Commission (lors de l'attribution ou avant)
1990	Université de Tübingen	Histoire de l'intégration européenne et des relations internationales	1990-1996 : ?[1]	
			1996-1998 : WIRSCHING Andreas	
1990	Université de Siegen	Histoire de l'unification européenne	BRUNN Gerhard	
1990	Université d'Essen	Histoire contemporaine. Axe principal : histoire du xxe siècle	LOTH Wilfried	Membre du Groupe de liaison Réseau de recherche sur l'identité européenne : coordination d'un groupe de travail
1990	École des sciences appliquées de Hambourg	Études interculturelles en Europe	LÜDEMANN Otto (spécialiste de sciences de l'éducation)	
1991	Université de Hambourg	Histoire européenne et études de l'intégration européenne	1991-1996 : GRUNER Wolf D.	Réseau de recherche sur l'identité européenne : coordination d'un groupe de travail
		Histoire de l'Europe occidentale et de l'intégration	1998- : CLEMENS Gabriele	
1992	Université technique d'Aix-la-Chapelle	Histoire contemporaine	1992-1998 : SCHWABE Klaus	Membre du Groupe de liaison
			1998- : HEINEN Armin	Collaboration avec W. Loth (groupe de liaison) : dans le cadre de la parution posthume du recueil de documents relatifs à des projets d'unification européenne initié par W. Lipgens[2] Réseau de recherche sur l'identité européenne : membre d'un groupe de travail[3]
1995	Université de Rostock	Histoire européenne et études de l'intégration européenne	GRUNER Wolf D.	Réseau de recherche sur l'identité européenne : coordination d'un groupe de travail

1995	Université de Wuppertal	Histoire de l'intégration européenne et des relations internationales	KNIPPING Franz	Collaboration avec R. Girault (Groupe de liaison) : coanimation du programme de recherche sur la perception de la puissance en Europe ; participation à un colloque du Groupe de liaison en 1987[4] Réseau de recherche sur l'identité européenne : membre d'un groupe de travail[5]

* Pour les Allemands, cf. aussi les *curricula vitae* d'A. Wirsching, avril 2011, [http://www.ifz-muenchen.de/andreas_wirsching.html], consulté le 23 janvier 2020 ; de W. D. Gruner, 1er juin 2006, [http://cpr.uni-rostock.de/metadata/cpr_professor_000000001306], consulté le 23 janvier 2020 ; de G. Clemens, 13 décembre 2010, [https://www.geschichte.uni-hamburg.de/arbeitsbereiche/europaeische-geschichte/personen/clemens.html], consulté le 23 janvier 2020 ; de K. Schwabe, 28 avril 2009, [https://www.uni-heidelberg.de/imperia/md/content/fakultaeten/phil/zegk/histsem/mitglieder/ls_berg3/klaus_schwabe_cv.pdf], consulté le 23 janvier 2020 ; de A. Heinen, 1er mars 2012, [http://www.histinst.rwth-aachen.de/aw/cms/HISTINST/Zielgruppen/neuzeit/personen/ablagestruktur/-vll/univ_prof_dr_phil_dr_h_c_armin_hei/?lang=de], consulté le 5 mars 2012.

1. Nous n'avons pas pu retrouver le nom du titulaire de cette chaire à sa création. Les responsables de l'AJM n'ont pas pu non plus nous fournir d'informations plus précises en raison de la restructuration de la Commission intervenue entre-temps.
2. Cf. Lipgens Walter et Loth Wilfried (dir.), *Documents on the History of European Integration*, op. cit.
3. Cf. Girault René (dir.), *Identité et conscience européennes au XXe siècle*, op. cit., p. 230. Notons qu'A. Heinen est un ancien collègue de W. Lipgens et de R. Hudemann à l'université de la Sarre.
4. Cf. Serra Enrico (dir.), *Il rilancio dell'Europa e i trattati di Roma…*, op. cit.
5. Cf. Girault René (dir.), *Identité et conscience européennes au XXe siècle*, op. cit., p. 230.

Ces attributions de chaires sont d'autant plus remarquables que la répartition des actions mises en œuvre dans le cadre de l'AJM est largement défavorable à l'histoire. Malgré le fait que les députés européens ayant proposé la création de telles chaires souhaitaient accorder celles-ci en priorité à des historiens, pendant la première décennie du programme (entre 1990 et 1999), on en compte seulement 31 en histoire sur un total de 378 chaires Jean Monnet (soit 8,2 %). Avec 158 chaires (41,8 %), les études juridiques sont les mieux dotées[110]. Cette suprématie du droit peut être liée à la présence de professionnels du droit ou de fonctionnaires ayant une formation juridique au sein des institutions européennes et notamment de la division en charge de « l'information universitaire », qui est responsable de l'AJM. Comme le soulignent les politistes Céline Belot et Claire Brachet (2004, p. 153) après avoir fait le même constat en se concentrant sur l'année universitaire 2003/2004, cette suprématie est cependant surtout « révélatrice d'une approche particulière de l'intégration européenne, celle d'un processus qui relève avant tout de l'ordre juridique »[111]. Les études économiques et politiques se partagent ensuite les chaires restantes, avec respectivement 99 et

---

110. Ces statistiques reposent sur le répertoire de l'AJM, cité. Celui-ci est malheureusement incomplet, mais permet de donner un ordre de grandeur.
111. À propos de la prépondérance du droit dans la construction et la représentation de l'Europe communautaire, cf. Vauchez, 2013 ; Bailleux, 2014.

90 chaires (soit 26,2 % et 23,8 %) : le processus d'intégration est construit en second lieu comme un processus économique et politique. En comparaison, le poids des études historiques fait pâle figure – même en tenant compte de celui des différentes disciplines au sein des universités[112]. Ainsi, dans le cadre de ce dispositif, la construction européenne n'est construite que de manière marginale comme un processus historique.

Le fait que l'AJM réserve ses actions aux enseignements relatifs à l'intégration européenne est d'ailleurs en soi révélateur. Nombre d'historiens spécialistes d'autres périodes de l'histoire de l'Europe ne peuvent pas y postuler. De plus, hormis celles d'Otto Lüdemann (qui n'est pas historien, mais spécialiste des sciences de l'éducation) et de Remy Pech (spécialiste d'histoire locale), les chaires sont, du moins en France et en Allemagne, toutes attribuées à des enseignements d'histoire politique (cf. tabeaux 8 et 9) : elles ne bénéficient pas aux spécialistes d'histoire sociale ou culturelle. Malgré la montée en puissance d'autres formes d'écriture de l'histoire de l'Europe, l'intérêt de la Commission européenne pour l'histoire politique de l'UE au détriment de l'histoire sociale et culturelle, cumulé au « lobbying » du Groupe de liaison (terme employé par ses membres eux-mêmes[113]), permet donc aux historiens de l'intégration communautaire de conserver une position privilégiée auprès des institutions européennes : le soutien financier et symbolique de la Commission leur reste largement réservé. En contrepartie, ce soutien les incite à rester fidèles à leur domaine de compétences spécifique. C'est en effet non seulement leur proximité de longue date avec la Commission, mais aussi et surtout leur spécialisation en histoire politique et économique du processus d'intégration qui leur permet de bénéficier de ce soutien.

C'est aussi ce qu'on observe au sein du Collège d'Europe. Cet établissement d'enseignement supérieur proche de la Commission européenne, qui n'avait pas proposé de cours d'histoire depuis 1985, accueille de nouveau des historiens à partir de 1991 – soit juste après l'éclatement du monde communiste. Ce sont A. Milward et G. Trausch, deux membres du Groupe de liaison, qui vont être les premiers recrutés pour y dispenser des enseignements. Wolfram Kaiser, dont les recherches portent également sur l'intégration européenne et qui a déjà travaillé avec trois membres du Groupe de liaison (W. Loth, A. Deighton et A. Milward)[114], les rejoindra en 1996. D'autres historiens seront certes aussi recrutés. En effet, en 1992, soit peu de temps après la chute du bloc soviétique, un deuxième campus du Collège d'Europe voit le jour dans la ville de Natolin

---

112. Ce poids peut notamment être estimé, en France, par le nombre d'enseignants titulaires dans les différentes sections du Conseil national des universités, consultable dans : CYTERMANN Jean-Richard, BIDEAULT Marc, ROSSI Pasquin *et al.*, 2004, « Recrutement et renouvellement des enseignants-chercheurs : disparités entre établissements et entre disciplines », *Éducation & formations*, n° 67, p. 68 ; ou, en Allemagne, par le nombre de professeurs d'université dans les différentes disciplines : Statistisches Bundesamt, 1992, *Fachserie 11. Reihe 4.4. Bildung und Kultur. Personal an Hochschulen*, Stuttgart, Metzler-Poeschel, p. 76-77.
113. *Compte rendu de la réunion tenue à Bruxelles le lundi 12 février 1990*, cité, p. 2.
114. Cf. KAISER Wolfram, 1996, *Using Europe, abusing the Europeans. Britain and European integration, 1945-63*, Basingstoke, Macmillan, p. XII.

en Pologne avec le soutien de la Commission européenne et du gouvernement polonais. Il propose une formation dans le domaine des « études européennes interdisciplinaires » comprenant des cours d'histoire. Bronislaw Geremek, un médiéviste polonais spécialiste d'histoire sociale (en particulier de la pauvreté), par ailleurs député en Pologne, y enseignera dès 1994 avant d'être remplacé en 1998 par Jerzy Kloczowski – lui aussi médiéviste et homme politique polonais, spécialiste de l'histoire de l'Europe du Centre-Est depuis le Moyen Âge. L'histoire de l'intégration européenne y trouvera cependant aussi sa place à partir de 1996, avec l'enseignement de G. Trausch[115].

Pour en revenir aux titulaires d'une chaire Jean Monnet, il faut, comme nous y invitent le sociologue Yves Dezalay et le juriste Bryant Garth (2002, p. 33), se garder d'« isoler les stratégies internationales de leur contexte national ». En effet, ce n'est cependant pas seulement au niveau européen qu'ils bénéficient d'une position privilégiée : au sein des universités nationales, ces chaires améliorent la position de leurs titulaires à l'égard de leurs collègues, puisqu'elles leur confèrent des ressources à la fois financières et symboliques. En d'autres termes, la position de ces historiens dans l'espace européen, en l'occurrence leur proximité avec la Commission européenne, leur permet d'améliorer leur position au niveau national.

Une ouverture thématique bien modeste :
la publication d'une revue et d'un répertoire spécialisés

Les membres du Groupe de liaison vont également défendre leur domaine de recherche en créant une *Revue d'histoire de l'intégration européenne* et en publiant un *Répertoire des chercheurs et de la recherche en histoire de la construction européenne*. C'est au début de l'année 1990 qu'ils constituent un groupe de travail composé de M. Dumoulin, A. Milward et K. Schwabe ayant pour mission de réfléchir à la création d'une revue spécialisée[116]. Celle-ci répond à deux enjeux essentiels mais antagonistes : d'une part affirmer le poids de l'histoire de l'intégration européenne face aux principales disciplines qui ont déjà créé des revues spécialisées sur cet objet (droit, économie, science politique)[117] ; d'autre part sortir cette histoire de sa marginalité au sein de la discipline historique en l'ouvrant à des questions sociales ou culturelles qui intéressent davantage d'historiens. En 1990, c'est ce second enjeu qui semble l'emporter : les membres du

---

115. Cf. le site Internet du Collège d'Europe, cité ; la liste des professeurs ayant donné des cours d'histoire au Collège d'Europe, transmise en 2010 par une employée du Collège d'Europe, par courrier électronique ; le *curriculum vitae* de B. Geremek, s. d., [http://cmb.ehess.fr/140], consulté le 18 août 2012 ; KLOCZOWSKI Jerzy, 1995, *L'Europe du Centre-Est dans l'historiographie des pays de la région*, Lublin, Institut de l'Europe du Centre-Est. Notons que Y. Peev, un Bulgare spécialiste de l'histoire du monde arabe, enseignera aussi au campus de Bruges à partir de 1996.

116. *Compte rendu de la réunion tenue à Bruxelles le lundi 12 février 1990 à la Commission des Communautés Européennes*, BDIC, Fonds René Girault, Chemise F delta 1777/3/9, p. 4.

117. K. Seidel (2010, p. 29-30) évoque le *Journal of Common Market Studies* qui propose depuis 1962 des études en science politique, économie et relations internationales. On peut aussi mentionner la *Revue du marché commun*, dédiée au droit européen depuis 1958 et l'*European Journal of International Law* créé en 1990.

Groupe de liaison considèrent que « si les historiens [de l'intégration européenne] veulent rompre avec leur marginalité relative, ils doivent certes pratiquer le lobbying mais également manifester leur capacité d'intervenir au niveau de la réflexion sur les problématiques européennes[118] ». Peu après, il est non seulement décidé que leur revue sera publiée en français et en anglais (pour toucher un large public), mais aussi qu'« au niveau du contenu, il conviendrait de publier des études consacrées dans un sens très large à la Communauté Européenne ou à l'Intégration Européenne[119] ». Il est prévu d'accepter des articles portant sur l'Europe de l'Est, sur « le poids des influences extra-européennes », sur la période antérieure à 1945 et sur les aspects non seulement politiques, mais aussi économiques, sociaux et culturels de l'intégration[120].

Il est vrai que les membres du Groupe de liaison craignent que leur revue ne soit pas lue par leurs collègues historiens (Constantin, 2009, p. 22). L'idée est donc d'intéresser différents courant historiographiques. Elle est cependant plus ambitieuse encore : il s'agit de constituer une revue qui puisse devenir la porte-parole de toutes les branches de l'histoire européenne contemporaine – tout en y hissant la période postérieure à 1945 à la place centrale. On voit là l'influence de R. Girault, qui a déjà opté pour l'ouverture thématique et méthodologique en fondant le réseau de recherche sur l'identité européenne et qui fait toujours partie du Groupe de liaison, même s'il a cédé sa présidence à G. Trausch en 1989[121]. Mais on voit également l'influence d'A. Milward, lui aussi favorable au dialogue interdisciplinaire et à l'élargissement des perspectives de l'histoire de l'intégration européenne[122], ainsi que celle de M. Dumoulin, qui a suivi R. Girault au sein de son réseau de recherche sur l'identité européenne et y défend l'histoire économique de l'intégration.

Dans ce contexte, la division en charge de « l'information universitaire » au sein de la Commission européenne encourage certes la création d'une revue par le Groupe de liaison, mais ne la subventionne pas[123]. La stratégie « iconoclaste » n'est donc pas payante auprès de la Commission. La création de cette revue va d'ailleurs prendre plus de temps que prévu. Entre-temps, un *Répertoire des chercheurs et de la recherche en histoire de la construction européenne* est publié[124]. Il est le

---

118. *Compte rendu de la réunion tenue à Bruxelles le lundi 12 février 1990*, cité, p. 2.
119. *Réunion de Bruxelles du 7 mai 1990. COMPTE RENDU*, BDIC, Fonds R. Girault, Chemise F delta 1777/3/9, p. 1. La *Revue d'histoire de l'intégration européenne* accueillera finalement aussi des articles en allemand.
120. Trausch Gilbert, s. d., *Concept d'une revue sur l'intégration européenne « History of the European Integration »*, BDIC, Fonds R. Girault, Chemise F delta 1777/3/9.
121. Selon W. Loth, G. Trausch remplace R. Girault à la présidence du Groupe pour des raisons juridiques, car celui-ci devient une association de droit luxembourgeois (entretien avec W. Loth, 2009). Mais c'est aussi l'année où R. Girault fonde son réseau de recherche sur l'identité européenne.
122. Cf. Calligaro, 2018, p. 93 ; Seidel, 2010, p. 32.
123. Entretien avec W. Loth, 2009. Cette revue est financée par le ministère luxembourgeois de l'Éducation (Seidel, 2010, p. 27). Selon O. Calligaro (2013, p. 71), la Commission l'aurait financée à ses débuts.
124. Cf. Dumoulin Michel et Conrad Yves, 1992, *Répertoire des chercheurs et de la recherche en histoire de la construction européenne*, Louvain-la-Neuve/Luxembourg, Groupe de liaison des historiens près la Commission des Communautés européennes.

fruit de plusieurs années d'efforts pour recenser les activités de recherche dans ce domaine. Ces efforts ont notamment été menés dans le cadre de la parution de la *Lettre d'information des historiens de l'Europe contemporaine* qui avait été lancée dès 1986. Mais alors que celle-ci recense les colloques et les recherches relatives à l'Europe sans se limiter strictement à la construction européenne, le répertoire publié en 1992 puis réédité en 1999[125] propose un annuaire des chercheurs spécialisés dans ce domaine : il ne recense pas ceux qui travaillent sur des objets n'étant pas directement liés au processus politique d'intégration[126]. Même si le Groupe de liaison rend parfois toujours compte, dans sa *Lettre d'information*, de l'actualité de la recherche sur l'histoire de l'Europe entendue au sens large[127], il tente donc avant tout de structurer le domaine de spécialité relatif à l'histoire de ce processus, voire, pour reprendre encore une fois les termes de B. François (1990, p. 93), d'« établir une clôture » entre l'histoire « authentique » de l'intégration européenne et les histoires économiques, sociales, culturelles et religieuses de l'Europe contemporaine. En somme, les partisans d'un élargissement des perspectives n'ont pas eu le dernier mot.

C'est finalement en 1995 que la *Revue d'histoire de l'intégration européenne* voit le jour. Son conseil scientifique est composé des membres du Groupe de liaison. L'analyse des articles publiés dans cette revue et celle de la collection du Groupe, qui continue de publier les actes de ses colloques, confirme que l'ouverture de ce groupe à d'autres questionnements reste limitée. Certes, le Groupe invite dorénavant des historiens spécialistes des relations internationales à proposer des contributions sur les relations entre les CE et les pays de l'Est, en particulier pendant la guerre froide[128]. Certes, l'histoire de la construction européenne écrite sous l'égide du Groupe de liaison rend davantage compte des « crises » et des « problèmes » rencontrés au cours du processus d'intégration qu'auparavant[129]. Quelques articles concernent aussi l'une ou l'autre des deux guerres mondiales ou encore la période de l'Entre-deux-guerres. Lors d'un colloque du Groupe en 1993, les historiens L. Herbst et Yves Durand proposent même une analyse de la conception qu'avaient l'Allemagne nazie et les « collaborationnistes » de l'Europe, notamment sur le plan économique[130]. Pourtant, la

---

125. Cf. DUCHENNE Geneviève et DUMOULIN Michel (dir.), « Répertoire des chercheurs et de la recherche en histoire de la construction européenne », cité.
126. On peut en particulier y noter l'absence de S. Berstein, C. Charle, G. Crossick, Y.-M. Hilaire, R. Hudeman, V. Karady, P. Milza et G. Noiriel.
127. Cette *Lettre d'information des historiens de l'Europe contemporaine* change de nom en 1993 pour devenir *Historiens de l'Europe contemporaine*. Notons que la revue de la Commission européenne *Nouvelles universitaires européennes* continue de présenter l'actualité des recherches sur l'histoire de l'Europe, mais surtout de l'intégration européenne. Quant au périodique *Recherches universitaires sur l'intégration européenne*, qui recensait les études sur cet objet, notamment en histoire, il cesse d'être publié en 1992.
128. Cf. 1996, *Revue d'histoire de l'intégration européenne*, 2(1) ; TRAUSCH Gilbert (dir.), *Le rôle et la place des petits pays en Europe au XXe siècle*, op. cit., p. 344-491.
129. Cf. TRAUSCH Gilbert (dir.), *Die Europäische Integration vom Schuman-Plan bis zu den Verträgen von Rom...*, op. cit., déjà évoqué dans notre premier chapitre ; LOTH Wilfried (dir.), *Crises and compromises: the European project 1963-1969*, Bruxelles, Bruylant, 2001.
130. Cf. TRAUSCH Gilbert (dir.), *Le rôle et la place des petits pays en Europe au XXe siècle*, op. cit. ; DUMOULIN Michel (dir.), *Plans des temps de guerre pour l'Europe d'après-guerre...*, op. cit.

plupart des articles portent toujours sur la période postérieure à 1945. Et surtout, comme le souligne l'historienne Katja Seidel (2010, p. 33), l'histoire diplomatique reposant sur les archives officielles relatives à la politique extérieure des États membres des CE domine encore largement. Elle est complétée par l'étude de l'attitude de groupes politiques ou économiques à l'égard de la construction européenne – signe notamment de l'affirmation de l'histoire économique de l'intégration européenne. Mais, à l'exception d'un numéro de la *Revue d'histoire de l'intégration européenne* qui paraît à l'occasion du décès de R. Girault en 1999 et porte sur la politique européenne en matière de culture et en particulier de « culture européenne »[131], l'histoire sociale et culturelle est quasiment absente des publications du Groupe.

L'ouvrage de la collection du Groupe qui témoigne le plus d'une tentative d'ouverture historiographique – en s'intéressant aux pays situés à la périphérie de l'UE, à la guerre froide et au XXe siècle dans son entier – est le seul de cette collection qui ne soit pas le résultat d'un des colloques du Groupe, mais d'une rencontre du groupe de travail de G. Trausch sur *Le rôle et la place des petits pays en Europe au XXe siècle* au sein du réseau de recherche sur l'identité européenne[132]. De plus, il reste consacré à l'histoire politique et économique des relations internationales. Enfin et surtout, il faut rappeler que cet ouvrage ne bénéficiera pas du soutien de la Commission européenne. En raison de difficultés financières, sa publication devra même être retardée. On voit là les réticences de la Commission à promouvoir une forme d'écriture de l'histoire européenne dont la perspective dépasse la question de l'intégration communautaire.

L'ouverture (limitée) de l'approche historiographique du Groupe de liaison résulte en réalité du fait que plusieurs chercheurs du réseau de recherche sur l'identité européenne (M.-T. Bitsch, A. Fleury, W. D. Gruner et P. Mioche) sont invités à participer à des colloques du Groupe ou (dans le cas de G. Bossuat, É. Bussière et R. Frank) à publier un article dans sa revue : leurs contributions intègrent parfois l'étude de pays non membres de l'UE ou de la période antérieure à 1945[133]. Mais ces chercheurs sont eux aussi spécialistes de l'histoire des relations internationales (c'est le cas de G. Bossuat, A. Fleury, R. Frank

---

131. Cf. 1999, *Revue d'histoire de l'intégration européenne* 5(2).
132. Cf. TRAUSCH Gilbert (dir.), *Le rôle et la place des petits pays en Europe au XXe siècle, op. cit.* Quant aux quatre colloques organisés par le Groupe de liaison entre la fin des années 1980 et celle des années 1990, le premier porte en 1989 sur les projets et les échecs de l'intégration communautaire entre 1950 et 1957, le second en 1993 sur la période allant de 1940 à 1947, le troisième en 1996 sur la période allant de 1957 à 1963 et le quatrième en 1999 sur les crises et les compromis dans le processus d'intégration européenne entre 1963 et 1969 : cf. TRAUSCH Gilbert (dir.), *Die Europäische Integration vom Schuman-Plan bis zu den Verträgen von Rom...*, *op. cit.*; DUMOULIN Michel (dir.), *Plans des temps de guerre pour l'Europe d'après-guerre...*, *op. cit.*; DEIGHTON Anne (dir.), 1999, *Widening, deepening, and acceleration. The European Economic Community 1957-1963*, Bruxelles, Bruylant; LOTH Wilfried (dir.), 2001, *Crises and compromises: the European project 1963-1969*, Bruxelles, Bruylant.
133. Cf. FLEURY Antoine, « La Suisse et la préparation à l'après-guerre », in Michel DUMOULIN (dir.), *Plans des temps de guerre pour l'Europe d'après-guerre...*, *op. cit.*, p. 175-195 ; MIOCHE Philippe, « Une vision conciliante du futur de l'Europe : le plan d'Alexis Aron en 1943 », in Michel DUMOULIN (dir.), *Plans des temps de guerre pour l'Europe d'après-guerre...*, *op. cit.*, p. 307-323 ; BOSSUAT Gérard, 1995, « Les hauts fonctionnaires français et le processus d'unité en Europe occidentale d'Alger à Rome (1943-1958) », *Revue*

et W. D. Gruner), des institutions (M.-T. Bitsch) ou d'histoire économique (É. Bussière et P. Mioche). Aucun spécialiste d'histoire sociale du réseau de recherche sur l'identité européenne ne contribue aux publications du Groupe de liaison. De plus, contrairement à ce qui avait été prévu lors de la conception de la revue, la publication d'articles par des chercheurs d'autres disciplines y est très rare (Seidel, 2010, p. 30).

Ce que nous avions remarqué lors de notre analyse de la mise en place du réseau de recherche sur l'identité européenne se trouve donc confirmé : alors que l'intérêt pour les dimensions économiques, sociales et culturelles de l'Europe contemporaine grandit et que le regard se tourne vers l'Europe de l'Est, les membres du Groupe de liaison ne veulent pas perdre le contrôle de l'histoire de l'Europe. À l'initiative de quelques-uns d'entre eux, ils caressent l'espoir de devenir les porte-parole d'un domaine de recherche élargi en publiant, outre leur collection, une revue spécialisée ouverte à de nouvelles approches. Pourtant, tout comme la participation de plusieurs d'entre eux au réseau de recherche sur l'identité européenne consiste avant tout en la direction de groupes de travail relatifs à leurs domaines de compétences (les relations diplomatiques, les élites politiques et économiques et les institutions communautaires), la collection et la revue du Groupe restent largement axées sur ces compétences. Le renouvellement de quelques membres du Groupe lors de cette période (cf. tableau 10, page suivante) ne se traduit pas non plus par un renouvellement des perspectives et des méthodes de recherche : A. Deighton et A. Varsori, dont nous avons mentionné le groupe de travail sur les élites politiques au sein de réseau de recherche sur l'identité européenne, sont bien spécialistes des relations diplomatiques et il en va de même du Néerlandais Albert Kersten, un proche de A. Manning spécialiste de la politique extérieure des Pays-Bas[134].

Ainsi, en s'appuyant sur sa position de pionnier de l'histoire de l'intégration européenne bénéficiant de relations privilégiées avec la Commission européenne, le Groupe de liaison parvient plutôt à s'installer durablement à la tête de ce domaine spécifique. Du fait de la diversification des travaux consacrés à l'histoire de l'Europe, le revers de la médaille reste que les membres de ce groupe sont désormais loin de maîtriser l'ensemble de ce sous-champ de recherche. Malgré la participation de certains d'entre eux au réseau de recherche sur l'identité européenne, ils restent de plus assez isolés du reste de la discipline. Enfin, même en termes de rétributions, les avantages de la logique de spécialisation ont des limites.

---

d'histoire de l'intégration européenne, 1(1), p. 87-109 ; BUSSIÈRE Éric, 1997, « Les milieux économiques face à l'Europe au XXe siècle », *Revue d'histoire de l'intégration européenne*, 3(2), p. 5-21.
134. Cf. MANNING Adrian et KERSTEN Albert (dir.), 1976-1996, *Documenten betreffende de buitenlandse politiek van Nederland 1919-1945. Period C : 1940-1945*, La Haye, M. Nijhoff, 6 vol. Quant à R. Bullen et L. De Rosa, qui font un bref passage au Groupe de Liaison à l'occasion du colloque de 1987, ils travaillent respectivement sur le plan Schuman et l'histoire économique de l'Italie : cf. BULLEN Roger, 1984, « An Idea Enters Diplomay: The Schuman Plan, May 1950 », *in* Roger BULLEN, Hartmut POGGE von STRANDMANN et Antony POLONSKY (dir.), *Ideas into politics. Aspects of European history, 1880-1950*, Londres, Croom Helm, p. 193-204 ; DE ROSA Luigi, 1990, *L'avventura della storia economica in Italia*, Roma, Laterza.

Tableau 10. – les membres du Groupe de liaison entre 1989 et 1999*.

	Volume 3 de la collection du groupe (1989)	Volumes 4, 5 et 7 de la collection du groupe (1993, 1995, 1999)
RFA, puis Allemagne	LOTH Wilfried (université d'Essen)	LOTH Wilfried (université d'Essen)
	SCHWABE Klaus (Technische Hochschule d'Aix la Chapelle)	SCHWABE Klaus (Technische Hochschule d'Aix la Chapelle)
Belgique	DUMOULIN Michel (Université catholique de Louvain)	DUMOULIN Michel (Université catholique de Louvain)
France	GIRAULT René (université Paris 1 Panthéon-Sorbonne)	GIRAULT René (université Paris 1 Panthéon-Sorbonne)
	POIDEVIN Raymond (université Strasbourg 3)	POIDEVIN Raymond (université Strasbourg 3)
Irlande	KEOGH Dermot (université de Cork)	KEOGH Dermot (université de Cork)
Italie	SERRA Enrico (université de Bologne)	VARSORI Antonio (université de Florence)
	De ROSA Luigi (université de Naples)	
Luxembourg	TRAUSCH Gilbert (Centre universitaire de Luxembourg)	TRAUSCH Gilbert (Centre d'études et de recherches européennes Robert Schuman : CERE, Luxembourg)
Pays-Bas	MANNING Adrian (université de Nimègue)	KERSTEN Albert (université de Leyde)
Royaume-Uni	MILWARD Alan S. (LSE)	MILWARD Alan S. (LSE, puis IUE)
	WATT Donald Cameron (LSE)	DEIGHTON Anne (université d'Oxford)
	BULLEN Roger (LSE)	

* Cf. la liste des membres du Groupe dans chacun des ouvrages de sa collection. Notons que selon la *Revue d'histoire de l'intégration européenne*, G. Bossuat aurait rejoint le Groupe en 1998.

Les limites de la logique de spécialisation :
pour les historiens de l'IUE… et le Groupe de liaison

Pendant que le Groupe de liaison consolide sa position dans le domaine de l'histoire de l'intégration communautaire, au sein du département d'histoire de l'IUE, ce domaine de recherche déjà fragilisé dans les années 1980 continue de se marginaliser. Jusqu'au milieu des années 1990, il reste certes assez important. En 1988, le Néerlandais R. Griffiths prend en effet la tête du projet consacré à l'histoire politique et économique des débuts de l'intégration européenne entre 1950 et 1958 – remplaçant ainsi A. Milward qui regagne la LSE, mais contribue toujours à ce projet en tant que « professeur externe ». Le spécialiste allemand d'histoire économique W. Abelshauser les rejoint pour deux années, entre 1989 et 1991. Si les recherches qu'ils dirigent traitent notamment de l'Organisation de coopération et de développement économiques (OCDE) et de l'Accord général sur les tarifs douaniers et le commerce (GATT), elles se concentrent surtout sur les négociations des traités de Rome. Elles permettent ainsi, malgré l'essor d'autres approches historiographiques de l'Europe au sein de l'IUE, d'y pérenniser l'histoire de l'intégration européenne. Même si elles portent (tout comme les travaux menés sous l'égide du Groupe de liaison) aussi bien sur les échecs que sur les succès de la construction européenne, elles bénéficient de l'aide d'É. Noël, président de l'IUE entre 1987 et 1993 et défenseur, au sein de l'Institut, des recherches portant sur le processus d'intégration[135].

Néanmoins, après le départ d'É. Noël de l'IUE et son remplacement au début de l'année 1994 par le philosophe P. Masterson, les rapports annuels de l'IUE, qui exposaient jusque-là les travaux scientifiques de ses professeurs en les classant par axe de recherche et en insistant sur le fait que l'histoire de l'intégration européenne constituait un axe majeur, changent de présentation. Les recherches sont désormais exposées de manière individuelle, si bien que le fait qu'un seul professeur, R. Griffiths, se consacre à l'histoire de l'intégration devient plus visible. De plus, les travaux de cet historien ne sont plus présentés comme étant privilégiés. À son départ en 1995, c'est en outre A. Milward, déjà présent à l'IUE de 1983 à 1988, qui va revenir le remplacer, si bien qu'il n'y a pas vraiment de renouvellement des chercheurs dans ce domaine. Un centre dédié à la recherche postdoctorale sur l'UE est certes créé en 1993 afin de consolider les études sur cet objet au sein de l'IUE : le Centre Robert Schuman. À l'exception de l'historien finlandais Bo Stråth, qui y arrive en 1996 et va mener des recherches sur l'apparition en Europe d'un discours sur la flexibilité du travail, ce sont cependant des professeurs de science politique, de droit et d'économie qui y sont recrutés : ce centre est consacré aux questions contemporaines touchant l'UE[136]. De la sorte, si, à l'IUE, l'essor des recherches sur l'Europe au sens large ne concerne pas seulement le département d'histoire – mais aussi celui de droit notamment, où des

---

135. Cf. PALAYRET, 1998, p. 497.
136. Cf. IUE, 1988-1993, *Akademisches Jahr (1989/1990-1994/1995)*, Fiesole, Badia Fiesolana ; IUE, 1995-2000, *The President's Annual Reports (1994-1999)*, Luxembourg, OPOCE.

juristes non spécialistes de droit communautaire mènent des études de dimension européenne[137] –, la perte d'importance des recherches consacrées à l'intégration européenne est alors particulièrement marquante en histoire.

L'IUE reste un lieu essentiel pour l'histoire de l'intégration communautaire, mais c'est surtout grâce à la présence des AHUE à Florence. En centralisant et en rendant accessibles au public les archives historiques officielles des institutions communautaires, celles-ci sont devenues un monument incarnant le pouvoir européen. Malgré les nombreux retards dans le transfert de ces archives aux AHUE et l'exclusion de nombreux documents jugés confidentiels du dépôt, elles sont aussi devenues incontournables pour la recherche sur l'UE, notamment en histoire. Il faut dire que leurs fonds sont enrichis par d'autres types d'archives. Pour pallier les lacunes, les archivistes de Florence s'efforcent en effet de faire venir aux AHUE les archives d'autres organisations (par exemple celles du Mouvement européen) ; avec le soutien de la Commission européenne, ils encouragent le dépôt d'archives privées (en particulier celles de hauts fonctionnaires européens) et la collecte de témoignages d'anciens acteurs de la construction européenne qu'ils intègrent aux fonds des AHUE, leur conférant ainsi un statut d'« archives orales » officielles[138].

Or l'étude de l'essor de l'histoire orale est révélatrice d'une perte d'importance progressive des historiens de l'intégration communautaires de l'IUE non seulement par rapport à leurs collègues de l'IUE travaillant sur d'autres objets, mais aussi à ceux qui travaillent sur l'histoire de l'intégration communautaire dans les universités nationales et sont titulaires d'une chaire Jean Monnet. C'est à la fin des années 1980, alors qu'É. Noël arrive à la tête de l'IUE, que cet institut se joint à la Commission européenne pour favoriser le recueil de témoignages historiques au sujet de l'intégration. Il est vrai que plusieurs projets d'histoire orale du processus d'intégration voient justement le jour : en 1987, deux anciens acteurs de ce processus ayant chacun un projet de publication lancent des programmes d'interviews. Le premier, D. Spierenburg, ancien membre de la Haute autorité de la CECA, souhaite écrire l'histoire de cette institution en partenariat avec R. Poidevin (membre rappelons-le du Groupe de liaison). Leur projet s'appuie sur les archives officielles de la Haute autorité, des archives privées, mais aussi des entretiens menés avec des acteurs de l'époque. Il donnera lieu à la publication en 1993 d'un ouvrage préfacé par J. Delors, alors président de la Commission européenne. Le second, François Duchêne, ancien collaborateur de J. Monnet, souhaite quant à lui écrire une biographie de ce dernier. Son ouvrage, qui paraîtra en 1994, repose sur soixante-quatre entretiens menés entre 1987 et 1991 avec des personnes issues de l'entourage professionnel de J. Monnet – entretiens dont les transcriptions viendront rejoindre les fonds des AHUE[139]. Stimulés

---

137. Cf. JOERGES Christian et SCHMIDT Christoph, « Das Fach Rechtswissenschaften am Europäischen Hochschulinstitut », art. cité.
138. Cf. LE BOULAY, 2019.
139. Cf. POIDEVIN Raymond et SPIERENBURG Dirk, 1993, *Histoire de la Haute autorité de la Communauté européenne du charbon et de l'acier. Une expérience supranationale*, Bruxelles, Bruylant ; DUCHÊNE François,

par ces projets ainsi que par le soutien d'É. Noël et de la Commission, plusieurs chercheurs de l'IUE (en particulier R. Griffiths) mènent entre 1988 et 1993 des entretiens avec d'anciens acteurs de l'intégration européenne dans le cadre de leurs travaux de recherche. Par la suite, les interviews conservées aux AHUE ne sont pourtant pas menées par des professeurs à l'IUE, mais par des titulaires d'une chaire Jean Monnet : d'abord à titre individuel, puis, en 1998 et 1999, dans le cadre d'un véritable projet de recueil des « voix de l'Europe » (*Voices of Europe*) lancé par l'AJM avec l'appui du service des AHUE et ayant abouti à cent une interviews de représentants politiques, de diplomates et de hauts fonctionnaires anciennement engagés dans le processus d'intégration[140].

Déjà, dans les années 1980, le Groupe de liaison avait supplanté l'IUE, en particulier en luttant pour l'accès aux archives officielles des CE. Désormais, ce sont ainsi les historiens titulaires d'une chaire Jean Monnet qui deviennent les partenaires privilégiés de la Commission européenne pour la collecte de témoignages. Certes, l'usage de ces témoignages reste controversé auprès des historiens de la construction européenne et le plus souvent secondaire par rapport à celui des archives officielles. C'est cependant le signe que les historiens de l'IUE ne sont plus, décidément, les principaux alliés de la Commission pour la construction d'un récit de l'intégration communautaire – ni même des acteurs essentiels de l'institutionnalisation des archives historiques de l'UE, malgré la présence des AHUE à Florence. Certes, la proximité avec la Commission est elle aussi sujette à polémiques. Pourtant, cette situation est alors néfaste à la participation des historiens de l'IUE aux échanges scientifiques au sujet de la construction européenne. Quand, à l'occasion du quarantième anniversaire de la signature des traités de Rome en 1997, l'AJM organise une conférence réunissant des titulaires d'une chaire Jean Monnet en droit, en science politique, en économie et en histoire ainsi que des acteurs de la construction européenne, ni le Groupe de liaison ni l'IUE n'y participent officiellement. Pour le Groupe de liaison, c'est l'envers de la médaille de la création de ces chaires : l'AJM commence à faire de l'ombre au Groupe en tant que tel. Néanmoins, W. Loth, l'un de ses membres titulaires d'une chaire Jean Monnet, y est présent, ainsi que R. Poidevin, alors même que celui-ci ne bénéficie pas d'une telle chaire. Pour l'IUE, le préjudice est plus important. Son historien de l'intégration européenne, A. Milward, n'est pas non plus titulaire d'une chaire Jean Monnet et il est absent à cette conférence. Cet institut ne prend donc pas part au débat scientifique qui a alors lieu[141]. Ceci est en partie lié au fonctionnement de l'AJM : les chaires sont réservées aux universités nationales, si bien que les professeurs de l'IUE ne peuvent pas en bénéficier. On peut cependant penser que la politique d'ouverture thématique

---

1994, *Jean Monnet. The First Statesman of Interdependence*, New York/Londres, W. W. Norton ; la présentation des différentes séries d'interviews menées depuis 1987 dans l'onglet « Oral History » du site Internet des AHUE, [http://www.eui.eu/HAEU/EN/OralHistory.asp], consulté le 2 janvier 2019.

140. Cf. l'onglet « Oral History » du site Internet des AHUE, cité.

141. Cf. Commission européenne (dir.), 1999, *40 ans des traités de Rome ou la capacité des Traités d'assurer les avancées de la construction européenne. Colloque universitaire organisé à la mémoire d'Émile Noël, Rome, 26-27 mars*, Bruxelles, Bruylant.

de l'IUE et de son nouveau président fragilise aussi les liens de cet institut avec la Commission.

Si la proximité des historiens de l'intégration communautaire avec la Commission (à l'IUE ou au Groupe de liaison) fait peser sur ceux-ci le risque d'une histoire instrumentalisée et décrédibilisée, la prise de distance avec la Commission et le refus (ou l'impossibilité) de céder à ses exigences leur fait prendre le risque d'être exclus des espaces de discussion qu'elle contrôle et celui de ne pas bénéficier des rétributions symboliques et financières qu'elle distribue. Or les attentes de la Commission ont évolué. Dans les années 1970-1980, les efforts du personnel responsable de « l'information universitaire » pour sensibiliser les jeunes à la construction européenne les avaient conduits à soutenir, à travers l'IUE et le Groupe de liaison, la recherche sur l'histoire du processus d'intégration, avec l'idée que les chercheurs impliqués multiplieraient bientôt leurs enseignements à ce sujet et diffuseraient un « esprit européen ». Mais peu à peu, cette recherche s'est effectivement développée, rendant moins crucial aux yeux de la Commission le soutien qu'elle lui apporte. En 1990, la création de l'AJM marque un tournant de sa politique : la Commission souhaite désormais passer à une nouvelle étape et stimuler avant tout la diffusion de connaissances sur l'UE dans le plus grand nombre possible d'universités. En histoire, les liens qu'elle a tissés avec les membres du Groupe de liaison l'aident à mettre en place ce projet : elle sait qu'elle peut faire appel à eux pour le faire démarrer. Si les chaires Jean Monnet incitent ces historiens à privilégier une logique de spécialisation, pour eux, cette logique n'est payante, dans leur rapport à la Commission, que dans la mesure où ils acceptent de répondre aux attentes de cette institution : en enseignant l'histoire du processus d'intégration ou en réalisant des interviews avec des acteurs de ce processus. Le soutien apporté à leurs recherches, en revanche, est plutôt fragilisé, comme l'atteste une note du directeur général de la Commission responsable de la politique d'« information » envisageant de mettre fin au financement du Groupe de liaison[142].

Une reconfiguration à la croisée des champs scientifique, politique et économique

Du fait de grand nombre d'initiatives scientifiques que nous avons étudiées dans ce chapitre, il convient de revenir sur son objectif : étudier la reconfiguration du sous-champ de recherche que constitue « l'histoire de l'Europe » entre la fin des années 1980 et celle des années 1990, en ne se contentant pas d'une explication par le contexte politique, mais en questionnant aussi les conditions de production de cette histoire. Quelles sont les mutations majeures de ce sous-champ ? Des rapports de domination en son sein ? Quels rôles jouent les promoteurs de l'écriture de l'histoire de l'Europe dans ce cadre ? Enfin, quels sont les enjeux de cette écriture, non seulement pour ses promoteurs, mais aussi pour les historiens impliqués ?

---

142. Cf. CALLIGARO, 2013, p. 70.

Entre consolidation et éclatement

Ce qui frappe en premier lieu au fil de cette période, c'est la fin du quasi-monopole des historiens de l'intégration communautaire que nous avons étudié dans notre première partie et même la profusion d'entreprises collectives relatives à l'écriture de l'histoire de l'Europe ainsi que leur capacité à donner naissance à des discussions scientifiques, des publications et des offres de formations universitaires. Nous avons en effet examiné non moins de onze nouveaux réseaux scientifiques. À côté de l'IUE et du Groupe de liaison déjà existants, ils viennent enrichir l'écriture de l'histoire de l'Europe. Nous avons aussi mentionné dix-neuf formations universitaires : en France dix DEA, en Allemagne sept collèges doctoraux et deux centres universitaires accueillant des doctorants. Il n'est donc plus nécessaire d'aller dans un établissement de dimension internationale (l'IUE ou le Collège d'Europe) pour se former à la recherche historique sur l'Europe : l'espace scientifique transnational au sein duquel ce sous-champ de recherche s'est constitué dès 1976 a influencé les paysages universitaires nationaux. Quant aux collections éditoriales et séries d'ouvrages créées pendant cette période, nous en avons recensé dix-huit : en France cinq Histoires de l'Europe en plusieurs volumes et deux collections, en Allemagne deux séries en plusieurs volumes et cinq collections, auxquelles il faut encore ajouter quatre collections transnationales. Elles se distinguent de celles de la période précédente qui étaient dédiées à l'étude des puissances étatiques et de leurs relations extérieures (à l'exception de la collection du Groupe de liaison), car elles ont presque toutes pour ambition de fonder une « histoire européenne ».

Même si notre étude n'a pas pour objet l'enseignement secondaire, signalons le fait qu'au moment où la recherche sur cette histoire est en pleine expansion se pose aussi la question de son enseignement. Nous avons été amenés à mentionner les discussions liées aux remaniements des programmes scolaires en France et en Allemagne. En outre, trois nouveaux projets de manuels d'histoire européenne sont lancés à la fin des années 1980 ; contrairement à ceux que nous avons étudiés dans notre première partie, ils se concrétisent par des publications[143]. À partir de 1991, le Conseil de l'Europe relance quant à lui les activités relatives à l'enseignement de l'histoire qu'il avait mises entre parenthèse pendant la guerre froide ; en 1994, il crée en particulier une section « Histoire » au sein de son service responsable des questions éducatives ; elle lancera plusieurs projets pluriannuels, menés notamment en partenariat avec le GEI[144]. Désormais, les lieux clefs où s'écrit l'histoire de l'Europe (en particulier l'IUE ou les réseaux d'historiens professeurs dans des universités nationales) ne sont néanmoins pas les mêmes que ceux où est discuté son enseignement dans le secondaire. En effet, même si quelques

---

143. Cf. CARPENTIER Jean et LEBRUN François (dir.), 1990, *Histoire de l'Europe,* Paris, Le Seuil ; DELOUCHE Frédéric (dir.), *Histoire de l'Europe…, op. cit.* ; SCHULZE Hagen et PAUL Ina Ulrike (dir.), 1994, *Europäische Geschichte. Quellen und Materialien*, Munich, Bayerischer Schulbuch-Verlag.

144. Cf. Conseil de l'Europe, *Contre les stéréotypes et les préjugés…, op. cit* ; le site Internet de la division de l'enseignement de l'histoire du Conseil de l'Europe (nouvelle appellation de cette section depuis 2006) [http://www.coe.int/t/dg4/education/historyteaching/default_FR.asp?], consulté le 5 décembre 2019.

auteurs d'Histoires de l'Europe tels que les Français S. Berstein, C.-O. Carbonell, R. Girault et N. Roussellier, mais aussi l'Allemand Hagen Schulze, se mobilisent autour de cette question[145], les acteurs qui s'engagent à ce sujet sont en général des experts de l'enseignement secondaire.

Ainsi, l'histoire de l'Europe n'est plus marginale pour la discipline. Au contraire, elle est bien visible et correspond même, entre la fin des années 1980 et celle des années 1990, à un défi majeur. Si les multiples entreprises que nous avons étudiées consolident l'existence d'un sous-champ de recherche consacré à cette histoire, quelle est, cependant, la nature de ce « sous-champ » et en quoi celui-ci diffère-t-il de celui qui avait émergé à partir de 1976 ? Outre le fait qu'il s'institutionnalise désormais au niveau national, dans les universités et les maisons d'édition (et non plus seulement à l'IUE ou dans la seule collection du Groupe de liaison), on observe une seconde différence par rapport à la période précédente : c'est un sous-champ de recherche moins spécialisé et plus facilement accessible aux nouveaux entrants qui se dessine. En effet, même si une partie des historiens qui mettent en place des initiatives relatives à l'histoire de l'Europe sont dotés d'un capital international significatif et si quelques-uns ont déjà travaillé sur des objets « européens », un nombre non négligeable d'entre eux ne disposent désormais pas de telles ressources – nous l'avons vu notamment dans le cas des responsables de DEA en France ou de M. Borgolte en Allemagne. Il n'est en outre plus nécessaire d'être contemporanéiste et spécialiste des relations diplomatiques, d'histoire politique ou économique pour mettre en œuvre des projets relatifs à l'histoire de l'Europe.

Ceci est lié à une troisième évolution de ce sous-champ de recherche : l'importance nouvelle de l'objet Europe pour la discipline est liée au fait que l'ensemble des domaines de spécialités historiques contribuent à son étude – outre l'histoire d'après 1945, celle de tout le XXe siècle, du XIXe siècle et des époques moderne, médiévale et ancienne ; outre l'histoire politique et politico-économique, les histoires sociale, socio-économique, culturelle, religieuse ou démographique. Or pour ces domaines de spécialité, les bornes géographiques et temporelles de l'Europe ne sont pas données d'avance comme pour l'UE : appréhender l'Europe nécessite de mener une réflexion scientifique sur ce qu'est cet objet et une réflexion méthodologique sur les différentes manières d'écrire son histoire. Trois tendances générales se dessinent : l'intérêt pour l'histoire européenne longue, l'intégration des pays de l'Est à la conception de l'Europe et l'avènement de l'idée d'une « identité européenne ». Malgré tout, les propositions pour saisir l'histoire de l'Europe sont multiples et ce sous-champ de recherche est largement éclaté : notamment entre les études qui se focalisent sur une époque et celles qui retracent l'histoire européenne depuis les « origines » ; entre les études

---

145. Cf. BORNE Dominique et BERSTEIN Serge, « Les nouveaux programmes d'histoire des lycées », art. cité, p. 133-142 ; le site Internet du réseau Eurethno, cité ; JOUTARD Philippe (dir.), 1989, *Rapport de la mission de réflexion sur l'enseignement de l'histoire, la géographie, les sciences sociales*, Paris, ministère de l'Éducation nationale ; Roussellier, 1993 ; ROUSSELLIER Nicolas, " "Faire" l'histoire de l'Europe », art. cité ; SCHULZE Hagen et PAUL Ina Ulrike (dir.), *Europäische Geschichte…*, op. cit.

comparatives, celles qui mettent en lumière les échanges intra-européens et celles qui examinent les rapports de l'Europe au reste du monde ; ou enfin entre les études qui tentent de déterminer l'« identité », l'« héritage », la « culture » ou les « valeurs » européennes, celles qui se concentrent sur un groupe social tel que la bourgeoisie, les intellectuels, les étudiants ou les migrants et celles qui se concentrent sur un objet de recherche tel que la ville, l'espace public, la famille, les pratiques religieuses, la science, les guerres… Sans oublier les travaux sur l'histoire du processus d'intégration européenne qui se poursuivent. Dans ce cadre, les spécialistes de cette histoire ne perdent pas seulement leur quasi-monopole : désormais, ils ne sont même plus dominants. Cette évolution des rapports de domination au sein de ce sous-champ de recherche constitue un quatrième changement majeur.

Ces observations sont valables pour la France comme pour l'Allemagne. Certes, quelques spécificités nationales existent. Nous avons pu remarquer, en Allemagne, le rôle des fondations dans le financement de la recherche (en l'occurrence celui de la Fondation Volkswagen) ainsi que l'existence de nombreux collèges doctoraux, alors que ce sont surtout les DEA qui proposent des offres de formation à la recherche en France. Mais notre étude conforte globalement le constat de Rainer Bendick et d'É. François (2013, p. 141) : la recherche et l'enseignement supérieur de l'histoire convergent dans ces deux pays, ce qui est selon ces auteurs « [dû] pour une large part au travail effectué depuis plusieurs décennies par des institutions telles que l'Institut historique allemand et le Centre allemand d'histoire de l'art de Paris, l'Institut français d'histoire en Allemagne de Francfort, le Centre Marc-Bloch de Berlin et le CIERA de Paris ». Néanmoins, il faut souligner que malgré la volonté de nombre d'entreprises que nous avons étudiées de contribuer au rapprochement de l'Europe de l'Ouest et de l'Est et les efforts réalisés pour intégrer des historiens des pays de l'Est à ces entreprises, en Allemagne, ce sont très majoritairement des historiens issus de l'Allemagne de l'Ouest qui y participent.

Quoi qu'il en soit, l'histoire de l'Europe était au départ un domaine de spécialité bien défini et relativement homogène – elle se résumait quasiment à l'histoire de l'intégration, ses pionniers étaient tous issus de l'histoire des relations internationales et ils cultivaient un intérêt commun pour l'étude des élites politiques et économiques et celle des archives officielles –, et elle est devenue fortement disparate. À ce titre, la situation est comparable à celle qui existe dans d'autres disciplines. Par exemple en droit, où des juristes non spécialistes de droit communautaire se penchent sur les effets du système juridique européen ou mènent des études dans plusieurs pays européens[146]. Ou encore en science politique : lorsqu'ils ont analysé les cours universitaires relatifs à l'Europe dans leur discipline en France, les politistes Didier Georgakakis et Andy Smith (2004, p. 12)

---

146. Cf. JOERGES Christian et SCHMIDT Christoph, « Das Fach Rechstwissenschaften am Europäischen Hochschulinstitut », art. cité.

ont constaté que les thématiques européennes étaient « présentes au sein d'un ensemble de cours très divers »[147].

En un sens, cet essor des travaux sur l'histoire de l'Europe est un atout pour ce sous-champ de recherche. Alors qu'il fonctionnait jusque-là presque en vase-clos avec la Commission européenne, il est désormais visible socialement. Mais dans le même temps, comme le notent D. Georgakakis et A. Smith (2004, p. 12) pour le cas de la science politique, le traitement hétéroclite de l'Europe par de multiples (enseignants-) chercheurs « ne va pas dans le sens de la formation d'une sous-discipline ». En nous inspirant des travaux de la sociologue I. Baszanger (1990, p. 262, 257 et 272), nous pouvons souligner qu'en histoire, l'Europe « n'appartient plus à aucune spécialité » et que ses historiens « ne sont pas [...] en état de produire des standards de pratiques stables et homogènes », c'est-à-dire « une définition collective de ce qui est (ou devrait être) » l'écriture d'une histoire de l'Europe.

Les uns et les autres tentent bien de maîtriser le développement de ce sous-champ de recherche, à commencer par les membres du Groupe de liaison. Néanmoins, nous avons pu constater que ce groupe mise finalement surtout sur ses compétences initiales et sa proximité avec la Commission européenne. D'autres historiens tentent de devenir les « porte-parole » de ce sous-champ et d'en définir les normes : en défendant une approche méthodologique au sein d'une collection éditoriale, en créant des formations universitaires ou encore en publiant des articles ou des ouvrages programmatiques[148]. Cependant, le grand nombre de ces initiatives aboutit en réalité à l'éclatement que nous avons décrit.

Parmi les tentatives de définition de normes, nous nous sommes particulièrement penchés sur celle de contemporanéistes français réfutant l'existence d'une histoire « européenne » dans l'Antiquité ou au Moyen Âge. Comme nous l'avons montré, les seules normes communes auxquelles aboutissent la controverse scientifique qu'ils initient (ainsi que les réflexions méthodologiques menées en Allemagne comme en France) sont le rappel quasiment permanent de la diversité de l'Europe et le rejet des récits téléologiques. Ces discours, pour reprendre les termes de B. François (1990, p. 102), permettent aux historiens de « donner une image savante de leur pratique qui soit recevable par leurs pairs ». Même si la plupart des formations diplômantes et plusieurs collections sont mises en place dans un cadre purement national, une norme s'est aussi imposée selon laquelle travailler sur des objets « européens » implique quasiment de mettre en place des réseaux de recherche internationaux. Comme le souligne la sociologue Ioana Popa (2007, p. 117 et 123-124), cette norme qui concerne tous « [les] savoirs et [les] productions scientifiques qui relèvent du domaine des

---

147. Le politiste américain J. KEELER (2005, p. 551) note aussi la grande diversification des études sur l'UE depuis les années 1990.
148. Nous avons déjà mentionné NORA Pierre, « Les "lieux de mémoire" dans la culture européenne », cité ; ROUSSELLIER, 1993 ; BOSSUAT Gérard, « Des lieux de mémoire pour l'Europe unie », art. cité. Cf. aussi notamment DUCHHARDT Heinz et KUNZ Andreas (dir.), 1997, *"Europäische Geschichte" als historiographisches Problem*, Mayence, Philipp von Zabern.

études européennes » est « favorisée par des politiques publiques de coopération [scientifique internationale], initiées à l'échelle nationale [ici en particulier par le programme "Intelligence de l'Europe" du ministère français de la Recherche[149]] ou européenne [en particulier par la division de la Commission européenne responsable de "l'information universitaire", l'IUE, le Collège d'Europe et l'ESF] ». De fait, notre étude montre le rôle essentiel que jouent les promoteurs de cette histoire.

La multiplication des promoteurs de l'histoire de l'Europe

L'engouement pour l'histoire de l'Europe est indéniablement lié à la conjoncture politique : en particulier à la chute du monde communiste et au pouvoir croissant des institutions communautaires. Il est le reflet d'un regain d'intérêt pour l'Europe dans l'espace public et notamment le reflet des débats politiques, médiatiques et scientifiques sur l'avènement d'une Europe unie ainsi que sur l'« identité » et la « conscience » européennes. Mais comment de tels enjeux politiques conduisent-ils à l'institutionnalisation d'un sous-champ de recherche élargi, relatif à l'histoire de l'Europe et non plus seulement à celle de l'intégration communautaire ? Notre étude, loin de se contenter d'invoquer le « contexte » politique, permet de répondre plus précisément à cette question : si les projets collectifs dans ce domaine se multiplient et si la vision de l'Europe qui en ressort évolue, c'est d'abord de manière étroitement liée au gain d'influence de nouveaux acteurs promouvant cette histoire indépendamment de la Commission européenne. En d'autres termes, c'est non seulement l'Europe qui change, mais aussi, simultanément, les conditions concrètes dans lesquelles sont produits les savoirs historiques sur cet objet ; et ce sont ces éléments cumulés qui permettent à l'histoire de l'Europe de connaître un essor aussi spectaculaire.

Parmi les promoteurs de l'histoire de l'Europe, la Commission européenne joue toujours un rôle essentiel. Elle continue de financer les colloques du Groupe de liaison et encourage (même *a minima*) la création de sa revue scientifique. Elle soutient aussi en partie les activités du réseau de recherche sur l'identité européenne, parraine le Collège d'Europe, met en place l'AJM, stimule les activités des AHUE (notamment plusieurs programmes dont l'objectif est de recueillir les témoignages d'acteurs historiques de la construction européenne) et organise une conférence pour célébrer le quarantième anniversaire de la signature des traités de Rome. Ce faisant, elle poursuit son activité de promotion de l'histoire de l'intégration telle que celle-ci a été conçue depuis le milieu des années 1970 : une histoire-récit se concentrant sur la période postérieure à 1945, les institutions et les élites politiques et économiques. Certes, les projets qu'elle soutient ne se

---

149. Même si nous n'avons pas étudié en détail les financements proposés par la Fondation allemande Volkswagen, notons qu'au cours des années 1990, celle-ci soutient elle aussi de plus en plus de projets internationaux relatifs à l'histoire de l'Europe. Cf. VOLKSWAGEN STIFTUNG, 1989-1999, *Bericht*, Göttingen, Vandenhoeck & Ruprecht.

limitent pas tous à cette histoire. Ils permettent néanmoins chacun, au moins partiellement, de l'enrichir et/ou de diffuser des connaissances à ce sujet.

Peu à peu à partir de la fin des années 1980, d'autres acteurs politiques s'engagent cependant en faveur de la recherche sur l'« histoire européenne » ou de sa diffusion. Contrairement à la Commission européenne, ils sont ouverts à des approches variées reflétant notamment les débats publics. Différents ministères, notamment français et allemands, soutiennent ainsi les activités du réseau de recherche sur l'identité européenne. En France, le ministère de la Recherche cautionne la multiplication des DEA dédiés à l'histoire de l'Europe ; à travers son programme « Intelligence de l'Europe », il soutient aussi des réseaux de recherche étudiant les relations intra-européennes entre migrants, universitaires, étudiants ou acteurs du monde éducatif. À travers l'action du CNL et de sa Librairie européenne des idées, le ministère de la Culture encourage quant à lui financièrement des publications relatives à l'histoire et la culture de l'Europe. En Allemagne, la DFG finance des collèges doctoraux au sein desquels de jeunes chercheurs se spécialisent dans le domaine de l'histoire culturelle ou sociale de l'Europe, et ce pour toutes les époques. Le soutien financier du gouvernement fédéral et des *Länder* à l'histoire européenne ne passe donc plus seulement par l'action de la Fondation Volkswagen – qui propose d'ailleurs de plus en plus de financements dans ce domaine à partir de 1989[150] et soutient notamment à partir de 1998 un Centre d'histoire comparée de l'Europe ayant pour ambition de penser dans un même cadre l'histoire de l'Ouest et celle de l'Est. Enfin, au niveau européen, il faut noter le rôle du Conseil de l'Europe : celui-ci agit surtout en faveur de l'enseignement de l'histoire de l'Europe dans le secondaire, mais il contribue aussi, dans ce cadre, à l'écriture d'un ouvrage en deux volumes retraçant l'*Histoire européenne de l'Europe* depuis les « origines »[151].

La période allant de la fin des années 1980 à la fin des années 1990 est également marquée par le rôle des acteurs économiques dans l'essor de l'histoire de l'Europe. La création de collections consacrées à cette histoire au sein de nombreuses maisons d'édition montre à quel point celles-ci sont intéressées par l'exploitation de l'actualité de la question européenne : l'Europe est devenue l'objet d'une concurrence commerciale. La commande par les éditions Siedler d'une série d'ouvrages sur l'histoire de l'Europe montre notamment comment un éditeur peut encourager des historiens à rédiger de tels ouvrages. Comme le rapporte le médiéviste Pierre Monnet, des éditeurs peuvent même inciter des auteurs à mettre en avant l'aspect « européen » d'une publication ou son lien avec le processus de construction européenne récent : la revue grand public *L'Histoire* a ainsi choisi en 1996 d'intituler l'un de ses articles sur le denier carolingien « Monnaie européenne : elle a existé au Moyen Âge »[152]. Au-delà de ce rôle incitatif, l'intérêt des maisons d'édition pour l'histoire de l'Europe permet à

---

150. Outre son soutien au ZVGE, on peut noter la multiplication de ses axes de financement destinés à des recherches historiques sur l'Europe (*ibid.*).
151. Carbonell Charles-Olivier (dir.), *Une histoire européenne de l'Europe*, op. cit.
152. Entretien avec P. Monnet, 2007.

des historiens de mettre en œuvre des projets restés jusque-là inaboutis faute de promoteur. Le cas de J. Le Goff et de sa collection « Faire l'Europe » est particulièrement frappant, mais la collection « Europäische Geschichte » de W. Benz avait elle aussi été pensée dès le début des années 1980[153]. Le fait que l'histoire de l'Europe puisse être saisie comme source de profit en raison de l'importance acquise par la question européenne dans les débats publics constitue donc l'un des facteurs expliquant son essor. Ceci contribue en particulier à l'émergence de différentes formes d'écriture de cette histoire, indépendamment des préoccupations et du soutien de la Commission européenne. Nous rejoignons ici l'historien Claude Langlois (1995, p. 118), qui souligne que les historiens sont tributaires des politiques des maisons d'édition.

Celles-ci ne sont cependant pas les seuls acteurs économiques à participer à des initiatives de ce type. Le projet, lancé en 1997, d'un Musée de l'Europe qui exposerait à Bruxelles « Mille ans de construction européenne[154] » est révélateur de la conjonction d'intérêts qui peut être à l'origine d'un tel projet. Animé par des scientifiques (parmi lesquels le médiéviste d'origine polonaise K. Pomian, qui avait déjà participé en 1985 au projet d'histoire européenne initié par G. Duby), celui-ci était porté par des acteurs privés (en particulier la société Tempora et le directeur des éditions belges Fonds Mercator) et soutenu par deux ministres d'État belges (Antoinette Spaak et Karel van Miert, ce dernier ayant aussi été Commissaire européen). Il est vrai qu'à son enjeu scientifique, qui s'est manifesté par l'organisation de colloques sur l'histoire de l'Europe, s'ajoutait non seulement un objectif d'ordre politique, « contribuer à l'avènement d'une conscience civique européenne », mais aussi un enjeu économique : l'« accroissement du potentiel touristique de Bruxelles[155] ».

Outre des acteurs politiques et économiques, nombre d'institutions scientifiques contribuent à l'essor de l'« histoire européenne ». D'abord, l'action des acteurs jusque-là relativement effacés derrière la Commission européenne et sa promotion de l'histoire de l'intégration s'amplifie. L'ESF, qui regroupe des organismes scientifiques nationaux, subventionne ainsi non plus des études comparant les différentes histoires nationales, mais plutôt des recherches portant sur l'Europe et sa culture. Le Collège d'Europe, qui n'avait pas proposé de cours d'histoire depuis 1985, invite de nouveau des historiens à y enseigner. Quant à l'IUE, outre son partenariat avec la Commission européenne en faveur du développement de l'histoire de l'intégration communautaire et en particulier des « archives orales » sur ce sujet, le remplacement de son président É. Noël par P. Masterson, un universitaire moins proche de la Commission, favorise des questionnements relatifs au « processus de civilisation » de l'Europe depuis le Moyen Âge ou à la notion d'« européanité ». De surcroît, de nouveaux acteurs scientifiques encouragent l'écriture de l'histoire de l'Europe : outre la DFG, en Allemagne, qui offre des subventions à des collèges doctoraux

---

153. Cf. HOMMEN Tanja et PEHLE Walter H. (dir.), *Europa entdecken…*, *op. cit.*, p. 8.
154. C'est le titre du premier chapitre de l'ouvrage issu du premier colloque organisé par cette association en 1999 : BARNAVI Élie (dir.), 2001, *Les frontières de l'Europe,* Bruxelles, De Boeck.
155. Cf. CHARLÉTY, 2004, p. 164 et 154.

dans ce domaine, il ne faut pas oublier le rôle des universités qui accueillent les formations à la recherche que nous avons mentionnées ainsi que des colloques sur le thème de l'histoire de l'Europe.

L'âge d'or de l'histoire de l'Europe va ainsi de pair avec une multiplication et une diversification de ses promoteurs. Néanmoins, il ne saurait être question ici d'histoire imposée d'en haut dans la mesure où nombre d'historiens sont actifs dans la genèse et la conception de politiques en faveur de l'histoire européenne. Ceci est particulièrement frappant dans le cas des membres du Groupe de liaison, qui continuent d'entretenir des relations étroites avec la Commission européenne : ils ne se contentent pas de répondre à la politique de cette institution en faveur de l'histoire de l'intégration, mais profitent de leurs liens privilégiés avec elle pour encourager cette politique, en s'assurant par exemple que des chaires Jean Monnet sont bien créées dans leur discipline. L'influence des historiens sur les promoteurs de l'histoire européenne peut cependant prendre d'autres formes. L'âge d'or de l'histoire de l'Europe va même de pair avec une diversification des formes de relation entre ses promoteurs et ses historiens.

À côté des relations étroites qu'entretiennent les spécialistes de l'intégration avec la Commission européenne, les relations intermédiées par des passeurs qui occupent des positions dans différents espaces sociaux prennent en particulier de l'importance. Certes, P. Garrigue avait déjà joué un rôle d'intermédiaire dans la commande (avortée) d'un manuel d'histoire européenne par le ministère français de l'Éducation nationale à la fin des années 1970. Mais désormais, l'historien P. Nora, qui dirige la Librairie européenne des idées, joue un rôle essentiel d'intermédiaire entre des historiens, des éditeurs et le ministère français de la Culture et en Allemagne, R. Habermas et W. H. Pehle servent d'interface entre la maison d'édition Fischer et des historiens prêts à se lancer dans une écriture de l'histoire de l'Europe. Ce type de situation n'est pas sans rappeler la figure du « marginal-sécant » définie par le sociologue Haroun Jamous : celle-ci correspond à des acteurs qui jouent un rôle déterminant « d'intermédiaire et d'interprète entre des logiques d'action différentes, voire contradictoires » en raison de leur position singulière, à l'intersection de plusieurs champs[156]. Pourtant, malgré leur parcours atypique, les acteurs que nous venons de citer ne peuvent pas être assimilés à cette figure, car H. Jamous étudie le cas d'acteurs que leurs positions singulières rendent marginaux. Or les multiples positions de P. Nora lui assurent du prestige sans le rendre marginal. Quant à R. Habermas et W. H. Pehle, leur parcours est simplement lié au marché du travail des docteurs en Allemagne : ceux-ci sont nombreux à faire carrière en dehors de l'Université.

Nous avons aussi examiné des relations qu'on peut qualifier de bureaucratiques, car elles reposent sur des appels à projets auxquels les chercheurs doivent candidater en suivant une procédure administrative prédéfinie (auprès de la Fondation Volkswagen, de l'ESF, du ministère français de la Recherche, de la DFG ou de l'AJM) et sont donc bien plus impersonnelles que les autres types

---

156. À propos de ce concept d'H. Jamous, cf. CROZIER et FRIEDBERG, 1977, p. 73.

de relations. Dans ce cas de figure, l'influence des historiens est moindre : rien n'indique par exemple que des chercheurs aient joué un rôle quelconque dans le lancement en 1989 du programme « Intelligence de l'Europe ». Ces relations sont même largement asymétriques, puisqu'elles reposent sur une logique de concurrence qui permet aux organismes de financement de piloter la recherche non seulement en définissant les thèmes pouvant donner lieu à des subventions, mais aussi en sélectionnant, parmi les candidats, les équipes de recherche ou les enseignants qui pourront accéder à ces subventions. Pour les chercheurs, exercer une influence dans ce cadre reste cependant possible. Comme nous l'avons souligné, les modalités de l'AJM – qui prend bien la forme d'un appel à candidatures – sont ainsi discutées conjointement en amont par le Groupe de liaison et des fonctionnaires de la Commission européenne.

Quelle que soit la forme des nouvelles coopérations qui s'établissent entre le monde historien et des acteurs qui lui sont extérieurs, cette étude met en lumière leur importance : elles favorisent l'écriture et la diffusion de multiples histoires de l'Europe. C'est en effet la rencontre d'attentes venant de nombreux acteurs politiques et privés, de réflexions savantes portant sur la manière de saisir scientifiquement l'histoire de l'Europe et d'enjeux disciplinaires relatifs à la position de tel ou tel courant historiographique au sein de la discipline qui donne lieu à la conception d'un grand projet : fonder une « histoire européenne ».

Fonder une « histoire européenne » : un enjeu scientifique, politique, économique, mais aussi disciplinaire

Malgré leur hétérogénéité, les différentes initiatives que nous avons analysées affichent une ambition commune : fonder une histoire de l'Europe tournant le dos aux histoires nationales. Cette ambition est tout d'abord d'ordre scientifique : il s'agit de proposer une réflexion sur la question européenne. Tout comme des historiens des relations internationales ont fondé l'histoire de l'intégration européenne à un moment où cette intégration les incitait à repenser leur spécialité (les relations entre États-nations), les débats publics sur l'Europe et son identité ainsi que l'effondrement du monde communiste mettent des historiens issus de l'ensemble des courants historiographiques au défi d'écrire une histoire de l'Europe. Nombre de ceux qui s'emparent d'un objet d'étude pour en faire un objet « européen » se justifient d'ailleurs sur le plan scientifique en soulignant le caractère innovant de leurs recherches. R. Girault présente ainsi les travaux de son réseau de recherche sur l'identité européenne en insistant sur le fait que « Ce sont des terrains encore peu balisés. […]. Sans nul doute voici un travail de pionniers[157]. » De même, M. Borgolte lance sa collection dédiée à l'Europe au Moyen Âge en rappelant que les médiévistes ont rarement mené des études de « dimension européenne » ou posé la question du « périmètre de l'Europe »[158].

---

157. GIRAULT René, « Avant propos », *in* René GIRAULT (dir.), *Identité et conscience européennes au XXe siècle*, *op. cit.*, p. 7.
158. Cf. BORGOLTE Michael, « Vorwort des Herausgebers », cité, p. 5 ; nous traduisons.

Si fonder une histoire européenne est aussi un enjeu économique, en particulier pour les éditeurs, c'est pour beaucoup essentiellement un enjeu d'ordre politique. Nombre d'historiens le soulignent eux-mêmes. Il s'agit de doter l'Europe (pour certains, l'UE, pour d'autres, un espace ou une société aux contours plus flous) d'un récit historique. Même si cela peut être formulé différemment selon les cas, en s'interrogeant sur les échanges intra-européens ou sur la notion d'identité européenne et/ou en révélant un « héritage commun » ou une « culture européenne » historique, des historiens tentent de comprendre ce qui constitue cet espace, cette société – voire, pour reprendre les mots d'un projet de l'IUE, de mettre en lumière un « processus de civilisation propre ».

Quelques-unes des initiatives que nous avons étudiées se concentrent pour ce faire sur l'Europe de l'Ouest[159], mais nombreuses sont celles qui veulent contribuer au rapprochement des deux parties du continent. C'est l'un des objectifs essentiels du collège doctoral berlinois consacré à « La nouvelle Europe », du ZVGE, également berlinois, et d'un programme scientifique international sur la transformation du monde romain financé par l'ESF. Mais c'est aussi celui d'autres projets qui, tout en se focalisant sur d'autres aspects, s'efforcent d'intégrer des historiens issus des pays de l'Est, ou du moins de tenir compte de l'histoire de ces pays et de leurs relations avec ceux de l'Ouest. Plusieurs historiens français et allemands engagés dans l'écriture d'une histoire de l'Europe soulignent aussi le fait que depuis l'éclatement du monde communiste, l'Est et le Sud-Est de l'Europe sont le théâtre d'un regain de nationalisme qui incite à se pencher sur les racines historiques de l'Europe[160].

La quête d'une histoire européenne est parfois aussi présentée comme un moyen de favoriser le processus d'unification communautaire, en particulier en faisant « prendre conscience » aux citoyens de l'unité de l'Europe. Même si ce type de discours est présent en Allemagne[161], il est surtout invoqué par des historiens français dans les années qui précèdent et celles qui suivent le référendum sur le traité de Maastricht. Dès 1991, J.-B. Duroselle déclare espérer que son ouvrage *L'Europe. Histoire de ses peuples* « permettra de montrer que, grâce aux racines très profondes de notre Europe, l'œuvre de création, qui a commencé, peut être continuée et peut […] aboutir aux résultats efficaces [qu'il] souhaite[162] ». La même année, R. Girault s'interroge sur la possibilité, pour des historiens, de contribuer au « bel objectif » que représente l'Europe politique en étudiant le « passé européen » et notamment l'« identité européenne »[163].

Cette affirmation par quelques historiens d'une volonté d'aider à unifier l'Europe ne les empêche pas d'être critiques à l'égard des politiques de l'UE.

---

159. C'est le cas du réseau de recherche sur l'identité européenne jusqu'en 1995 et du collège doctoral de l'université de Trèves.
160. Cf. notamment BERG Dieter, « Vorwort des Herausgebers », cité, p. 7.
161. Cf. *Ibid.*
162. Cf. TISON Hubert, 1991, « À propos de l'Histoire de l'Europe, une passion toujours renouvelée. Entretien avec Jean-Baptiste Duroselle », *Historiens et Géographes*, n° 330, p. 257-258.
163. GIRAULT René, « L'Europe des historiens (1991) », *in* René GIRAULT (recueil de textes), *Être historien des relations internationales*, *op. cit.*, p. 350.

R. Girault fustige ainsi les directives « libérales » de Bruxelles dans les domaines économiques et sociaux, qui s'éloigneraient de « ce que furent les idéaux proclamés [...] en ces domaines au sortir de la Seconde guerre mondiale[164] ». Et quand en 1993, J.-B. Duroselle publie une nouvelle version de *L'Europe. Histoire de ses peuples* dans laquelle il ajoute un chapitre analysant les conséquences de l'effondrement du communisme et de la signature du traité de Maastricht, il s'y montre très critique à l'égard de ce traité et du fonctionnement des institutions européennes : il accuse « le système » de ne pas être démocratique du fait du faible pouvoir du Parlement européen, la Commission européenne d'exercer « une dictature incontrôlée » et « l'Europe de Bruxelles » d'être « plus autoritaire, exigeante et close que libérale, tolérante et ouverte »[165]. L'affinité de ces historiens avec le processus d'intégration s'est donc effritée en comparaison avec ce que nous avons pu observer lors de notre étude de l'émergence de l'histoire de ce processus au milieu des années 1970. Leur approche scientifique est, de reste, moins conforme aux attentes de la Commission européenne que celle de nombre de leurs collègues spécialistes des relations internationales.

Quoi qu'il en soit, la quasi-totalité des projets que nous avons étudiés revendiquent ainsi d'une manière ou d'une autre le fait que l'écriture d'une histoire de l'Europe constitue un enjeu politique. Or la manière dont les historiens abordent cet enjeu est liée à leur position dans la discipline. Ce sont ainsi avant tout les spécialistes du XXe siècle et en particulier ceux du processus d'intégration communautaire qui font directement référence à ce processus. Si le rapprochement entre l'Est et l'Ouest de l'Europe est considéré par beaucoup comme un enjeu majeur, ce sont surtout des historiens berlinois ayant fait jusque-là de l'Europe de l'Ouest ou de l'Est leur domaine de spécialité qui s'engagent en faveur d'un tel rapprochement. Et ce n'est pas un hasard si D. Berg, en tant que médiéviste, déclare que l'unification européenne et le regain des nationalismes rendent l'étude des racines historiques de l'Europe opportune[166].

L'ambition d'écrire une histoire européenne est en effet également d'ordre disciplinaire. En créant des réseaux de recherche, des formations ou des collections spécialisées dans un domaine précis (que ce soit en histoire économique, culturelle, sociale, démographique ou religieuse, en histoire contemporaine, moderne ou médiévale) ou encore en participant à des projets d'envergure plus large (par exemple en publiant un volume d'histoire économique dans une collection dédiée à l'histoire de l'Europe), les historiens impliqués cherchent à fonder un nouveau domaine de recherche au sein de leur courant historiographique et à affirmer son importance pour la compréhension de l'Europe ou la formation de citoyens européens. En d'autres termes, ils tentent de consolider leur position au sein de la discipline en investissant le sous-champ de recherche qu'est l'histoire de l'Europe. H. Kaelble écrit notamment que l'ouvrage qu'il dirige et qui expose les

---

164. GIRAULT René, 1996, « Préface », *in* Gérard BOSSUAT, *L'Europe des Français : 1943-1959. La IVe République aux sources de l'Europe communautaire*, Paris, Publications de la Sorbonne, p. 13.
165. DUROSELLE Jean-Baptiste, 1993 (1990), *L'Europe. Histoire de ses peuples*, Paris, Perrin, p. 630 et 632.
166. Cf. BERG Dieter, « Vorwort des Herausgebers », cité, p. 7.

recherches sur la « société européenne » menées dans le cadre du réseau fondé par R. Girault « tente de renforcer l'histoire sociale européenne comparative comme domaine de recherche parmi les historiens européens[167] ». Quant aux spécialistes d'histoire moderne, médiévale ou ancienne, se pencher sur un objet pouvant être présenté comme pertinent pour l'actualité peut les aider à défendre leur légitimité et à se protéger de l'ombre que leur fait l'histoire du XXe siècle.

L'Europe est ainsi devenue un objet convoité et même disputé par un grand nombre de spécialités, qui revendiquent chacune une expertise et une légitimité à écrire son histoire, voire affirment que celle-ci est leur domaine réservé, à l'image des contemporanéistes qui rejettent l'idée d'une Europe ayant ses origines dans les temps anciens. Plusieurs initiatives sont pourtant ouvertes à un large éventail d'approches historiographiques et/ou reposent sur la collaboration de spécialistes de différentes époques historiques. Elles tentent de fonder un sous-champ de recherche, l'« histoire européenne », qui surplombe la discipline. La *Revue d'histoire de l'intégration européenne* du Groupe de liaison avait d'ailleurs aussi pour objectif initial de rassembler et de contrôler l'ensemble de la recherche qui traite de cette histoire pour la période contemporaine, toutes approches confondues – avant de se focaliser finalement avant tout sur l'histoire diplomatique, institutionnelle et économique de l'intégration.

Afin de mieux saisir cette période pendant laquelle de nombreux chercheurs se lancent dans l'écriture d'une histoire de l'Europe et de rendre compte du fait que ce sous-champ de recherche s'épanouit aussi parce qu'il devient attractif en termes de stratégie de carrière, nous pouvons conclure ce chapitre en revenant, à titre d'exemple, sur la trajectoire de G. Bossuat. Après avoir soutenu en 1988 une thèse sous la direction de R. Girault consacrée à l'influence sur la France de l'aide américaine entre 1944 et 1949, il a orienté ses recherches sur la politique de la France en matière d'intégration européenne dans le cadre d'un mémoire d'habilitation. Or il nous a confié avoir préféré cet objet de recherche à celui des relations franco-américaines parce qu'il promettait davantage d'« opportunités de carrière ». Il dit aussi s'être « greffé » sur la relation qu'entretenait R. Girault avec J. Lastenouse, responsable de « l'information universitaire » au sein de la Commission européenne. C'est ainsi qu'il obtient une chaire Jean Monnet dès 1990 et qu'il reprend en 1995, en collaboration avec un autre disciple de R. Girault, R. Frank, la direction du réseau de recherche sur les identités européennes[168]. On voit là que l'Europe est considérée à cette époque comme un objet de recherche plein d'avenir.

---

167. Cf. KAELBLE Hartmut (dir.), *The European way…*, *op. cit.*, p. 6 ; nous traduisons.
168. Cf. notre entretien avec G. Bossuat, 2011 et la notice qui lui est consacrée dans DUCHENNE Geneviève et DUMOULIN Michel (dir.), « Répertoire des chercheurs et de la recherche en histoire de la construction européenne », cité, p. 27-30.

4

L'essor des politiques européennes de la mémoire et ses effets depuis la fin des années 1990

Le chapitre précédent a montré comment, de la fin des années 1980 à la fin des années 1990, un grand nombre d'activités relatives à l'écriture de l'histoire de l'Europe ont été lancées pour répondre à un enjeu politique : l'avènement d'une Europe unie. Qu'est-il advenu de cet âge d'or une fois passée l'euphorie suscitée par la chute du Mur de Berlin ; à l'heure où l'élargissement de l'UE rapproche celle-ci de l'Europe au sens large ; où cet élargissement conduit responsables politiques européens et historiens à prendre position à propos du « rideau de fer mémoriel » qui oppose l'Ouest et l'Est de l'Europe – car « à la différence d'un Européen de l'Ouest, la date du 8 mai 1945 représente moins pour un Letton ou un Hongrois la libération du joug nazi que le début de l'occupation soviétique » (Droit, 2007, p. 103) ; à l'heure où le projet de Constitution européenne et son rejet par référendum en France et au Pays-Bas ravivent la question du rapport des citoyens à l'UE et où les discours sur la « crise » de l'UE se multiplient ; où la question de l'adhésion de la Turquie à l'UE s'intensifie dans les débats publics ; où le processus de Bologne engagé en 1999 tente d'harmoniser les systèmes universitaires européens et, enfin, à l'heure où les sciences humaines et sociales, dont l'histoire, se voient ouvrir l'accès à l'imposant système de financement de la recherche de l'UE que sont les PCRD ? C'est à cette question que ce chapitre tente de répondre.

L'intérêt pour l'histoire de l'Europe reste assurément important après la fin des années 1990. Tout d'abord, des dispositifs de formation à la recherche continuent de voir le jour dans ce domaine. En France, quand la réforme des universités liée au processus de Bologne a fait disparaître les DEA au profit de masters de recherche en 2004 et 2005, plusieurs masters consacrés à l'histoire de l'Europe ou de l'intégration communautaire ont été créés[1] (dans un contexte international de multiplication des cursus universitaires dédiés aux questions européennes)[2]. En Allemagne, des masters similaires ont été mis en place à partir de 2003[3] ; de

---

1. Cf. CPU, 2000-2012, *Annuaire national des Universités*.
2. Si l'on considère l'ensemble des pays de l'UE, au milieu des années 2000, ces cursus (disciplinaires ou multi-disciplinaires) étaient au nombre de 305 (BEICHELT *et al.*, 2006, p. 13).
3. Cf. HOCHSCHULREKTORENKONFERENZ, 1997-2004, *Studienangebote deutscher Hochschulen: Studiengänge zum ersten berufsqualifizierenden Abschluss*, Bielefeld, Bertelsmann ; Bund-Länder-Kommission für Bildungsplanung et Bundesagentur für Arbeit, 2005, *Studien- & Berufswahl: Informationen und Entscheidungshilfen*, Nürnberg, Willmy Consult & Content.

nouveaux collèges doctoraux dédiés à ces objets ont aussi vu le jour[4]. En outre, un Réseau international de jeunes chercheurs en histoire de l'intégration européenne (RICHIE) a été fondé en 2004 avec le soutien de membres du Groupe de liaison. Jusqu'en 2008, il a organisé un colloque par an, en grande partie à l'intention des doctorants[5]. Il organise désormais ce type de manifestations en partenariat avec la Société de recherche en histoire de l'intégration européenne (History of European Integration Research Society : HEIRS), créée au Royaume Uni, également en 2004[6]. Produits de l'essor de l'histoire de l'Europe dans la décennie précédente, ces dispositifs de formation à la recherche sont fondamentaux pour la pérennité et la dynamique de ce sous-champ de recherche, en particulier parce qu'ils stimulent l'écriture de thèses sur l'Europe.

Deux revues d'histoire de l'Europe ont aussi été fondées en Allemagne au début des années 2000. Elles viennent concurrencer la *Revue d'histoire de l'intégration européenne* du Groupe de liaison. La première, le *Jahrbuch für Europäische Geschichte* (Annuaire d'histoire européenne), a été créée en 2000 aux éditions Oldenbourg à Munich par le directeur du département d'histoire universelle de l'IEG de Mayence[7], avec l'aide d'une équipe internationale ; depuis 2018, elle est publiée en anglais aux éditions De Gruyter à Berlin sous le titre *European History Yearbook*. La seconde, fondée en 2003, est publiée à Munich (chez Beck) sous la direction d'un comité international. C'est le *Journal of Modern European History*[8]. La création de ces revues repose elle aussi sur l'essor de l'histoire de l'Europe dans la décennie précédente : plusieurs historiens alors devenus spécialistes de l'Europe y contribuent en tant que membres de leur comité de rédaction[9] et les travaux qu'elles publient reflètent la multiplication des approches que nous avons examinée dans le chapitre précédent. Ce faisant, ces revues contribuent à institutionnaliser les différentes approches historiographiques développées à contre-courant de l'histoire institutionnelle de l'intégration communautaire. En effet, comme le souligne P. Bourdieu (1976, p. 96), les revues scientifiques « consacrent

---

4. Cf. le site Internet du système d'information sur les projets financés par la DFG, [http://gepris.dfg.de/], consulté le 14 août 2019. Notons néanmoins un ralentissement de leur création à partir de 2002 et même l'absence de nouveau collège de ce type depuis 2014.
5. Cf. le site Internet du RICHIE, [http://www.europe-richie.org], consulté le 21 janvier 2020. L'idée d'organiser des rencontres de doctorants travaillant sur l'histoire de l'intégration européenne avait été émise par les spécialistes de cette histoire dès le début des années 1990 : cf. 1992, *Lettre d'information des historiens de l'Europe contemporaine*, 7 (1-2), p. 3.
6. Cf. le site Internet de HEIRS, [https://heirsweb.wordpress.com/], consulté le 21 janvier 2020.
7. Tout d'abord Heinz Duchhardt, puis Johannes Paulmann depuis 2011. Notons que l'Institut d'histoire européenne (Institut für europäische Geschichte) de Mayence est devenu le Leibniz-Institut d'histoire européenne (Leibniz-Institut für europäische Geschichte) en 2012.
8. Aussi appelé en allemand le *Zeitschrift für moderne europäische Geschichte* ou en français la *Revue d'histoire européenne contemporaine*.
9. M. Hildermeier, cofondateur du ZVGE en 1998, et A. Wirsching, titulaire d'une chaire Jean Monnet de 1996 à 1998, font notamment partie du comité de rédaction du *Journal of Modern European History*. Au sein du comité de rédaction du *Jahrbuch für Europäische Geschichte*, Winfried Schulze et H. Duchhardt avaient chacun proposé une approche méthodologique de l'histoire de l'Europe : SCHULZE Winfried, 1993, « Von der "europäischen Geschichte" zum "Europäischen Geschichtsbuch" », *Geschichte in Wissenschaft und Unterricht*, 44, p. 402-409 ; DUCHHARDT Heinz et KUNZ Andreas (dir.), *"Europäische Geschichte" als historiographisches Problem*, op. cit.

les productions conformes aux principes de la science officielle, offrant ainsi continûment l'exemple de ce qui mérite le nom de science » – en l'occurrence, plus précisément, ce qui mérite d'être intégré au sous-champ de recherche que constitue l'histoire de l'Europe.

De nouvelles collections consacrées à cette histoire ont aussi été lancées – certaines d'entre elles ont cessé leur activité depuis, mais d'autres publient encore des ouvrages. Parmi elles, quatre collections ont été créées par des collectifs internationaux : « L'Europe et les Europes », publiée entre 2001 et 2014 par l'AIHCE aux éditions Peter Lang dans plusieurs pays dont la France et l'Allemagne ; « Musical life in Europe 1600-1900. Circulation, Institutions, Representation » (La vie musicale en Europe, 1600-1900. Circulation, institutions, représentation), tirée d'un programme scientifique international financé par l'ESF de 1998 à 2002 et éditée en Allemagne par le Berliner Wissenschaftsverlag entre 2003 et 2008 ; « Historische Formationen Europas » (Formations historiques de l'Europe), chez Wehrhahn en Allemagne et au Pays-Bas depuis 2006 ; et « Religiöse Kulturen im Europa der Neuzeit » (Cultures religieuses dans l'Europe contemporaine[10]), aux éditions Vandenhoeck & Ruprecht en Allemagne depuis 2013, qui édite surtout les thèses issues d'un collège doctoral international et interdisciplinaire notamment financé par la DFG. De nouvelles collections nationales ont aussi été fondées. En Allemagne, deux d'entre elles étaient en relation avec l'enseignement universitaire : aux éditions Böhlau, « Europäische Geschichtsdarstellungen » (Représentations européennes de l'histoire, publiée entre 2003 et 2008) dépendait d'un collège doctoral créé en 2003 à Düsseldorf ; aux éditions Vandenhoeck & Ruprecht à Göttingen, « Synthesen. Probleme europäischer Geschichte » (Synthèses. Problèmes d'histoire européenne, publiée entre 2003 et 2011), était destinée aux étudiants et aux doctorants et dirigée par les responsables du ZVGE – devenu en 2004 le Collège berlinois d'histoire comparée de l'Europe (Berliner Kolleg für Vergleichende Geschichte Europas : BKVGE)[11]. En France, notons surtout qu'une équipe réunissant depuis 2012 cinq centres de recherche autour d'un projet intitulé « Écrire une histoire nouvelle de l'Europe » (EHNE) visant à « réconcilier » l'histoire de l'intégration

---

10. Ici, il vaut mieux traduire *Europa der Neuzeit* par « Europe contemporaine », car les travaux publiés se concentrent sur les XIXe et XXe siècles.
11. Cf. BKVGE, *Profil, wissenschaftliche Arbeiten und Veranstaltungen, op. cit.* Notons que ce collège est financé par deux fondations privées : la Fondation Hertie et la Fondation Gerda Henkel. En Allemagne, d'autres collections ont aussi été créées : « Forum europäische Geschichte » en 2006 ; « Nova Mediaevalia. Quellen und Studien zum europäischen Mittelalter » en 2007 ; « Moderne europäische Geschichte » en 2011 ; « Europäische Geschichte in Quellen und Essays » en 2012 ; « Historia altera: alternative Sichtweisen auf die deutsche und europäische Geschichte des 19. und 20. Jahrhunderts » en 2013 et « Europäische Geschichte der Neuzeit » en 2016. Leur nombre est lié au marché de l'édition, moins centralisé dans la capitale qu'en France, et au fait que les thèses soutenues en Allemagne sont plus souvent publiées. Cf. aussi le manuel en plusieurs volumes BLICKLE Peter (dir.), 2002-2012, *Handbuch der Geschichte Europas*, Stuttgart, Ulmer, 9 vol. et un recueil de biographies d'« historiens de l'Europe » aux éditions Vandenhoek & Ruprecht (DUCHHARDT *et al.*, 2006-2007).

européenne et celle de l'Europe entendue au sens large [12] a fondé deux collections en 2016 : « Une histoire nouvelle de l'Europe » aux éditions Nouveau Monde et « Pour une histoire nouvelle de l'Europe » aux éditions PIE Peter Land à Bruxelles [13].

Il convient enfin de mentionner la création de plusieurs sites Internet dédiés à l'histoire de l'Europe (trois en Allemagne, un en France). Ceux-ci utilisent les nouvelles technologies non seulement pour publier des articles en ligne, mais aussi pour rendre les sources de cette histoire accessibles à un grand nombre de chercheurs. Le premier, intitulé *Europäische Friedensverträge der Vormoderne Online* (Les traités de paix européens de l'époque prémoderne en ligne), est apparu sur la toile en 2005 grâce à des subventions de la DFG et de la Fondation privée Fritz Thyssen. Son ambition est de mettre en ligne les nombreux traités de paix signés en Europe entre 1450 et 1789 – époque avant tout marquée par les guerres – afin que ceux-ci puissent être consultés par les chercheurs. Lancé dès 1994 par une « Commission internationale pour l'édition des sources de l'histoire européenne » [14], ce projet est depuis 2000 sous la responsabilité de l'IEG de Mayence [15]. Un second projet numérique est porté par cet institut et financé par la DFG : « Europäische Geschichte Online » (EGO). Depuis 2010, il permet de mettre en ligne des articles relatifs à l'histoire transculturelle de l'Europe entre 1450 et 1950, accompagnés d'illustrations visuelles, sonores ou audiovisuelles [16]. Le troisième site allemand, un « Portail thématique sur l'histoire européenne » (*Themenportal Europäische Geschichte*) mis en ligne en septembre 2006, publie aussi bien des articles et des recensions relatifs à l'histoire de l'Europe depuis le XVIIIe siècle que des matériaux pouvant être utiles à la recherche ou à l'enseignement universitaire dans ce domaine. Il est coordonné par le spécialiste d'histoire sociale Hannes Siegrist [17]. Enfin, en France, l'équipe EHNE a mis en ligne en 2016 une encyclopédie numérique qui publie des articles relevant de « l'histoire européenne du genre, des guerres, de l'art, des circulations et des réseaux, des grandes idéologies et débats politiques » ainsi que des ressources pour les enseignants d'histoire des lycées [18].

---

12. Cf. 2012, « Écrire une histoire nouvelle de l'Europe (EHNE). Projet – LABEX 2012-2020 », [https://www.centrerolandmousnier.fr/labex-ehne-axe-3/], consulté le 12 décembre 2019.

13. En outre, deux collections interdisciplinaires ont été créées : l'« Histoire culturelle de l'Europe », en 2000 chez Champion, et l'« Imaginaire de l'Europe », qui n'a édité des ouvrages chez Privat qu'en 2001 et 2002, sous la direction de C.-O. Carbonell.

14. Cette commission était déjà responsable de la publication : 1975-2003, *Les papiers de Richelieu*, Paris, A. Pédone, 9 vol.

15. Cf. le site Internet « Europäische Friedensverträge der Vormoderne Online », [http://www.ieg-friedensvertraege.de/], consulté le 21 janvier 2020 ; Rohrschneider Michael, 4 mars 2005, « Web-Rezension zu: Europäische Friedensverträge der Vormoderne – online », [http://hsozkult.geschichte.hu-berlin.de/rezensionen/id=112&type=rezwww], consulté le 2 décembre 2011.

16. Cf. le site Internet du projet EGO, [http://www.ieg-ego.eu], consulté le 27 août 2019.

17. Cf. le site Internet de ce portail, [http://www.europa.clio-online.de/], consulté le 21 janvier 2020. La collection « Europäische Geschichte in Quellen und Essays » publie en partie des articles parus originellement sur ce site.

18. Cf. le site Internet de l'encyclopédie numérique EHNE, [https://ehne.fr/], consulté le 27 août 2019.

C'est ainsi une phase de diffusion de la recherche en histoire européenne qui prend corps à travers des formations universitaires, des revues, des collections et des sites Internet. Nous n'allons pas revenir en détail sur ces différentes activités, mais plutôt nous interroger sur l'évolution des relations entre historiens et promoteurs de cette histoire. Nous verrons que les relations étroites ou intermédiées se relâchent peu à peu au profit de systèmes de financement qui reposent sur des procédures d'appels à projets – en particulier avec l'accès de l'histoire de l'Europe aux PCRD. Or ces systèmes de financement vont de pair avec l'essor, à l'échelle européenne, de politiques mémorielles d'une ampleur inégalée jusqu'alors : non seulement les sommes en jeu dans les PCRD sont considérables, mais ces politiques s'inscrivent aussi, désormais, dans des textes officiels de l'UE ou du Conseil de l'Europe faisant référence à l'histoire ; elles concernent enfin des aspects de l'histoire bien plus variés que la seule intégration européenne. Ces politiques conduisent à l'émergence de controverses qui ne se limitent plus aux milieux scientifiques. On observe alors une prise de distance croissante des historiens à l'égard d'une « histoire européenne ». Ceci se traduit moins par un désintérêt pour l'Europe que par une évolution des perspectives scientifiques, en particulier par l'essor des travaux interrogeant les représentations de cette histoire et de ceux portant sur les relations entre l'Europe et le reste du monde.

Ce chapitre est donc consacré aux quatre transformations qui participent à l'évolution de l'écriture de l'histoire de l'Europe et à la redéfinition des relations entre cette histoire et ses promoteurs (et qui sont liées les unes aux autres) : l'accès de cette histoire aux PCRD ; la multiplication des lectures officielles de cette histoire et des controverses à leur égard ; le renouvellement de l'histoire de l'Europe ; enfin, la crise des spécialistes de l'histoire de l'intégration européenne et l'élargissement de leurs perspectives.

L'accès de l'histoire (de l'Europe) aux PCRD : l'ère des appels à projets

L'ouverture des PCRD aux sciences humaines et sociales au début des années 2000 est l'une des principales nouveautés qui transforment les relations entre les historiens réalisant des recherches sur l'Europe et les promoteurs de ces recherches. Depuis 1984, ces programmes constituent le pilier central de la politique de recherche de l'UE. Tous les quatre ans (ou plus, récemment), la Commission européenne définit les grandes lignes de cette politique, à savoir surtout les domaines scientifiques qu'elles jugent prioritaires (actuellement appelés « défis sociétaux ») et le budget alloué à chacun d'entre eux. Puis elle lance des appels à propositions précisant, dans ces domaines, les thèmes pour lesquels des équipes internationales et interdisciplinaires de grande envergure peuvent proposer des recherches et demander des subventions. Alors que la recherche a longtemps été inséparable du cadre national, l'UE est ainsi devenue une actrice déterminante de ce secteur dès les années 1980 et, progressivement, on a assisté au « déplacement d'un nombre considérable d'enjeux du niveau national vers l'arène européenne » (Zimmermann, 2004, p. 6).

Jusqu'au sixième PCRD (2002-2006), les domaines jugés prioritaires (santé, environnement, agriculture, industrie, technologies de communication et énergie) étaient exclusivement axés sur les sciences exactes. Pour obtenir des fonds, les chercheurs en sciences humaines et sociales étaient contraints d'en étudier les aspects socio-économiques ou de déposer des demandes de financement dans le cadre d'autres actions, transversales et de moindre importance, notamment en faveur de la mobilité des chercheurs ou de la valorisation de la recherche[19]. C'est ainsi dans le cadre d'une action du cinquième PCRD (1998-2002) visant à « améliorer le potentiel humain de recherche et la base des connaissances socio-économiques » que onze projets menés par des équipes incluant des historiens ont pour la première fois pu bénéficier de subventions, dont huit ayant une dimension historique non négligeable[20]. Le premier d'entre eux, le réseau « European Integration History » (EI HISTORY), qui a été animé par les membres du Groupe de liaison et sur lequel nous reviendrons plus loin, a débuté en juillet 2001.

C'est surtout à partir du sixième PCRD (2002-2006) que de véritables domaines de recherche prioritaires correspondant aux questionnements des sciences humaines et sociales sont apparus et que le nombre de projets historiques s'est multiplié. Ce programme proposait en effet un axe intitulé « Citoyens et gouvernance dans une société fondée sur la connaissance », le septième (2007-2013) un axe destiné aux « Sciences socio-économiques et humaines » et le huitième, appelé « Horizon 2020 » (H2020, pour la période 2014-2020), un axe interrogeant « L'Europe dans un monde en évolution : sociétés inclusives, innovantes et réflexives ».

Certes, les fonds réservés à ces axes sont très faibles si on les compare au budget total : respectivement 2 ; 1,9 ; puis 1,7 %[21]. De plus, la science historique fait figure de parent pauvre dans ce cadre : la plupart des projets retenus sont menés par des politistes, des sociologues, des juristes ou des économistes,

---

19. Cf. notamment Parlement européen et Conseil de l'UE, 22 décembre 1998, Décision 182/1999/CE « relative au cinquième programme-cadre de la Communauté européenne pour des actions de recherche, de développement technologique et de démonstration (1998-2002) », JO L 026 du 1er février 1999, p. 1-33.
20. Pour plus de précisions, cf. Le Boulay, à paraître en 2023/OnlineFirst 2021. Trois projets – « Does Implementation Matter? Informal Administration Practices and Shifting Immigrant Strategies in four Member States » ; « Representations of Europe and the nation in current and prospective member-states: media, elites and civil society » et « Changing City Spaces » – n'affichent pas de perspective historique, même si B. Stråth, historien au Centre Robert Schuman de l'IUE, y participe, voire en est le coordinateur : cf. Commission européenne (DG Recherche), 2003, *EUR 20635 : Key Action Improving the Socio-Economic Knowledge Base. Synopses of Key Action Projects Funded as a Result of the three Call for Proposals (1999-2002)*.
21. Cf. Parlement européen et Conseil de l'UE, 27 juin 2002, Décision 1513/2002/CE « relative au sixième programme-cadre de la Communauté européenne pour des actions de recherche, de développement technologique et de démonstration contribuant à la réalisation de l'espace européen de la recherche et à l'innovation (2002-2006) », JO L 232 du 29 août 2002, p. 26 ; Parlement européen et Conseil de l'UE, 18 décembre 2006, Décision 1982/2006/CE « relative au septième programme-cadre de la Communauté européenne pour des actions de recherche, de développement technologique et de démonstration (2007-2013) », JO L412 du 30 décembre 2006, p. 38 ; Parlement européen et Conseil de l'UE, 20 décembre 2013, Règlement (UE) 1291/2013 « portant établissement du programme-cadre pour la recherche et l'innovation "Horizon 2020" (2014-2020) et abrogeant la décision n° 1982/2006/CE », JO L347 du 20 décembre 2013, p. 173.

l'UE privilégiant une « science au service de l'action »[22] et ces chercheurs étant davantage actifs dans la mise en place des réformes et des politiques publiques européennes. Entre 2002 et 2016, l'histoire a néanmoins joué un rôle dans vingt-six grands réseaux de recherche financés au sein des axes thématiques cités ci-dessus[23]. Ceux-ci ont parfois pu obtenir des subventions de plusieurs millions d'euros. En outre, depuis 2007, dans le cadre de nouveaux volets des PCRD (la partie « Idées » du septième PCRD, puis la partie « excellence scientifique » du H2020), des recherches fondamentales portées par un chercheur seul ou accompagné d'une petite équipe peuvent aussi prétendre à un financement. Ce type de financement plus modeste, géré par le Conseil européen de la recherche (European Research Council : ERC) créé en 2007 à cet effet, a permis à de nombreux projets historiques de voir le jour[24]. Enfin, H2020 a intégré le programme COST, que nous avons mentionné dans notre premier chapitre et qui soutient depuis 2005 des réseaux de recherche liés à l'histoire de l'Europe[25].

Même si les historiens sont loin d'être satisfaits de la place qui leur est accordée dans les PCRD[26], ce système de financement européen est donc très attrayant, avec des sommes considérables en jeu. Or il l'est particulièrement pour les spécialistes de l'histoire de l'Europe. En effet, ceux-ci ont bien plus de chances d'accéder à ces financements que leurs collègues travaillant sur d'autres objets : parmi les projets ayant une dimension historique financés par les PCRD entre 2001 et 2016, un seul n'était pas consacré à une question européenne (mais à l'urbanisation de la Chine)[27]. On compte donc sans surprise plusieurs historiens mentionnés dans les chapitres précédents parmi les membres de ces projets : ceux du Groupe de liaison, qui ont participé à deux projets sur le processus d'intégration européenne[28], M. Aymard, H. Kaelble, J. Kocka et B. Stråth, qui ont participé à un ou plusieurs projets sur la société civile européenne et/ou l'espace public européen[29], ainsi que L. Passerini, qui a coordonné un projet sur les relations de genre en Europe[30].

---

22. Cf. ZIMMERMANN, 2004, p. 7
23. Liste des projets subventionnés disponible sur le site Internet du Service communautaire d'information sur la recherche et le développement (Community Research and Development Information Service : CORDIS) [http://cordis.europa.eu/], consulté le 1er mars 2019. Pour plus de précisions, cf. LE BOULAY, à paraître en 2023/OnlineFirst 2021.
24. Cf. le site Internet de l'ERC, [http://erc.europa.eu/], consulté le 30 août 2019.
25. Cf. le site Internet du programme COST, [http://www.cost.eu/], consulté le 21 janvier 2020.
26. Cf. notamment KAELBLE, 2008, p. 185 ; VARSORI, 2010, p. 21.
27. Le réseau « Sustainable Urbanisation in China: Historical and Comparative Perspectives, Mega-trends towards 2050 », financé dans le cadre d'un appel à projets sur ce thème.
28. EI HISTORY, financé de 2001 à 2004, et le réseau « Wider Europe, deeper integration? "Constructing Europe" Network » (EU-CONSENT), financé de 2005 à 2009.
29. M. Aymard et J. Kocka étaient membres du projet « Towards a European Civil Society » (CiSoNet) sur la société civile européenne, financé de 2003 à 2005 ; B. Stråth du projet « Media and Ethics of a European Public Sphere from the Treaty of Rome to the "War on Terror" » (EMEDIATE) sur la sphère publique européenne, financé de 2004 à 2007 ; H. Kaelble de chacun de ces deux projets.
30. Le projet « Gender Relationships in Europe at the turn of the Millenium: Women as Subjects in Migration and Marriage » (GRINE), financé de 2001 à 2004.

Ces financements sont d'autant plus attractifs pour les spécialistes de l'histoire de l'Europe que cette période est marquée par la diminution des financements nationaux dans ce domaine, en particulier en France. Rappelons que dans ce pays, le programme « Intelligence de l'Europe » du ministère de la Recherche n'a existé qu'entre 1989 et 1993. Quant à la Librairie européenne des idées, elle a cessé d'exister ; le dernier ouvrage qu'elle a subventionné a été publié en 2001[31]. En Allemagne, des fondations ont longtemps continué de promouvoir l'histoire de l'Europe. En 2005, la Fondation « Mémoire, responsabilité et avenir » (*Stiftung Erinnerung, Verantwortung und Zukunft*), qui dépend notamment du *Bundestag* et du *Bundesrat*, a même lancé conjointement avec la Fondation privée Robert Bosch un programme de financement intitulé « L'atelier d'histoire "Europe" » (*Geschichtswerkstatt Europa*). Jusqu'à 2013, celui-ci a offert des subventions à des projets internationaux étudiant les « cultures mémorielles européennes » (*europäische Erinnerungskulturen*), c'est-à-dire les représentations de l'histoire dans différents pays et régions d'Europe[32]. Quant à la Fondation Volkswagen, elle a proposé entre 2000 et 2008 un nouveau programme de financement consacré à l'Europe permettant notamment de financer des recherches historiques intégrant des chercheurs de pays de l'Est : le programme « Unité dans la diversité. Fondements et conditions d'une Europe unie » (*Einheit in der Vielfalt. Grundlagen und Voraussetzungen eines erweiterten Europas*). Depuis l'arrêt de ce programme cependant, elle ne propose plus d'axe de financement comparable[33].

Dans ce contexte, la question de la nature des projets soutenus par les PCRD et celle des relations qui se nouent dans ce cadre entre les historiens et la Commission européenne se posent donc particulièrement. Sur la forme, les PCRD reposent sur des dispositifs administratifs très institutionnalisés. Contrairement à la division de la Commission européenne responsable de « l'information universitaire » qui constituait le pivot des relations de cette institution avec les historiens jusqu'alors, ils reposent moins sur des relations individuelles que sur des procédures bureaucratiques d'appels à candidatures. Certes, ils n'interdisent pas totalement le jeu des relations interpersonnelles plus ou moins étroites. La Commission européenne fait en effet appel à des « experts » académiques, publics et privés, pour l'assister dans la conception d'appels à propositions ou la sélection des projets subventionnés. Dans ce cadre, pour les septièmes PCRD, M.-T. Bitsch et A. Deighton, toutes deux membres du Groupe de liaison et titulaires d'une chaire Jean Monnet, ont pu participer à des procédures de sélection de projets[34]. Après plusieurs tentatives, le GEI a aussi pu

---

31. 2012, courrier électronique d'une employée du CNL.
32. Cf. le site Internet de la Fondation « Mémoire, responsabilité et avenir », [http://www.stiftung-evz.de/], consulté le 21 janvier 2020 et celui de l'Institut d'histoire appliquée (*Institut für angewandte Geschichte*) qui a géré ce programme entre 2008 et 2013, [http://www.instytut.net/], consulté le 22 août 2019.
33. Cf. Volkswagen Stiftung, 2000-2018, *Jahresbericht*, Hannover, Volkswagen Stiftung. Les programmes ultérieurs relatifs à l'Europe ne sont pas tournés vers l'histoire.
34. Entretien avec W. Loth, 2009.

participer à la conception d'un appel à propositions[35]. Pourtant, l'ERC, qui gère une petite partie des PCRD depuis 2007 et repose sur un conseil scientifique comprenant des chercheurs, a pour objectif « d'identifier de nouvelles opportunités et directions dans n'importe quel champ de recherche, plutôt que d'être piloté par des priorités définies par des politiciens[36] ». Cette formulation laisse entrevoir que le reste des PCRD (en particulier les domaines jugés prioritaires, qui constituent leur plus important volet en termes de subventions) est surtout piloté par la Commission européenne. C'est bien elle, d'ailleurs, qui nomme les experts auxquels elle a recours, en fonction de leurs domaines de spécialité et des objectifs qu'elle a fixé aux PCRD. De plus, ces experts interviennent dans le cadre de procédures administratives très rigides, en particulier en ce qui concerne la sélection des projets scientifiques subventionnés (Kustosz, 2012, p. 28-29). Enfin, la rigidité et la technicité des PCRD ne s'arrêtent pas à la procédure de candidature et de sélection : lors du développement de leur projet scientifique, les chercheurs subventionnés doivent encore se conformer à des exigences importantes en termes de management de projet.

Cette bureaucratisation des financements, voire cette « contractualisation » des relations entre les chercheurs et la Commission européenne qui agit comme un « donneur d'ordre » (Kustosz, 2012, p. 27) ne met pas seulement à mal les relations privilégiées qui s'étaient nouées entre la Commission européenne et le Groupe de liaison. Elle participe aussi de l'avènement d'une politique de l'UE dans le domaine de la mémoire qui devient plus visible qu'auparavant et concerne un plus grand nombre d'aspects de l'histoire (au-delà du processus contemporain d'intégration européenne).

Sur le fond en effet, malgré plusieurs subventions attribuées à des projets relatifs à l'histoire politique de l'UE, ces financements marquent un tournant dans la politique de la Commission européenne à l'égard de l'histoire de l'Europe. D'abord, plusieurs projets soutenus lors des cinquième et sixième PCRD ont une approche plus large de la construction européenne : ils analysent notamment le rôle de l'Église dans cette construction ou « l'espace public européen »[37]. Ensuite, les PCRD adoptent aussi une vision plus large de l'Europe. Les réseaux de recherche historique financés incluent des chercheurs issus d'un nombre croissant de pays – notamment de Turquie à partir de 2005, mais aussi des États-Unis, de Russie ou de pays d'Afrique. Et ils ne se focalisent pas sur les élites. Dès le cinquième PCRD, des projets ont étudié la « société civile européenne », les migrations de femmes en Europe ou les services domestiques comme facteur de formation d'une identité européenne[38]. Alors que la Commission européenne

---

35. L'appel « SSH-2009-3.3.2. *Religion and secularism across Europe* » (2009, courrier électronique d'un chercheur au GEI). La manière dont les religions, en particulier l'islam, sont abordées dans les manuels scolaires faisait justement partie alors des questions de recherche du GEI. Cf. notamment GEI, 2004, *Internationale Schulbuchforschung*, 26(3).
36. Cf. le site Internet de l'ERC, cité ; nous traduisons.
37. Cf. les projets « Churches and European Integration » et EMEDIATE.
38. Cf. les projets CiSoNet, GRINE et « The Socio-Economic Role of Domestic Service as a Factor of European Identity » (SERVANT PROJECT).

n'avait pas vraiment soutenu l'écriture d'une histoire longue de l'Europe depuis la parution en 1990 de l'ouvrage de J.-B. Duroselle *L'Europe. Histoire de ses peuples* – hormis par le biais de la collection « Europe et histoire », consacrée néanmoins en partie à l'unification européenne –, plusieurs projets incluant des modernistes, des médiévistes, voire des antiquisants sont même subventionnés à partir de 2001[39]. Enfin, à partir de 2007, les PCRD invitent à réfléchir aux relations entre identités européennes, nationales et régionales ainsi que sur les périodes douloureuses de l'histoire (en particulier, nous y reviendrons plus loin, sur les régimes dits totalitaires). À travers les notions de « mémoires » et surtout d'« héritage » européen, mises en avant tant dans les appels à propositions que dans les projets soutenus, la question d'un lien unifiant les Européens reste cependant très présente[40]. Au fil de ce chapitre, nous verrons que ces évolutions reflètent une transformation plus générale des politiques de la mémoire de l'UE et qu'elles contribuent aux controverses publiques qui se multiplient à ce sujet à partir des années 2000.

L'essor des lectures officielles de l'histoire de l'Europe et des controverses publiques

Notre chapitre précédent a permis d'étudier une controverse scientifique, c'est-à-dire, selon Y. Gingras (2013, p. 117), une controverse « se [déroulant] dans le petit monde des revues savantes et des colloques spécialisés » (en l'occurrence en France) : celle relative à l'existence ou non d'une histoire européenne. Elle n'avait pas été « résolue » en ce sens que l'écriture d'une histoire de l'Europe par des modernistes, des médiévistes et des spécialistes de l'Antiquité était restée l'objet de critiques de la part de contemporanéistes. Elle avait cependant abouti, conformément à ce que décrit Y. Gingras (2013, p. 115-116) au sujet des controverses scientifiques, à une forme de consensus, à travers le rappel constant de la diversité de l'Europe et le rejet ostensible des récits téléologiques. Même si notre étude ne s'attarde pas sur la question de l'enseignement de l'histoire dans le secondaire, nous avons aussi évoqué (là aussi, surtout, pour le cas de la France) une autre controverse scientifique, liée à la première, mais d'ordre plus pratique, car relative à l'opportunité d'enseigner une histoire « européenne ». Celle-ci avait été « résolue » par l'adoption de programmes scolaires mettant en avant la notion de patrimoine européen, mais ne remettant pas en cause, malgré tout, la place centrale de l'histoire nationale.

Nous allons à présent constater qu'au cours des années 2000, la controverse relative à l'existence ou non d'une histoire européenne, loin de disparaître, gagne l'Allemagne et l'espace public. Jusque-là, les actions de l'UE dans le domaine de l'histoire se concentraient surtout sur la promotion de l'histoire de l'intégration communautaire par la Commission européenne. Désormais, alors que

---

39. SERVANT PROJECT est le premier projet de ce type.
40. Pour plus de précisions, cf. LE BOULAY, à paraître en 2023/OnlineFirst 2021.

se profile le projet d'un élargissement à l'Est, l'UE met cependant à son tour en avant l'histoire longue de l'Europe et la notion d'« identité européenne » : au sein des PCRD, qui sont sous l'égide de la Commission, mais aussi dans le cadre de ses actions culturelles, qui sont en partie portées par le Parlement européen. Cette quête d'une « histoire européenne » fait réagir des historiens, mais aussi des représentants politiques et des journalistes qui s'immiscent dans les débats en critiquant l'idée d'une identité européenne puisant ses racines dans l'histoire. De plus, à l'occasion du projet de Constitution européenne faisant référence à l'« héritage religieux » de l'Europe et des débats relatifs à l'entrée de la Turquie dans l'UE, une seconde controverse se développe dans l'espace public et les médias au sujet de la chrétienté de l'Europe. Celle-ci fait intervenir non seulement des universitaires, mais aussi des religieux et des politiques. Enfin, une troisième controverse apparaît dans des espaces scientifiques, mais aussi dans l'espace public quand, en réponse aux revendications mémorielles de différents acteurs, l'Assemblée parlementaire du Conseil de l'Europe (APCE) et le Parlement européen adoptent des textes officiels dans le domaine de la mémoire du XXe siècle : tout d'abord au sujet de l'Holocauste, puis également au sujet des crimes des régimes communistes.

Ces différentes controverses que nous allons examiner une à une sont chacune des « controverses publiques » au sens où l'entend Y. Gingras (2013, p. 115-117) : contrairement aux controverses scientifiques que nous avons étudiées précédemment, elles ne « se déroulent [pas] dans un espace relativement clos dans lequel on retrouve les experts du domaine », mais « font intervenir une diversité d'acteurs », en l'occurrence des scientifiques, des groupes de pression, des représentants politiques et des médias. Les historiens Maryline Crivello et Nicolas Offenstadt (2006, p. 191 et 194) distinguent quatre « types de paroles » sur le passé : celle de l'État, celle des historiens, celle des « porteurs de mémoires » (individus, associations et artistes qui tentent de défendre leur vision de l'histoire) et celle des médias. On pourrait ajouter celle des chercheurs en sciences humaines et sociales non historiens, qui sont nombreux à participer à la lecture du passé et notamment, de manière croissante, de l'histoire de l'Europe[41] et, plus important pour cette histoire, celle de l'UE et du Conseil de l'Europe, qui ont tendance à remplacer l'« État » à travers leurs efforts pour promouvoir une histoire officielle de l'Europe, et ce particulièrement depuis le milieu des années 1990 et surtout les années 2000.

Controverses autour de la quête des « racines » de l'Europe

Les chapitres précédents ont montré que les actions de l'UE relatives à l'histoire, menées en grande partie sous l'égide de la Commission européenne, se sont

---

41. Parmi les nombreuses publications de ce type, cf. notamment MORAVCSIK Andrew, 1998, *The Choice for Europe. Social Purpose and State Power from Messina to Maastricht*, Ithaca Cornell University Press, 3 vol. au sujet de l'histoire de l'intégration européenne ; BRAGUE Rémi, 1999, *Europe, la voie romaine*, Paris, Gallimard au sujet des « racines » de l'Europe.

longtemps concentrées sur l'histoire de l'intégration communautaire, et ce même dans les années suivant l'effondrement du bloc communiste. À partir de la fin des années 1990, alors que la perspective de l'élargissement se précise, la Commission devient active dans la quête d'une histoire de l'Europe dans la longue durée et même celle d'une histoire des « peuples européens ».

Ce tournant est particulièrement visible au sein des PCRD. Nous avons mentionné leur soutien, à partir de 2001, à des projets portant sur des objets d'étude historiques éloignés du processus politique d'intégration européenne, mais considérés comme pouvant mettre en lumière l'existence d'une « identité européenne » (même si cette notion reste employée de manière floue) ; en 2002, un appel à propositions y est même publié pour développer les connaissances sur l'histoire des peuples européens ; puis, à partir de 2008, nombre de projets questionnant l'« héritage européen » sont financés[42]. Il est vrai que, sur le plan politique, l'élargissement de l'UE rapproche celle-ci de l'Europe continentale et conduit à une multiplication des usages flous et indifférenciés des termes « UE » et « Europe », ce qui peut en partie expliquer l'intérêt nouveau de la Commission pour l'histoire de l'Europe au sens large. De plus, sur le plan institutionnel, les PCRD dépendent de la Direction générale de la Recherche et non pas de celle en charge de l'« information » et de la communication comme la division jusquelà responsable des relations avec le Groupe de liaison et de l'AJM. À ce titre, ils sont influencés par l'actualité des recherches scientifiques et notamment par les différentes perspectives de recherche sur l'histoire de l'Europe étudiées dans notre chapitre précédent[43].

C'est cependant dans le domaine culturel que ce tournant prend d'abord corps. Même si le traité de Maastricht avait prévu de favoriser « l'amélioration de la connaissance et de la diffusion de la culture et de l'histoire des peuples européens[44] » dès 1992, c'est surtout à partir de la fin des années 1990 que des actions sont menées en ce sens. En janvier 1999, un colloque portant sur la culture historique européenne au XXIe siècle est organisé par la Fondation de la Maison de l'histoire de la République fédérale d'Allemagne (la Stiftung Haus der Geschichte der Bundesrepublik Deutschland)[45] avec le soutien de la Commission européenne et du ministère fédéral allemand des Affaires étrangères. Sont en particulier présents des représentants du Parlement européen et du Conseil de l'Europe ainsi que des historiens : notamment Johannes Fried, président de l'Association des historiens Allemands, G. Trausch, alors président du Groupe

---

42. Cf. le site Internet du CORDIS, cité. Pour plus de précisions, cf. Le Boulay, à paraître en 2023/OnlineFirst 2021.
43. Cf. Le Boulay, à paraître en 2023/OnlineFirst 2021.
44. Cf. 7 février 1992, traité de Maastricht, JO C 191 du 29 juillet 1992, article 128.
45. Cette fondation fédère plusieurs musées consacrés à l'histoire de l'Allemagne après 1945, mais accordant une place importante à l'histoire de l'Europe dans leurs expositions : la Maison de l'histoire de la RFA (Haus der Geschichte der Bundesrepublik Deutschland) de Bonn, le Musée historique allemand (Deutsches historisches Museum) de Berlin et le musée d'histoire du temps présent (Zeitgeschichtliches Forum) de Leipzig, consacré à la RDA. Cf. le site Internet de cette fondation, [http://www.hdg.de/stiftung/], consulté le 21 janvier 2020.

de liaison, Horst Möller, membre du conseil scientifique de la collection « Europe et histoire » et Lothar Gall, membre du comité scientifique de la Maison de l'histoire de la RFA[46]. Après la formulation dans ce colloque de propositions pour « favoriser la connaissance de l'histoire des peuples européens », le Conseil de l'UE adopte une résolution invitant la Commission européenne à soutenir des « projets culturels en rapport avec l'histoire » et à coopérer avec le Conseil de l'Europe et l'Unesco dans ce cadre[47]. Un programme baptisé « Culture 2000 » est lancé peu après. L'une de ses ambitions est de contribuer à « la connaissance mutuelle de l'histoire, des racines et des valeurs culturelles communes aux peuples de l'Europe[48] ».

Les efforts de l'UE pour encourager et diffuser une telle histoire provoquent cependant des réactions hostiles de la part d'historiens, et ceux-ci ne sont plus seulement des contemporanéistes défendant l'objet européen comme un objet qui leur serait réservé : la controverse au sujet de l'existence d'une « histoire européenne » n'est pas finie ; au contraire, elle s'élargit. En 2003, le médiéviste français Georges Bischoff déclare notamment à propos de l'histoire de l'Europe :

> « nous constatons actuellement une demande d'histoire, une revendication d'inscription dans la durée qui peut présenter des aspects très inquiétants, ou qui peut au contraire gommer un certain nombre d'aspects qui sont peut-être plus difficiles à assumer. Nous vivons, en effet, à l'époque du règne des affirmations identitaires et, parallèlement, de l'avènement d'une sorte de politiquement correct qui aboutit à toutes sortes de manipulations[49] ».

N. Offenstadt, médiéviste français lui aussi, mais aussi cofondateur du Comité de vigilance face aux usages publics de l'histoire (CVUH), une association d'historiens qui lutte pour l'autonomie de la recherche et de l'enseignement en histoire et contre l'instrumentalisation du passé par les acteurs de la vie publique[50], souligne quant à lui les risques d'une « téléologie qui voit le destin de l'Europe unitaire déjà présent selon différentes modalités à toutes les époques » :

---

46. Cf. Haus der Geschichte der Bundesrepublik Deutschland (dir.), 1999, *Europäische Geschichtskultur im 21. Jahrhundert*, Berlin, Nicolai. Notons aussi la présence, entre autres, de Falk Pingel, alors directeur adjoint du GEI, Traute Petersen, ancienne présidente de l'Association des enseignants d'histoire d'Allemagne (le Verband der Geschichtslehrer Deutschlands), et F. Delouche, promoteur de la construction européenne qui avait soutenu la publication de *L'Europe. Histoire de ses peuples* par J.-B. Duroselle et celle d'un « euromanuel » scolaire d'histoire.
47. Cf. Conseil de l'UE, 28 octobre 1999, Résolution « relative à l'intégration de l'histoire dans les activités culturelles de la Communauté », JO C 324 du 12 novembre 1999, p. 1.
48. Cf. Parlement européen, Conseil de l'UE, 14 février 2000, Décision 508/2000/CE « établissant le programme "Culture 2000" », JO L 063 du 10 mars 2000, p. 6.
49. Bischoff Georges, 2003, « Une Europe sans histoire. Contribution à une réflexion sur l'histoire de l'Europe », *Études européennes*, n° 2, p. 1-2. Revue en ligne [www.etudes-europeennes.eu], consultée le 28 novembre 2005.
50. Le CVUH a été créée en France en 2005 par trois historiens (G. Noiriel, N. Offenstadt et Michèle Riot-Sarcey), en réaction contre l'adoption dans ce pays d'une loi selon laquelle les « effets positifs de la colonisation » devaient apparaître dans les programmes scolaires. Cf. le site Internet du CVUH, [http://cvuh.blogspot.de/], consulté le 8 octobre 2019. Une plainte déposée contre Olivier Pétré-Grenouilleau,

> « Comme le "roman national", le "récit européen" risque aussi d'euphémiser ou de minimiser les passés de tensions ou de conflits pour valoriser l'unité de civilisation. [...].
>
> [...] l'Europe n'a rien à gagner à bâtir des fictions historiques, comme celles que les Nations ont raconté au XIXe siècle en particulier pour légitimer leur existence[51]. »

Cette controverse gagne aussi d'autres pays, notamment l'Allemagne. Konrad Jarausch, codirecteur du Centre de recherche sur l'histoire du temps présent de Potsdam de 1998 à 2006 et spécialiste de l'histoire de ce pays, et Thomas Lindenberger, spécialiste des régimes communistes, sont tous deux particulièrement critiques à l'égard de la vision de l'histoire diffusée par les institutions européennes. Ils critiquent en particulier le projet de Constitution européenne qui évoque « l'histoire des peuples européens » sans mentionner les conflits nationaux, les épurations ethniques, les guerres mondiales et les génocides[52]. Cette position critique est partagée par Henry Rousso, spécialiste de la Seconde Guerre mondiale et directeur de l'IHTP à Paris de 1994 à 2005. En 2007, celui-ci qualifiait notamment les affiches officielles que l'UE imprime tous les ans à l'occasion de la journée de l'Europe de « naïves » et déplorait le fait qu'elles relèguent le souvenir de l'Holocauste dans l'oubli[53]. Certes, comme nous allons le voir bientôt, dans le cadre d'actions visant à imposer une vision unifiée du passé (Droit, 2007 ; Gensburger, 2008), les institutions européennes accordent une place de plus en plus importante à ce souvenir à partir du milieu des années 1990. H. Rousso n'en reste pas moins critique et K. Jarausch et T. Lindenberger insistent sur le fait que les Européens de l'Est et de l'Ouest sont loin d'avoir une « culture mémorielle commune »[54].

C'est cette hostilité commune à l'égard des politiques mémorielles européennes, conjuguée à une insatisfaction à l'égard des publications existant au sujet de l'Europe contemporaine, qui conduit K. Jarausch, T. Lindenberger, H. Rousso et d'autres historiens issus de différents pays européens à mettre en place en 2004 un réseau européen de recherche en histoire contemporaine (« European Network for Contemporary History » : EurHistXX). Ce faisant, leur ambition est d'écrire une histoire de l'Europe qui ne soit pas biaisée par des objectifs politiques ou idéologiques : une histoire qui tienne compte des régimes communistes et de l'expérience négative qu'ils ont représentée pour les populations de l'Est, qui traite d'objets généralement délaissés tels que les migrations en Europe centrale et de l'Est ou les tensions ethniques dans certaines régions

---

historien niant le caractère génocidaire de l'esclavage, a aussi été un élément important pour la création du CVUH. Cf. Bertrand, 2006.
51. Offenstadt, 2009, p. 60-61.
52. Cf. Jarausch Konrad H. et Lindenberger Thomas, « Introduction. Contours of a critical History of Contemporary Europe: A Transnational Agenda », in Konrad H. Jarausch et Thomas Lindenberger (dir.), *Conflicted Memories...*, *op. cit.*, p. 2.
53. Cf. Rousso, 2007, p. 34.
54. Cf. Jarausch Konrad H. et Lindenberger Thomas, « Introduction... », cité, p. 3 ; nous traduisons.

après-guerre, et qui enfin ne sous-estime pas la signification des histoires nationales[55]. Or ce réseau n'a pas pu obtenir de subvention dans le cadre des PCRD. Une première demande de financement, déposée dans le cadre du sixième PCRD pour un projet de recherche international nommé « Repenser l'histoire de l'Europe » (EurHist) et dont EurHistXX était un sous-groupe, a en effet été rejetée en 2004 au profit d'un projet portant sur les représentations du passé en Europe[56]. Puis EurHistXX, devenu indépendant, s'est vu refuser une demande de subvention dans le cadre du septième PCRD – selon H. Rousso parce qu'il n'était « pas assez en prise avec les attentes des décideurs politiques », ce qui n'a fait qu'attiser l'hostilité de cet historien à l'égard de la politique européenne de recherche et de ses instruments[57].

Ainsi, on assiste à un nouveau cas de « relations impossibles » entre des historiens et les institutions européennes, qui n'est pas sans rappeler les relations entre ces institutions et les spécialistes d'histoire socioculturelle qui avaient souhaité, au milieu des années 1980, écrire une histoire de la civilisation européenne destinée à l'enseignement secondaire. Contrairement à ce projet inabouti, EurHistXX peut finalement être concrétisé grâce à l'appui du CNRS en France : celui-ci lui offre un financement en tant que « Groupe de recherche européen ». C'est une preuve s'il en faut qu'une multiplicité d'instances de financement de la recherche permet l'existence de travaux variés, voire contradictoires.

Ce ne sont néanmoins pas uniquement les historiens qui dénoncent l'instrumentalisation de l'histoire par les institutions européennes. Celle-ci donne également lieu à des polémiques dans l'espace public. En France particulièrement, des responsables politiques de gauche de comme droite montrent leur attachement à l'histoire nationale et s'élèvent contre la quête d'une « histoire européenne » :

> À l'occasion des « Assises sur l'avenir de l'Europe » organisées en 2001 à l'Assemblée nationale, Jean Vidal, conseiller d'État auprès du Premier ministre Lionel Jospin pour les Affaires européennes, déclare : « […] les nations sont des entités enracinées dans l'Histoire depuis longtemps, ce qui en fait des constructions "achevées". Il n'en va pas de même pour l'Union européenne, qui va sans doute encore fortement évoluer dans les décennies à venir ».
>
> Nicole Catala, députée membre du Rassemblement pour la République, vice-présidente de l'Assemblée nationale et de la Délégation pour l'UE, y affirme pour sa part : « J'estime qu'il n'existe pas de peuple européen. En effet, l'histoire

---

55. Cf. JARAUSCH Konrad H. et LINDENBERGER Thomas (dir.), *Conflicted Memories…*, *op. cit.*, ouvrage pouvant être considéré comme un « manifeste » de ce réseau (2011, courrier électronique de H. Rousso).
56. À la suite de cet échec, le projet EurHist a été abandonné (2011, courrier électronique de Jean-Frédéric Schaub, responsable du projet de recherche EurHist de 2002 à 2004).
57. 2011, courrier électronique de H. Rousso. Pour plus de précisions, cf. LE BOULAY, à paraître en 2023/OnlineFirst 2021. Une autre demande a été déposée en 2006 à l'ESF, sans succès, mais un projet intitulé « Representations of the Pasts: National Histories in Europe », rattaché au réseau EurHistXX et se focalisant sur l'analyse des historiographies nationales, a été financé par l'ESF entre 2003 et 2008. Cf. 2011, courrier électronique de H. Rousso ; ESF, 2004-2009, *Annual Reports (2003-2008)*, Strasbourg, ESF.

a souvent dressé les différents peuples européens les uns contre les autres. Leurs passés et leurs cultures diffèrent[58]. »

Le journaliste allemand Karl-Peter Schwarz écrit de manière comparable en 2005 :

> « Il n'y a jamais eu de *Pax Europea* durable. […]. Ceux qui bricolent aujourd'hui une identité européenne font bien d'être très sélectifs.
> Car l'identité européenne est un construit idéologique, comme toute identité nationale. Et les identités nationales sont sensiblement en avance sur l'identité européenne ; à la différence des constructions identitaires volontaires de l'UE, elles ont grandi historiquement[59]. »

Particulièrement révélatrice des conflits qui peuvent naître de la promotion par l'UE d'une l'histoire longue de l'Europe, une polémique est apparue autour du projet de Musée de l'Europe de Bruxelles que nous avons mentionné dans le chapitre précédent. Soutenu par les institutions communautaires à partir de 2002[60], ce projet avait alors pour ambition de montrer « que les Européens partagent une histoire et une civilisation communes [et] que l'actuelle période d'unification n'est pas la première[61] ». Afin de concevoir ce musée, son conseil scientifique avait organisé trois colloques internationaux : le premier en 1999 sur le thème des frontières de l'Europe, le second en 2002 sur celui des rapports de l'Europe avec le reste du monde et le troisième en 2007 sur la place des religions en Europe[62]. Mais la vision de l'Europe qui en est ressortie, en particulier celle d'une Europe née à la fin de l'Empire Romain, a suscité une levée de boucliers de la part de députés européens d'origine grecque : ceux-ci se sont offusqués du fait que Byzance et l'Antiquité gréco-romaine ne soient pas incluses dans cette histoire – ce qui n'est pas sans rappeler la polémique liée, en 1990, à l'ouvrage de J.-B. Duroselle *L'Europe. Histoire de ses peuples*. À cause notamment de ces critiques, le Parlement européen n'a pas accueilli ce musée dans ses locaux bruxellois comme cela avait été prévu en 2002. Et quand en 2007, à l'occasion du cinquantième anniversaire des traités de Rome, une exposition qui se voulait permanente, mais itinérante, a ouvert ses portes dans d'autres locaux bruxellois, elle a finalement été consacrée à la période allant de 1945 à nos jours ; seules des expositions temporaires ont permis des « retours en arrière historiques »[63]. Finalement, en 2017, le Parlement européen a ouvert son propre musée à Bruxelles : la Maison de l'histoire européenne,

---

58. Barrau Alain et Forni Raymond (dir.), 2001, *Assises sur l'avenir de l'Europe*, Paris, Assemblée nationale, p. 73 et 174.
59. Schwarz Karl-Peter, 3 juillet 2008, « Freihandel und Freiheit. Europa wird auf der Suche nach seiner Identität nicht fündig werden, solange es dabei versucht, sich von den Vereinigten Staaten abzugrenzen », *Frankfurter Allgemeine Zeitung*, p. 13 ; nous traduisons.
60. Charléty, 2006, p. 20.
61. *Ibid.*, p. 23.
62. Cf. le site Internet du Musée de l'Europe, [http://www.expo-europe.be/], consulté le 9 septembre 2019.
63. Cf. Bouilhet Alexandrine, 22 février 2007, « Le Musée de l'Europe esquive le casse-tête des frontières et de l'histoire », *Le Figaro* ; Mazé, 2014, p. 225-231.

qui se concentre sur les XIXe et XXe siècles et met même surtout l'accent sur le processus d'intégration.

Controverses autour de l'héritage chrétien de l'Europe

Si le pape Jean-Paul II affirmait la chrétienté de l'Europe dès le début des années 1980 (Riva, 2005, p. 64), c'est au cours de l'année 2000, à l'occasion de la rédaction du projet de Constitution européenne, que naît une controverse publique relative à l'« héritage chrétien » de l'Europe. Conformément à la demande de la Commission des épiscopats de la Communauté européenne, qui regroupe les représentants des évêques des pays membres de l'UE, de voir figurer une référence à Dieu dans cette Constitution, le groupe « Parti populaire européen » (PPE) du Parlement européen (qui rassemble des partis politiques de droite et de centre-droit) et en particulier l'un de ses membres issu de l'Union chrétienne-sociale de Bavière (Christliche-Soziale Union), Ingo Friedrich, proposent alors d'y mentionner « la tradition judéo-chrétienne » de l'Europe. La délégation du Parlement européen qui participe à la Convention chargée de rédiger la Charte des droits fondamentaux de la Constitution européenne n'accepte pas cette proposition telle quelle : elle décide de faire plutôt référence à l'« héritage culturel, humaniste et religieux » de l'UE. Cette renonciation à la mention de la judéo-chrétienté, remplacée par une référence au « religieux » est cependant loin de créer un consensus. Au contraire, une controverse grandit alors dans les milieux religieux, politiques et universitaires ainsi que dans les médias. D'un côté, la référence au religieux se heurte à l'opposition des gouvernements français et belge. De l'autre, des religieux, le PPE, des journalistes et des universitaires militent en faveur de la mention d'un héritage « chrétien », notamment par des pétitions. Finalement, différentes versions du texte sont retenues selon les pays, ce qui montre à quel point cette question est sensible[64].

Cette controverse liée à l'« héritage chrétien » de l'Europe est intimement mêlée aux enjeux politiques contemporains : c'est la définition de l'UE en interne et vis-à-vis des pays voisins qui est en jeu. Elle rejoint particulièrement les débats relatifs à l'entrée de la Turquie dans l'Union. En 2002, V. Giscard d'Estaing, membre de l'Union pour la démocratie française (parti politique de centre-droit) et président de la Convention sur l'avenir de l'Europe en charge de la rédaction du projet de Constitution européenne, se déclare opposé à l'adhésion de ce pays à l'UE, allant ainsi à contre-courant de la position officielle de l'UE. Il argumente que la Turquie « n'est pas un pays européen[65] ». Michel Rocard, membre du Parti socialiste, ne tarde pas à répondre dans le journal *Le Monde* que l'UE n'est pas un « club chrétien ». Il s'appuie alors sur l'histoire pour intégrer la Turquie à l'Europe : selon lui, « Byzance-Constantinople-Istanbul a joué sur deux millénaires un tel rôle dans notre histoire que l'"européité" de la plus

---

64. À propos de ces controverses, cf. DELOCHE-GAUDEZ, 2002, p. 219-220 ; RIVA, 2005.
65. Cité par LEPARMENTIER Arnaud, ZECCHINI Laurent, 9 novembre 2002, « Pour ou contre l'adhésion de la Turquie à l'Union européenne », *Le Monde*, p. 2.

grande ville de Turquie s'impose dès l'énoncé de son nom[66]. » En 2004, Günter Verheugen, membre du Parti social-démocrate allemand (Sozialdemokratische Partei Deutschlands) chargé de l'élargissement de l'UE au sein de la Commission européenne et favorable à l'entrée de la Turquie dans l'UE, déclare quant à lui que « trois grandes religions ont influencé l'Europe culturellement et l'influencent encore : la chrétienté, le judaïsme et l'islam[67] ».

Lors du processus de ratification du projet de Constitution européenne en 2005, V. Giscard d'Estaing réitère sa position concernant la Turquie dans *Le Figaro*. Cette fois, il utilise des arguments historiques :

> « Le projet de Constitution [...] définit [l'identité européenne] comme provenant de trois héritages : culturel, religieux, et humaniste. L'héritage culturel a pour origine la civilisation gréco-romaine. L'héritage religieux se fonde principalement sur les racines chrétiennes, catholiques, protestantes et orthodoxes, ainsi que sur la référence juive tirée de la Bible. Quant à l'héritage humaniste, il résulte du bouillonnement des idées philosophiques, et de l'approche rationnelle du XVIIIe au XXe siècle. Ces héritages ne sont pas exclusifs les uns les autres, mais se combinent de manière à donner une perception relativement homogène de l'identité culturelle européenne. Il est nécessaire d'en partager au moins deux pour ressentir son appartenance à l'Europe[68] ! »

En France comme en Allemagne, les usages de l'histoire sont plus fréquents de la part des opposants à l'adhésion de la Turquie à l'UE[69] que de celle des défenseurs de cette adhésion : ceux-ci tentent plutôt d'orienter les débats vers d'autres questions, en particulier celle des relations internationales. Malgré tout, nombre d'acteurs politiques participent à cette controverse sur la nature européenne ou non de la Turquie en se référant à l'histoire. Celle-ci se retrouve ainsi au cœur de querelles politiques. Quelques historiens participent eux-mêmes à cette controverse. C'est le cas de René Rémond, notamment spécialiste d'histoire religieuse, quand il signe une pétition de l'hebdomadaire catholique français *Témoignages chrétiens* en réaction au refus du gouvernement de voir figurer une référence à la chrétienté dans la Constitution européenne. C'est aussi celui du médiéviste polonais B. Geremek qui affirme dans la revue française *Esprit* que l'UE devrait « se référer [...] à la communauté de la chrétienté médiévale[70] ». C'est encore le cas de nombre d'historiens (parmi lesquels notamment J. Kocka, J. Le Goff et K. Pomian) qui signent, entre 2002 et 2005, des tribunes en faveur ou en

---

66. ROCARD Michel, 27 novembre 2002, « Turquie : dire oui est vital », *Le Monde*, p. 1.
67. Cité par GOULARD Sylvie, 2004, *Le Grand Turc et la République de Venise*, Paris, Fayard, p. 70.
68. GISCARD D'ESTAING Valéry, 5 mars 2005, « Où sont les frontières ? », *Le Figaro*, p. 12.
69. Cf. notamment GOULARD Sylvie, *Le Grand Turc et la République de Venise*, op. cit., p. 70 ; KÖHLER Horst *et al.*, 15 juillet 2005, « Gemeinsam für Europa », *Frankfurter Allgemeine Zeitung*, p. 10 ; LAMMERT Norbert, 2006, « Europäisches Bewusstsein – Europäische Identität », *in* Michael BRAUN, Birgit LERMEN, Lars Peter SCHMIDT *et al.* (dir.), *Europa im Wandel. Literatur, Werte und Europäische Identität*, St Augustin, Konrad-Adenauer-Stiftung, p. 276.
70. Cf. RIVA, 2005, p. 103 et 134.

défaveur de l'adhésion de la Turquie à l'UE dans la presse[71]. Ces universitaires font ainsi usage de leur autorité scientifique, qui leur confère, selon les termes de la politiste Johanna Siméant (2002, p. 27), un « titre à parler » dans les espaces non scientifiques. Notons aussi que ces prises de position dans des arènes non scientifiques facilitent la circulation des idées et des arguments historiques. De fait, les acteurs politiques citent parfois ces historiens, utilisant ainsi – toujours selon les termes de J. Siméant (2002, p. 21 et 43) – « l'autorité sociale et intellectuelle de la science » et son apparente « neutralité ». En octobre 2006 par exemple, quand le Mouvement pour la France, parti politique français de droite souverainiste, publie sur son site Internet un dossier rappelant les raisons pour lesquelles il s'oppose à l'adhésion de la Turquie à l'UE, il cite des propos de l'historien A. Besançon parus dans *Le Figaro*[72].

D'autres historiens dénoncent pourtant plutôt les « anachronismes » et les « approximations historiques »[73] sur lesquelles se fondent les usages de l'histoire à des fins politiques.

> Ainsi les historiens français François Cadiou, Clarisse Coulomb, Anne Lemonde et Yves Santamaria : « [...] en 2004, [Jacques Chirac, alors président de la République] recourut, face à un Patrick Poivre d'Arvor interloqué, à un argument jugé sans appel en faveur de l'adhésion à l'Union européenne de la Turquie. Celle-ci, expliqua-t-il, hésitait entre Europe et Asie "depuis les Romains". Il était difficile d'accumuler autant d'anachronismes en une brève formule : lorsque, au Ve siècle à Rome, le dernier empereur est déposé, les populations désignées (quelques siècles plus tard) sous le nom de *Türk* ("forts") sont encore situées en Asie centrale. Elles n'ont aucune idée de l'existence d'une "Europe", notion par ailleurs peu pertinente pour les Romains. Pour ces derniers, la seule distinction qui vaille est celle établie entre "Occident" et "Orient", la ligne de partage passant alors à l'ouest des Balkans[74] ».

> Alors que le journaliste Heribert Prantl défend l'entrée de la Turquie dans l'UE en précisant notamment que celle-ci est « membre associée de l'UE » depuis 1963, l'historien allemand H. A. Winkler note lui aussi un anachronisme : « En 1963, l'UE n'existait évidemment pas encore, seule existait la Communauté Économique Européenne, qui était autre chose que l'UE d'aujourd'hui et de demain[75]. »

---

71. À ce propos, cf. LEGGEWIE, 2004. Cf. aussi BESANÇON Alain, 25 novembre 2002, « Non, la Turquie n'est pas européenne », *Le Figaro* ; CROM Nathalie, 7 mai 2004, « Krzysztof Pomian : "Vouloir une Union sans frontières, c'est vouloir qu'elle n'existe pas". Il est indispensable d'éduquer les citoyens européens à l'Europe afin de dissiper leurs inquiétudes. Interview », *La Croix*, p. 11 ; LE GOFF Jacques, 22 mars 2005, « L'Europe doit progresser dans la ligne de son évolution historique. Propos recueillis par Raphaëlle Bacqué et Ariane Chemin », *Le Monde*.
72. Cf. 13 octobre 2006, « Adhésion de la Turquie, Constitution européenne... Le danger est devant nous! », [http://www.pourlafrance.fr/actualites_detail.php?id_com=354], consulté le 22 septembre 2007.
73. CADIOU *et al.*, 2005, p. 9.
74. *Ibid.*
75. WINKLER Heinrich August, 2004, « Ehehindernisse. Gegen einen EU-Beitritt der Türkei », *in* Claus LEGGEWIE (textes réunis par), *Europa und die Türkei. Die Positionen*, Francfort-sur-le-Main, Suhrkamp, p. 156 ; nous traduisons.

En remettant en question la définition de l'Europe ou de l'UE proposée par des acteurs non-historiens et, par conséquent, leur argumentaire pour ou contre l'adhésion de la Turquie dans l'UE, ces historiens s'expriment dans le cadre des discussions politiques relatives à cette adhésion. Ils effectuent cependant dans le même temps ce que le sociologue américain Thomas Gieryn (1983) appelle un « travail de frontière ». Autrement dit, selon les termes de B. François (1990, p. 102), ils « [opèrent] la coupure » entre les historiens de métier et les « profanes », qu'ils soient journalistes ou militants, car l'émergence d'une controverse publique concernant l'histoire ravive la question de cette « coupure ».

Controverses autour des politiques relatives aux traumatismes de l'histoire de l'Europe

Jusque dans les années 1990, les aspects tragiques de l'histoire de l'Europe avaient fortement tendance à être écartés des récits officiels. Certes, les responsables politiques européens faisaient référence aux deux guerres mondiales. Mais leurs commémorations étaient parfois mises au second plan derrière l'objectif de réconciliation des « peuples européens » – en témoigne en particulier, même si elle n'a pas abouti, la proposition de V. Giscard d'Estaing en 1975 de remplacer la célébration du 8 mai (capitulation allemande de 1945) par celle du 9 mai (discours de R. Schuman)[76]. Plus fréquemment encore, elles étaient elles-mêmes un instrument de réconciliation, nombre de responsables européens affirmant que les guerres mondiales ont été le résultat de divisions malheureuses mais passagères de la « famille » européenne et que le processus d'intégration vise, en réaction à celles-ci, à garantir la paix (Rosoux, 2007). Surtout, le totalitarisme ou la Shoah ne faisaient pas l'objet de politiques mémorielles de la part des institutions de l'UE et du Conseil de l'Europe (Gensburger, 2008 ; Garcia, 2009).

Les événements de 1989-1991 et la perspective d'un élargissement à l'Est qui se précise à la fin des années 1990 et se concrétise en 2004 viennent cependant transformer le rapport des organisations européennes au passé (Gensburger, 2008). Comme nous l'avons évoqué plus haut, les Européens doivent alors faire face à un « rideau de fer mémoriel » entre l'Ouest et l'Est de l'Europe. Non seulement le souvenir de l'occupation soviétique occupe une place majeure dans les pays issus du monde communiste ; mais on assiste en outre dans ces pays à une « nationalisation de l'histoire », alors que l'histoire nationale est remise en question à l'Ouest ; et surtout, le silence « décrété par le "grand frère soviétique" » à l'égard de la Shoah y reste largement de mise et les thèses négationnistes fréquentes (Droit, 2007, p. 107, 108 et 114). Dans ce contexte, l'UE et le Conseil de l'Europe multiplient les actions dans le domaine de la mémoire, en particulier à partir de la fin des années 1990 (Gensburger, 2008, p. 27-32). Celles-ci se concentrent sur la dimension négative de l'histoire européenne, à commencer par la Shoah, dont la commémoration devient (pour reprendre les

---

76. Cf. COHEN, 2007, p. 19.

termes d'E. Droit, 2007, p. 105) un « critère implicite d'entrée » dans l'UE pour les pays de l'ancien bloc communiste, ainsi qu'un domaine important de l'action du Conseil de l'Europe. Des représentants politiques des anciens pays communistes réclament cependant une condamnation des « crimes » des régimes communistes au même titre que l'Holocauste. Sous leur pression, l'APCE puis le Parlement européen vont adopter des textes officiels à ce sujet. Or ces différentes tentatives de construire une mémoire commune aux différents pays européens suscitent de vives critiques qui ne se confinent pas aux arènes scientifiques, si bien que la mémoire de l'Holocauste et celle des régimes communistes deviennent l'objet de polémiques dans l'espace public.

La mémoire de l'Holocauste : un « impératif[77]*» mémoriel*

Dès le milieu des années 1990, la mémoire de la Shoah était devenue un enjeu majeur à l'échelle européenne. À partir 1993, le Parlement européen avait en effet adopté plusieurs résolutions dans ce domaine (Wæhrens, 2011, p. 13). Quant au Conseil de l'Europe, un projet intitulé « Apprendre et enseigner l'histoire du XXe siècle en l'Europe » avait été mené entre 1997 et 2001 sous l'égide de sa section chargée des questions relatives à l'enseignement de l'histoire, en partenariat avec des experts de l'enseignement secondaire de l'histoire – notamment le GEI. Il avait eu pour objectif de développer des ressources pédagogiques et avait notamment porté sur la question de l'Holocauste[78].

Cet engagement se renforce et s'internationalise davantage en 1998, quand plusieurs pays membres de l'UE, à commencer par la Suède, fondent avec les États-Unis et Israël un Groupe d'action international pour la coopération sur l'enseignement, la mémoire et l'étude de l'Holocauste (Task Force for International Cooperation on Holocaust Education, Remembrance and Research)[79]. Puis en janvier 2000, lors d'une conférence de ce groupe réunissant des représentants de ses pays membres, de l'UE et du Conseil de l'Europe pendant laquelle l'idée de célébrer une journée commémorative de la Shoah est reprise. C'est le 27 janvier, date anniversaire de la libération d'Auschwitz, qui est retenue (Garcia, 2009 ; Gensburger, 2008). L'année suivante, les ministres de l'Éducation des 48 pays signataires de la Convention culturelle du Conseil de l'Europe adoptent une déclaration établissant une Journée de la mémoire de l'Holocauste et de la prévention des crimes contre l'humanité dans les écoles[80]. Surtout, plusieurs pays d'Europe de l'Est candidats à l'entrée dans l'UE rejoignent rapidement le Groupe d'action international (Droit, 2007, p. 105). Et sous la pression internationale, « un certain nombre de gouvernements [de ces pays prononcent] des excuses officielles à leurs communautés juives, [créent] des fonds

---

77. Nous empruntons ce terme à Droit, 2007.
78. Cf. le site Internet de la division de l'enseignement de l'histoire du Conseil de l'Europe, cité.
79. Depuis 2013, ce groupe a pour nom Alliance internationale pour la mémoire de l'Holocauste.
80. Cf. Garcia, 2009, p. 195-196. Notons que l'Organisation des Nations unies reconnaît elle aussi le 27 janvier comme journée de commémoration de l'Holocauste (*ibid.*, p. 196).

de compensation et [inscrivent] la mémoire de la Shoah dans leur calendrier national » (Droit, 2007, p. 108).

Ces actions font écho aux travaux du Groupe d'action international et au projet du Conseil de l'Europe « Apprendre et enseigner l'histoire du XXe siècle en l'Europe », mais aussi aux prises de position d'historiens spécialistes du XXe siècle considérant que la Shoah a été « pire » que les crimes des régimes communistes[81]. Elles sont malgré tout la cible de critiques dans le champ scientifique. Même si elles signent un tournant des politiques mémorielles des organisations européennes en intégrant la question des crimes contre l'humanité, il faut dire qu'elles ne tournent pas le dos à la *success story* de l'intégration communautaire promue par la Commission européenne. Au contraire, la mémoire de la Shoah y est pleinement intégrée, celle-ci étant présentée comme le « point de départ » de la coopération européenne (Rousso, 2007, p. 33) ou, en d'autres termes, un « événement fondateur négatif de la construction européenne » (Garcia et Bosséno, 2006, p. 11). Or ce récit dominant est l'objet de critiques. En publiant en 2015 un ouvrage sur les conceptions « antilibérales » de l'Europe (qui associent l'Europe à l'idée d'homogénéité culturelle ou ethnique) et sur les expériences d'européanisation reposant sur la coercition et la violence, un groupe d'historiens allemands et britanniques, au premier rang desquels l'Allemand Dieter Gosewinkel, a en particulier contribué (comme d'autres chercheurs avant lui) à remettre en cause l'idée que l'intégration européenne est fondamentalement liée à la liberté économique et politique[82]. H. Rousso (2007, p. 33) rappelle quant à lui que l'intention des fondateurs de l'Europe n'était pas tant liée à la Shoah qu'à l'objectif de combattre les causes économiques et politiques des deux guerres mondiales. Il note aussi que le fait que la mémoire officielle de la Seconde Guerre mondiale se concentre sur le massacre des juifs jette dans l'oubli d'autres catégories de victimes, en particulier les Tziganes et les homosexuels[83]. Enfin, l'historien Emmanuel Droit (2007, p. 107), spécialiste de l'Europe de l'Est, souligne que « cette position occidentale pose problème, dans la mesure où elle ne prend pas en compte la culture mémorielle des pays d'Europe de l'Est ». En effet, « elle a tendance à occulter la mémoire collective des pays de l'Europe postsocialiste qui ont fait l'expérience du communisme pendant plus de quarante ans […]. »

Les historiens ne sont cependant pas les seuls à critiquer les politiques officielles en faveur de la mémoire de l'Holocauste. En Allemagne, l'existence d'une rivalité entre différents groupes de victimes qui luttent pour la reconnaissance de leurs souffrances est particulièrement visible. Outre les mobilisations en faveur de la mémoire des Tziganes et des homosexuels[84], une association baptisée « Union des expulsés » (Bund der Vertriebenen) a lancé en 1999

---

81. Cf. Droit, 2007, p. 105-107.
82. Gosewinkel Dieter (dir.), 2015, *Anti-liberal Europe. A Neglected Story of Europeanization*, New York, Berghahn Books. Dans cette perspective, cf. aussi Mazower Mark, 1998, *Dark Continent: Europe's Twentieth Century*, Londres, Allen Lane ainsi que l'ouvrage du politiste Cohen Antonin, 2012, *De Vichy à la Communauté européenne*, Paris, Presses universitaires de France.
83. À ce propos, cf. Droit, 2007, p. 104.
84. Cf. *Ibid.*

une initiative visant à créer un centre d'information consacré à la mémoire des Allemands expulsés des pays d'Europe centrale et orientale à la fin de la Seconde Guerre mondiale – ce qui a été à l'origine d'une controverse[85]. Dans les pays de l'ancienne Union soviétique, surtout, des militants anticommunistes fustigent le récit ouest-européen qui repose sur le caractère unique de la Shoah et demandent à ce que leur histoire, en particulier celle des dictatures communistes, soit intégrée à la politique mémorielle du Conseil de l'Europe et de l'UE. Sous leur pression, la lecture officielle de l'histoire promue par ces organisations européennes va encore changer (Neumayer, 2019).

Les condamnations officielles des régimes communistes

Du fait de l'élargissement aux pays de l'ancienne Union soviétique du Conseil de l'Europe (dès les débuts des années 1990), puis de l'UE (à partir de 2004), de nouveaux députés, issus de ces pays, intègrent les assemblées parlementaires de ces organisations. Parmi eux, des militants anticommunistes se mobilisent pour faire reconnaître les crimes des régimes communistes au même titre que les crimes nazis. Sous leur pression, l'APCE et le Parlement européen vont inclure l'histoire des pays de l'Est à leur lecture officielle du passé (Perchoc, 2014, p. 213-214), en particulier à travers des textes officiels condamnant et/ou commémorant ces crimes (Neumayer, 2019). Ces textes vont cependant eux aussi susciter des débats et des controverses.

En 2006 tout d'abord, l'APCE adopte une résolution qui condamne les « crimes des régimes communistes totalitaires ». Celle-ci affirme que « Les pouvoirs communistes totalitaires qui étaient en place en Europe centrale et orientale au siècle dernier […] sont, sans exception, caractérisés par des violations massives des droits de l'homme » et demande à tous les partis politiques communistes de « réexaminer l'histoire du communisme et leur propre passé[86] ». Or cette lecture officielle de l'histoire des pays de l'ancienne Union soviétique entraîne une polémique impliquant plusieurs partis communistes européens (notamment le Parti communiste français[87]) et des universitaires spécialistes de l'histoire du communisme.

Jean-Jacques Marie, militant trotskiste français membre du Parti des Travailleurs et auteur de livres d'histoire sur le communisme[88], réagit ainsi promptement en lançant une pétition (qui sera signée par des historiens universitaires) dénonçant le fait que cette résolution « prétend explicitement définir une version officielle de l'histoire de l'URSS et des pays dits de démocraties populaires ou socialistes destinée à être mise en œuvre dans tous les pays membres

---

85. Cf. Dakowska, 2007. Ce projet n'a finalement pas vu le jour.
86. APCE, 25 janvier 2006, Résolution 1481 (2006) : « Nécessité d'une condamnation internationale des crimes des régimes communistes totalitaires ».
87. Cf. Margolin Jean-Louis et Werth Nicolas, 3 février 2006, « Retour sur le communisme d'État », *Le Monde*, p. 20.
88. À son propos, cf. 16 décembre 2013, « Jean-Jacques Marie, spécialiste de l'URSS », [https://www.colisee.org/old/public//article/fiche/5146], consulté le 26 janvier 2020.

de l'Union européenne », alors que le droit « de définir la vérité historique » « ne peut qu'être dénié [...] au Conseil de l'Europe[89] ». Les historiens français Jean-Louis Margolin et Nicolas Werth, qui ont tous deux contribué à un ouvrage portant sur les crimes commis par les régimes communistes[90], publient quant à eux un article dans *Le Monde* dans lequel ils estiment que, même si la résolution du Conseil de l'Europe est « [rédigée] en termes modérés [et ne fait] que rappeler des évidences », elle « voit sa portée amoindrie par un certain nombre d'approximations, d'exagérations ou d'assertions plus que discutables ». Ils y critiquent en particulier le rapprochement établi par le Conseil de l'Europe entre le nazisme et le communisme ainsi que la surévaluation du nombre de victimes des régimes communistes[91]. Enfin, après l'adoption de cette résolution, le CVUH, qui défend l'autonomie de la recherche et de l'enseignement en histoire, publie la réaction d'un politiste spécialiste du communisme, Bernard Pudal, sur son site Internet :

> « Pour tout spécialiste de l'historiographie du communisme, ces différences d'interprétation renvoient aux débats et controverses relatifs aux "paradigmes" mis en œuvre pour rendre compte de l'histoire du/des communisme(s). La résolution milite clairement pour "une" interprétation du communisme (une interprétation totalitarienne) au détriment de celles – qui sont nombreuses – qui, soit récusent, soit limitent l'emploi de ce concept[92]. »

Ainsi, en France, des logiques politiques et scientifiques se rejoignent pour juger ce texte. En Allemagne, on n'observe pas de critiques comparables. Il est vrai que dans ce pays la mobilisation contre les usages politiques de l'histoire n'est pas institutionnalisée par des associations comme c'est le cas en France[93]. Cette explication n'est pourtant pas suffisante. Comme nous l'avons mentionné plus

---

89. S. d., « Appel sur la résolution 1481 du Conseil de l'Europe sur "la nécessité d'une condamnation internationale des crimes des régimes totalitaires" », [http://www.info-impartiale.net/spip.php?article483], consulté le 9 mai 2008.
90. Cf. COURTOIS Stéphane (dir.), 1997, *Le livre noir du communisme. Crimes, terreur et répression*, Paris, Robert Laffont.
91. MARGOLIN Jean-Louis et WERTH Nicolas, « Retour sur le communisme d'État », art. cité, p. 20.
92. Extrait de PUDAL Bernard, 2 mars 2007, « Résolution et Recommandations sur "la nécessité d'une condamnation internationale des crimes des régimes communistes totalitaires" », [http://cvuh.blogspot.de/2007/03/resolution-et-recommandations-sur-la.html], consulté le 8 octobre 2019.
93. Outre le CVUH, en France, une association intitulée « Liberté pour l'histoire » milite pour l'abrogation de toutes les lois mémorielles : en particulier de la loi Gayssot, qui définit depuis 1990 comme un délit la contestation de l'existence d'un ou plusieurs crimes contre l'humanité et dont l'application a été étendue en 2001 par une loi reconnaissant le génocide arménien comme tel, et de la loi Taubira de 2001 reconnaissant les traites et les esclavages comme crimes contre l'humanité. Cf. BERTRAND, 2006. En Allemagne, l'article 130.3 du code pénal punit depuis 1994 la négation des crimes nazis. Cf. CAJANI Luigi, 21 mai 2011, « Adoption de la décision-cadre européenne au 17 mai 2011 », [https://www.lph-asso.fr/index1fa7.html?option=com_content&view=article&id=162%3Aadoption-de-la-decison-cadre-europeenne-au-17-mai-2011&catid=53%3Aactualites&Itemid=170&lang=fr], consulté le 26 janvier 2020. Même si des historiens allemands déplorent le fait que les universitaires ne soient plus les détenteurs privilégiés de la parole sur l'histoire dans l'espace public (cf. WEBER Wolfgang, 2002, « Universitäten », in Michael MAURER (dir.), *Aufriss der Historischen Wissenschaften, vol. 6: Institutionen*, Stuttgart, Reclam, p. 85-86), cet article ne suscite cependant pas de controverses semblables à celles qui animent les historiens français à propos de la loi Gayssot.

haut, le projet de l'Union des expulsés allemands de créer un centre d'information sur le sort des Allemands expulsés d'Europe centrale et orientale après la Seconde Guerre mondiale est bien, lui, l'objet d'une polémique. Il faut plutôt rappeler que l'Allemagne de l'Est est elle-même concernée par un passé communiste et qu'une fondation (la Bundesstiftung zur Aufarbeitung der SED-Diktatur) se mobilise depuis 1998 pour la mémoire de la dictature est-allemande et de ses dissidents[94]. Cette fondation a même joué un rôle dans l'émergence d'une politique de la mémoire du communisme à l'échelle européenne : au début des années 2000, son président, Markus Meckel, appelait notamment l'UE à s'appuyer davantage sur l'histoire de la dictature communiste pour faire émerger un « consensus antitotalitaire commun »[95].

Les critiques émises à l'égard de la résolution du Conseil de l'Europe ne vont pas empêcher l'UE de suivre cette voie elle aussi. Une résolution du Parlement européen de 2008 qualifie ainsi notamment l'*Holodomor* (famine en Ukraine en 1932-1933) de crime contre l'humanité[96] – ce que l'historienne communiste française Annie Lacroix-Ritz dénonce comme une « diabolisation du communisme et de l'URSS » qui « ne relève pas de l'analyse historique mais de campagnes idéologiques[97] ». La même année, conformément à un projet du Parlement européen, une décision-cadre du Conseil de l'UE appelle les États membres à prévoir des sanctions contre « l'apologie, la négation ou la banalisation grossière publiques des crimes de génocide, crimes contre l'humanité et crimes de guerre […][98] ». Cette décision, qui ne vise pas de crime précis, est particulièrement la cible de critiques de la part d'historiens – encore une fois, en France particulièrement. C'est en effet dans le contexte du projet de ce texte que l'association Liberté pour l'histoire, qui milite en France pour l'abrogation de toutes les lois mémorielles, diffuse en 2008, à l'occasion des Rendez-Vous de l'Histoire de Blois qui se tiennent alors sur le thème « Les Européens », un appel dénonçant les lois mémorielles. Celui-ci sera signé par plusieurs historiens européens[99]. P. Nora, président de cette association, signe également un article dans le journal *Le Monde* contre cette décision :

---

94. Cf. Meckel Markus, 2003, « Gemeinsam Geschichte schreiben und erinnern. Die Aufarbeitung von Geschichte und historisches Gedenken in europäischer Perspektive. Ein Plädoyer », in Franz-Joseph Jelich et Stefan Goch (dir.), *Geschichte als Last und Chance. Festschrift für Bernd Faulenbach*, Essen, Klartext, p. 48-49.
95. Cf. *ibid.*, p. 50. Parmi les institutions entretenant la mémoire du communisme en Allemagne, citons aussi le musée de la Stasi et le musée de la RDA, qui ont ouvert leurs portes à Berlin respectivement en 1990 et en 2006.
96. Parlement européen, 23 octobre 2008, Résolution « Commémoration de l'Holodomor, la famine artificiellement provoquée en Ukraine (1932-1933) », JO C15E du 21 janvier 2010, p. 78-79.
97. Lacroix-Riz Annie, s. d. « L'Holodomor, nouvel avatar de l'anticommunisme "européen" », [www.historiographie.info/holodomor08.pdf], consulté le 26 janvier 2020, p. 3.
98. Cf. Conseil de l'UE, 28 novembre 2008, Décision-cadre 2008/913/JAI « sur la lutte contre certaines formes de manifestations de racisme et de xénophobie au moyen du droit pénal », JO L 328 du 6 décembre 2008, p. 55-58.
99. Cf. le site Internet de l'association Liberté pour l'histoire, [http://www.lph-asso.fr/], consulté le 8 octobre 2019.

« Il ne s'agit nullement de nier l'horreur et l'ampleur des crimes, ni la nécessité de la lutte contre le racisme et l'antisémitisme, plus urgente que jamais. Mais il faut bien comprendre qu'au nom des sentiments qui l'inspirent et des intentions qui l'animent, on est en train de nous fabriquer à l'échelle européenne et sur le modèle de la loi Gayssot [qui définit en France comme un délit la contestation de l'existence d'un ou de plusieurs crimes contre l'humanité] une camisole qui contraint la recherche et paralyse l'initiative des enseignants[100]. »

Plusieurs textes relatifs à l'histoire se sont malgré tout encore succédé depuis[101]. En 2009, le Parlement européen a en particulier adopté une résolution « sur la conscience européenne et le totalitarisme ». Celle-ci « condamne fermement et sans réserve tous les crimes contre l'humanité et les innombrables violations des droits de l'homme commis par tous les régimes totalitaires et autoritaires » et demande notamment que le 23 août soit proclamé « journée européenne du souvenir », en mémoire des victimes de ces régimes[102]. Elle est le fruit d'un compromis entre deux visions de l'histoire qui s'opposent : celle d'un groupe de conservateurs et de libéraux qui souhaitent voir condamner le communisme dans son ensemble et celle d'un groupe de députés de gauche qui entendent au contraire réaffirmer la singularité de l'Holocauste et distinguer stalinisme et communisme (Neumayer, 2019, p. 116-125). En effet, contrairement à la proposition initiale portée par des députés anticommunistes, la résolution adoptée mentionne non seulement les crimes des régimes nazis et communistes, mais aussi les dictatures grecque, espagnole et portugaise. Elle considère que « le caractère unique de l'Holocauste doit [...] être reconnu » et rappelle que « de l'avis des historiens, il n'est pas possible de donner des interprétations totalement objectives de faits historiques ». La « journée européenne du souvenir » commémore finalement les victimes de tous les régimes totalitaires et autoritaires et non pas seulement ceux du stalinisme et du nazisme comme prévu initialement. Pourtant, le choix de la date du 23 août en souvenir de la signature en 1939 du traité de non-agression entre l'Allemagne et l'Union soviétique, aussi appelé « pacte Hitler-Staline », est lui conforme à la proposition initiale des députés anticommunistes, qui considèrent ce pacte comme une preuve de l'équivalence entre les deux dictatures (Neumayer, 2019, p. 3)[103].

Dernier texte en date, une résolution du Parlement européen adoptée en septembre 2019 porte sur « l'importance de la mémoire européenne pour l'avenir de l'Europe ». Elle ne se contente pas de demander aux États membres de célébrer la journée du 23 août. En affirmant que la Seconde Guerre mondiale

---

100. Nora Pierre, 11 octobre 2008, « Liberté pour l'histoire ! La notion de crime contre l'humanité ne saurait s'appliquer rétroactivement moralement ou juridiquement », *Le Monde*, p. 21.
101. Cf. les différents textes énumérés par le Parlement européen, 19 septembre 2019, Résolution « sur l'importance de la mémoire européenne pour l'avenir de l'Europe », JO C 171 du 6 mai 2021, p. 25-29.
102. Parlement européen, 2 avril 2009, Résolution « sur la conscience européenne et le totalitarisme », JO C 137E du 27 mai 2010, p. 25-27.
103. Dans le cadre du programme « L'Europe pour les citoyens », la Commission européenne soutient une action intitulée « Une mémoire européenne active » qui fait aussi le parallèle entre stalinisme et nazisme. Cf. Neumayer, 2019, p. 172-173.

a été la « conséquence immédiate du tristement célèbre pacte de non-agression germano-soviétique du 23 août 1939 », elle offre une interprétation officielle du passé. Ce faisant, mais aussi en indiquant notamment que « dans certains États membres, la loi interdit les idéologies communiste ou nazie » et « qu'un certain nombre de pays européens ont interdit l'utilisation de symboles nazis et communistes », elle renforce l'idée d'une équivalence entre nazisme et communisme[104]. Ceci a rapidement conduit à de nouvelles réactions hostiles, en particulier chez les militants communistes. Au Parlement européen, le groupe confédéral de la Gauche unitaire européenne/Gauche verte nordique, qui inclut notamment des partis communistes, condamne cette résolution qui justifie selon lui la répression des organisations de gauche et en particulier des partis communistes. Les Italiens Luciana Castellina, ancienne députée européenne communiste, et Guido Liguori, philosophe communiste, ainsi que l'Autrichien Walter Baier, coordinateur du réseau international « transform ! Europe », qui se veut la fondation politique du Parti de la gauche européenne[105], ont quant à eux publié un texte qui, tout en reconnaissant les « aspects infâmes » du stalinisme, fustige le fait que cette résolution ne mentionne pas le rôle de l'Union soviétique dans la fin de la Seconde Guerre mondiale et assimile le communisme au stalinisme. Selon eux, une telle lecture de l'histoire ne peut pas constituer le socle d'une mémoire européenne commune. De manière similaire, Patrick Le Hyaric, membre du Parti communiste français et ancien député européen, a signé un article dans le journal *L'Humanité* qu'il dirige affirmant que « [la mémoire européenne] est bafouée ligne par ligne » dans cette résolution. La Fédération internationale des Résistants – Association des antifascistes, qui réunit des associations d'anciens Résistants et des associations antifascistes issues de pays européens et d'Israël, condamne elle aussi cette résolution qui rappelle selon elle les pires moments de la guerre froide[106].

Il convient de souligner que ces textes intègrent la mémoire des crimes des régimes communistes (de même que la mémoire de l'Holocauste) à la *success story* de l'intégration européenne, notamment à travers l'idée – d'abord utilisée par des dirigeants de pays de l'ancien bloc soviétique (Neumayer, 2007, p. 251-252) – selon laquelle l'adhésion de ces pays à l'UE constituerait un « retour à l'Europe » :

> « l'intégration européenne a constitué, dès l'origine, une réponse aux souffrances causées par les deux guerres mondiales et la tyrannie nazie qui a conduit à l'Holocauste, ainsi qu'à l'expansion des régimes communistes totalitaires et non démocratiques en Europe centrale et orientale […] ; […] pour les pays européens qui ont souffert de l'occupation soviétique ou d'une dictature communiste, l'élar-

---

104. Cf. Parlement européen, Résolution « sur l'importance de la mémoire européenne pour l'avenir de l'Europe », citée.
105. Cf. son site Internet, [https://www.transform-network.net], consulté le 15 octobre 2019.
106. Cf. 2019, « Die Vergangenheit Europas korrekt erinnern ! », [https://europa.blog/die-vergangenheit-europas-korrekt-erinnern/], consulté le 15 octobre 2019 ; Le Hyaric Patrick, 26 septembre 2019, « Révisionnisme historique. Le déshonneur du Parlement européen », *L'Humanité*, p. 7. La Russie, largement critiquée dans ce texte, a également réagi de manière très hostile.

gissement de l'Union européenne à partir de 2004 a marqué leur retour au sein de la famille européenne, à laquelle ils appartiennent […][107] ».

La résolution « sur la conscience européenne et le totalitarisme », qui comporte un passage similaire, affirme même que « le processus d'intégration européenne est une réussite[108] ». Ce récit officiel touche d'autant plus les historiens qu'il se répercute dans leur propre champ (scientifique) à travers les financements offerts par les PCRD. En effet, à partir de 2007, des subventions ont été dédiées à la recherche sur les périodes sombres de l'Europe au XXe siècle, notamment à travers un appel de 2010 relatif à « l'ombre des totalitarismes », mais c'est justement dans ce cadre que le réseau EurHistXX, porté par des spécialistes du XXe siècle attentifs aux traumatismes de l'histoire de l'Europe, a été rejeté. Le projet sélectionné dans le cadre de cet appel ne s'est pas concentré, lui, sur l'histoire des régimes totalitaires en soi, mais plutôt sur les facteurs influençant l'engagement politique des jeunes Européens (notamment leur compréhension de cette histoire). Comme la plupart des projets de recherche financés par les PCRD et abordant des moments tragiques de l'histoire, il offrait une vision assez optimiste de l'histoire (et du futur) conforme aux politiques de la mémoire de l'UE – en l'occurrence en offrant des solutions pour améliorer la compréhension de l'histoire et en cherchant à dépasser la distinction entre les héritages de l'Ouest et de l'Est de l'Europe[109].

Une distanciation à l'égard de l'« histoire européenne » ? Nouvelles pistes de recherche

Dans ce contexte, caractérisé par l'essor et l'évolution des lectures officielles de l'histoire de l'Europe, par des financements pour l'écriture de cette histoire et par des controverses à ces sujets, on assiste à partir de la fin des années 1990 à un renouvellement des perspectives de recherche qui peut, à plusieurs égards, être considéré comme une prise de distance croissante des historiens à l'égard de l'idée d'une « histoire européenne ». Non seulement des équipes telles que EurhistXX s'efforcent de remettre en question la vision officielle de cette histoire[110]. En outre, les spécialistes de l'Europe étudient de manière croissante les relations de l'Europe au reste du monde. Il est vrai que l'histoire mondiale (parfois qualifiée de globale, transnationale ou connectée), connaît alors un véritable essor, en particulier en Allemagne avec la création d'une revue spécialisée dans ce domaine en 2000 (le *Zeitschrift für Weltgeschichte*). Comme l'histoire de l'Europe, celle-ci

---

107. Parlement européen, Résolution « sur l'importance de la mémoire européenne pour l'avenir de l'Europe », citée.
108. Cf. Parlement européen, Résolution « sur la conscience européenne et le totalitarisme », citée, p. 25-27.
109. Pour plus de précisions, cf. Le Boulay, à paraître en 2023/OnlineFirst 2021.
110. Notons aussi notamment l'organisation en 2006 d'une conférence sur les « expériences amères » du passé et le processus de constitution de l'Europe, à laquelle participent notamment K. Jarausch et B. Srath. Cf. Joerges Christian, Mahlmann Matthias et Preuss Ulrich K. (dir.), 2008, *"Schmerzliche Erfahrungen der Vergangenheit" und der Prozess der Konstitutionalisierung Europas*, Wiesbaden, Verlag für Sozialwissenschaften.

a pour objectif de dépasser la perspective nationale, mais elle va plus loin, car elle tente de dépasser en outre la perspective eurocentrée, voire, pour reprendre les termes de l'historien indien Dipesh Chakrabarty (2009), de « provincialiser l'Europe ». Même si elle est avant tout développée par des spécialistes de régions extra-européennes, elle stimule les spécialistes de l'Europe à cet égard. Quelques-uns d'entre eux réorientent même leur activité dans ce domaine. L'Institut pour l'histoire comparée de l'Europe au Moyen Âge de l'université Humboldt de Berlin infléchit ainsi progressivement ses recherches dans cette direction [111] et, en France, le fondateur de la revue *Monde(s). Histoire, espaces et relations* en 2012 n'est autre que R. Frank, qui a notamment codirigé le réseau de recherche sur les identités européennes à partir de 1995.

De plus, on assiste de manière particulièrement frappante à la multiplication de ce que P. Nora (1997, p. 2229-2290) qualifie d'« histoire au second degré » : des recherches ayant pour objet non pas tant l'histoire de l'Europe que les représentations de cette histoire [112]. Ces recherches reposent en partie sur des logiques internes à la profession historienne : après l'écriture de nombreuses « histoires européennes » dans la décennie précédente, elles permettent d'innover et de faire avancer la réflexion sur l'Europe. Elles sont aussi l'une des manifestations du développement plus large des études mémorielles depuis la fin du XXe siècle [113]. Elles ne sont pourtant pas étrangères aux controverses publiques que nous venons d'étudier, car elles constituent un moyen, pour leurs auteurs, de prendre leur distance à l'égard du grand projet que constituait dans les années 1990 l'écriture d'une histoire au service de l'avènement d'une Europe unie et à l'égard des politiques mémorielles de l'UE et du Conseil de l'Europe. Outre l'ouvrage au sujet des visions « antilibérales » de l'Europe dirigé par D. Gosewinkel [114] (qui n'est pas, néanmoins, issu d'une recherche inscrite dans la durée), on peut envisager ainsi plusieurs initiatives collectives déjà mentionnées : la création dès 1997 au sein du réseau de recherche sur l'identité européenne d'un groupe de travail sur la contribution des historiens à la définition de cette identité [115] ; la collection « Europäische Geschichtsdarstellungen » (2003-2008) dédiée à l'étude des représentations du passé ; « L'atelier d'histoire "Europe" » soutenu par les fondations « Mémoire, responsabilité et avenir » et Robert Bosch entre 2005 et 2013 ou encore les nombreuses recherches relatives à la « mémoire » et aux représentations de l'histoire de l'Europe financées par les PCRD, en particulier depuis le

---

111. Cf. 2017, « Institut für vergleichende Geschichte Europas im Mittelalter », [https://www.geschichte.hu-berlin.de/bereiche-und-lehrstuehle/migei/IVGEM], consulté le 13 décembre 2019.
112. Notre étude s'inscrit elle-même en partie dans ce cadre. Outre les recherches mentionnées dans le paragraphe ci-dessus, notons que dans une seconde version de son ouvrage sur la création des identités nationales, A.-M. Thiesse a ajouté quelques pages de réflexion sur l'identité européenne (2001, p. 281-285). De même, M. Ferro a ajouté un court chapitre sur l'histoire de l'Europe à son ouvrage sur les différents récits historiques nationaux (2004, p. 421-422).
113. Cf. Winter, 2012.
114. Gosewinkel Dieter (dir.), *Anti-liberal Europe…, op. cit.*
115. Cf. Vigezzi, 2004 ; Dülffer, 2010 ; Ludlow, 2010.

septième programme-cadre[116]. Même les spécialistes de l'histoire de l'intégration communautaire et notamment les membres du Groupe de liaison se penchent davantage sur l'historiographie de l'intégration[117].

Même si notre étude ne se concentre pas sur les initiatives relatives à l'enseignement secondaire de l'histoire de l'Europe, il faut enfin souligner que celles-ci se raréfient et changent elles aussi de nature. En effet, malgré la poursuite par le Conseil de l'Europe de ses activités et la publication de ressources pédagogiques dédiées à cette histoire[118], l'heure n'est plus aux fervents plaidoyers en faveur de cet enseignement. D'une part, à partir de la fin des années 1990, d'autres questions concernant l'enseignement de l'histoire dans le secondaire deviennent centrales : celles de la prise en compte des migrants ainsi que des pays et des aires culturelles extra-européens, en particulier du « monde musulman »[119]. Ces questions rejoignent d'ailleurs l'intérêt des universitaires pour l'histoire mondiale. D'autre part, si l'enseignement de l'histoire de l'Europe continue d'être l'objet de discussions, les experts de cette discipline qui s'en préoccupent présentent surtout, désormais, celui-ci comme nécessaire pour que les élèves comprennent le monde dans lequel ils vivent ; ils évitent de mettre en avant un volontarisme politique[120]. Quant au rêve d'un manuel commun à tous les pays d'Europe, il est délaissé. Les projets relatifs à l'enseignement de l'histoire de l'Europe menés en France et en Allemagne se concentrent davantage sur l'enseignement de cette discipline dans ces deux pays[121]. Particulièrement médiatisé, le *Manuel d'Histoire franco-allemand* en trois volumes paru entre 2006 et 2011 est particulièrement révélateur à cet égard (cf. encadré 15).

---

116. Rappelons aussi deux initiatives que nous avons mentionnées en notes : le projet « Représentations du passé : histoires nationales en Europe », financé par l'ESF entre 2003 et 2008 et le recueil de biographies d'« historiens de l'Europe » dirigé notamment par le directeur du département d'histoire universelle de l'IEG H. Duchhardt (2006-2007). Notons enfin que le « Portail thématique sur l'histoire européenne », disponible sur Internet à partir de 2006, propose des textes sur le thème de la mémoire.

117. Cf. Gilbert, 2008 ; Ludlow, 2010 ; Kaiser et Varsori, 2010 ; Loth, 2012 ; Warlouzet, 2014 ; Warlouzet, 2018 ; Larat *et al.*, 2018, notamment codirigé par S. Schirmann.

118. Cf. en particulier Rohlfes Joachim (dir.), 2001, *Historisch-politische Weltkunde. Kursmaterialien Geschichte. Sekundarstufe 2. Kollegstufe. Europa. Einheit und Vielfalt in Vergangenheit und Gegenwart*, Stuttgart/Leipzig, Klett Schulbuchverlage.

119. Cf. notamment le site Internet de la division de l'enseignement de l'histoire du Conseil de l'Europe, cité ; au sujet des activités mises en place par le GEI à partir de 2003 concernant l'image du monde musulman dans les manuels scolaires : Verband der Geschichtslehrer Deutschlands, 2001, *Geschichte in Wissenschaft und Unterricht*, 5-6 et 10 ; et au sujet d'un programme lancé en 2006 par le GEI sur le thème de « L'image de l'autre dans l'enseignement de l'histoire » : GEI, 2004, *Internationale Schulbuchforschung*, 26(3).

120. Cf. Dessieux Gisèle, Knafou Rémi et Leon Enrique, 2004, « L'Europe : un paradigme scientifiquement faible mais un enjeu civique », in Michel Hagnerelle (dir.), *Apprendre l'histoire et la géographie à l'École. Actes du colloque organisé à Paris les 12, 13 et 14 décembre 2002*, Versailles, CRDP de l'académie de Versailles, p. 72 et 73 ; notre entretien avec Laurent Wirth (alors inspecteur général de l'Éducation nationale), 2006 et celui avec P. Monnet, membre du comité de pilotage du *Manuel d'Histoire franco-allemand*, 2007.

121. Outre le *Manuel d'Histoire franco-allemand*, cf. le site Internet DeuFraMat, [http://www.deuframat.de/], consulté le 21 janvier 2020.

> **Encadré 15. Le *Manuel d'Histoire franco-allemand*
> ou la fin de l'utopie d'un manuel scolaire européen d'histoire**
>
> À la suite d'une proposition formulée par un « parlement des jeunes » chargé en 2003 de réfléchir aux relations franco-allemandes, puis reprise par les gouvernements français et allemand, un *Manuel d'Histoire franco-allemand* en trois volumes a été conçu pour les lycées d'enseignement général des deux pays. Grâce à un comité de pilotage composé d'historiens des deux pays et de représentants des ministères français et allemands de l'Éducation et des Affaires étrangères, grâce aussi au travail d'écriture en tandem mené par des enseignants en lycée ou en classes préparatoires, ce manuel scolaire a pu être publié en deux versions identiques, si ce n'est que l'une est en français et l'autre en allemand[1]. Malgré les différences de programmes scolaires, il a pu être homologué en France comme dans les seize *Länder* allemands et peut être utilisé dans les salles de classe. Comparé aux projets de manuels d'histoire de la « civilisation européenne » des années 1980 qui n'avaient pas pu voir le jour et même avec les différents manuels d'histoire de l'Europe des années 1990 qui n'étaient pas vraiment adaptés à une utilisation en classe, c'est un succès indéniable. Malgré sa volonté d'« éclairer une conscience européenne historiquement fondée[2] », ce manuel s'éloigne cependant de l'utopie d'un manuel d'histoire européenne qui pourrait être utilisé dans tous les pays européens. Son ambition principale, plus réaliste et féconde selon les historiens porteurs de ce projet, est de proposer « un regard franco-allemand sur l'histoire commune, c'est-à-dire [celle] de chaque pays, [celle] des deux pays ensemble et [celle] de leur environnement européen et mondial[3] ».
>
> ---
> 1. Cf. Geiss Peter et Le Quintrec Guillaume (dir.), 2007, *Histoire/Geschichte…*, *op. cit.* À propos de sa genèse, cf. François Étienne, 2007, « Le manuel franco-allemand d'histoire. Une entreprise inédite », *Vingtième Siècle. Revue d'histoire*, n° 94, p. 73-86.
> 2. Geiss Peter et Le Quintrec Guillaume (dir.), 2006, *Histoire. Manuel d'Histoire franco-allemand*, vol. 3 *(Terminales) : L'Europe et le monde depuis 1945*, Paris, Nathan, p. 3.
> 3. Entretien avec P. Monnet, 2007.

L'histoire de l'intégration européenne, entre crise et renouvellement

Qu'en est-il alors de l'histoire de l'intégration européenne ? Celle-ci n'est plus hégémonique depuis l'essor de nouvelles approches historiographiques de l'Europe à partir de la fin des années 1980. La position des spécialistes de cette histoire dans le sous-champ de recherche que constitue l'histoire de l'Europe se trouve néanmoins encore fragilisée par les différentes évolutions que nous avons mises en lumière : la diffusion croissante des nouvelles approches historiographiques de l'Europe dans les universités, de nouvelles revues ou collections et même sur Internet ; le changement de politique de la Commission européenne à l'égard de l'histoire de l'Europe au sens large ; et même les controverses publiques que nous avons étudiées, qui médiatisent en effet la question de « l'histoire de l'Europe » auprès du grand public, mais pas celle de l'intégration communautaire (qui, elle, fait moins l'objet de telles controverses). Plus important encore, les spécialistes de cette histoire, en particulier ceux du Groupe de liaison, doivent faire face à d'autres évolutions qui les touchent encore plus directement : un changement de politique de la Commission à leur propre égard ; une diversification de l'écriture de l'histoire de l'UE elle-même qui commence à se manifester à l'extérieur du Groupe de liaison ; et des difficultés croissantes à attirer les étudiants vers des formations universitaires exclusivement consacrées à cette histoire. Si cette période est marquée par des discours sur la « crise » de l'UE qui fragilisent sans aucun doute la *success story* de l'intégration européenne, cela ne suffit donc pas à comprendre la situation de l'histoire de l'intégration – que l'historien Laurent Warlouzet (2014) qualifie également de « crise ». Celle-ci trouve moins son origine directement dans le champ politique (la « crise » de l'UE) que dans le sous-champ constitué par les acteurs politico-administratifs promouvant l'histoire (de l'intégration) européenne et le champ académique lui-même.

La fin des relations étroites entre le Groupe de liaison et la Commission européenne

Déjà fragilisées par la création de l'AJM en 1990, les relations étroites entre le Groupe de liaison et la Commission européenne sont encore mises à mal par la réorganisation de cette institution au début des années 2000. En mars 1999, à la suite de scandales liés à des malversations, les commissaires européens sont en effet contraints de démissionner[122]. S'ensuit une réforme de la Commission. De nouvelles règles financières rendent en particulier impossible l'obtention de subventions de manière informelle par le biais de relations privilégiées. En 2000, les responsabilités de la division en charge de « l'information universitaire » avec laquelle le Groupe de liaison était jusque-là en contact sont de plus scindées et réparties entre deux directions générales de la Commission, respectivement responsables de la communication et de l'éducation[123]. À cela s'ajoute que J. Lastenouse, en relation avec le Groupe de liaison depuis sa création, part à la retraite en 2001[124]. Désormais, les réunions bisannuelles du Groupe ne se déroulent plus à Bruxelles et les subventions de ses activités se font plus rares et plus difficiles[125].

En 2000, lorsqu'il répond à un appel à propositions intitulé « Gouvernance, citoyenneté et dynamique de l'intégration européenne » dans le cadre du cinquième PCRD, le Groupe de liaison peut encore bénéficier de sa proximité avec la Commission. Une subvention de soixante mille euros est en effet accordée pour une durée de trois ans à un réseau thématique consacré au processus d'intégration dans les années 1960 et 1970 et baptisé « EI HISTORY », dont les membres ne sont autres que les historiens du Groupe. Cette subvention est d'autant plus remarquable que, comme nous l'avons souligné plus haut, lors du cinquième PCRD (1998-2002), les sciences humaines et sociales ne font pas partie des domaines thématiques prioritaires. On pourrait émettre l'hypothèse

---

122. Cf. GEORGAKAKIS, 2000.
123. Entretien avec un fonctionnaire de la Commission européenne, 2009.
124. Cf. DULPHY Anne et MANIGAND Christine, « Entretien avec Jacqueline Lastenouse... », art. cité.
125. Entretien avec W. Loth, 2009.

que les relations qu'entretient le Groupe avec la Commission lui ont permis de développer une meilleure connaissance des instruments de financement de l'UE. Le réseau EI HISTORY ne répondait pourtant pas tout à fait aux exigences habituelles des PCRD, puisqu'il n'était pas pluridisciplinaire. Son financement semble donc plutôt lié à la concordance de son approche scientifique avec les intérêts de la Commission et aux relations privilégiées du Groupe de liaison avec cette institution. Preuve du rôle que ces relations ont pu jouer dans l'accès à un tel financement, parmi les cinq autres premiers projets ayant obtenu une subvention dans le cadre du cinquième PCRD, quatre sont menés par des historiens de l'IUE de Florence[126].

Par la suite, le Groupe de liaison est néanmoins obligé de se conformer aux critères de sélection. Dans le cadre du sixième PCRD, qui voit apparaître un axe de recherche prioritaire correspondant aux questionnements des sciences humaines et sociales, ses membres effectuent deux demandes de financement. Après une première réponse négative, ils s'associent à des politistes au sein d'un projet consacré à l'approfondissement et à l'élargissement de l'UE depuis 1973 (EU-CONSENT). Celui-ci obtient une subvention pour la période allant de 2005 à 2009. Mais les politistes y dominent et officiellement, ce n'est pas le Groupe qui y participe en tant que tel, mais son président W. Loth[127]. Si la création du Groupe avait, en 1982, été favorisée par la Commission, les grands programmes de financement européens, désormais instruments phares de la politique européenne de recherche, ne sont pas conçus pour soutenir de tels réseaux de recherche de manière pérenne. C'est un véritable revers pour le Groupe de liaison, dont l'une des revendications d'origine est justement le développement de subventions pour la recherche (et non pas seulement pour l'enseignement comme dans le cas de l'AJM à ses débuts) : les PCRD constituent bien un système de financement pour la recherche au niveau européen, mais celui-ci ne leur est pas vraiment favorable.

Nouveau coup dur pour le Groupe de liaison et le réseau « Espaces et temps de l'Europe » qui poursuit le travail du réseau de recherche sur l'identité européenne fondé en 1989, une conférence organisée conjointement par ces deux équipes à l'occasion du cinquantième anniversaire de la signature des traités de Rome en 2007 rencontre peu d'intérêt auprès de la Commission européenne. En effet, alors que cet anniversaire donne lieu à des célébrations importantes, cette conférence « ne [fait] pas partie des manifestations officielles de la Commission ou des États[128] ». Et alors qu'en 1982, le président de cette institution, G. Thorn, avait ouvert le colloque fondateur du Groupe de liaison avec un discours favorable à l'écriture de l'histoire de l'intégration, puis qu'en 1987 son successeur J. Delors avait fait de même lors du colloque du Groupe célébrant le trentième anniver-

---

126. Cf. Le Boulay, à paraître en 2023/OnlineFirst 2021.
127. Cf. Entretien avec W. Loth, 2009.
128. Cf. Bossuat Gérard, Bussière Éric, Frank Robert et al., 2010, « Introduction », in Gérard Bossuat, Éric Bussière, Robert Frank et al. (dir.), *L'expérience européenne. 50 ans de construction de l'Europe : 1957-2007. Des historiens en dialogue*, Bruxelles, Bruylant, p. 4.

saire des traités de Rome, aucun homme politique important ne se rend à cette nouvelle conférence[129].

Pour célébrer le cinquantenaire de ces traités, la Commission européenne préfère soutenir la rédaction de sa propre histoire. En 2000, son secrétaire général, David O'Sullivan, émet en effet l'idée de l'écriture d'une histoire de cette institution « du point de vue des acteurs qui en ont fait partie »[130] ; son président, Romano Prodi, l'approuve. Après un appel à proposition, un contrat est confié en 2003 à plusieurs historiens, dont la quasi-totalité sont titulaires d'une chaire Jean Monnet et membres du Groupe de liaison. Le premier volume, portant sur la période allant de 1958 à 1972, paraît en 2007[131]. Conformément au souhait de la Commission, il repose non seulement sur des archives « exceptionnellement [...] mises à la disposition des chercheurs et des auteurs », mais aussi sur les témoignages historiques de plus de cent hauts fonctionnaires européens[132].

Cette commande constitue un tournant dans les relations du Groupe de liaison et plus largement des historiens de l'intégration communautaire avec la Commission européenne. En effet, non seulement des tensions sont apparues lors de la rédaction de cette histoire entre les auteurs historiens et des acteurs historiques estimant mieux connaître le cours de l'histoire[133] – rappelant les conflits qui avaient éclaté lors d'un colloque en 1987. Alors que les relations du Groupe avec la Commission reposaient jusque-là sur un dialogue, les historiens participant à cette publication se retrouvent surtout à mettre en œuvre un projet conçu par la Commission : un type de situation que le sociologue Robert Castel (1985) qualifie d'« expertise mandatée ». Et alors que W. Loth, alors président du Groupe, considère qu'« écrire l'histoire isolée d'une institution européenne sans le contexte global de la construction européenne implique un danger accru d'une histoire à la simple gloire de la maison, d'une histoire sans grande valeur scientifique, et d'une histoire qui n'intéresse pas le public[134] », ils ont dû s'engager à « centrer [leur travail] sur la Commission elle-même » et à faire usage de témoignages des fonctionnaires de cette institution. De plus, le travail des historiens devait être avalisé par la Commission avant sa publication[135].

Plus généralement, cette commande confirme le poids acquis par l'AJM au détriment du Groupe de liaison. En effet, alors que les titulaires d'une chaire

---

129. Cf. KAELBLE, 2008, p. 185 ; VARSORI, 2010, p. 21-22.
130. LASTENOUSE Jacqueline, 2012, « Projet et attentes de la Commission européenne », in Michel MANGENOT, Sylvain SCHIRMANN (dir.), *Les institutions européennes font leur histoire*, Berne, Peter Lang, p. 143.
131. Cf. DUMOULIN Michel (dir.), *La Commission européenne 1958-1972...*, op. cit. Un second volume est paru : DUMOULIN Michel (dir.), 2014, *La Commission européenne 1973-1986. Histoire et mémoires d'une institution*, Luxembourg, OPOCE. Un troisième est prévu, cf. LASTENOUSE Jacqueline, « Projet et attentes de la Commission européenne », cité, p. 148.
132. Cf. LASTENOUSE Jacqueline, « Projet et attentes de la Commission européenne », cité, p. 145-146 ; l'onglet « Oral History » du site Internet des AHUE, cité, où sont accessibles cent treize de ces interviews réalisées entre 2003 et 2005. D'autres institutions européennes soutiennent l'écriture de leur propre histoire : cf. MANGENOT et SCHIRMANN, 2012.
133. Entretien avec W. Loth.
134. LOTH, 2012, p. 57.
135. Cf. DUMOULIN, 2012, p. 135-136.

Jean Monnet sont présentés comme tels dans la publication finale, le Groupe de liaison n'est même pas mentionné : seule sa collection est citée dans la bibliographie[136]. Or le programme Jean Monnet offre moins de marge de manœuvre que l'ancienne division responsable de « l'information universitaire » pour des propositions scientifiques. Il est vrai que, malgré son soutien depuis le début des années 2000 à des groupes de recherche et des associations de professeurs spécialisés dans l'étude de l'intégration européenne[137], il a été placé, après la réorganisation de la Commission européenne, sous la responsabilité de la Direction générale responsable de l'éducation, puis de l'Agence exécutive « Éducation, audiovisuel et culture » (Education, Audiovisual and Culture Executive Agency : EACEA)[138]. L'Italien A. Varsori (2010, p. 18) dénonce même le fait que les chaires Jean Monnet ne seraient pas toujours octroyées selon des critères de sélection académiques : beaucoup de financements seraient obtenus par de jeunes professeurs, voire d'anciens fonctionnaires européens grâce à leurs enseignements et à leurs publications « pro-UE ». Malgré l'intérêt croissant de l'UE et notamment des PCRD pour l'histoire de l'Europe au sens large et malgré l'octroi de quelques chaires Jean Monnet pour des enseignements intégrant des perspectives relativement nouvelles (en particulier celle obtenue en 2013 par l'Allemand Jürgen Elvert au sujet de « l'histoire européenne dans un contexte global »), l'AJM, continue effectivement de privilégier l'histoire institutionnelle de l'UE[139].

Certes, grâce à cela, la plupart des historiens du Groupe sont titulaires d'une chaire Jean Monnet à un moment ou un autre : parmi les dix-neuf historiennes et historiens qui en sont membres entre 2001 et 2017, seuls cinq (Elena Calandri, Johnny Laursen, N. Piers Ludlow, A. Milward et G. Trausch) n'en ont jamais bénéficié[140]. Ils déplorent pourtant cette situation. Il est vrai que ces chaires ne compensent pas la fin de leur relation avec J. Lastenouse. En 2010, l'AJM leur a refusé le financement d'un colloque sur l'histoire de l'intégration entre 1974 et 1983, en raison de son thème jugé « non pertinent » et de la nature des sources qui y étaient privilégiées[141] – les entretiens avec d'anciens fonctionnaires de la Commission européenne, si chers à cette institution, n'y étaient notamment pas mis à l'honneur[142]. Face à cette situation, G. Bossuat dénonce le fait que la Commission soit « [demandeuse] de mémoire, pas d'histoire » et qu'elle ne soutienne la recherche en histoire que « tant que ça sert ses intérêts ». Il parle encore de « catastrophe », car ses collègues et lui se retrouveraient dans la position

---

136. Cf. DUMOULIN Michel (dir.), *La Commission européenne 1958-1972…*, op. cit.
137. Entretien avec W. Loth, 2009 ; VARSORI, 2010, p. 16.
138. Entretien avec un fonctionnaire de la Commission européenne, 2009 ; le site Internet de l'EACEA, [http://eacea.ec.europa.eu/], consulté le 21 mai 2019.
139. Cf. le répertoire de l'AJM, cité.
140. Cf. *Ibid*. En raison du grand nombre de membres du Groupe de liaison durant cette longue période, nous ne présentons pas de tableau à ce sujet comme dans les précédents chapitres. Pour la liste complète de ces membres, cf. la *Revue d'histoire de l'intégration européenne* (les ouvrages de la collection du Groupe ne font plus état de ces membres à partir du volume 10).
141. Entretien avec W. Loth.
142. Cf. LAURSEN Johnny (dir.), 2014, *The Institutions and Dynamics of the European Community, 1973-1983*, Baden-Baden, Nomos.

du « mendiant » toujours obligé de « quémander » de l'argent. Quant à W. Loth, il regrette qu'« il [faille] toujours trouver des solutions ponctuelles », ce qui rend difficile la réalisation de projets à long terme[143].

Les difficultés de l'histoire traditionnelle de l'intégration européenne dans le champ académique

Outre la fin de leurs relations étroites avec la Commission européenne, les membres du Groupe de liaison sont confrontés, au cours des années 2000 et 2010, à une concurrence croissante dans le champ académique : en raison non seulement de la diffusion des multiples approches de l'histoire de l'Europe qui ont émergé à partir des années 1980, mais aussi de la diversification de l'histoire de la coopération européenne elle-même et de l'élargissement du cercle des spécialistes de cette histoire. Nous avons déjà mentionné le projet EHNE, qui tente depuis 2012 de « réconcilier » l'histoire de l'intégration européenne et celle de l'Europe entendue au sens large. Créé notamment par É. Bussière (spécialiste de l'histoire économique de l'intégration communautaire et membre du réseau de recherche sur l'identité européenne), il a entre autres pour ambition de remettre en cause « une histoire de la construction européenne coupée de l'histoire générale[144] ». Ce faisant, il souhaite « placer l'école historique française en histoire de l'Europe et des relations internationales au cœur des débats historiographiques et contemporains les plus essentiels[145] » – ce que le Groupe de liaison avait eu pour ambition lors de la création de sa revue, avant de proposer, plutôt, une revue spécialisée surtout consacrée à leur domaine de compétence traditionnel : l'histoire politico-économique du processus d'intégration.

Avant même la création de l'EHNE, de nouveaux historiens de la coopération européenne sont arrivés sur le devant de la scène académique. Au département d'histoire de l'IUE – où l'histoire de l'intégration reste un domaine de recherche parmi d'autres, avec presque toujours un seul professeur (sur plus d'une dizaine) spécialiste de cet objet –, A. Milward est remplacé en 2003 par la Belge Pascaline Winand, qui cède la place en 2007 au Germano-britannique Kiran Klaus Patel (qui n'a pas encore intégré le Groupe de liaison) ; puis à partir 2010, c'est l'Italien Federico Romero qui représente l'histoire de l'intégration à l'IUE. Or ceux-ci accordent une importance accrue aux relations de l'UE avec le reste du monde – notamment à ses relations transatlantiques. Certes, on observe de manière générale, au sein de ce département, la présence croissance de spécialistes de régions du monde autres que l'Europe et de ce fait une variété croissante de questions de recherche ; mais c'est bien le signe que l'histoire mondiale s'est immiscée à l'IUE, y compris dans le domaine de recherche sur la coopération européenne[146].

---

143. Entretien avec G. Bossuat, 2011 ; LOTH, 2012, p. 58.
144. Cf. « Écrire une histoire nouvelle de l'Europe (EHNE). Projet – LABEX 2012-2020 », cité.
145. Cf. le site Internet de l'encyclopédie numérique EHNE, cité.
146. Cf. IUE, 2000-2016, *The President's Annual Reports (1999-2015)*, Luxembourg, OPOCE.

Au Collège d'Europe, les historiens de l'intégration européenne subissent la concurrence d'autres thématiques que l'UE. Rappelons que celle-ci avait été privilégiée dans son premier campus, à Bruges en Belgique, lorsque les enseignements historiques avaient été développés après l'effondrement du monde communiste. Cette situation change en 2004 : H. Kaelble est appelé à y enseigner l'histoire sociale de l'Europe. Puis, en 2007, quand G. Trausch (membre du Groupe de liaison), cesse d'y enseigner, le Collège d'Europe se tourne vers R. Frank pour un cours sur les « fondements de l'histoire européenne : civilisations et identités ». Il est vrai que la relation se relâche entre le Collège et la Commission européenne, qui soutenait traditionnellement l'histoire communautaire : la présidence du conseil d'administration du Collège, occupée entre 1990 et 2000 par des membres éminents de la Commission européenne, est attribuée au Belge Jean-Luc Dehaene en 2000, puis à l'Espagnol Íñigo Méndez de Vigo en 2009. Tous deux ont notamment été membre du Parlement européen (et en son sein du PPE). La place nouvelle accordée à l'histoire sociale est aussi liée à l'arrivée au sein de la direction du Collège d'un sociologue allemand, Robert Pitch, en 2002[147].

Le second campus du Collège d'Europe, celui de Natolin en Pologne, élargit ses enseignements à l'histoire mondiale tout en renforçant sa spécialisation dans les questions de l'Europe de l'Est ou du Sud-Est. Cette montée en puissance de l'histoire de l'Europe de l'Est est liée à l'entrée en 2004 de dix nouveaux pays dans l'UE, dont huit d'Europe centrale et orientale : les savoirs (notamment historiques) concernant ces pays sont devenus pertinents pour comprendre non seulement l'Europe, mais aussi, désormais, l'UE. En d'autres termes, l'élargissement de l'UE accroît la valeur sociale des compétences dont disposent les spécialistes de l'Europe de l'Est et c'est sans doute pourquoi ils sont encore plus nombreux à être invités à enseigner au Collège d'Europe. À l'inverse, les historiens de l'intégration européenne, en particulier ceux du Groupe de liaison, maîtrisent de moins en moins le large domaine de recherche qu'est devenue l'histoire de l'Europe et même celui de l'histoire de l'intégration. Ainsi, quand G. Trausch cesse de dispenser des cours à Natolin en 1999, c'est le Polonais Jerzy Lukaszewski, ancien recteur du Collège d'Europe, mais aussi membre du Comité pour l'intégration européenne du gouvernement polonais entre 1998 et 2002, qui assure l'enseignement sur ce thème jusqu'à l'arrivée de M.-T. Bitsch en 2009 (puis du Français Sylvain Schirmann en 2011)[148]. Les historiens de l'UE font donc ici face à la concurrence d'un acteur ayant contribué au processus d'intégration, mais aussi à un expert de l'Est et de l'élargissement de l'UE.

Cette situation dans laquelle les pionniers de l'histoire de l'intégration européenne, en particulier les spécialistes des relations entre pays ouest-européens, sont contraints de « partager » l'objet Europe avec d'autres spécialistes, se manifeste aussi au niveau national, dans les universités. En Allemagne, dans les

---

147. Cf. le site Internet du Collège d'Europe, cité.
148. 2010, courrier électronique d'une employée du Collège d'Europe ; Collège d'Europe, 2003-2019, *Brochure*.

années suivant la création des premiers masters (entre 2003 et 2005), cinq d'entre eux ont été créés dans le domaine de l'histoire de l'Europe, mais aucun ne se concentrait exclusivement sur l'intégration communautaire[149]. En France, parmi les onze masters de recherche en histoire de l'Europe créés en 2004 et 2005, un seul, né d'un partenariat entre l'université Paris 1 Panthéon-Sorbonne et celle de Cergy-Pontoise, était dédié à l'étude de l'intégration européenne[150]. Et encore, G. Bossuat, professeur dans cette dernière université, nous fera part quelques années plus tard de son désarroi face au désintérêt des étudiants pour de telles formations : il affirmera avoir eu dix étudiants inscrits dans un master similaire pendant l'année 2009-2010 et aucun l'année suivante[151]. Malgré la création en 2004 des réseaux RICHIE et HEIRS, c'est ainsi la formation d'une nouvelle génération de chercheurs spécialisés dans l'étude de l'intégration communautaire qui se trouve fragilisée.

Un renouvellement de l'histoire de l'intégration européenne ?

Dans cette configuration, on observe que les objets d'étude du Groupe de liaison vont eux-mêmes peu à peu évoluer (de même que ceux des réseaux RICHIE et HEIRS[152]). Depuis les années 2000, le Groupe rompt en effet de plus en plus avec l'approche chronologique du processus d'intégration européenne. Ses publications abordent de plus en plus d'objets qui n'y étaient pas centraux jusque-là : non seulement, comme nous l'avons évoqué plus haut, l'historiographie de l'intégration communautaire, mais aussi les relations des CE avec le reste du monde, les pays à la périphérie des CE et en particulier ceux de l'Est avant leur adhésion, les notions de « citoyenneté », d'« identité » et d'« espace public européen » et même la question de l'euroscepticisme[153]. Ce renouvellement est en particulier lié au fait que la *Revue d'histoire de l'intégration européenne* publie désormais, parfois, des contributions de chercheurs non européens. Il est cependant aussi lié à l'intégration de nouveaux membres dans le Groupe de liaison : celui-ci accueille des historiens venant d'Autriche, du Danemark, d'Espagne, puis de Roumanie et des historiens qui s'éloignent des approches traditionnelles de l'histoire de l'intégration européenne[154]. L'arrivée de K. K. Patel est particulièrement significative : il est spécialiste du processus d'intégration dans le secteur

---

149. Cf. Hochschulrektorenkonferenz, 2003-2004, *Studienangebote deutscher Hochschulen: Studiengänge zum ersten berufsqualifizierenden Abschluss*, Bielefeld, Bertelsmann ; Bund-Länder-Kommission für Bildungsplanung et Bundesagentur für Arbeit, 2005, *Studien- & Berufswahl: Informationen und Entscheidungshilfen*, Nürnberg, Willmy Consult & Content. Il en va de même pour les collèges doctoraux créés au début des années 2000. Cf. DFG, 2000-2005, *Jahresbericht. Band 2. Programme und Projekte*.
150. Cf. CPU, 2004-2005, *Annuaire national des Universités*.
151. Entretien avec G. Bossuat, 2011. À propos de la baisse d'attractivité des offres de formation en études européennes, cf. SMITH, 2003, p. 28
152. Cf. les sites Internet de ces réseaux : [http://www.europe-richie.org], consulté le 21 janvier 2020 ; [https://heirsweb.wordpress.com/], consulté le 21 janvier 2020.
153. Cf. la *Revue d'histoire de l'intégration européenne* et la collection du Groupe.
154. Cf. la liste de membres du Groupe dans chacun des numéros de la *Revue d'histoire de l'intégration européenne*.

agricole, mais aussi, notamment, des États-Unis et il souhaite inscrire l'étude de l'UE dans une analyse plus large de différentes formes de coopérations internationales et de leurs interactions[155]. Son intégration au sein du Groupe n'est pas de plus justifiée par le départ d'un autre historien; elle est donc surtout un moyen d'incorporer de nouvelles approches.

Selon A. Varsori, qui préside le Groupe depuis 2014 et plaide lui-même en faveur d'une histoire de l'intégration renouvelée, l'élargissement des perspectives du Groupe est l'une raison du désengagement de la Commission à son égard[156]. Ce renouvellement peut cependant aussi être en partie analysé comme un *effet* de la politique de la Commission. Certes, celle-ci est toujours intéressée par l'histoire de l'intégration européenne. Pourtant, la stratégie « orthodoxe » consistant à se focaliser sur une histoire politico-économique de la construction européenne ne garantit plus au Groupe de liaison l'obtention d'un soutien matériel et menace même de manière croissante son autonomie scientifique : en somme, cette stratégie est à la fois moins payante et plus risquée qu'auparavant. Or dans le même temps, dans le champ scientifique, le Groupe de liaison est confronté à l'essor croissant de l'histoire de l'Europe au sens large et surtout au renouvellement des perspectives de l'histoire de l'intégration européenne à l'extérieur du Groupe : leur propre domaine de spécialisation risque de leur échapper. Cette situation modifie le numéro d'équilibriste entre stratégies « orthodoxe » et « iconoclaste ». Alors que le Groupe de liaison avait, dans la seconde moitié des années 1990, plutôt privilégié une stratégie « orthodoxe » consistant à rester fidèle à l'histoire politico-économique de l'intégration européenne, dans cette nouvelle configuration, il tente davantage de participer au renouvellement des approches historiographiques. Les historiens de l'intégration européenne et notamment ceux du Groupe de liaison se targuent d'ailleurs ostensiblement de l'élargissement des perspectives de cette histoire : dans leurs publications, de plus en plus nombreuses, au sujet des évolutions de leur propre domaine de recherche, non seulement ils critiquent, comme dans les décennies précédentes, les approches jugées téléologiques[157], mais ils s'efforcent dans le même temps de souligner la « professionnalisation[158] » de cette histoire et son renouvellement[159].

L'opposition entre l'histoire de l'intégration européenne et celle de l'Europe au sens large reste très structurante pour le sous-champ de recherche que constitue l'histoire de l'Europe. Malgré tout, leurs relations aux institutions européennes sont moins clivantes que dans les années 1980 : toutes deux peuvent désormais bénéficier de fonds européens et on observe une insatisfaction, voire une colère partagée par de nombreux historiens à l'encontre des modalités de financement

---

155. Cf. son *curriculum vitae*, 2019, [https://www.ngzg.geschichte.uni-muenchen.de/personen/ls_patel/prof_dr_kiran_patel/index.html], consulté le 13 décembre 2019 ; Patel Kiran Klaus, 2013, « Provincialising European union: Co-operation and Integration in Europe in a Historical Perspective », *Contemporary European History*, 22(4), p. 649-673.
156. Cf. Varsori, 2010, p. 18, 16 et 23-25.
157. Cf. notamment Gilbert, 2008 ; Varsori, 2010.
158. Cf. Varsori, 2010.
159. Cf. en particulier *ibid.* ; Warlouzet, 2014.

de la recherche en Europe, quel que soit leur domaine de spécialité. De plus, il est frappant de constater que ces deux formes d'écriture de l'histoire partagent des tendances communes depuis les années 2000 : en particulier leur intérêt croissant pour les études historiographiques et celui pour les relations de l'UE ou de l'Europe avec le reste du monde. L'intérêt pour ces relations constitue notamment un point commun entre le Groupe de liaison et l'ouvrage *Europa, notre histoire. L'héritage européen depuis Homère* que nous avions mentionné en introduction, pourtant globalement antagonistes. C'est dire l'importance, outre celle du soutien de promoteurs institutionnels, du dialogue entre pairs. C'est aussi le signe de l'existence de questionnements qui transcendent les différents courants historiographiques et sont propres à une « génération historienne[160] » ou plutôt, comme le montre notre étude, à une conjoncture politico-administrative et scientifique.

---

160. À propos de ce concept, cf. POTIN et SIRINELLI, 2019.

Conclusion de la seconde partie

Le sous-champ de recherche consacré à l'histoire de l'Europe qui s'était constitué à partir de 1976, loin d'être immuable, se restructure ainsi à plusieurs reprises. De la fin des années 1980 à la fin des années 1990, il connaît d'abord un essor tel qu'il ne se limite plus à deux pôles (l'histoire politico-économique de l'intégration communautaire et l'histoire socioculturelle de l'Europe entendue au sens large) : malgré cette dichotomie toujours présente et malgré quelques initiatives qui tentent de surplomber la discipline, il devient plutôt une nébuleuse composée d'une multitude d'entreprises spécifiques, sans norme établie définissant l'histoire de l'Europe. Ces entreprises prennent corps dans des réseaux de recherche, mais aussi dans des collections éditoriales et des offres de formation universitaire. Ainsi, ce sous-champ scientifique s'ancre dans les espaces traditionnels de production et de diffusion des savoirs que sont les universités et les maisons d'édition. Il n'a plus seulement une existence marginale dans des espaces *ad hoc* (l'IUE et le Groupe de liaison) et est moins polarisé autour d'un petit nombre d'historiens appartenant à un nombre restreint d'institutions. Dans ce cadre, les spécialistes de l'histoire de l'intégration perdent leur position hégémonique. Quant aux caractéristiques des historiens qui font alors de l'Europe un objet d'étude et bâtissent un sous-champ de recherche élargi, Français et Allemands jouent toujours un rôle important (facilité par des échanges scientifiques préalables), mais des historiens issus d'un nombre croissant de pays se joignent à eux. Plus remarquable encore, hormis les figures les plus visibles – notamment R. Girault et H. Kaelble, qui consacrent leur carrière à l'étude de l'Europe, ou J. Le Goff, qui peut, à la fin de la sienne, concrétiser ses projets « européens » sous la forme d'une collection –, ces historiens ne sont plus nécessairement dotés de ressources spécifiques, que ce soit en termes de capital international ou de proximité avec le monde politique. Il est vrai que désormais, une partie d'entre eux étudient l'Europe de manière occasionnelle, sans en faire leur domaine de spécialité.

La nouvelle reconfiguration de ce sous-champ de recherche à partir du début des années 2000 est moins frappante sur le plan structurel : sa forme reste celle d'une nébuleuse et il continue de s'institutionnaliser, en particulier à travers la création de nouveaux espaces de diffusion. L'essor des politiques de l'UE et du Conseil de l'Europe dans le domaine de la mémoire attise pourtant les controverses publiques et stimule le développement de nouvelles perspectives de recherche – même les historiens du Groupe de liaison renouvellent leurs questionnements. Ce renouvellement témoignent d'une prise de distance croissante des historiens à l'égard de ces politiques et, plus largement, de l'histoire qui se revendique « européenne ». Dans ce cadre, on voit apparaître de nouvelles figures (notamment celle de K. K. Patel), mais aussi des historiens déjà reconnus (notamment K. Jarausch, T. Lindenberger et H. Rousso) qui tentent de faire entendre leurs voix dissidentes au sujet de l'histoire de l'Europe. Quant à l'importance des Français et des Allemands, elle est relativisée par la large envergure des réseaux de recherche notamment soutenus par les PCRD et la participation de chercheurs issus d'un nombre croissant de pays européens et même extra-européens aux publications consacrées à l'histoire de l'Europe.

Parmi les mutations d'ordre structurel, l'évolution des rapports de domination au sein de ce sous-champ de recherche a particulièrement retenu notre attention. Dans ce cadre, nous avons été amenés à examiner la réaction des spécialistes de l'histoire de l'intégration communautaire à la perte de leur position hégémonique. En un sens, l'apparition de nouvelles formes d'histoire de l'Europe constitue une menace pour ces historiens, car ils se trouvent confrontés à la concurrence d'autres courants historiographiques qui revendiquent eux aussi le droit d'expertise sur la question européenne ; cette menace est d'autant plus grande que, dans la seconde moitié des années 1970 et les années 1980, l'histoire (de l'intégration) européenne leur avait justement permis de résister à l'essor de l'histoire socioculturelle. En même temps néanmoins, le regain d'intérêt pour l'Europe et la plus grande visibilité sociale de l'histoire européenne constituent pour eux une opportunité : ils leur offrent la possibilité de dialoguer avec leurs pairs historiens et éventuellement d'acquérir une reconnaissance académique dans leur discipline. En utilisant les outils théoriques proposés par B. François (1990), nous avons pu analyser, au sein du Groupe de liaison, une tension entre deux stratégies : l'une, orthodoxe, consistant à défendre le domaine de spécialisation qu'est l'histoire politico-économique de la construction européenne et l'autre, iconoclaste, consistant à dialoguer avec les nouveaux entrants et à élargir les recherches à d'autres questionnements. Notre étude montre que cette tension donne lieu à un dilemme jamais résolu : le Groupe de liaison se livre plutôt à un numéro d'équilibriste entre ces deux stratégies. La priorité donnée à l'une ou l'autre – en d'autres termes, le poids, au sein de ce groupe, des partisans d'une logique de spécialisation ou de ceux qui prônent l'ouverture – évolue selon la configuration du champ scientifique et les soutiens du champ politico-administratif.

Nous pouvons revenir brièvement sur l'évolution répétée de l'attitude du Groupe de liaison. Entre 1988 et 1990, alors que des recherches innovantes commencent de voir le jour au sujet de l'histoire de l'Europe, quelques-uns des membres de ce groupe, à commencer par R. Girault, tentent d'insuffler un tournant pour rompre avec leur isolement dans la discipline en prenant part au renouvellement des perspectives de recherche : c'est là leur ambition quand ils décident de fonder un réseau international de recherche sur l'identité européenne et une revue scientifique. Miser sur leurs compétences initiales et leur proximité avec la Commission européenne est pourtant ce qu'il y a de plus rentable, car la Commission continue de privilégier l'histoire politico-économique du processus d'intégration et offre des ressources non négligeables (des subventions pour des colloques et des publications, mais aussi pour des enseignements). Cette ambition d'ouverture est donc rapidement revue à la baisse. Les années 2000, pourtant, voient se multiplier, à l'extérieur du Groupe de liaison, des approches historiographiques jusque-là encore peu développées, envisageant la coopération européenne de manière plus large et/ou examinant les relations entre l'UE et le reste du monde. De surcroît, le soutien de la Commission européenne à l'égard de l'histoire de l'intégration s'affaiblit – ou correspond moins aux attentes des chercheurs, car cette institution privilégie désormais les enseignements universitaires au détriment de la recherche et ses financements sont subordonnés à des exigences de plus en plus précises. Le Groupe de liaison accueille alors de nouveaux membres ayant contribué par leurs travaux au renouvellement des perspectives historiographiques. Quant à sa collection et à sa revue, elles rompent avec l'étude chronologique du processus d'intégration et s'ouvrent de manière croissante à de nouveaux objets de recherche. Ainsi, c'est moins l'évolution de la situation politique que celle du champ scientifique (en particulier les activités de leurs pairs historiens) et celle de l'attitude de la Commission qui encouragent les membres de ce groupe à repenser leur production scientifique.

Certes, débats publics et production scientifique vont largement de pair et il n'est pas rare qu'une forme d'engagement politique accompagne l'écriture d'une histoire de l'Europe, car celle-ci est hautement politique. Quand, à partir de la fin des années 1980, le rêve d'une Europe de l'Ouest et de l'Est réunies et celui d'une Europe des peuples et de la culture que caressaient déjà les premiers partisans d'une histoire de la civilisation européenne deviennent envisageables, des historiens inscrivent leur activité scientifique dans ce cadre : d'une part sur le plan méthodologique, en s'efforçant d'appréhender l'Europe de manière large et ouverte et/ou d'inviter des chercheurs issus de l'Est à participer à leurs recherches, d'autre part sur le plan politique, en pensant leurs travaux comme un instrument d'unification de l'Europe. Et même si, progressivement, en particulier à partir de la fin des années 1990, nombre d'historiens souhaitent détacher l'écriture de l'histoire de l'Europe d'une forme d'engagement politique, les débats publics continuent d'influencer cette écriture. Ceux sur l'adhésion de la Turquie à l'UE s'accompagnent notamment de la contribution de chercheurs turcs à des réseaux de recherche portant sur l'histoire de l'Europe. Lorsque l'élargissement de l'UE pose la question du rapport aux passés traumatiques à l'Est et à l'Ouest, des spécialistes de la Seconde guerre mondiale et des régimes communistes s'opposent à la vision officielle du passé « européen » par les institutions communautaires. Et alors que se multiplient les débats sur la « crise » de l'UE, des historiens de l'intégration européenne se penchent même sur la question de l'euroscepticisme.

Notre étude montre bien pourtant que les reconfigurations de ce sous-champ de recherche ne dépendent pas seulement et pas directement d'un « contexte » politique et que l'écriture de l'histoire de l'Europe n'est pas seulement le résultat de l'engagement politique de quelques historiens. Les usages de l'histoire par des acteurs non historiens, les politiques de la mémoire et en particulier les financements jouent dans ce cadre un rôle fondamental. Notre troisième chapitre a ainsi examiné un moment de développement sans précédent des financements à l'égard de l'histoire de l'Europe. Quant à notre quatrième chapitre, il a étudié un moment caractérisé par l'essor des lectures non académiques de cette histoire et en particulier des politiques européennes de la mémoire – l'un des changements majeurs à cet égard étant que le Parlement européen et l'APCE, par leur activité croissante au sujet de l'histoire de l'Europe, rejoignent la Commission européenne parmi les institutions les plus actives dans ce domaine. En somme, notre étude ne porte pas seulement sur la nature de l'histoire (ou des histoires) de l'Europe qui sont produites (ses questionnements, ses sources et ses méthodes) ; ni même sur la structure de ce sous-champ de recherche (ses différents domaines de spécialités, leurs espaces de production et de diffusion, les caractéristiques sociales des historiens impliqués et leurs rapports de domination). Son intérêt est d'interroger les liens entre production scientifique, structure du sous-champ de recherche et conditions de production de cette histoire. De ce point de vue, elle révèle une autre reconfiguration majeure au fil des ans : celle des relations entre promoteurs de cette histoire et historiens.

Alors que notre première partie a surtout mis en lumière une opposition binaire entre des relations soit étroites soit impossibles entre les historiens s'intéressant à l'Europe et la Commission européenne, à partir des années 1980, les promoteurs de l'histoire de l'Europe deviennent plus nombreux et des historiens entretiennent alors une palette variée de relations avec eux : étroites, intermédiées par des acteurs occupant des positions dans plusieurs champs (scientifique, politico-administratif ou économique) ou bureaucratiques (reposant sur une procédure d'appels à candidatures). Désormais, il n'est donc plus nécessaire de nouer des relations étroites avec la Commission européenne pour avoir les moyens de fonder une histoire de l'Europe. C'est ainsi que l'existence de multiples initiatives relatives à cette histoire et l'implication d'historiens aux profils variés sont rendues possibles ; et c'est ainsi que les rapports de domination se retrouvent bouleversés au sein de ce sous-champ de recherche.

Un nouveau tournant important prend ensuite forme à partir du début des années 2000 : les relations bureaucratiques deviennent alors la norme, puisqu'outre la DFG, l'AJM et, jusqu'en 2016[1], l'ESF, un nombre croissant de fondations allemandes et, surtout, les PCRD proposent désormais d'importantes subventions pour des recherches historiques sur l'Europe, encadrées par des appels à candidatures. Quelles sont les conséquences de ce tournant ? Même si

---

1. À cette date, l'ESF arrête de financer des projets scientifiques au profit d'une activité de support à des projets scientifiques publics et privés. Cf. son site Internet, cité.

les chercheurs ont parfois la possibilité d'influencer en amont la conception de ces appels (comme nous l'avons vu pour l'AJM ou les PCRD) ou de participer aux processus de sélection, les dispositifs de financement de ce type sont bien plus asymétriques que les autres formes de relation que nous avons étudiées : les chercheurs doivent davantage se plier à des procédures administratives et surtout concevoir leurs projets de manière à répondre aux attentes des institutions. L'essor de ce type de relation s'accompagne de plus d'une concentration du financement de la recherche sur des instances de grande taille, au détriment d'échanges plus modestes mais plus durables et plus souples entre les mondes scientifique et extra-scientifique. Cet essor se fait en effet, d'une part, au détriment des relations étroites entre la Commission européenne et le Groupe de liaison, qui reposaient sur des négociations et des transactions – ainsi, de manière similaire à ce qu'a montré J. Bailleux (2014, p. 425) à propos du droit communautaire, l'histoire de l'Europe « perd progressivement ses attaches originelles ». Il se fait aussi, d'autre part, au détriment de relations plus variées, reposant notamment sur des intermédiaires cumulant des positions dans différents espaces sociaux et/ou sur des ententes autour d'ambitions politiques plus ou moins partagées telles que l'avènement d'une Europe unie.

Conformément aux observations de B. Zimmermann (2004, p. 2-3), notre étude montre par ailleurs qu'un autre type de relations se développe à la même période : l'expertise mandatée. Dans ce cas, des chercheurs sont chargés de mettre en œuvre un projet préconçu. C'est ce que l'on observe pour la commande par la Commission européenne d'ouvrages portant sur sa propre histoire, mais aussi pour celle d'un *Manuel d'Histoire franco-allemand* par les gouvernements français et allemands[2]. Ce type de commande n'est pas incompatible avec d'autres formes de relations. La rédaction de l'histoire de la Commission européenne a ainsi été confiée à des historiens qui entretenaient jusque-là des relations étroites avec cette institution ; de plus, parce qu'elle a été précédée d'un appel à candidatures, elle relève également de ce que nous appelons des relations bureaucratiques. Ce sont donc trois types de relations qui sont associées ici. Quant au *Manuel d'Histoire franco-allemand*, les historiens qui y ont contribué ont été directement sollicités par les autorités françaises et allemandes[3] : il n'y a pas eu d'appel à candidatures. Cependant, la proposition qui en est à l'origine, formulée par le « parlement des jeunes » chargé de réfléchir aux relations franco-allemandes en 2003, aurait peut-être été suggérée par l'historien R. von Thadden[4] ; celui-ci aurait ainsi joué un rôle d'intermédiaire entre les mondes académiques et politiques. Notre étude confirme donc les réflexions de R. Castel (1985, p. 86)

---

2. La commande d'un manuel d'histoire européenne destiné à l'enseignement secondaire par le ministère français de l'Éducation nationale en 1979 peut aussi être considérée comme une situation d'expertise mandatée, inachevée néanmoins.
3. Entretien avec P. Monnet, 2007.
4. Même si celui-ci dément toute implication (propos rapportés par É. François, 2015), lors de la présentation du second volume de ce manuel le 21 mai 2008 à l'Institut Français de Berlin, une question a été posée à ce sujet. De même, la commande d'un manuel d'histoire européenne par le ministère français de l'Éducation nationale en 1979 a été favorisée par la présence de P. Garrigue au sein de ce ministère.

selon lesquelles il n'existe pas de forme pure d'expertise mandatée. Malgré tout, la capacité des historiens à définir les objets sur lesquels ils travaillent et/ou leurs méthodes est bel et bien remise en question par ces mandats qui leur sont confiés – ceci est particulièrement frappant dans le cas de la rédaction de l'histoire de la Commission européenne. En somme, que ce soit dans les cas de figure reposant sur des appels à projets ou dans les cas d'expertise mandatée, les attentes politiques jouent un rôle décisif et le pouvoir d'influence des chercheurs s'amenuise.

Conclusion

En examinant les conditions de l'apparition d'un sous-champ scientifique consacré à l'histoire de l'Europe ainsi que ses reconfigurations progressives, cet ouvrage répond à un double questionnement. D'une part, il permet de comprendre comment la construction européenne contribue à transformer les pratiques des historiens et à redéfinir les rapports de force au sein de leur discipline. À ce titre, il entend contribuer à la sociologie des savoirs. D'autre part, il permet inversement de comprendre comment la science historique concourt à façonner l'Europe et ses représentations. Il entend ainsi contribuer à la sociologie politique de l'Europe et notamment à la question de la singularité de la construction symbolique de l'UE par rapport à celle des États-nations. Finalement, c'est donc une analyse de l'imbrication des champs politique et scientifique que propose cet ouvrage.

Les conditions de production de l'histoire de l'Europe

Notre travail nous amène d'abord à réfléchir aux conditions de production des savoirs – à la fois sur l'Europe et sur l'histoire. Il met en lumière le fait que la production scientifique n'est pas une activité purement intellectuelle : en l'occurrence, elle implique de consulter des archives historiques, mais aussi de défendre le droit d'y accéder, voire de participer à leur formation ; elle consiste également à mettre en place des équipes de recherche et elle nécessite de chercher des financements et des soutiens institutionnels. Ce travail met en outre en lumière les liens entre production scientifique et conjoncture politique : il confirme le résultat de nombreuses études que nous avons citées en introduction qui ont montré, pour différentes configurations, la sensibilité de l'écriture de l'histoire à cette conjoncture ; il confirme aussi l'observation du politiste John Keeler (2005, p. 579) selon laquelle les recherches dans le domaine des études européennes dépendent du développement de l'UE. Il permet en effet d'identifier trois périodes. De 1976 à la fin des années 1980, alors que la Communauté européenne regroupe des pays d'Europe de l'Ouest qui coopèrent dans les domaines politiques et économiques, l'histoire politico-économique du processus d'intégration européenne est en situation de quasi-monopole. Entre la fin des années 1980 et la fin des années 1990, des historiens issus de l'ensemble des courants historiographiques tentent de repenser l'histoire dans une perspective qui inclue l'Ouest et l'Est de l'Europe, répondant ainsi aux enjeux politiques de cette décennie. Enfin, à partir du début des années 2000, alors que se multiplient les controverses publiques relatives aux lectures officielles de l'histoire de l'Europe, un nombre non négligeable d'historiens se penchent sur les représentations de cette histoire, se lancent dans des travaux qui remettent en cause sa vision dominante ou dépassent la perspective eurocentrée en étudiant les relations de l'Europe avec le reste du monde.

Notre recherche examine cependant de manière plus fine ces liens entre les mondes scientifique et extra-scientifique. Elle montre notamment que l'influence du politique sur l'écriture de l'histoire européenne s'exerce de différentes manières, liées les unes aux autres. Non seulement les événements et les débats publics qui font de l'Europe un enjeu majeur attisent l'intérêt des historiens, mais la nature même de ces débats influence aussi la manière dont ils traitent cet objet. En témoigne notamment la création d'un réseau de recherche sur l'« identité européenne », les projets intégrant l'histoire des pays de l'Est à partir de la fin des années 1980 ou encore les différences que nous avons observées de part et d'autre du Rhin et qui reflètent les spécificités nationales des débats (en particulier, en Allemagne et surtout à Berlin, l'histoire de l'Europe est souvent conçue comme moyen de réunifier le pays et le continent, alors qu'en France, un nombre non négligeable d'historiens font référence à l'enjeu du rapport de la population à l'UE à l'occasion du référendum sur le traité de Maastricht). Plus indirectement, l'influence du politique est renforcée par l'activité des autres disciplines de sciences humaines et sociales : celles-ci ne manquent pas non plus de proposer des recherches sur des objets « européens » et, par émulation, accroissent encore l'intérêt des historiens pour l'Europe. Enfin et surtout, notre étude a souligné le rôle plus concret des promoteurs de l'histoire de l'Europe : institutions politiques, organismes de financement de la recherche et acteurs économiques. C'est parce que la Commission européenne est presque la seule à avoir l'ambition de fonder une histoire européenne jusqu'à la fin des années 1980 qu'un domaine de recherche consacré à l'histoire de l'intégration communautaire peut alors se constituer, mais que la rédaction d'un manuel d'histoire de la « civilisation européenne » est impossible. Puis, à partir de la fin des années 1980, la multiplication des promoteurs de l'histoire de l'Europe entendue au sens large joue un rôle essentiel dans la diversification de la production scientifique. Enfin, à partir de la fin des années 1990, le fait que des historiens développent de nouvelles perspectives plus critiques à l'égard de l'histoire qui se revendique « européenne » doit être pensé en lien avec l'importance croissante des dispositifs de financement pilotés par des institutions politiques à l'aide d'appels à candidatures et l'essor des controverses publiques.

En somme, c'est au contact d'acteurs extérieurs au monde historien que le domaine de l'histoire de l'Europe se construit : c'est non seulement ainsi qu'il acquiert progressivement de l'importance dans la discipline, mais c'est également ainsi qu'évolue l'essence même de ce domaine, puisque la nature de l'Europe étudiée (et enseignée), notamment ses frontières temporelles ou spatiales, les questions scientifiques posées et la manière de les traiter sont dépendantes du champ politico-administratif et même de l'économie de marché – en particulier à travers les logiques marchandes des maisons d'édition. Loin d'être réduits à un rôle d'exécutants, les historiens jouent pourtant un rôle actif dans la construction du sous-champ de recherche qu'est l'histoire de l'Europe et même dans la conception des politiques en faveur de ce sous-champ : celui-ci prend corps par l'action conjointe d'institutions promouvant cette histoire et d'historiens.

Dans ce cadre, nous avons pu distinguer cinq formes d'interactions. Premièrement, des relations étroites reposant sur des rencontres régulières et sur des transactions profitant aux deux parties – c'est le cas de la relation entre les pionniers de l'histoire de l'intégration communautaire et la Commission européenne. Deuxièmement, des relations intermédiées reposant sur des acteurs ayant un parcours atypique, à l'intersection de plusieurs espaces sociaux – non seulement le monde des historiens, mais aussi les mondes éditorial, politique ou politico-administratif. Troisièmement, des relations bureaucratiques reposant sur des appels à projets émanant d'institutions politiques ou d'organismes de financement de la recherche. Quatrièmement, des cas d'expertise mandatée reposant sur la commande par une institution d'un projet scientifique préconçu. Et enfin, cinquièmement, des relations impossibles entre des acteurs institutionnels (en l'occurrence les institutions européennes) et des chercheurs (en l'occurrence des historiens spécialistes de domaines de recherche situés à l'opposé des attentes de ces institutions) – à ne pas confondre avec une absence d'interaction, puisque l'antagonisme de ces acteurs est à l'origine même de la conception de projets scientifiques alternatifs et que des demandes de financement sont déposées auprès des institutions européennes pour ces projets (mais rejetées). Ces différentes formes de relations ne sont pas des catégories exclusives les unes des autres ; au contraire, elles peuvent exister de manière combinée.

C'est de la nature de ces relations que dépend la capacité plus ou moins grande des historiens à collaborer à l'élaboration des politiques promouvant l'histoire de l'Europe. En négociant régulièrement avec la Commission européenne, des historiens de l'intégration communautaire ont ainsi pu être acteurs de la politique en faveur de l'ouverture des archives officielles au public, puis contribuer à la création de chaires Jean Monnet dans leur discipline. Des acteurs cumulant des positions dans plusieurs espaces sociaux ont aussi pu participer à la mise en place et/ou à la mise en œuvre du soutien apporté par des institutions politiques, des organismes de financement ou des maisons d'édition à l'histoire de l'Europe. Le rapport de force entre promoteurs de l'histoire de l'Europe et historiens est en revanche bien moins favorable à ces derniers quand ils doivent répondre à des commandes politiques ou à des appels à projets – même si ces situations n'empêchent pas totalement le jeu des relations étroites ou intermédiées en coulisse. Au sujet des appels à projets, B. Zimmermann (2004, p. 7-8) souligne qu'« À travers la pratique d'appels d'offres fléchés, les instances européennes tendent non seulement à imposer leur propre cahier des charges aux équipes scientifiques, mais également à présélectionner les thèmes et les objets jugés dignes d'investigation. » De plus, ces systèmes de financement imposent souvent des normes auxquelles les projets proposés doivent se conformer : en particulier celle selon laquelle les recherches dans ce domaine doivent être menées par des équipes internationales et, dans le cas de l'ESF et des PCRD, pluridisciplinaires. Or, même si ce type de financement, de même que les situations d'expertise mandatée, a existé dès l'apparition du sous-champ de recherche que constitue l'histoire de l'Europe – en particulier avec le programme de la Fondation Volkswagen en faveur des recherches en histoire européenne et comparée et la commande par le ministère français de l'Éducation d'un manuel d'histoire européenne –, nous avons montré que ces formes de relations ont pris de l'importance au fil du temps. C'est donc la capacité des chercheurs à coproduire les politiques à leur égard qui s'amenuise. Enfin, quant aux historiens qui s'opposent ouvertement aux politiques mémorielles des institutions européennes, ils peuvent, par leurs critiques et leurs recherches alternatives, influencer indirectement les politiques mémorielles de ces institutions – l'apparition au sein des PCRD de financements consacrés aux traumatismes de l'histoire de l'Europe au XXe siècle peut être comprise de la sorte. La portée de leur influence reste cependant marginale – en témoigne notamment la vision optimiste de l'histoire qui continue de se dégager des projets financés par les PCRD, y compris quand ils abordent les périodes sombres de l'histoire.

    La nature de ces relations dépend quant à elle de la position des historiens au sein de leur discipline. La nature de leur relation aux institutions européennes doit en particulier être pensée en lien avec leur approche historiographique, leurs ressources professionnelles, leur vision de l'Europe, leur orientation politique et leur situation dans les rapports de pouvoir existant au sein de la science historiques : ces différents éléments sont tous liés les uns aux autres. Ceci est particulièrement frappant pour les chercheurs entretenant des relations étroites ou impossibles avec les institutions européennes. Ainsi, la spécialisation des membres du Groupe de liaison dans le domaine de l'histoire des relations internationales, leurs compétences dans l'analyse des archives officielles, leur capital international, leur focalisation sur les élites politiques et économiques, leur orientation politique souvent conservatrice, leur position menacée au sein de la science historique et leur proximité avec la Commission européenne sont interdépendantes. Et ce n'est pas un hasard si R. Girault, qui a une position particulière au sein du Groupe tant sur le plan politique que scientifique, propose d'enrichir l'approche de ce Groupe par des questionnements d'ordre socioculturel. En ce qui concerne les spécialistes d'histoire socioculturelle, leur intérêt pour la « civilisation européenne », leur rêve d'une Europe des peuples et de la culture, leur position favorable au sein de leur discipline dans les années 1980 et leur refus d'écrire une histoire de l'Europe conforme aux attentes de la Commission européenne sont aussi entremêlés. Quant aux spécialistes de la Seconde Guerre mondiale ou des régimes communistes européens qui s'opposent à la vision officielle de l'histoire de l'Europe, leur intérêt pour les traumatismes de l'histoire et leur hostilité à l'égard des politiques mémorielles de l'UE, qui ont longtemps délaissé ces aspects, sont liés.

L'existence de multiples approches historiographiques allant de pair avec des représentations divergentes de l'Europe pose *in fine* la question de la contribution de la science historique à la construction symbolique de l'Europe : comment l'écriture de l'histoire est-elle devenue un terrain d'affrontement pour dire, mais aussi faire l'Europe ? Dans ce cadre se pose aussi la question de la singularité de cette construction symbolique par rapport à celle des États-nations. D'autant plus que l'essor de l'objet de recherche « Europe » contribue à l'évolution récente et plus générale de la discipline historique : il contribue au dépassement des visions nationales, voire nationalistes de l'histoire, au développement des coopérations scientifiques internationales, à celui des travaux portant sur les représentations de l'histoire ou la « mémoire », à l'apparition d'une histoire du temps présent et au recours aux sources orales. Cet objet est de plus saisi pour modifier les rapports de force internes à cette discipline – notamment par des spécialistes d'histoire des relations internationales pour résister à l'essor de l'histoire socioculturelle ou par des spécialistes du Moyen Âge, de l'époque moderne ou de l'Antiquité pour résister à l'ombre que leur fait l'histoire contemporaine. Quelles sont alors les spécificités de l'histoire de l'Europe ?

L'histoire et la construction symbolique de l'Europe

Nous avons rappelé en introduction que, parmi les travaux consacrés au rôle des savoirs dans l'institutionnalisation des ordres politiques, quelques-uns ont récemment porté sur celui de la production de connaissances relatives à l'intégration européenne dans la formation d'un centre de pouvoir européen[1]. Dans cette même perspective, cet ouvrage questionne la contribution des savoirs académiques relatifs à l'histoire de l'Europe à la construction symbolique de l'Europe. Alors que les recherches sur cette question se concentraient jusqu'ici sur l'étude de la coproduction politico-académique de l'histoire de l'intégration communautaire et donc sur une représentation relativement dominante de l'histoire de l'Europe – en tout cas privilégiée par les institutions européennes –, il élargit l'enquête à d'autres formes d'histoire de l'Europe. Ce faisant, il interroge les tensions et les rapports de force entre différentes représentations de cette histoire et *a fortiori* de l'Europe ainsi que leur évolution au fil du temps.

Les résultats de cette enquête mettent en évidence le fait que l'histoire n'est pas seulement utilisée pour tenter de légitimer l'UE en lui conférant une dimension historique. Elle sert aussi d'argument pour venir appuyer telle ou telle vision politique de la construction européenne, telle ou telle conception de l'Europe – notamment celle d'une Europe à dominante chrétienne ne pouvant inclure la Turquie ou celle d'une Europe empreinte de multiples héritages religieux, pouvant s'élargir davantage. Ainsi, notre étude ne confirme pas seulement le fait que la formation de l'UE s'accompagne de la constitution d'un répertoire d'ins-

---

1. Cf. notamment Vauchez, 2013 ; Bailleux, 2014 ; Aldrin, 2011 ; Roa Bastos et Vauchez, 2019.

truments symboliques de légitimité comparable à celui des États-nations[2] ; ni même le fait que les savoirs sur l'intégration communautaire se sont développés au gré de transactions entre « savants » et institutions européennes (en particulier la Commission européenne)[3]. Dans la continuité des réflexions des politistes Francisco Roa Bastos et A. Vauchez (2019), elle permet aussi de révéler les conflits entre différentes représentations de l'Europe et de montrer que ce sont des luttes non seulement politiques, mais aussi professionnelles, inter- et intra-disciplinaires qui conduisent à l'affrontement de ces différentes représentations. En d'autres termes, l'histoire de l'Europe est non seulement le fruit d'acteurs qui entendent contribuer au processus de construction européenne, mais aussi d'acteurs animés par des enjeux professionnels, académiques ou économiques relativement indépendants de la construction européenne.

Cette étude pose en outre la question de la singularité des études européennes par rapport aux savoirs sur les États-nations et celle de la singularité de la construction symbolique de l'Europe par rapport à celle des États-nations. Le caractère multiforme des études européennes apparaît comme une première spécificité. Celui-ci se manifeste notamment par l'opposition entre les savoirs sur l'intégration communautaire et les savoirs sur l'Europe au sens large, particulièrement marquée dans la discipline historique. Cette question se pose certes aussi dans d'autres disciplines, notamment en science politique où des recherches portant sur l'espace public européen côtoient des travaux plus spécifiquement liés à l'UE comme ceux relatifs aux élections ou aux institutions européennes. Mais l'Europe reste largement synonyme d'« Union européenne » ou dans une moindre mesure de « Conseil de l'Europe » pour la science politique, le droit et l'économie. Quant aux sciences humaines comme la philosophie ou l'histoire de l'art par exemple, elles s'intéressent surtout à une Europe à géométrie variable qui ne se limite ni aux frontières de l'UE, ni même à celle du Conseil de l'Europe[4]. Au contraire en histoire, l'opposition entre l'étude de l'intégration communautaire, voire plus largement de la coopération européenne, et celle de l'Europe est essentielle. Elle était particulièrement structurante lors de la formation du sous-champ scientifique que constitue l'histoire de l'Europe et persiste encore quand celui-ci devient de plus en plus hétérogène, même si la limite entre ces deux types de savoirs devient plus poreuse – le rattachement des recherches sur les différentes formes passées de coopération européenne à l'une ou l'autre catégorie pouvant par exemple être discuté.

Ce sous-champ scientifique ne peut cependant pas se résumer à cette opposition. D'autres oppositions se dessinent : notamment celle entre des récits historiques officiels, ou tout du moins homologués par les institutions européennes, et des recherches conçues en opposition aux politiques mémorielles de ces institutions ; mais aussi celle entre les histoires promues respectivement par la Commission européenne, le Parlement européen et le Conseil de l'Europe.

---

2. Cf. LAGER, 1995.
3. Cf. en particulier ROBERT et VAUCHEZ, 2010b ; BAILLEUX, 2014.
4. Il serait néanmoins intéressant d'étudier le lien entre la géographie de l'UE et celle de l'Europe.

Les récits historiques nationaux, eux, se sont certes diversifiés à la suite de la décolonisation et des événements de mai 1968 (Raphael, 2003, p. 247-249). Pourtant, ils ont longtemps été relativement homogènes ; lors de la formation des États-nations, ils étaient peu remis en question et dans plusieurs pays, en particulier en France, ils ont pu être institutionnalisés sous une forme relativement stable, notamment au sein des programmes et des manuels scolaires (den Boer, 2001, p. 138-139). En comparaison, la politique mémorielle de la Commission européenne, les fonds des AHUE, les lectures officielles de l'histoire par le Parlement européen et l'APCE ainsi que les tentatives de fonder des récits alternatifs de l'histoire de l'Europe, qui ont émergé très tôt même si elles ont dans un premier temps échoué à donner lieu à des publications, offrent d'emblée une image particulièrement multiforme de l'histoire de l'Europe. Ce constat rejoint celui de la politiste Camille Mazé (2014) au sujet des « musées de l'Europe » qui donnent à voir des représentations différenciées de cet objet ou, plus largement, celui de F. Roa Bastos et A. Vauchez (2019) : ceux-ci insistent sur l'existence d'une pluralité de formes de connaissance et de représentation de l'Europe.

Ce caractère multiforme est encore renforcé par le caractère international à géométrie variable de la production des savoirs sur l'Europe, qui constitue une seconde spécificité. Si plusieurs auteurs ont montré l'internationalisation croissante des activités scientifiques et de l'organisation de la recherche, en particulier à la fin du XXe siècle[5], d'autres ont montré que c'est particulièrement le cas de la production des savoirs relatifs à la construction européenne[6]. Notre étude confirme ce constat non seulement pour l'histoire de l'intégration communautaire, mais aussi pour celle de l'« Europe ». Elle donne à voir de nombreux vecteurs d'internationalisation : outre les établissements d'enseignement supérieur que sont le Collège d'Europe et l'IUE de Florence, de nombreux colloques, réseaux de recherches, collections éditoriales et périodiques internationaux. Le développement d'un sous-champ disciplinaire consacré à l'histoire de l'Europe contribue ainsi à l'internationalisation du champ scientifique – tout comme, inversement, l'internationalisation de l'activité scientifique contribue, en histoire, au développement de ce sous-champ. Comme le souligne I. Popa (2007, p. 123-124), l'internationalité des études européennes est liée à la valorisation des coopérations scientifiques transnationales « par des politiques publiques […] initiées à l'échelle nationale ou européenne ». Cette valorisation n'a cessé de s'intensifier au cours des quatre décennies que nous avons étudiées. Dans les années 1960, la division de la Commission européenne responsable de « l'information universitaire » ne visait en effet qu'un petit nombre de spécialistes de l'intégration communautaire. Au contraire, avec le financement de réseaux de recherche internationaux consacrés à l'histoire de l'Europe par le ministère français de la Recherche, la Fondation Volkswagen et l'ESF à partir de 1989, par les PCRD à partir de 2001 et par le programme COST à partir de 2005, c'est

---

5. Cf. notamment GINGRAS, 2002.
6. Cf. POPA, 2007 ; ROBERT et VAUCHEZ, 2010b, p. 23-24.

un nombre de plus en plus important d'historiens qui sont concernés – d'autant plus que les financements nationaux traditionnels diminuent[7].

Or l'espace international de production des savoirs sur l'histoire de l'Europe qui en résulte est bien à géométrie variable. Premier constat : au niveau « européen », les acteurs institutionnels comme les réseaux de recherche peuvent intervenir à l'échelle de quelques pays, de l'UE ou du Conseil de l'Europe, si bien que l'on se trouve en présence de plusieurs niveaux européens. Deuxième constat, cet espace s'élargit au fil du temps : nous avons souligné l'inclusion croissante d'historiens de l'Est de l'Europe, mais aussi, progressivement, celle de chercheurs extra-européens. Ceci est lié à un troisième constat : l'espace de production de l'histoire de l'Europe est plus large que le continent. Avec la Fondation Ford, les États-Unis ont ainsi joué un rôle dans l'émergence des études européennes dès les années 1950 et, particulièrement avec les PCRD, des chercheurs issus d'un grand nombre de pays, y compris d'Afrique notamment, ont rejoint des réseaux scientifiques consacrés à cette histoire. Un espace scientifique mondial se dessine donc ainsi. Dans le même temps (quatrième constat), des espaces plus petits, notamment binationaux, jouent aussi un rôle essentiel. Alors qu'I. Popa (2007, p. 119) note « l'emprise des producteurs et des lieux de consécration anglo-saxons et, plus particulièrement, britanniques » dans le domaine des études européennes, nous avons révélé le rôle des relations franco-allemandes dans celui de l'histoire de l'Europe. Ce rôle est favorisé par l'existence de longue date de nombreuses institutions de recherche franco-allemandes, soutenues financièrement par les deux pays[8]. Outre les échelles mondiales, européennes et binationales, l'échelle nationale continue donc à jouer un rôle important. L'un des apports de l'étude de ces deux pays est même de montrer que si l'essor de l'histoire de l'Europe dépend en grande partie d'organisations européennes (avant tout l'UE, mais aussi le Conseil de l'Europe), il ne faut pas négliger le rôle des États-nations et des acteurs privés nationaux, en particulier des fondations et des éditeurs. Nous rejoignons ici les observations de F. Roa Bastos (2016) qui, de manière similaire, a souligné qu'en science politique, le développement de connaissances sur la construction européenne ne dépend pas seulement de soutiens transnationaux et en particulier communautaires, mais aussi de soutiens et d'ancrages nationaux.

La question du lien entre les espaces européens et nationaux est essentielle. On peut parler d'influence réciproque. D'un côté, nous avons montré l'influence qu'exerce sur les universités nationales l'espace transnational dédié à l'histoire de l'Europe qui s'est constitué dès le milieu des années 1970 : de plus en plus d'offres de formation dans ce domaine y sont créées dans les années 1990 et 2000 ; dans ce cadre, il faut notamment rappeler le rôle de la Commission européenne qui, par le biais des chaires Jean Monnet, encourage les enseignements consacrés à l'intégration communautaire au sein des universités nationales. De l'autre, il ne faut pas oublier qu'au niveau national, des ministères et des fondations peuvent

---

7. Cf. ZIMMERMANN, 2004, p. 7.
8. Cf. notamment BRUHNS, 1992, p. 204-205.

favoriser la coopération scientifique internationale. Et surtout, les historiens qui animent l'espace transnational dédié à l'histoire de l'Europe, que ce soit à l'IUE, au Collège d'Europe ou dans les différents réseaux de recherche européens, sont eux-mêmes issus d'universités ou d'instituts nationaux – l'Allemand de l'Ouest W. Lipgens avait par exemple travaillé dans un *think tank* fédéraliste allemand ainsi qu'à l'université de la Sarre avant d'arriver à l'IUE. Ils restent même à tout moment inscrits dans les espaces nationaux, primordiaux pour les carrières scientifiques. Notre étude rejoint ici les nombreux travaux qui montrent que les trajectoires professionnelles des acteurs dits européens (tels que les juges de la Cour de justice de l'UE, les juristes européens, les commissaires européens ou les banquiers centraux) restent fortement ancrées dans les espaces nationaux[9]. L'articulation de ces différents espaces doit ainsi être prise en compte. C'est ce que nous avons fait quand, à la suite des travaux d'Y. Dezalay et B. Garth (2002), nous avons souligné l'usage qui peut être fait de l'international pour compenser ou défendre des positions nationales – ce qui est particulièrement frappant dans le cas des membres du Groupe de liaison, tant lorsqu'ils fondent ce Groupe alors que l'histoire socioculturelle fragilise leur courant historiographique que lorsqu'ils militent pour la création de chaires Jean Monnet d'histoire. On voit bien ici que l'écriture de l'histoire de l'Europe n'est pas une simple transposition de l'écriture des histoires nationales au niveau européen : la grande multiplicité des échelles de production et leur imbrication constitue une spécificité importante.

Pour finir, si ce sous-champ scientifique est doté d'aspects spécifiques par rapport aux histoires nationales, que dire de sa spécificité à l'égard des autres formes de savoirs académiques relatifs à l'UE ou à l'Europe ? L'existence d'un nombre non négligeable de travaux (que nous avons cités en introduction) portant sur les études européennes en général ou plus spécifiquement sur le droit, la science politique ou la sociologie de l'Europe, permet de dégager des points communs, mais aussi des singularités. On observe essentiellement trois points communs. Premièrement, les chercheurs travaillant sur l'Europe dans les différentes disciplines partagent des pratiques et des méthodes similaires : on peut notamment citer la création d'associations nationales ou internationales de spécialistes des études communautaires dans plusieurs disciplines, mais aussi et surtout la constitution de réseaux de recherche internationaux, à travers lesquels des chercheurs entendent se démarquer de la production de savoirs nationaux. Deuxièmement, plusieurs espaces pluridisciplinaires de production et de transmission des savoirs sur l'Europe jouent un rôle important pour les différentes disciplines : en particulier, au niveau européen, l'IUE et le Collège d'Europe, mais aussi, au niveau national, des instituts d'études européennes (celui de l'université de la Sarre notamment[10]). Ceci est le signe d'une dynamique propre aux études européennes. Troisièmement, les études européennes sont le fruit de l'action conjointe de différents types d'acteurs : académiques (notamment juristes, politistes, sociologues ou historiens), institution-

---

9. À ce propos, cf. notamment GEORGAKAKIS et VAUCHEZ, 2015, p. 206-207.
10. Cf. COHEN, 2017, p. 79 ; VAUCHEZ, 2013, p. 133 et 165.

nels (en particulier, en ce qui concerne l'étude de l'intégration communautaire, la Commission européenne, mais aussi des fondations, sans oublier le Parlement européen et l'APCE, même si ceux-ci jouent moins un rôle de pourvoyeurs de fonds que d'espace de débats sur l'Europe) et enfin professionnels (notamment des fonctionnaires ou d'anciens fonctionnaires européens, des avocats ou des archivistes, auxquels il faut ajouter les éditeurs, même si ceux-ci sont plus rarement pris en compte dans les recherches). La distinction entre ces différents types d'acteurs n'est pas toujours possible, car certains acteurs cumulent des positions dans différents champs et jouent à ce titre un rôle décisif. C'est pourquoi il était nécessaire d'étudier les relations entre acteurs scientifiques et extra-scientifiques plutôt que des groupes réifiés (en particulier les scientifiques d'un côté et les acteurs politico-administratifs de l'autre).

Il faut cependant interroger la place de la discipline historique dans les études européennes et sa spécificité. Nous avons déjà souligné qu'elle est particulièrement propice à l'analyse des tensions entre les savoirs portant sur l'Europe au sens large et ceux relatifs à l'intégration communautaire. En outre, même si nous avons mis en lumière une demande d'histoire de l'intégration communautaire dès les années 1970 et une demande d'histoire, en particulier d'histoire de l'Europe, très importante après l'effondrement du monde communiste, notre analyse des chaires Jean Monnet et celle des PCRD montre que l'histoire y est moins sollicitée que les disciplines voisines (le droit, l'économie et la science politique). Il faut dire que les dispositifs de financements européens, en particulier les PCRD, privilégient les travaux « destinés à fournir des éléments d'aide à la décision, ou à réfléchir sur les modalités du bon gouvernement européen » (Robert et Vauchez, 2010b, p. 29). Or, si l'histoire peut notamment offrir un récit du processus d'intégration ou des réflexions sur la notion d'identité européenne, elle ne participe pas directement au « gouvernement européen » : le processus d'intégration communautaire est avant tout juridique, économique et politique. De plus, si nombre de professionnels du droit et de fonctionnaires ayant eu une formation juridique sont présents au sein des institutions européennes, les historiens n'entretiennent pas la même proximité avec ces institutions. Pour autant, le poids de l'histoire de l'Europe dans l'espace public est loin d'être négligeable : d'abord parce que les financements européens, même s'ils privilégient les autres disciplines, sont devenus importants pour les historiens ; ensuite du fait que des fondations, non seulement l'ESF, mais aussi des fondations allemandes, s'intéressent, elles aussi, à cette histoire ; en raison également de la multiplication des lectures de cette histoire par l'UE et le Conseil de l'Europe ainsi que des controverses publiques à ce sujet ; du fait enfin que, même si nous ne nous sommes pas attardés sur leur étude, depuis le début des années 1990, les politiques d'éducation à l'Europe dans l'enseignement secondaire, à savoir celles des États, mais aussi et surtout celles du Conseil de l'Europe, passent de manière essentielle par cette discipline.

Bibliographie

Cette bibliographie comprend la littérature scientifique se rapportant à mes objets de recherche : en particulier la sociologie politique de l'Europe, la sociologie des savoirs, l'écriture de l'histoire et les usages du passé. Les références concernant mon terrain de recherche, notamment les publications d'historiens sur l'Europe et les récits rédigés par des acteurs ayant participé à des projets dans ce domaine, se trouvent en notes de bas de page.

ADLER-NISSEN Rebecca et KROP Kristoffer (dir.), 2015, « A sociology of Knowledge of European integration. The social sciences in the making of Europe », *Journal of European Integration,* 37(2).

ALDRIN Philippe, 2011, « Les Eurobaromètres entre science et politique. Retour sur la fabrique officielle de l'opinion européenne », *in* GAXIE Daniel, HUBÉ Nicolas, LASSALE Marine de *et al.* (dir.), *L'Europe des Européens. Enquête comparative sur les perceptions de l'Europe*, Paris, Economica, p. 27-47.

AMALVI Christian, 1988, *De l'art et la manière d'accommoder les héros de l'histoire de France. Essais de mythologie nationale*, Paris, Albin-Michel.

ASH Mitchell, 2002, « Wissenschaft und Politik als Ressourcen füreinander », *in* BRUCH Rüdiger vom et KADERAS Brigitte (dir.), *Wissenschaften und Wissenschaftspolitik. Bestandsaufnahmen zu Formationen, Brüchen und Kontinuitäten im Deutschland des 20. Jahrhunderts*, Stuttgart, Steiner, p. 32-51.

AUDREN Frédéric, LABORIER Pascale, NAPOLI Paolo *et al.* (dir.), 2011, *Les sciences camérales : activités pratiques et histoire des dispositifs publics,* Paris, Presses universitaires de France.

AUERBACH Hellmuth, 1982, « L'Institut für Zeitgeschichte à Munich », *Bulletin d'information de la Mission historique française en Allemagne*, n° 4, p. 12-16.

AYMARD Maurice, 1999, « Une certaine passion de la France, une certaine idée de l'histoire », *in* REVEL Jacques (présenté par), *Fernand Braudel et l'histoire*, Paris, Hachette littératures, p. 197-215.

BAEYENS Hélène, 2000, *Les stratégies de socialisation scolaire à l'unification européenne : une dynamique saisie à partir des programmes et manuels scolaires de géographie, d'histoire et d'éducation civique des années 1950 à 1998*, thèse de sciences politiques, dir. Jean-Louis Chabot, université de Grenoble 2.

BAILLEUX Julie, 2010, « Comment l'Europe vint au droit. Le premier congrès international d'études de la CECA (Milan-Stresa 1957) », *Revue française de science politique*, 60(2), p. 295-318.

BAILLEUX Julie, 2014, *Penser l'Europe par le droit. L'invention du droit communautaire en France*, Paris, Dalloz.

BASZANGER Isabelle, 1990, « Émergence d'un groupe professionnel et travail de légitimation. Le cas des médecins de la douleur », *Revue française de sociologie*, 31(2), p. 257-282.

BAZIN Anne, 2007, « Produire un récit commun : les commissions d'historiens, acteurs de la réconciliation », *in* MINK Georges et NEUMAYER Laure (dir.), *L'Europe et ses passés douloureux*, Paris, La Découverte, p. 104-117.

BÉDARIDA François, 1995, « La dialectique passé/présent et la pratique historienne », *in* BÉDARIDA François (dir.), *L'histoire et le métier d'historien en France 1945-1995*, Paris, MSH, p. 75-85.

BEICHELT Timm, CHOLUJ Bozena, ROWE Gerard *et al.*, 2006, « Einleitung: Was heißt und zu welchem Ende studiert man Europastudien? », *in* BEICHELT Timm (dir.), *Europa-Studien. Eine Einführung*, Wiesbaden, Verlag für Sozialwissenschaften, p. 9-32.

BELOT Céline et BRACHET Claire, 2004, « Note de synthèse. Enseigner l'Europe à travers l'Action Jean Monnet. État des lieux et pistes de réflexions », *Politique européenne*, 3(14), p. 149-163.

BELOT Céline, MAGNETTE Paul et SAURUGGER Sabine (dir.), 2008, *Science politique de l'Union européenne*, Paris, Economica.

BENDICK Rainer, 2000, « Die Schulbücher der Feinde. Wahrnehmung und Wirkung in Deutschland und Frankreich vor und nach 1918 », *Internationale Schulbuchforschung*, 22(3), p. 301-314.

BENDICK Rainer, FRANÇOIS Étienne, 2013, « Allemagne : fédéralisme et compétences », *Le Débat*, 3(175), p. 141-150.

BENZONI Maria Matilde, 2001, « Il Consiglio d'Europa e la Comunità degli storici: dalle discussioni del 1952-56 alle ricerche di Beloff, Renouvin, Schnabel e Valsecchi », *in* BENZONI Maria Matilde et VIGEZZI Brunello (dir.), *Storia e storici di Europa nel XX secolo*, Milano, UNICOPLI, p. 35-82.

BERGER Stefan, 2002, « Geschichte von der Nation. Einige vergleichende Thesen zur deutschen, englischen, französischen und italienischen Nationalgeschichtsschreibung seit 1800 », *in* CONRAD Christoph et CONRAD Sebastian (dir.), *Die Nation schreiben. Geschichtswissenschaft im internationalen Vergleich*, Göttingen, Vandenhoeck & Ruprecht, p. 49-77.

BERTRAND Romain, 2006, *Mémoires d'empire. La controverse autour du « fait colonial »*, Paris, Le Croquant.

BITSCH Marie-Thérèse, 2004 (1996), *Histoire de la construction européenne de 1945 à nos jours*, Bruxelles, Complexe, 3ᵉ éd.

BOER Pim den, 2001, « Vergleichende Historiographiegeschichte – einige Beobachtungen insbesondere zur Professionalisierung in Frankreich und Deutschland », *in* HADLER Frank, LINGELBACH Gabriele et MIDDELL Matthias (dir.), *Historische Institute im internationalen Vergleich*, Leipzig, Akademische Verlagsanstalt, p. 133-147.

BONCOURT Thibaud, 2019, « Les sciences sociales européennes font-elles l'Europe ? L'institut universitaire européen, le béhavioralisme et la légitimation de l'intégration européenne », *Revue française de science politique*, 69(1), p. 47-74.

BOSSUAT Gérard, 1992, « Les grandes tendances de l'historiographie universitaire française contemporaine dans le domaine de l'histoire des constructions européennes », *Lettre d'information des Historiens de l'Europe Contemporaine*, 7(1-2), p. 25-36.

BOTTLE Robert T. et VOUDOURIS C. E., 1988, « A bibliometric critique of the EURISTOTE database », *Journal of Information Science*, 14(4), p. 205-220.

BOURDIEU Pierre, 1976, « Le champ scientifique », *Actes de la recherche en sciences sociales*, 2(2-3), p. 88-104.

BOURDIEU Pierre, 1986, « L'illusion biographique », *Actes de la recherche en sciences sociales*, 62-63, p. 69-72.

BOURDIEU Pierre, 1993, « Esprits d'État. Genèse et structure du champ bureaucratique », *Actes de la Recherche en Sciences Sociales*, 96-97, p. 49-62.

BRUHNS Hinnerk, 1992, « La coopération scientifique entre historiens français et allemands », *Vingtième siècle. Revue d'histoire*, n° 34, p. 201-209.

BRUHNS Hinnerk, 1995, « Max Weber en France et en Allemagne », *Revue européenne des sciences sociales*, 33(101), p. 107-121.

CADIOU François, COULOMB Clarisse, LEMONDE Anne *et al.*, 2005, *Comment se fait l'histoire. Pratiques et enjeux*, Paris, La Découverte.

CALLIGARO Oriane, 2013, *Negotiating Europe. EU promotion of Europeanness since the 1950s*, Basingstoke, Palgrave Macmillan.

CALLIGARO Oriane, 2018, « Une figure paradoxale : Alan S. Milward, promoteur des études européennes et historien critique de l'intégration européenne », in LARAT Fabrice, MANGENOT Michel et SCHIRMANN Sylvain (dir.), *Les études européennes. Genèses et institutionnalisation*, Paris, L'Harmattan, p. 89-109.

CALLIGARO Oriane et FORET François, 2012, « La mémoire européenne en action. Acteurs, enjeux et modalités de la mobilisation du passé comme ressource politique pour l'Union européenne », *Politique européenne*, 2(37), p. 18-43.

CANIHAC Hugo, 2020, *La fabrique savante de l'Europe. Une archéologie des savoirs de l'Europe communautaire*, Bruxelles, Bruylant.

CASTEL Robert, 1985, « L'expert mandaté et l'expert instituant », in *Situations d'expertise et socialisation des savoirs*, Saint-Étienne, CRESAL, p. 81-92.

CATALA Michel, 2009, « La Communauté à la recherche de son identité. De l'Europe des citoyens à la citoyenneté européenne (1957-1992) », *Relations internationales*, 4(140), p. 83-101.

CHAKRABARTY Dipesh, 2009, *Provincialiser l'Europe : la pensée postcoloniale et la différence historique*, Paris, Éditions Amsterdam.

CHARLÉTY Véronique, 2004, « L'invention du Musée de l'Europe. Contribution à l'analyse des politiques symboliques européennes », *Regards sociologiques*, n° 27-28, p. 149-166.

CHARLÉTY Véronique, 2006, « Repères fondateurs. Introduire l'histoire dans l'espace public européen », *Politique européenne*, 1(18), p. 17-47.

CHEVALLIER Jacques, 1996, « L'entrée en expertise », *Politix*, 9(36), p. 33-50.

CHIMOT Franck, 1998, « Jean-Baptiste Duroselle ou combats pour l'Europe », *Bulletin de l'Institut Pierre Renouvin*, n° 5, p. 99-113.

CHRISTIAN Michel et DROIT Emmanuel, 2005, « Écrire l'histoire du communisme : l'histoire sociale de la RDA et de la Pologne communiste en Allemagne, en Pologne et en France », *Genèses*, 4(61), p. 118-133.

COHEN Antonin, 2007, « Le "père de l'Europe". La construction sociale d'un récit des origines », *Actes de la recherche en sciences sociales*, 166-167, p. 14-29.

COHEN Antonin, 2017, « La structuration atlantique des *European studies*. La Fondation Ford et l'institut de la Communauté européenne pour les études universitaires dans la génération d'un "objet" », *Revue française de science politique*, 67(1), p. 69-96.

CONSTANTIN Cornelia, 2009, « "Le futur passé" de l'intégration européenne. Discours et pratiques mémoriels des élites européennes (1950-2007) », Communication au Congrès AFSP.

CONSTANTIN Cornelia, 2021, *Les pères de l'Europe en héritages*, Bruxelles, Peter Lang.

CORNELISSEN Christoph (dir.), 2010, *Geschichtswissenschaft im Geist der Demokratie. Wolfgang J. Mommsen und seine Generation*, Berlin, Akademie Verlag.

COURCELLE Thibault, 2005, « Le Conseil de l'Europe et ses limites. L'organisation paneuropéenne en pleine crise identitaire », *Hérodote*, 3(118), p. 48-67.

CRIVELLO Maryline et OFFENSTADT Nicolas, 2006, « Concurrences et controverses : introduction », *in* CRIVELLO Maryline, GARCIA Patrick et OFFENSTADT Nicolas (dir.), *Usages politiques du passé dans la France contemporaine, vol. 2 : concurrence des passés*, Aix-en-Provence, Publications de l'université de Provence, p. 191-202.

CROZIER Michel et FRIEDBERG Erhard, 1977, *L'acteur et le système. Les contraintes de l'action collective*, Paris, Le Seuil.

DAKOWSKA Dorota, 2007, « Le "Centre contre les expulsions" : les enjeux d'un débat transnational », *in* MINK Georges et NEUMAYER Laure (dir.), *L'Europe et ses passés douloureux*, Paris, La Découverte, p. 128-139.

DEFRANCE Corinne, 1992, « Die Franzosen und die Gründung des Instituts für europäische Geschichte in Mainz 1949-1955 », *in* DEFRANCE Corinne et SCHULZE Winfried (dir.), *Die Gründung des Instituts für Europäische Geschichte Mainz*, Mayence, von Zabern, p. 55-77.

DEFRANCE Corinne et PFEIL Ulrich, 2007, « Au service du rapprochement franco-allemand. Dialogue d'historiens de part et d'autre du Rhin », *in* MINK Georges et NEUMAYER Laure (dir.), *L'Europe et ses passés douloureux*, Paris, La Découverte, p. 91-103.

DELOCHE-GAUDEZ Florence, 2002, « La Convention pour l'élaboration de la Charte des droits fondamentaux : une méthode "constituante" ? », *in* DEHOUSSE Renaud (dir.), *Une Constitution pour l'Europe ?*, Paris, Presses de Science Po, p. 177-226.

DÉLOYE Yves, IHL Olivier et JOIGNANT Alfredo (dir.), 2013, *Gouverner par la science. Perspectives comparées,* Paris, Presses universitaires de Grenoble.

DENORD François et SCHWARTZ Antoine, 2010, « L'économie (très) politique du traité de Rome », *Politix*, 23(89), p. 35-56.

DESCAMPS Florence, 2005, *L'historien, l'archiviste et le magnétophone*, Paris, Comité pour l'histoire économique et financière de la France.

DEZALAY Yves et GARTH Bryant, 2002, *La mondialisation des guerres de palais. La restructuration du pouvoir d'État en Amérique Latine. Entre notables du droit et « Chicago Boys »*, Paris, Le Seuil.

DIERKES Julian, 2001, « Absence, déclin ou essor : manuels d'histoire d'après-guerre au Japon et dans les deux Allemagnes », *Genèses*, 3(44), p. 30-49.

DOSSE François, 2003, « La "nouvelle histoire" », *in* DELACROIX Christian, DOSSE François et GARCIA Patrick (dir.), *Histoire et historiens en France depuis 1945*, Paris, ADPF, p. 111-127.

DOSSE François, 2011, *Pierre Nora : homo historicus*, Paris, Perrin.

DROIT Emmanuel, 2007, « Le Goulag contre la Shoah. Mémoires officielles et cultures mémorielles dans l'Europe élargie », *Vingtième Siècle. Revue d'histoire*, 2(94), p. 101-120.

DUCHHARDT Heinz, 2000, « Europa-Diskurs und Europa-Forschung. Ein Rückblick auf ein Jahrhundert », *Jahrbuch für Europäische Geschichte*, 1, p. 1-14.

DUCHHARDT Heinz, MORAWIEC Malgorzata, SCHMALE Wolfgang *et al.* (dir.), 2006-2007, *Europa-Historiker. Ein biographisches Handbuch*, Göttingen, Vandenhoek & Ruprecht, 3 vol.

DUHAMELLE Christophe, 2006, « La fondation Volkswagen », *Bulletin d'information de la Mission historique française en Allemagne*, n° 42, p. 137-143.

DÜLFFER Jost, 2010, « De l'histoire de l'intégration à l'histoire intégrée de l'Europe », *in* BOSSUAT Gérard, BUSSIÈRE Éric, FRANK Robert *et al.* (dir.), *L'expérience européenne. 50 ans de construction de l'Europe : 1957-2007. Des historiens en dialogue*, Bruxelles, Bruylant, p. 11-35.

DUMOULIN Michel, 2007, « Quelle politique de l'information ? », *in* DUMOULIN Michel (dir.), *La Commission européenne 1958-1972. Histoire et mémoires d'une institution*, Luxembourg, OPOCE, p. 523-547.

DUMOULIN Michel, 2012, « Entre mémoire et histoire », *in* MANGENOT Michel et SCHIRMANN Sylvain (dir.), *Les institutions européennes font leur histoire*, Berne, Peter Lang, p. 127-142.

DUMOULIN Olivier, 1990, « L'histoire et les historiens. 1937-1947 », *in* RIOUX Jean-Pierre (dir.), *La vie culturelle sous Vichy*, Bruxelles, Complexe, p. 241-268.

DUMOULIN Olivier, 2003, *Le rôle social de l'historien. De la chaire au prétoire*, Paris, Albin-Michel.

FABIANI Jean-Louis, 1985, « Science des écosystèmes et protection de la nature », *in* CADORET Anne (dir.), *Protection de la nature. Histoire et idéologie*, Paris, L'Harmattan, p. 75-93.

FAULENBACH Bernd, 1980, *Ideologie des deutschen Weges. Die deutsche Geschichte in der Historiographie zwischen Kaiserreich und Nationalsozialismus*, Munich, Beck.

FELLNER Fritz, 1989, « Nationales und europäisch-atlantisches Geschichtsbild in der Bundesrepublik und im Westen in den Jahren nach dem Ersten Weltkrieg », *in* SCHULIN Ernst (dir.), *Deutsche Geschichtswissenschaft nach dem Zweiten Weltkrieg (1945-1965)*, Munich, Oldenbourg, p. 213-226.

FERRO Marc, 2004 (1981), *Comment on raconte l'histoire aux enfants à travers le monde*, Paris, Payot, 5ᵉ éd.

FISCHER Alexander et HEYDEMANN Günther (dir.), 1988-1990, *Geschichtswissenschaft in der DDR*, Berlin, Duncker & Humblot, 2 vol.

FRANÇOIS Bastien, 1990, « Une revendication de juridiction. Compétence et justice dans le droit constitutionnel de la Ve République », *Politix*, 3(10-11), p. 92-109.

FRANÇOIS Étienne, 1980, « La Mission Historique Française en Allemagne », *Bulletin d'information de la Mission historique française en Allemagne*, n° 1, p. 2-4.

FRANÇOIS Étienne, 1995, « L'histoire en Allemagne après la chute du Mur », *Actes de la recherche en sciences sociales*, 106-107, p. 96-100.

FRANK Robert, 1998, « Préface », *in* GIRAULT René (recueil de textes), *Être historien des relations internationales*, Paris, Publications de la Sorbonne, p. 9-14.

FRANK Robert, 2003, « Penser historiquement les relations internationales », *Annuaire français de Relations internationales*, 4, p. 42-65.

FREI Norbert, 2002, « Zeitgeschichte », *in* JORDAN Stefan (dir.), *Lexikon Geschichtswissenschaft. Hundert Grundbegriffe*, Stuttgart, Reclam, p. 336-339.

GAÏTI Brigitte, 2002, « La science dans la mêlée : usages croisées des discours savants et militants », *in* HAMMAN Philippe, MÉON Jean-Matthieu et VERRIER Benoît (dir.), *Discours savants, discours militants : mélange des genres*, Paris, L'Harmattan, p. 293-309.

GARCIA Patrick, 2009, « Vers une politique mémorielle européenne ? L'évolution du statut de l'histoire dans le discours du Conseil de l'Europe », *in* FRANK Robert, KAELBLE Hartmut, LÉVY Marie-Françoise et al. (dir.), *Building a European Public Sphere. From the 1950s to the Present/Un espace public européen en construction. Des années 1950 à nos jours*, Bruxelles, Peter Lang, p. 179-203.

GARCIA Patrick, 2010, « Révolution française. Historiographie au XXe siècle », *in* DELACROIX Christian, DOSSE François, GARCIA Patrick et al. (dir.), *Historiographies, II. Concepts et débats*, Paris, Gallimard, p. 1199-1213.

GARCIA Patrick et LEDUC Jean, 2003, *L'enseignement de l'histoire en France. De l'Ancien Régime à nos jours*, Paris, Armand Colin.

GARCIA Patrick et BOSSÉNO Christian-Marc, 2006, « Enjeux locaux, impasses supranationales : introduction », *in* CRIVELLO Maryline, GARCIA Patrick et OFFENSTADT Nicolas (dir.), *Usages politiques du passé dans la France contemporaine, vol. 2 : concurrence des passés*, Aix-en-Provence, Publications de l'université de Provence, p. 9-21.

GEHLER Michael, 2016, « "Europe", Europeanizations and their Meaning for European Integration Historiography », *Revue d'histoire de l'intégration européenne*, 22(1), p. 141-174.

GENET Jean-Philippe (dir.), 2015, *La légitimité implicite*, Paris/Rome, Publications de la Sorbonne/EFR.

GENSBURGER Sarah, 2008, « L'émergence progressive d'une politique internationale de la mémoire : l'exemple des actions publiques de "partage" de la mémoire », *in* AUZAS Vincent et JEWSIEWICKI Bogumil (dir.), *Traumatisme collectif pour patrimoine*, Laval, Presses de l'université Laval, p. 25-41.

GENSBURGER Sarah et LAVABRE Marie-Claire (dir.), 2012, « D'une "mémoire européenne" à l'européanisation de la "mémoire" », in *Politique européenne*, 2(37), p. 9-154.

GEORGAKAKIS Didier, 2000, « La démission de la Commission européenne : scandale et tournant institutionnel (octobre 1998-mars 1999) », *Cultures et conflits*, 2-3(38-39), p. 39-71.

GEORGAKAKIS Didier et SMITH Andy, 2004, « Enseigner l'Europe », *Politique européenne*, 3(14), p. 5-19.

GEORGAKAKIS Didier et VAUCHEZ Antoine, 2015, « Le concept de champ à l'épreuve de l'Europe », *in* SIMÉANT Johanna (dir.), *Guide de l'enquête globale en sciences sociales*, Paris, CNRS Éditions, p. 197-217.

GIERYN Thomas, 1983, « Boundary work and the demarcation of science from non-science: strains and interests in professional ideologies of scientists », *American Sociological Review*, 48(6), p. 781-795.

GILBERT Mark, 2008, « Narrating the Process: Questioning the Progressive Story of European Integration », *Journal of Common Market Studies*, 46(3), p. 641-662.

GINGRAS Yves, 2002, « Les formes spécifiques de l'internationalité du champ scientifique », *Actes de la recherche en sciences sociales*, 141-142, p. 31-45.

GINGRAS Yves, 2013, *Sociologie des sciences*, Paris, Presses universitaires de France.

GUENÉE Bernard et SIRINELLI Jean-François, 1995, « L'histoire politique », *in* BÉDARIDA François (dir.), *L'histoire et le métier d'historien en France 1945-1995*, Paris, MSH, p. 301-312.

GUIRAO Fernando, LYNCH Frances M. B. et RAMIREZ PÉREZ Sigfrido M. (dir.), 2012, *Alan S. Milward and a Century of European Change*, Londres/New York, Routledge.

GUZZETTI Luca, 1995, *A Brief History of EU Research Politic*, Luxembourg, OPOCE.

HABERMAS Jürgen, 1964, « Verwissenschaftlichte Politik und öffentliche Meinung », *in* HABERMAS Jürgen (dir.), *Technik und Wissenschaft als Ideologie*, Francfort-sur-le-Main, Suhrkamp, p. 120-145.

HADLER Frank, LINGELBACH Gabriele et MIDDELL Matthias, 2001, « Institutionalisierung historischer Forschung und Lehre. Einführende Bemerkungen und Fragen », *in* HADLER Frank, LINGELBACH Gabriele et MIDDELL Matthias (dir.), *Historische Institute im internationalen Vergleich*, Leipzig, Akademische Verlagsanstalt, p. 9-37.

HANSEN-MAGNUSSON Hannes et WÜSTENBERG Jenny, 2012, « Commemorating Europe? Forging European Rituals of Remembrance through Anniversaries », *Politique européenne*, 2(37), p. 44-70.

HARTOG François et REVEL Jacques, 2001, « Note de conjoncture historiographique », *in* HARTOG François et REVEL Jacques (dir.), *Les usages politiques du passé*, Paris, EHESS, p. 13-24.

HEIBER Helmut, 1966, *Walter Frank und sein Reichsinstitut für Geschichte des neuen Deutschlands*, Stuttgart, Deutsche Verlags-Anstalt.

HETTLING Manfred, HUERKAMP Claudia, NOLTE Paul et al. (dir.), 1991, *Was ist Gesellschaftsgeschichte? Positionen, Themen, Analysen. Hans-Ulrich Wehler zum 60. Geburtstag*, Munich, Beck.

HOHLS Rüdiger, SCHRÖDER Iris et SIEGRIST Hannes, 2005, « Einleitung. Europa und die Europäer », *in* HOHLS Rüdiger, SCHRÖDER Iris et SIEGRIST Hannes (dir.), *Europa und die Europäer. Quellen und Essays zur modernen europäischen Geschichte. Festschrift für Hartmut Kaelble zum 65. Geburtstag*, Stuttgart, Steiner, p. 15-23.

JAEGER Friedrich et JOAS Hans (dir.), 2008a, *Europa im Spiegel der Kulturwissenschaften*, Baden-Baden, Nomos.

JAEGER Friedrich et JOAS Hans, 2008b, « Europäisierung der Kulturwissenschaften – Eine interdisziplinäre Bestandsaufnahme », *in* JAEGER Friedrich et JOAS Hans (dir.), *Europa im Spiegel der Kulturwissenschaften*, Baden-Baden, Nomos, p. 7-16.

JARAUSCH Konrad H. (dir.), 1991, *Zwischen Parteilichkeit und Professionalität: Bilanz der Geschichtswissenschaft der DDR*, Berlin, Akademische Verlagsanstalt.

KAELBLE Hartmut, 1986, « L'histoire sociale en France et en Allemagne fédérale : de l'ignorance cordiale aux promesses d'un nouveau dialogue », *Bulletin d'information de la Mission historique française en Allemagne*, n° 12, p. 9-28.

KAELBLE Hartmut, 1995, « La recherche européenne en histoire sociale comparative (XIXe-XXe siècle) », *Actes de la recherche en sciences sociales*, n° 106-107, p. 67-79.

KAELBLE Hartmut, 2001, *Europäer über Europa. Die Entstehung des europäischen Selbstverständnisses im 19. und 20. Jahrhundert*, Francfort-sur-le-Main, Campus.

KAELBLE Hartmut, 2004, « Vers une histoire sociale et culturelle de l'Europe pendant les années de l'"après-prospérité" », *Vingtième Siècle. Revue d'histoire*, n° 84, p. 169-179.

KAELBLE Hartmut, 2008, « Die Europaforschung der Historiker », *in* JAEGER Friedrich et JOAS Hans (dir.), *Europa im Spiegel der Kulturwissenschaften*, Baden-Baden, Nomos, p. 183-203.

KAISER Wolfram et VARSORI Antonio (dir.), 2010, *European Union History. Themes and Debates*, Basingstoke, Palgrave Macmillan.

KEELER John, 2005, « Mapping EU Studies: The Evolution from Boutique to Boom Field 1960-2001 », *Journal of Common Market Studies*, 43(3), p. 551-582.

KIRSCH Martin, 2008, « Europa im Denken der Historiker in der Mitte des 20. Jahrhunderts zwischen "Selbstvergewisserung" und interkulturellem Vergleich », *in* KAELBLE Hartmut et KIRSCH Martin (dir.), *Selbstverständnis und Gesellschaft der*

Europäer. Aspekte der sozialen und kulturellen Europäisierung im späten 19. und 20. Jahrhundert, Francfort-sur-le-Main, Peter Lang, p. 180-224.

Knipping Franz, 2007, « Denis De Rougemont (1906-1985) », *in* Duchhardt Heinz, Morawiec Malgorzata, Schmale Wolfgang *et al.* (dir.), *Europa-Historiker. Ein biographisches Handbuch. Bd. 3*, Göttingen, Vandenhoek & Ruprecht, p. 157-175.

Kocka Jürgen, 1992, « La réunification et la recherche historique allemande », *Vingtième Siècle. Revue d'histoire*, n° 34, p. 32-36.

Kott Sandrine, 2002, « La RDA dans la recherche historique allemande. De la "seconde dictature" à l'histoire politique au quotidien », *Matériaux pour l'histoire de notre temps*, 68(1), p. 24-29.

Kudrna Jaroslav, 1989, « Zum nationalen und europäisch-atlantischen Geschichtsbild in der deutschen und westlichen bürgerlichen Historiographie », *in* Schulin Ernst (dir.), *Deutsche Geschichtswissenschaft nach dem Zweiten Weltkrieg (1945-1965)*, Munich, Oldenbourg, p. 227-232.

Kustosz Isabelle, 2012, « Contractualisation et contrôle de la recherche : une lecture critique du programme-cadre de recherche et de développement technologique de l'Union européenne », *Mouvements*, 3(71), p. 25-35.

Lager Carole, 1995, *L'Europe en quête de ses symboles*, Berne, Peter Lang.

Langlois Claude, 1995, « Les effets retour de l'édition sur la recherche », *in* Boutier Jean et Julia Dominique (dir.), *Passés recomposés : champs et chantiers de l'Histoire*, Paris, éd. Autrement, p. 112-124.

Larat Fabrice, 2005, « Present-ing the Past: Political Narratives on European History and the Justification of EU Integration », *German Law Journal*, 6(2-1), p. 273-290.

Larat Fabrice, 2006, « L'Europe à la recherche d'une figure tutélaire. L'instrumentalisation de la symbolique carolingienne comme tentative de fondation d'un projet politique », *Politique européenne*, 2(18), p. 49-67.

Larat Fabrice, Mangenot Michel et Schirmann Sylvain (dir.), 2018, *Les études européennes. Genèses et institutionnalisation*, Paris, L'Harmattan.

Lavau Georges, 1978, « L'historiographie communiste : une pratique politique », *in* Birnbaum Pierre et Vincent Jean-Marie (dir.), *Critique des pratiques politiques*, Paris, Galilée, p. 121-158.

Le Boulay Morgane, 2008, « La fabrication d'un label. Usages du terme "euroscepticisme" en France et en Allemagne », *in* Neumayer Laure, Roger Antoine et Zalewski Frédéric (dir.), *L'Europe contestée. Espaces et enjeux des positionnements contre l'intégration européenne*, Paris, Michel Houdiard, p. 87-113.

Le Boulay Morgane, 2010, « Investir l'arène européenne de la recherche. Le "Groupe de Liaison" des historiens auprès de la Commission européenne », *Politix*, 23(89), p. 103-124.

Le Boulay Morgane, 2014, *Au croisement des mondes politique et scientifique. L'écriture et l'enseignement de l'histoire de l'Europe en France et en Allemagne (1976-2007)*, thèse de sciences politiques et d'histoire contemporaine, dir. Dominique Damamme et Hartmut Kaelble, université Paris-Dauphine/université Humboldt de Berlin.

Le Boulay Morgane, 2019, « Mettre l'Europe en boîtes. L'édification des archives historiques de l'Union européenne », *Revue française de science politique*, 69(1), p. 25-45.

Le Boulay Morgane, à paraître en 2023/OnlineFirst 2021, « EU Research Policy as a Transnational Memory Policy Instrument? The Framework Programmes and the Production of Competing Visions of Europe », *Memory Studies*, 16(4), [DOI:10.1177/1750698020988751].

LE GOFF Jacques, 1997, « Georges Duby (1919-1996) », *Cahiers de civilisation médiévale*, n° 158, p. 199-209.
LEDUC Jean, 2010, « Période, périodisation », *in* DELACROIX Christian, DOSSE François, GARCIA Patrick *et al.* (dir.), *Historiographies, II. Concepts et débats*, Paris, Gallimard, p. 830-838.
LEGGEWIE Claus (textes réunis par), 2004, *Europa und die Türkei. Die Positionen*, Francfort-sur-le-Main, Suhrkamp.
LEGRIS Patricia, 2012, « Les coulisses des programmes d'histoire. Transformations des circuits d'écriture depuis la Libération », *Historiens et géographes*, n° 417, p. 75-84.
LIAUZU Claude, 2002, « Interrogations sur l'histoire française de la colonisation », *Genèses*, 1(46), p. 44-59.
LINGELBACH Gabriele, 2001, « Konsequenzen der Strukturierung nationaler Wissenschaftssysteme für disziplinäre Institutionalisierungsprozesse: Ein Vergleich der französischen und amerikanischen Geschichtswissenschaft während des 19. Jahrhunderts », *in* HADLER Frank, LINGELBACH Gabriele et MIDDELL Matthias (dir.), *Historische Institute im internationalen Vergleich*, Leipzig, Akademische Verlagsanstalt, p. 111-133.
LOTH Wilfried, 2006, « Walter Lipgens (1925-1984) », *in* DUCHHARDT Heinz, MORAWIEC Malgorzata, SCHMALE Wolfgang *et al.* (dir.), *Europa-Historiker. Ein biographisches Handbuch. Bd. 1*, Göttingen, Vandenhoek & Ruprecht, p. 317-336.
LOTH Wilfried, 2012, « La contribution du Groupe de liaison à l'histoire des institutions européennes », *in* MANGENOT Michel et SCHIRMANN Sylvain (dir.), *Les institutions européennes font leur histoire*, Berne, Peter Lang, p. 47-58.
LOZAC'H Valérie, 2016, *Des doctrines aux réformes ? La modernisation de l'État en Allemagne*, Rennes, Presses universitaires de Rennes.
LUDLOW Piers, 2010, « Élargissement, approfondissement et ouverture : vers une quatrième décennie de l'histoire de l'intégration européenne », *in* BOSSUAT Gérard, BUSSIÈRE Éric, FRANK Robert *et al.* (dir.), *L'expérience européenne. 50 ans de construction de l'Europe : 1957-2007. Des historiens en dialogue*, Bruxelles, Bruylant, p. 37-54.
MANGENOT Michel et SCHIRMANN Sylvain (dir.), 2012, *Les institutions européennes font leur histoire*, Berne, Peter Lang.
MASSARDIER Gilles, 1996, « Les savants les plus "demandés". Expertise, compétences et multipositionnalité. Le cas des géographes dans la politique d'aménagement du territoire », *Politix*, 36(9), p. 163-180.
MAZÉ Camille, 2014, *La fabrique de l'identité européenne. Dans les coulisses des musées de l'Europe*, Paris, Belin.
MINK Georges et NEUMAYER Laure (dir.), 2007, *L'Europe et ses passés douloureux*, Paris, La Découverte.
MOMMSEN Hans, 2003, « Die Verantwortung des Historikers », *in* LEHMANN Hartmut (dir.), *Die Verantwortung des Historikers. Rudolf Vierhaus zum 80. Geburtstag*, p. 31-44.
NEUMAYER Laure, 2007, « Conclusion. La réconciliation – variations sur un thème européen », *in* MINK Georges et NEUMAYER Laure (dir.), *L'Europe et ses passés douloureux*, Paris, La Découverte, p. 247-259.
NEUMAYER Laure, 2019, *The criminalisation of Communism in the European Political Space after the Cold War*, Londres, Routledge.
NOIRIEL Gérard, 1990, « Naissance du métier d'historien », *Genèses*, n° 1, p. 58-85.
NORA Pierre, 1978, « Mémoire collective », *in* LE GOFF Jacques, CHARTIER Roger et REVEL Jacques (dir.), *La Nouvelle Histoire*, Paris, Retz CEPL, p. 398-401.

Nora Pierre, 1997 (1992), « Comment écrire l'histoire de France », *in* Nora Pierre (dir.), *Les lieux de mémoires, vol. 3 : Les France*, Paris, Gallimard, p. 2219-2236.

Offenstadt Nicolas, 2009, *Histoire bling bling. Le retour du roman national*, Paris, Stock.

Pakier Małgorzata et Strath Bo (dir.), 2010, *A European Memory? Contested Histories and Politics of Remembrance*, Oxford-New York, Berghahn Books.

Palayret Jean-Marie, 1998, « Une grande école pour une grande idée. L'institut universitaire européen de Florence et les vicissitudes d'une identité "académique" de l'Europe (1948-1990) », *in* Bitsch Marie-Thérèse, Loth Wilfried et Poidevin Raymond (dir.), *Institutions européennes et identités européennes*, Bruxelles, Bruylant, p. 477-501.

Papon Pierre, 2001, *L'Europe de la science et de la technologie*, Grenoble, Presses universitaires de Grenoble.

Pavkovic Aleksandar, 1999, « What is common European heritage? The debates in the first Consultative Assembly of the Council of Europe, 1949 », *Revue d'histoire de l'intégration européenne*, 5(2), p. 63-73.

Perchoc Philippe, 2014, « Un passé, deux assemblées », *Revue d'études comparatives Est-Ouest*, 45(3/4), p. 205-235.

Pervillé Guy, 2006, « Les historiens de la guerre d'Algérie et ses enjeux politiques en France », *in* Crivello Maryline, Garcia Patrick et Offenstadt Nicolas (dir.), *Usages politiques du passé dans la France contemporaine, vol. 2 : concurrence des passés*, Aix-en-Provence, Publications de l'université de Provence, p. 257-269.

Pohl Karl Heinrich (dir.), 1997, *Historiker in der DDR*, Göttingen, Vandenhoeck & Ruprecht.

Pollak Michael, 1976, « La planification des sciences sociales », *Actes de la Recherche en Sciences sociales*, 2(2-3), p. 105-121.

Popa Ioana, 2007, « La structuration internationale des études européennes : un espace scientifique dissymétrique », *in* Georgakakis Didier et Lassalle Marine de (dir.), *La « nouvelle gouvernance européenne ». Genèses et usages politiques d'un livre blanc*, Strasbourg, Presses universitaires de Strasbourg, p. 117-148.

Potin Yann et Sirinelli Jean-François (dir.), 2019, *Générations historiennes : XIXe-XXIe siècle*, Paris, CNRS Éditions.

Raphael Lutz, 2000, « Der Beruf des Historikers seit 1945 », *in* Cornelissen Christoph (dir.), *Geschichtswissenschaften. Eine Einführung*, Francfort-sur-le-Main, Fischer, p. 39-52.

Raphael Lutz, 2003, *Geschichtswissenschaft im Zeitalter der Extreme. Theorien, Methoden, Tendenzen von 1900 bis zur Gegenwart*, Munich, Beck.

Revel Jacques, 1979, « Histoire et sciences sociales : les paradigmes des *Annales* », *Annales. Économies, Sociétés, Civilisations*, n° 6, p. 1360-1376.

Revel Jacques, 1998, « L'homme des *Annales* ? », *in* Revel Jacques et Schmitt Jean-Claude (textes rassemblés par), *L'ogre historien : autour de Jacques Le Goff*, Paris, Gallimard, p. 33-54.

Revel Jacques, 1999, « Introduction », *in* Revel Jacques (présenté par), *Fernand Braudel et l'histoire*, Paris, Hachette littératures, p. 9-27.

Ribémont Thomas, 2006, *L'expertise historienne dans la France contemporaine. La fonction politique de l'histoire en question*, thèse de sciences politiques, dir. Dominique Damamme, université Paris-Dauphine.

Rigney Ann, 2014, « Ongoing: Changing Memory and the European Project », *in* Cesari Chiara de et Rigney Ann (dir.), *Transnational Memory: Circulation, Articulation, Scales*, Berlin, De Gruyter, p. 339-359.

Rioux Jean-Pierre, 1996, « Pour une histoire de l'Europe sans adjectif », *Vingtième Siècle. Revue d'histoire*, n° 50, p. 101-110.

Riva Virginie, 2005, *La mobilisation catholique en France autour des "racines chrétiennes de l'Europe". Naissance et enjeux d'une controverse*, mémoire de DEA, Science Politique, université Paris 1.

Rivet Daniel, 1992, « Le fait colonial et nous. Histoire d'un éloignement », *Vingtième Siècle. Revue d'histoire*, n° 33, p. 127-138.

Roa Bastos Francisco, 2016, « "Académie européenne" ou "europäische Akademie"? L'ancrage allemand des études européennes et ses conditions de possibilité », *Politique européenne*, 2(52), p. 114-144.

Roa Bastos Francisco et Vauchez Antoine (dir.), 2019, « L'Archive européenne. Pour une sociohistoire renouvelée des formes de connaissance de l'Europe », *Revue française de science politique*, 69(1), p. 7-156.

Robert Cécile et Vauchez Antoine (dir.), 2010a, « L'Académie européenne », *Politix*, 23(89).

Robert Cécile et Vauchez Antoine, 2010b, « L'Académie européenne. Savoirs, experts et savants dans le gouvernement de l'Europe », *Politix*, 23(89), p. 9-34.

Roland Jean-Luc, 1997, « The History of COST: An Unexpected Successful Cooperation », *in* Krige John et Guzzetti Luca (dir.), *History of European Scientific and Technological Cooperation*, Luxembourg, OPOCE, p. 355-368.

Roobol Wim H., 1987, « Europe in the Historiography between the World Wars », *in* Rijksbaron Albert, Roobol Wim H. et Weisglas Max (dir.), *Europe from a Cultural Perspective. Historiography and Perceptions*, Den Haag, Nijgh & Van Ditmar Universitair, p. 52-61.

Rosoux Valérie, 2006, « Les usages du passé dans la politique étrangère de la France », *in* Andrieu Claire, Lavabre Marie-Claire et Tartakowsky Danielle (dir.), *Usages politiques du passé dans la France contemporaine, vol. 1 : politiques du passé*, Aix-en-Provence, Publications de l'université de Provence, p. 171-181.

Rosoux Valérie, 2007, « Mémoire(s) européenne(s) ? Des limites d'un passé aseptisé et figé », *in* Mink Georges et Neumayer Laure (dir.), *L'Europe et ses passés douloureux*, Paris, La Découverte, p. 222-232.

Rössner Susan, 2008, « Europa marginal. Die historistische Geschichtsauffassung und die deutsche Europa- und Weltgeschichtsschreibung der 1920er Jahre », *in* Kaelble Hartmut et Kirsch Martin (dir.), *Selbstverständnis und Gesellschaft der Europäer. Aspekte der sozialen und kulturellen Europäisierung im späten 19. und 20. Jahrhundert*, Francfort-sur-le-Main, Peter Lang, p. 129-152.

Roussellier Nicolas, 1993, « Pour une écriture européenne de l'histoire de l'Europe », *Vingtième Siècle. Revue d'histoire*, n° 38, p. 74-89.

Roussellier Nicolas, 1995, « Les revues d'histoire », *in* Bédarida François (dir.), *L'histoire et le métier d'historien en France 1945-1995*, Paris, MSH, p. 127-146.

Rousso Henry, 1990 (1987), *Le Syndrome de Vichy de 1944 à nos jours*, Paris, Le Seuil, 2ᵉ éd.

Rousso Henry, 2007, « History of Memory, Policies of the Past: What for? », *in* Jarausch Konrad H. et Lindenberger Thomas (dir.), *Conflicted Memories: Europeanizing Contemporary Histories*, New York, Berghahn, p. 23-36.

Sabrow Martin (dir.), 1997, *Verwaltete Vergangenheit. Geschichtskultur und Herrschaftslegitimation in der DDR*, Leipzig, Akademische Verlagsanstalt.

Sacriste Guillaume, 2011, *La République des constitutionnalistes. Professeurs de droit et légitimation de l'État en France (1870-1914)*, Paris, Presses de Sciences Po.

Saurugger Sabine, 2008, « Une sociologie de l'intégration européenne ? », *Politique européenne*, 2(25), p. 5-22.

Savarese Éric, 1998, « L'histoire officielle comme discours de légitimation. Le cas de l'histoire coloniale », *Politix*, 11(43), p. 93-112.

Schirmann Sylvain, 2009, « Introduction », *in* Libera Martial et Wassenberg Birte (dir.), *L'Europe au cœur. Études pour Marie-Thérèse Bitsch*, Bruxelles, Peter Lang, p. 15-18.

Schönwälder Karen, 1992, *Historiker und Politik. Geschichtswissenschaft im Nationalsozialismus*, Francfort-sur-le-Main, Campus.

Schöttler Peter (dir.), 1997, *Geschichtsschreibung als Legitimationswissenschaft. 1918-1945*, Francfort-sur-le-Main, Suhrkamp.

Schulze Winfried, 1992, « "Das Mainzer Paradoxon". Die deutsche Geschichtswissenschaft der Nachkriegszeit und die Gründung des Instituts für Europäische Geschichte », *in* Defrance Corinne et Schulze Winfried (dir.), *Die Gründung des Instituts für Europäische Geschichte Mainz*, Mayence, von Zabern, p. 7-39.

Seidel Katja, 2010, « From Pioneer Work to Refinement: Publication Trends », *in* Kaiser Wolfram et Varsori Antonio (dir.), *European Union History. Themes and Debates*, Basingstoke, Palgrave Macmillan, p. 26-44.

Siméant Johanna, 2002, « Introduction. Friches, Hybrides et contrebandes : sur la circulation et la puissance militantes des discours savants », *in* Hamman Philippe, Méon Jean-Matthieu et Verrier Benoît (dir.), *Discours savants, discours militants : mélange des genres*, Paris, L'Harmattan, p. 17-53.

Smith Michael, 2003, « Creating a new space: UK European Studies programmes at the Crossroads », *Journal of Contemporary European Studies*, 11(1), p. 21-34.

Tartakowsky Danielle, 1985, « L'historiographie du Parti communiste français », *Cahiers de l'Institut de Recherches Marxistes*, n° 23, p. 81-90.

Taugourdeau Emmanuelle et Vincensini Caroline, 2009, « La justification économique de l'Union économique et monétaire : ex ante, ex post ou inexistante ? », *Revue Française d'économie*, XXIV(2), p. 57-84.

Tenfelde Klaus et Wehler Hans-Ulrich, 1994, « Vorwort », *in* Tenfelde Klaus et Wehler Hans-Ulrich (dir.), *Wege zur Geschichte des Bürgertums : vierzehn Beiträge*, p. 7-11.

Thiesse Anne-Marie, 2001 (1999), *La création des identités nationales. Europe, XVIIIe-XXe siècle*, Paris, Le Seuil, 2e éd.

Varsori Antonio, 2010, « From Normative Impetus to Professionalization: Origins and Operation of Research Networks », *in* Kaiser Wolfram et Varsori Antonio (dir.), *European Union History. Themes and Debates*, Basingstoke, Palgrave Macmillan, p. 6-25.

Vauchez Antoine, 2013, *L'Union par le droit. L'invention d'un programme institutionnel pour l'Europe*, Paris, Presses de Sciences Po.

Vermeulen Caroline, 2000, *Le collège d'Europe à l'ère des pionniers (1950-1960)*, Berne, PIE-Peter Lang.

Vigezzi Brunello, 2004, « Histoire et historiens au XXe siècle », in Frank Robert (dir.), *Les identités européennes au XXe siècle. Diversités, convergences et solidarités*, Paris, Publications de la Sorbonne, p. 165-184.

Wæhrens Anne, 2011, « Shared Memories? Politics of Memory and Holocaust Remembrance in the European Parliament 1989-2009 », *DIIS Working Paper*, n° 6.

Wagner Anne Catherine et Réau Bertrand, 2015, « Le capital international : un outil d'analyse de la reconfiguration des rapports de domination », in Siméant Johanna (dir.), *Guide de l'enquête globale en sciences sociales*, Paris, CNRS Éditions, p. 33-46.

Warlouzet Laurent, 2014, « Dépasser la crise de l'histoire de l'intégration européenne », *Politique européenne*, 2(44), p. 98-122.

Warlouzet Laurent, 2018, « De l'histoire de la construction européenne à l'histoire des coopérations européennes », in Larat Fabrice, Mangenot Michel et Schirmann Sylvain (dir.), *Les études européennes. Genèses et institutionnalisation*, Paris, L'Harmattan, p. 339-360.

Weber Max, 1919, *Geistige Arbeit als Beruf. Vier Vorträge vor dem Freistudentischen Bund*, Munich, Leipzig, Duncker & Humblot, 4 vol.

Weingart Peter, 1983, « Verwissenschaftlichung der Gesellschaft – Politisierung der Wissenschaft », *Zeitschrit für Soziologie. Soziologische Revue*, 12(3), p. 225-241.

Winter Jay, 2012, « The Generation of Memory. Reflections on the "Memory Boom" in Contemporary Historical Studies », *Canadian Military History*, 10(3), p. 57-66.

Wittenbrock Rolf, 1999, « L'histoire et son enseignement en Allemagne : l'impact de l'unification », in Peyrot Jean (dir.), *L'Enseignement de l'histoire en Europe*, Paris, Hachette éducation, p. 30-49.

Woolf Stuart, 2003, « Europe and its Historians », *Contemporary European History*, 12(3), p. 323-337.

Zimmermann Bénédicte, 2004, « Introduction », in Zimmermann Bénédicte (dir.), *Les sciences sociales à l'épreuve de l'action. Le savant, le politique et l'Europe*, Paris, MSH, p. 1-21.

Zowislo Natascha, 2000, *Auf der Suche nach einer europäischen Identität – Symbole, Mythen und Geschichtsdidaktik im Diskurs über die europäische Integration*, thèse d'histoire contemporaine, dir. Michael Erbe, université de Mannheim.

Table des encadrés et des tableaux

Encadrés

1. Les trois catégories d'entreprises analysées. 24
2. Jean-Baptiste Duroselle, premier historien en contact avec la division responsable de l'« information universitaire » 38
3. Walter Lipgens, premier titulaire de la chaire d'histoire de l'intégration européenne de l'IUE. 43
4. Alan Milward, successeur de W. Lipgens à l'IUE. 46
5. *L'Europe. Histoire de ses peuples* (1990), une histoire longue de l'unification européenne sous la plume de Jean-Baptiste Duroselle 67
6. Fernand Braudel, une figure des *Annales* qui entend s'émanciper du cadre national. 76
7. Les relations entre la MSH et le MPIG : un dialogue entre spécialistes d'histoire sociale français et ouest-allemands ayant conduit à la création de la MHFA 77
8. De l'Institut international pour l'amélioration des manuels scolaires, créé après-guerre, à l'Institut Georg Eckert de recherche internationale sur les manuels scolaires. 80
9. L'échec au Parlement européen d'une proposition de résolution pour l'élaboration d'un manuel scolaire d'histoire européenne 99
10. Michael Borgolte, acteur de la refondation de la science historique à l'Est de Berlin. 120
11. La collection transnationale « Faire l'Europe » : concrétisation d'une histoire « totale » de l'Europe, grâce à l'intérêt de plusieurs éditeurs 122
12. René Girault, un historien des relations internationales attentif aux « mentalités » qui a bâti sa carrière sur l'étude de l'Europe 133
13. Hartmut Kaelble, spécialiste d'histoire sociale de l'Europe dès la fin des années 1980 137
14. « Euroclio », une collection qui affirme la diversité des approches de l'histoire de l'intégration européenne 149
15. Le *Manuel d'Histoire franco-allemand* ou la fin de l'utopie d'un manuel scolaire européen d'histoire 209

Tableaux

1. Les premiers membres du Groupe de liaison (1982-1988)..........51
2. DEA consacrés à l'histoire de l'Europe dans la longue durée créés dans les années 1980 et 1990..........118
3. Collèges doctoraux consacrés à l'histoire de l'Europe dans la longue durée financés par la DFG dans les années 1990..........118
4. Le réseau de recherche sur l'identité et la conscience européennes au xxe siècle (première phase, 1989-1994)..........135
5. Le réseau de recherche sur les identités européennes au xxe siècle (seconde phase, 1995-1999)..........138
6. DEA consacrés à l'histoire de l'Europe contemporaine créés dans les années 1980 et 1990..........146
7. Collèges doctoraux consacrés à l'histoire de l'Europe contemporaine financés par la DFG dans les années 1990..........147
8. Chaires Jean Monnet d'histoire en France entre 1990 et 1999..........152
9. Chaires Jean Monnet d'histoire en Allemagne entre 1990 et 1999..........154
10. Les membres du Groupe de liaison entre 1989 et 1999..........162

Table des matières

Abréviations, sigles et acronymes 7
Introduction 11

Première partie
LES CONDITIONS DE FORMATION DU SOUS-CHAMP DE RECHERCHE CONSACRÉ À L'HISTOIRE DE L'EUROPE (DE 1976 À LA FIN DES ANNÉES 1980)

1 La naissance de l'histoire de l'intégration européenne. Un partenariat entre historiens et Commission européenne 29

Le début des études européennes :
un espace de recherche avec peu d'historiens 31
  *Le Collège d'Europe : un établissement spécifique
  pour former une élite européenne* 32
  *Les universités nationales comme lieux de transmission
  d'un « esprit européen » ?* 33
La formation d'un nouveau domaine de recherche :
l'histoire de l'intégration européenne 40
  *Les débuts de l'histoire de l'intégration européenne
  à l'Institut universitaire européen* 40
  Le « Groupe de liaison » auprès de la Commission européenne 48
La suprématie de l'histoire politique de l'intégration
aux yeux de la Commission européenne 65

2 Un récit alternatif est-il possible ? L'histoire socioculturelle de l'Europe en peine de soutien 71

Écrire une histoire de la civilisation européenne ?
Deux tentatives inabouties 74
  Une première initiative, franco-allemande 74
  Un second projet, désireux de fédérer des historiens « de tous les pays d'Europe » 84
  Pour une Europe des peuples et de la culture 87

Transmettre un héritage historique commun ?
Une idée qui peine à s'imposer 92
   La place marginale de l'histoire dans les politiques éducatives européennes......... 94
   La notion d'héritage historique européen dominée par l'histoire de l'intégration ... 100

Conclusion de la première partie 103

Seconde partie
LES RECONFIGURATIONS DU SOUS-CHAMP DE RECHERCHE CONSACRÉ À L'HISTOIRE DE L'EUROPE (DEPUIS LA FIN DES ANNÉES 1980)

3 ENTRE CONSOLIDATION ET ÉCLATEMENT. L'ESSOR DE L'HISTOIRE DE L'EUROPE DE LA FIN DES ANNÉES 1980 À LA FIN DES ANNÉES 1990 111

La recherche des origines de l'Europe,
désormais promue par des acteurs politiques, scientifiques et privés........ 113
   *Les coopérations internationales
au service d'une histoire de l'Europe dans la longue durée* 114
   *Une institutionnalisation
au sein des universités et du monde de l'édition*............................. 116
   *L'histoire « européenne » existe-t-elle ?
Une controverse lancée par des contemporanéistes français*..................... 126

L'histoire de l'intégration européenne concurrencée
par d'autres approches de l'Europe contemporaine 131
   Un élargissement des perspectives pour comprendre la coopération européenne..... 131
   Une concurrence ancrée au sein des universités et du monde de l'édition.......... 145
   *Le dilemme des pionniers de l'histoire de l'intégration européenne :
ouverture thématique ou spécialisation ?*...................................... 149

Une reconfiguration à la croisée des champs scientifique,
politique et économique.. 166
   Entre consolidation et éclatement.. 167
   La multiplication des promoteurs de l'histoire de l'Europe..................... 171
   *Fonder une « histoire européenne » : un enjeu scientifique,
politique, économique, mais aussi disciplinaire*............................... 175

4 L'ESSOR DES POLITIQUES EUROPÉENNES DE LA MÉMOIRE ET SES EFFETS DEPUIS LA FIN DES ANNÉES 1990 179

L'accès de l'histoire (de l'Europe) aux PCRD : l'ère des appels à projets 183
L'essor des lectures officielles de l'histoire de l'Europe
et des controverses publiques... 188

Controverses autour de la quête des « racines » de l'Europe 189
Controverses autour de l'héritage chrétien de l'Europe 195
*Controverses autour des politiques relatives aux traumatismes
de l'histoire de l'Europe* 198
Une distanciation à l'égard de l'« histoire européenne » ?
Nouvelles pistes de recherche 206
L'histoire de l'intégration européenne, entre crise et renouvellement 209
*La fin des relations étroites entre le Groupe de liaison
et la Commission européenne* 210
*Les difficultés de l'histoire traditionnelle de l'intégration européenne
dans le champ académique* 214
Un renouvellement de l'histoire de l'intégration européenne ? 216

Conclusion de la seconde partie 219

Conclusion 225
Bibliographie 235
Table des encadrés et des tableaux 249

Achevé d'imprimer
sur les presses du service reprographique
de l'université Rennes 2 en avril 2022.

Imprimé en France